V
일본 소재 고구려 유물

일제강점기 고구려 유적 조사·연구 재검토

| 동북아역사재단 편 |

일본 소재 고구려 유물

V

일제강점기 고구려 유적 조사·연구 재검토

동북아역사재단
NORTHEAST ASIAN HISTORY FOUNDATION

발간사

일제강점기 고구려에 대한 고고학적인 연구는 일본인들이 주도하였습니다. 일본인들의 고구려 유적에 대한 연구는 광개토대왕비의 쌍구가묵본을 손에 넣은 시점부터 국가주도의 사업이 되었습니다. 광개토대왕비에서 발견한 왜를 메이지 시기의 일본과 오버랩시켜서 대륙침탈의 당위로 삼으려고 했기 때문입니다. 1910년대에 평양에서 벽화무덤이 발견된 이후에는 고건축·역사학·고고학·고미술 연구자는 물론 화가들까지도 고구려 유적에 관심을 가지게 되었습니다.

1916년부터 시작된 총독부 주도의 '조선고적조사사업'을 통해서 수많은 고구려 유적이 발굴조사되었습니다. 그렇지만 그 성과는 철저하게 일본 연구자들을 중심으로 일본 사회에서만 소비되었습니다. 식민지 시기의 조선인들은 광복이 될 때까지 고구려 유적의 학문적 조사와 연구활동에서 철저히 배제되었습니다. 그리고 중요 유물들은 일본으로 반출되었습니다. 이는 광복 후에도 우리 학계에서 고구려 연구가 저조했던 이유 중 하나가 되었습니다.

동북아역사재단은 이러한 문제를 근본적으로 해결하기 위하여 2007년부터 일본 소재 고구려 유물 조사사업을 실시하였습니다. 일본으로 반출된 고구려 유물을 조사해서 국내 연구자들에게 보고·공유하고 아울러 일제강점기의 고구려 유적 조사 성과를 재검토하는 작업을 동시에 실시하였습니다.

2007년의 1차년도 사업에서는 일본 간토(關東) 지역에 소장된 고구려 유물을 조사하였습니다. 그리고 대한제국기부터 1913년 무렵까지 이루어진 고구려 유적 조사 내용과 경과를 살폈습니다. 2차년도 사업에서는 간사이(關西) 지역에 소장된 고구려 유물을 집중적으로 조사하여 국내 연구자들과 공유하고 만주 지역에서 이루어진 고구려 유적의 조사 내용을 재검토하였습니다. 3차년도 사업에서는 간사이 지역과 규슈(九州) 지역에 소장된 고구려 관련 유물을 현지조사하고 1916년과 1917년에 걸쳐 실시된 평양 지역 고구려 유적 조사 내용을 체계적으로 재검토하였습니다. 또한 미공개 자료를 발굴하여 진파리 벽화고분 발굴조사의 성과를 살피기도 하였습니다. 2010년에 실시된 4차년도 사업에서는 1차년도에서 누락된 간토 지역 소장의 고구려 유물을 보강 조사하고 일제강점기 조선고적연구회가 주도했던 고구려 유적 조사 내용을 재검토하였습니다.

4차에 걸친 현지조사와 연구사 검토가 마무리된 이후 마지막으로 기획되었던 5차년도 사업은 현지 기관의 허가를 받아두고도 제반 사정이 여의치 못했던 관계로 오랫동안 보류되었지만 2018년에 전격적으로 다시 실시하게 되었습니다.

2018년에 실시된 5차년도 사업에서는 과거의 사업에서 누락되었던 일본 각지의 고구려 관련 유물을 현지조사하였습니다. 그 과정에서 이전 사업과 마찬가지로 사진작가가 촬영한 고화질의 화상 정보도 확보하였습니다. 특히

1938년 집안에서 고구려 유적을 조사했던 시치다 다다시(七田忠志)의 조사일지를 발견하고 반출된 고구려 유물을 조사한 것은 주목할 만한 성과입니다. 또한 3·1운동 100주년을 맞이하는 시점에서 집안 고구려 유적을 배경으로 전개된 항일무장투쟁의 생생한 기록이기도 하기에 더욱 각별한 의미를 가집니다.

덴리대학부속덴리도서관에 보관된 오바 쓰네키치 관련 자료를 소개하고 관련 고구려 유적의 조사 내용을 선명하게 복원한 점도 높이 평가할 수 있습니다. 특히 덴리대학부속덴리도서관 보관자료 등은 학계에 처음 공개된다는 점에서 의의가 있습니다. 그간 5차에 걸쳐 이루어진 일본 소재 고구려 와당 자료의 종합적 평가도 주목할 만한 학술적인 성과입니다.

한·일 관계가 경색된 상황에서 이루어진 현지조사라 많은 어려움이 있었을 것으로 생각됩니다. 연구 책임을 맡아 주신 정인성 선생님에게 우선 감사한 마음을 전합니다. 그리고 번거로운 현지조사의 사전협의와 까다로운 열람 신청은 물론 사진 촬영과 번각 작업까지 도와 주신 후지이 가즈오(藤井和夫) 선생님, 원고를 작성해 주시고 일본 현지 조사에서 차량 운전과 안내까지 도맡아 주신 주홍규 선생님, 아울러 무거운 장비를 끌고 일본 현지의 여러 곳에 출장하여 유물 사진을 찍어주신 김광섭 작가님에게 깊은 감사의 말씀을 드립니다. 현지조사와 자료 정리를 도와 주신 정병욱 씨에게도 감사의 마음을 전합니다.

일본 현지조사에서도 많은 분들에게 신세를 졌다고 들었습니다. 이즈미시 구보소기념미술관의 하시즈메 후미유키(橋詰文之) 부관장님, 다카하마시약쇼의 히요시 야스히로(日吉康浩, 다카하마시약쇼 어린이미래부 문화스포츠그룹), 다카하마시 가와라미술관의

이노우에 아유코(井上あゆこ) 씨, 그리고 아키타시의 이토 지아키(伊藤千秋, 아키타시립 아카렌가향토관) 씨에게 감사의 인사를 드립니다. 특히 부친 시치다 다다시(七田忠志) 자료의 열람과 공개를 허락해 주신 사가죠(佐賀城)혼마루 역사관(本丸歷史館)의 시치다 다다아키(七田忠昭) 관장님에게는 더 없이 깊은 감사를 마음을 전해 드립니다.

2019년 12월 30일

동북아역사재단 이사장 김 도 형

| 일러두기 |

1. 이 책은 2018년도에 동북아역사재단의 지원으로 실시한 '일본 소재 고구려 유물 조사사업 및 일제강점기에 조사된 고구려 유적에 대한 재검토' 사업의 결과물이다.

2. 이 책은 이미 동북아역사재단이 출간한 『일본 소재 고구려 유물』 Ⅰ~Ⅳ에 연속하는 간행물이다.

3. 이 연구시리즈의 최초 기획자는 김현숙(동북아역사재단)이며 연구의 전체 책임은 정인성(영남대학교 문화인류학과)이 맡았다. 현지조사의 사전 준비는 정인성과 후지이 가즈오(藤井和夫)가 실시하고 현지조사는 정인성과 후지이 가즈오, 주홍규(영남대학교)가 실시하였다. 정병욱(영남대학교 대학원)이 현지조사에서 제반 업무를 보조하였다.

4. 일본 현지조사에서 열람신청은 공동연구원인 후지이 가즈오가 전담하였고 유물 관찰 소견은 정인성이 작성하였다.

5. 사진촬영은 김광섭이 담당하였으며 촬영 시 유물 방향 설정은 주홍규가 지정하였다. 시치다 소장 자료는 정인성과 후지이 가즈오가 재차 방문하여 조사하였는데 사진촬영은 후지이 가즈오가 실시하고 유물 관찰 소견과 소장자 인터뷰는 정인성이 작성하였다.

6. 덴리대학부속덴리도서관의 오바 쓰네키치(小場恒吉) 자료는 후지이 가즈오가 열람 신청하고 재단이 비용을 지불하여 자료 복사본을 확보하였다. 후지이 가즈오가 이를 분석하여 논고를 작성하였으며 주홍규가 번역 작업을 전담하였다. 게다가 후지이 가즈오가 보필 및 수정했다.

7. 시치다 일지는 후지이 가즈오가 촬영하고 번각하여 유물 편에 게재하였으며 이를 정인성이 번역하여 개인 논고에 이용하였다. 모든 번각 자료의 머리에는 후지이 가즈오가 별도로 작성한 '일러두기'를 첨부해 두었다.

8. 덴리대학부속덴리도서관의 게재 조건 요구에 따라 이 책에 게재된 화상자료의 무단전재는 엄격히 금지한다. 전재하는 경우에는 덴리대학부속덴리도서관에 전재의 수속 절차를 별도로 밟아야 한다.

9. 일본 현지조사에서는 많은 분들의 도움을 받았다. 여기에 명기하여 감사의 마음을 전한다.
   - 이즈미시 구보소기념미술관: 하시즈메 후미유키(橋詰文之)
   - 다카하마시약쇼 어린이미래부문화스포츠그룹(高浜市役所こども未来部文化スポーツグループ): 히요시 야스히로(日吉康浩)
   - 다카하마시 가와라미술관(高浜市やきものの里かわら美術館): 이노우에 아유코(井上あゆこ)
   - 아키타시립 아카렌가향토관(秋田市立赤れんが郷土館): 이토 지아키(伊藤千秋)
   - 사가현립 사가성혼마루 역사관(佐賀縣立佐賀城本丸歷史館): 시치다 다다아키(七田忠昭)

| 차례 |

1 논문 편

1938년 집안 고구려 유적 조사와 시치다 다다시(七田忠志) ── 정인성 12

덴리대학부속덴리도서관(天理大學附屬天理圖書館) 소장의
오바 쓰네키치(小場恆吉) 자료에 대하여 ── 후지이 가즈오 56
 – 진파리고분 조사일지 번각(眞坡里古墳調査日誌飜刻) 155
 – 진파리고분 조사일지 번각 한역(眞坡里古墳調査日誌飜刻韓譯) 182

일본 소재 고구려 와전류에 관한 종합 고찰 ── 주홍규 198

2 일본 현지조사 유물 편

다카하마시 가와라미술관(高浜市やきものの里かわら美術館) ── 정인성 236

이즈미시 구보소기념미술관(和泉市久保惣記念美術館) ── 정인성 282

시치다 다다아키(七田忠昭) 소장 유물 ── 정인성 298
 – 시치다 다다시 조사일지(七田忠志調査日誌) 305

3 현지조사 유물의 설명

다카하마시 가와라미술관 ── 정인성 336

이즈미시 구보소기념미술관 ── 정인성 348

시치다 다다아키(七田忠昭) 소장 유물 ── 정인성 354

논문 편

1938년 집안 고구려 유적 조사와 시치다 다다시(七田忠志)

정인성 영남대학교 문화인류학과 교수

I. 머리말
II. 시치다 다다시(七田忠志)의 1938년 조사일지 발견
III. 공간(公刊)된 시치다 다다시의 답사 보고
IV. 향토고고학자 시치다 다다시(七田忠志)
V. 「시치다 집안 조사일지」와 고고학적 정보
VI. 맺음말에 대신하여: 고구려고분 속의 항일유격대

I 머리말

통구, 즉 집안은 고구려가 두 번째로 도읍을 정했던 지역이다. 압록강 중류역의 하안대지(河岸臺地)인 집안에는 지금도 고구려의 왕성과 왕릉, 그리고 무수한 고분군이 그 흔적을 남기고 있다.

집안은 압록강 수로를 따라 요동반도와 황해로 연결되며, 육로를 통해서 한반도 북부의 여러 지역으로 나갈 수 있는 교통로상의 요지이다. 요동 지역 중부로도 몇 갈래의 교통로가 형성되어 있다. 교통로로 이어지면서도 요동평원 쪽과의 사이에는 험준한 산령(山嶺)과 협곡이 가로놓였고, 한반도 서북 평원과의 사이에도 낭림산맥이 가로놓여 있는 지세이다. 첫 번째 수도로 알려지는 환인에 비해 북방 및 중원 세력의 군사적 위협이 낮은 지리환경을 갖춘 곳이며 군현 세력이 있었던 한반도 서북 지역과도 적절한 격절성(隔絶性)이 인정되는 공간이다. 심양에서 육로로 이동해서 집안을 답사해보거나 혹은 지도를 펼쳐 놓고 집안의 지리 환경을 살펴 본 연구자에게 고구려의 집안 천도 이유는 따로 설명을 필요로 하지 않는다.

집안의 저명한 '광개토대왕비'는 탁본을 통해서 이미 19세기 말에 베이징의 금석학자들에게 그 존재가 알려져 있었고 일본 참모부에서 파견된 사코 가게노부(酒匂景信)도 1884년 무렵에는 현지에서 비문의 쌍구가묵본을 확보하였다. 집안 지역의 고구려 유적은 일약 지식인들의 관심거리로 부상하였다. 그러나 금석학의 특성상 탁본을 통한 비문 감상과 해독이 우선이었지 비석 그 자체와 주변 유적에 대한 고고학적 조사는 동반되지 않았다.

1. 20세기 초의 집안 고구려 유적 조사

알려진 것처럼 근대 고고학의 시선으로 집안의 고구려 유적을 조사하고 기록하기 시작한 것은 일본 연구자들이다. 특히 대륙 진출을 꾀하던 일본에서 '신묘년(辛卯年) 조 왜(倭)의 동향'

이 각자(刻字)된 광개토대왕비는 대단히 중요하게 취급되었다. 육군 포병대위 사코 가게노부가 요동 지역에 대한 정보 수집 과정에서 1884년 획득한 집안 광개토대왕비 탁본이 1890년 『회여록(會餘錄)』에 실리면서 집안의 고구려 유적은 본격적으로 주목을 받게 되었다. '왜(倭)가 바다를 건너 한반도로 진출했다.' 등의 해석이 제출되자 당시의 시대 분위기와 맞물려 일본 각계의 관심은 뜨거웠다.

러일전쟁 직후인 1906년에 도쿄대학의 도리이 류조(鳥居龍藏)가 치안이 매우 불안한 현지를 답사한 것도 광개토대왕비를 둘러싼 당시의 사회 분위기가 추동한 것이라고 할 수 있다. 도리이는 자신의 조사 내용을 1910년에 소개했는데, 그 내용의 대강은 이미 이 책 시리즈『일본소재 고구려 유물』Ⅱ에서 다룬 바 있다(정인성 외, 2009).

그 이듬해인 1907년에는 프랑스의 동양사학자 샤반느도 집안의 고구려 유적을 조사하고 그 내용을 1907년 『통보(通報)』라는 잡지에 게재했다(서길수, 2007). 집안은 물론 중국의 여러 지역을 조사한 내용을 풍부한 사진과 탁본으로 기록한 『北支那考古圖譜』라는 제목의 도록이 1909년 프랑스에서 간행되어 고구려 유적이 유럽 세계에도 알려지는 계기가 되었다. 이 책은 1915년부터 세키노 다다시가 주축이 되어 간행하기 시작한 『朝鮮古蹟圖譜』에도 다대한 영향을 주었던 것으로 평가된다(朝鮮總督府, 1915).

도쿄제국대학의 도리이 류조는 1912년 12월에서 1913년 1월에 걸쳐 다시 한번 요동과 집안 답사를 감행했다. 1906년 조사의 보충과 그간 소판석령에서 발견되어 화제를 모은 관구검 기공비의 출토지를 현지 확인하는 것이 조사의 주된 목적이었다고 한다. 이때의 조사 내용과 풍경을 담은 기록물은 국립중앙박물관이 2014년도에 출간한 『유리건판으로 보는 고구려의 도성』에 부분적으로 소개되었다(국립중앙박물관, 2014).

집안의 고구려 유적에 대한 정밀한 고고 조사는 도리이의 조사와 같은 해인 1913년 세키노 다다시(關野貞) 그룹에 의해 본격적으로 이루어졌다. 1915년에 간행된 『朝鮮古蹟圖譜』 제1권에 수록된 집안 고구려 유적의 사진들은 이 조사에서 생산된 사진 콘텐츠를 바탕으로 한다. 당시 세키노가 집안에서 생산하여 소지했던 도면과 기록류 등은 함흥을 거쳐 경성으로 돌아가는 삼방역에서 화재를 만나 모두 소실되고 말았다. 『朝鮮古蹟圖譜』1에 관련 유구의 실측도가 드물며 세키노 본인의 도면이 일절 게재되지 않은 이유이다. 대신 동행했던 조수 야쓰이 세이이쓰(谷井濟一)의 약측도가 한정적으로 실리게 되었다.

집안 고구려 유적에 대한 관심이 더욱 고조되면서 광개토대왕비 비문 해석을 둘러싸고 여러 설이 분분했던 가운데 1918년 6월에 도쿄제국대학 사학과의 구로이타 가쓰미(黑板勝美)

도 집안 답사를 감행했다. 구로이타는 '조선고적조사사업'의 필요성을 역설하고 이를 조선총독부 사업으로 추진시키는 데 중요한 역할을 했던 인물이다. 제국 일본의 대륙 진출 당위를 역사적인 측면에서 설명하는 데 앞장섰던 구로이타였기에 그가 광개토대왕비를 답사한 배경도 이와 관련될 것이다. 당시 구로이타 조사단은 광개토대왕비의 기초부를 굴착·조사한 것으로 알려진다. 이는 광개토대왕비의 도괴 수복과 관련된 논의를 촉발하기도 했다. 아쉽게도 구로이타의 답사 보고는 공간되지 않았고 관련 자료의 일부가 도쿄대학과 조선총독부박물관에 남았을 뿐이다. 조선총독부박물관에는 당시 동행했던 사와 준이치의 사진도 납품되었다. 구로이타가 조사에서 남긴 도면과 사진 자료는 이후 집안을 답사한 일본인 후배 연구자들이 관련 보고서를 쓰는 과정에서 부분적으로 이용했다.

그 후 집안에 대한 조사는 당분간 이루어지지 않았는데 현지 치안 사정이 급격히 나빠졌기 때문이라고 한다(池內宏, 1938). 이를 '비적 활동'이라고도 설명하지만 우리 입장에서는 항일운동의 결과로 평가할 수 있다.

2. 만주국 수립 이후 1935·1936년의 집안 고구려 유적 조사

소강 상태였던 집안 고구려 유적에 대한 조사는 1932년 만주국이 건설되면서 다시 바람을 일으킨다. 특히 1935년 만주국 안동성 시학관이었던 이토 이하치(尹藤尹八)가 집안에서 벽화고분 2기를 새로 발견한 것이 결정적인 계기가 되었다(池內宏, 1938). 이는 일찍이 도리이나 세키노가 발견하지 못했던 고분이었는데 이것이 유명한 무용총과 각저총이다.

만주국 문교부 당국은 집안의 고분 벽화를 촬영하기 위해 1935년 가을을 조사 적기로 설정하여 도쿄의 '座右寶刊行會'에 그 촬영 업무를 의뢰했다. 그 중심에 있었던 인물은 벽화분 발견자인 이토 이하치였다. 당시 문교부 당국은 도쿄제국대학의 세키노에게 집안 조사를 부탁하면서 조사단장을 의뢰했다. 여기에 교토제국대학의 하마다 고사쿠(濱田耕作)와 우메하라 스에지(梅原末治)에게도 동행을 권유했다(池內宏, 1938).

1935년 9월 23일 경성에서 조선총독부 '보물고적명승천연기념물 보존위원회 제2회 총회'가 열렸고 하마다와 우메하라도 참석했는데, 이때를 이용해 집안 고구려 유적의 현지조사를 감행했다고 한다. 1938년 간행한 보고서 『통구』上을 참조하면, 위원회 회의가 끝난 다음 날, 즉 1935년 9월 24일 경성을 떠나 평양을 거쳐 희천과 강계를 지나 집안으로 향했던 정황이 드러난다(池內宏, 1938). 희천에서 멀지 않은 강계에서도 각 1박을 했다는 것을 보면 이 구간에서는 차량을 이용했던 것으로 추정된다. 당시 만포선 철도는 아직 희천 이북으로 연결되지 않았던 시기였다. 9월 28일 압록강 만포진에 도착하여 정오 무렵에 배를 타고 압록강을 건너서 통구로 들어갔다(〈그림 1〉 참조).

현지조사는 이토 이하치의 안내로 진행되었는데 먼저 광개토대왕비, 태왕릉, 장군총 등을 보고 둘째 날은 새로운 벽화고분, 즉 무용총과 각저총을 정밀 조사했다. 무용총, 각저총이라는 고분의 이름은 이때 주어진 것이다. 3일째는 산성자 산성과 천추총, 서대총, 삼실총 등 기타 유적들을 둘러보고 일정을 마무리했다. 이때의 조사는 일종의 사전답사였기 때문에 개별 고분에 대한 구체적인 기록과 실측 작업은 실시되지 않았다. 1935년 10월 1일 아침에 하마다와 우메하라는 만포진의 여관을 떠나 자동차를 이용하여 조선 측 국경도로를 따라 신의주로 이동했다. 이틀 하고 반나절에 걸친 여정에서 새로 발견된 2개의 벽화고분과 주변 삼실총 등을 가볍게 둘러보는 그야말로 사전답사였던 것이다(藤田亮策, 1929).

현지에서 조사단은 만포진을 마주보는 압록강 서안(西岸)의 양어두(羊魚頭) 산록에서 새로 발견된 고분에 명문이 있다는 정보를 입수했다. 집안중학교 교원인 왕영린이 공유해 준 정보였다. 조사단은 급거 일정을 변경하여 고분을 찾았지만 도굴구가 폐쇄되어 내부로 진입할 수 없었다. 조사단이 집안을 떠난 후에 이토는 고분의 출입구를 다시 확보하여 그 내부에서 명문을 발견하고 사진을 찍어 경성으로 보냈다. 경성에 와 있던 하마다와 우메하라 등은 사진 판독을 통해 단박에 묘주가 '모두루'라는 사실을 알아냈다(池內宏, 1938).

한편 1935년 10월경, 만주국 문교부에서 파견된 김육불은 지역민들의 증언을 바탕으로 오회분 제4호분의 북방에 있는 토분에서 벽화를 발견한다. 이것이 집안의 사신총이다. 복수의 벽화고분이 새로 발견되었고 또한 만주사변을 바탕으로 만주국이 수립되면서 현지 고구려 고분에 대한 본격적인 조사의 필요성이 제기되었다. 1936년 만주국 당국은 교토대학의 우메하라와 하마다에게 조사를 의뢰했고 일본 외무성 문화사업부에 원조를 신청했다(池內宏, 1938).

제2차 통구 조사의 주요 멤버는 도쿄제국대학의 이케우치 히로시, 교토제국대학의 하마다 고사쿠, 우메하라 스에지였다. 여기에 동방문화학원 교토연구소원 미즈노 세이이치(水野清一), 만몽문화연구원 미카미 쓰기오(三上次男) 등이 동참했는데, 이 분야 후속 세대 육성을 염두에 둔 배려였다. 사진 촬영은 좌우보간행회가 전담했다.

집안 고구려 유적 2차 조사는 1936년 9월 말에서 10월에 걸쳐 이루어졌는데, 보고서 『통구』 上에는 그 일정과 연구자별 담당 업무를 정리해 놓았다(池內宏, 1938).

1936년 9월 30일

- 모두루총, 환문총, 사신총, 삼실총: 하마다, 이케우치 담당
- 모두루총, 환문총 실측: 우메하라, 미카미 담당

1936년 10월 1일

- 태왕릉, 장군총, 천추총, 서대총: 하마다, 이케우치
- 태왕릉, 사신총 실측: 우메하라, 미카미 담당

1936년 10월 2일

- 산성자산성: 미즈노, 미카미, 이케우치 담당
- 산성자 동방 고분군: 우메하라 담당

1936년 10월 3일

- 통구성: 미즈노, 이케우치 담당
- 삼실총: 우메하라, 미카미 담당

1936년 10월 4일

- 장군총: 우메하라, 미즈노, 미카미, 이케우치 담당

이 외에도 당시 조사에는 경성제대의 다나카(田中)와 평양부립 박물관장이던 고이즈미 아키오(小泉顯夫)도 참가했다. 물론 조사의 발단을 제공한 만주국 안동성 시학관인 이토 이하치도 현장에 있었으며 봉천 의대의 구로다 겐지 등이 동행했다.

1936년의 조사에서 일행은 압록강을 끼고 조선 쪽의 만포진에서 숙박하며 매일 배로 강을 건너다니면서 작업을 수행했다. 1938년의 조사기록을 살피건대, 만포진에서 집안현성까지는 배로 접근하는 경우에 40분 이상이 소요되었다. 배로 물결을 거슬러 만포진으로 돌아갈 때는 더 많은 시간이 소요되었을 것이다.

조사 도중에 하마다는 먼저 경성으로 떠났는데 10월 2일이었다. 나머지 조사원들은 조사를 마친 다음 날 아침 현장을 철수했다. 이때의 조사에서 도면은 미즈노와 미카미, 우메하라가 주로 작성했는데 가장 많은 도면을 우메하라가 만들었다. 보고서 『통구』에 실린 도면 중 삽도

1, 2, 3, 4, 7의 원도는 미즈노(水野)가 현장에서 작성한 것이고 삽도 5, 6은 미카미(三上), 그리고 11에서 27에 이르는 17개의 도면은 우메하라가 직접 작성한 것이다. 사진 촬영과 유리건판의 프린트 등은 모두 좌우보간행회에서 맡아 주었고, 당시 조선총독부박물관에 보관 중이던 선행 조사자의 사진자료를 부분적으로 활용하여 『통구』 上이 간행되었다(池內宏, 1938).

당시의 집안 조사와 보고서 『통구』 上의 원고를 쓰고 주저자로 이름을 올린 사람은 도쿄제국대학의 이케우치 히로시(池內宏)였다. 『朝鮮古蹟圖譜』 복각본 간행 시에 소개된 이케우치의 이력을 살피건대, 그는 1879년 도쿄 출생이다(出版科學總合硏究所, 1987). 이후 도쿄제국대학 문과대학 사학과를 졸업하고 남만주철도회사(南滿洲鐵道株式會社)로부터 1908년에 '만주역사조사(滿洲歷史調査)'를 위촉받아 1914년까지 이 업무를 수행했다. 1913년 도쿄대학 문학부의 강사, 1916년에 조교수로 승진하여 주로 조선사강좌(朝鮮史講座)를 맡았다. 1918년부터는 대학으로부터 조선에서의 학술조사를 의뢰받았으며, 1919년에는 조선총독부 고적조사위원회 위원이 되었다. 1919년 9월부터 11월에 걸쳐 함경남도 함흥과 그 주변에 유존하는 10여 군데의 성지를 답사하고 1922년 가을에는 다시 함흥군과 정평군의 고성지를 조사하고 보고서를 작성했다(出版科學總合硏究所, 1987).

1922년 '선초(鮮初)의 동북경(東北境)과 여진(女眞)과의 관계'라는 주제로 박사학위를 받았다. 1925년에는 도쿄제국대학의 교수로 승진했으며, 1926년 동아고고학회 회원이 되었다. 1932년부터 1936년까지는 발해의 동경성과 열하의 이궁, 집안의 고구려 유적 등을 조사하기 위하여 다섯 번이나 만주국에 출장했다. 1937년 제국대학 학사원의 회원이 되었고 1939년에 도쿄제국대학을 퇴직하고 동아고고학회 위원, 동방문화학원 이사, 일만문화협회 이사장으로 추대되어 활약했지만 1952년 74세로 세상을 떠났다. 만주에서의 경험과 도쿄제국대학 학사원 회원이었으며 일만문화협회 이사장으로 추대된 정도의 인물이었기에 갑자기 세상을 떠난 세키노를 대신하여 집안 고구려 유적 조사의 단장이 될 수 있었던 것이다.

『통구』 下는 1940년에 간행되었다. 원래 교토대학의 하마다와 우메하라가 연명으로 원고를 작성하려고 했으나 1938년 하마다마저 세상을 떠나면서, 이 하권에도 이케우치가 이름을 올리게 되었다(池內宏·梅原末治, 1940). 하권에 실린 사진의 촬영과 유리건판 프린트 작업은 마찬가지로 모두 좌우보간행회가 맡았으며 삽도는 대부분 우메하라 스에지가 직접 생산한 것을 사용하였다. 하권의 출판도 역시 일만문화사업의 일환으로 외무성 문화사업부의 예산 원조로 이루어졌다.

그런데 『통구』 下의 각주에는 1938년의 조사원의 한 사람으로 비교적 생경한 인물이 등장한다. 시치다 다다시(七田忠志)라는 연구자이다. 책을 집필한 우메하라는 집안 지역 토분(土墳)의 기저부가 대체로 방형이라는 조사원 시치다의 의견을 각주에서 소개하고 있다. 집안 고구려 유적 현지조사에 시치다라는 인물이 참가했다는 이야기가 된다. 그런데 시치다는 지금까지 이 시리즈를 통해서 살펴 온 일제강점기 '조선고고학'의 세계에서는 그 족적이 제대로 알려지지 않았던 인물이다.

3. 1938년의 집안 고구려 유적 조사와 시치다 다다시(七田忠志)

1938년에는 벽화고분을 중심으로 보충조사가 이루어지는데 집안 지역에 대한 고적조사의 내용과 경과는 『통구』下에도 구체적으로 기술되지 않았다(池内宏·梅原末治, 1940).

1938년의 조사 내용과 경과는 후지타 료사쿠의 논고가 참고된다. 후지타는 1936년 집안을 답사한 이후로는 당분간 평양 지역의 고적조사 업무에 집중하느라 집안 조사를 시도할 여력이 없었다. 다만 평양 지역 고구려 유적과의 비교연구를 위해서 집안 고구려 유적에 대한 조사 필요를 느꼈다고 한다. 그러던 중 조선의 만포선 철도와 호응하는 통화-집안 간 철도 공사가 계획되어 통구 부근의 고분군 중앙부가 파괴될 운명에 직면하게 되었다(藤田亮策, 1939). 그 사이 1937년 봄과 가을에 걸쳐 봉천 의대의 구로다 겐지 교수가 이 지역에 대한 대규모 발굴조사를 실시한다.

1938년 4월 후지타 역시 조선고적연구회의 사업으로 집안 고구려 유적에 대한 현지조사를 만주국 당국자에게 강하게 요청했고 그 일부에 대한 조사가 허가되었다. 특히 고분의 배치 형태와 평면형을 실측하는 것을 주 작업으로 철도부설지구의 분포도를 작성하는 작업이 조사 계획에 포함되었다. 당시 집안은 '대집안 도읍건설지구(大輯安都邑建設地區)'로 지정되었기 때문에 유적들의 대규모 훼손이 예상되었고, 이에 후지타가 그 사전 조사의 필요성을 만주국 당사자들에게 역설했다고 한다. 당시 만주 지역에서는 흔하지 않았던 일종의 구제 발굴인 셈이었다. 1938년 만주국 관리하의 집안 지역을 조선고적조사를 주도적으로 수행했던 인물들이 조사할 수 있었던 배경이 드러난다.

여기서 당시 공식 조사 보고서인 『통구』를 다시 살펴보자. 『통구』는 上·下 2권으로 제작되었다. 이 책 '일러두기'에서 이케다는 이미 다이쇼(大正) 13년(1924)에 상권이 간행되었다고 적었는데, 이는 확인이 필요한 기술이다. 『통구』上·下는 1932년 만주국의 수립, 그리고 1935년에 통구, 즉 집안에서 벽화고분이 새로이 발견되면서 이루어진 현지조사에 바탕한다. 즉 1924년

그림 1 　압록강과 양어두(羊魚頭)지역(『통구』에서 전재)

간행일 수 없다. 이케다가 『통구』 上을 다이쇼 13년(1924)이라고 적은 것은 쇼와(昭和) 13년(1938)의 오기일 가능성이 높다. 실제로 1938년 간기로 『통구』 上이 출판되었다.

　『통구』 下는 이케우치와 우메하라가 연명으로 이름을 올렸지만, 대부분의 원고와 도면 작성 및 편집을 우메하라가 담당했다. 당시 우메하라는 현장에서 유구 실측에 쫓겨 벽화 등은 제대로 관찰할 수 없었다. 그 때문에 보고서를 작성하는 과정에서는 전적으로 오바 쓰네키치(小場恒吉)가 작성한 모사도에 의지했다고 한다.

　그리고 집안의 조사현장에는 후지타 료사쿠(藤田亮策), 오바 쓰네키치, 시치다 다다시 등이 있었다고 적었다. 벽화고분의 모사도 작성이라는 목표에서 오바 쓰네키치의 힘을 빌리지 않을 수가 없었을 것이다. 이미 평양 주변 지역의 고구려 벽화고분 모사도 작성에서 탁월한 능력을 인정받은 오바였다. 1912년 이래 조선고적조사의 현장에서 경험을 쌓아 온 오바는 1938년 봄과 여름 두 번에 걸쳐서 집안 현지에서 벽화 모사도 작성에 종사했다.

　그런데 위에서도 언급한 것처럼 시치다 다다시라는 인물은 대단히 낯설다. 이 시기를 전후하여 활발하게 전개된 동아고고학의 활동에서도 조선고적조사의 세계에서도 확인되지 않던 인물이다.

　우메하라는 철도공사로 파괴되는 고분을 조사하기 위해 시치다를 집안 현장으로 파견했다고 한다. 관련하여 1943년에 우메하라가 간행된 『조선 고대의 묘제』에 실린 「고구려의 묘제에 대해서」에는 시치다와 우메하라의 관계를 이해할 수 있는 의미있는 기술이 포착된다. 우메하라는 이 보고문에 1939년 2월 15일에 시치다가 보낸 편지 내용의 일부를 소개했다(梅原末治, 1943).

이는 "장군총(將軍塚)의 서남 약 1정(町)에 있는 도로 서측에 고구려 시대의 특색이 있는 적색 수막새가 무수하게 산포된 곳이 있습니다. 그것은 장군총과 관계있는 건축물의 존재를 생각하게 합니다."로 끝난다. 대단히 짧은 내용이지만 시치다가 보낸 편지의 일부라고 하였다. 장군총 서남 1정의 적색 수막새 군이라면 2003년의 길림대학 발굴조사에서도 드러난 남서방향의 건축지의 흔적과 일치하는 지점이다. 이는 장군총과 방향을 같이하는 부속 건축물의 흔적으로 평가되는데 길림대학의 조사에서도 적색 기와가 다량으로 출토되었다(吉林省文物孝古硏究所, 2004).

어쨌거나 시치다는 집안 현지의 조사에서부터 보고서 『통구』下를 발간하는 동안 우메하라에게 상시 집안에서의 조사 내용을 공유했던 인물이었음이 드러난다.

II
시치다 다다시(七田忠志)의 1938년 조사일지 발견

1938년도의 집안 고구려 유적 조사에 참여했던 시치다 다다시와 관련된 자료를 추적하던 중, 그가 집안 현지에서 작성했던 미공개 조사일지를 발견했다. 시치다 다다시의 아들이 보관하

그림 2 집안 고구려 유적 조사 당시의 시치다 다다시[사진 제공: 시치다 다다시의 아들 시치다 다다아키(七田忠昭)]

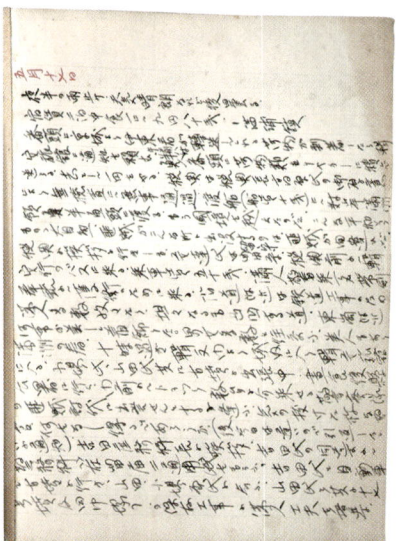

그림 3 시치다 조사일지 『집안행』 표지와 본문[시치다 다다아키(七田忠昭) 소장품]

던 것이다.

공동 연구자인 후지이 가즈오와 시치다 다다시의 아들인 시치다 다다아키(七田忠昭)를 만나 청취조사를 실시한 결과 다양한 정보를 얻을 수 있었다. 그리고 그가 보여준 일지에는 보고서 『통구』와 여러 조사자들이 발표한 논문에는 드러나지 않았던 조사 당시의 상황이 놀라울 정도로 생생하게 그려져 있었다. 1930년대 집안 고구려 유적 답사의 내용과 풍경을 이해할 수 있는 특급자료이다.

조사일지는 패선이 그려진 20×16cm 크기의 노트인데, '집안행(輯安行)'이라는 제목이 붙었다. 제목 아래에는 '昭和 十三年 五月~七月'이라는 조사 일시가 적혀 있다. 이를 통해 1938년에 이루어졌던 집안 고구려 유적에 대한 조사 당시의 기록임을 알 수 있다. 표지와 28매의 속지로 이루어졌는데 군데군데 비워둔 페이지도 있다.

다음은 시치다 조사일지 『집안행』 전문을 번역하여 소개하고자 한다. 난해한 일지의 번각 작업은 공동연구자 후지이 가즈오가 맡아 주었고 한글 번역은 필자가 실시했다.

1938년 5월 17일

밤 중에 비가 갬, 날씨 청량하나 나중에 흐림.

숙박료 2박 중식 한 끼에 9엔 80센-만포진.

번두(番頭: 지배인)에, 경성에서 이토(尹東) 군이 전송해 줄 짐이 도착하면 집안여관(輯安旅館)

통지를 부탁함. 오전 8시 조선인 번두(番頭)에게 짐을 리어카에 쌓아서 보내줌. 행하로서 1엔을 줌. 세관은 세관장 다카하라(高原) 씨의 호의로 무검사로 무사 통과. 도선(배값 10센)하여 대안(對岸) 만주령 양어두(羊魚頭)로 건너감.

벌써 국경을 건넌 것이다. 이렇게 평화로움 그 자체인 대자연, 비적(匪賊)이 이런 곳에 출몰하는 것은 비적이 잘못이다.

세관에 인사를 하러 갔지만, 安達 씨는 부재 중. 세관 앞에서 집안행 버스에 오르다.

승차비는 50센. 滿人 경찰 1명, 대검(帶劍) 권총으로 호위를 위해 승차하다. 연도(沿道) 부근에는 철도공사 때문에 만인(滿人)이 다수 열심히 일하고 있다. 담담하지만 울퉁불퉁한 길, 동강(東崗) 부근은 무언가 예쁘게 차려입은 남녀가 다수 교왕한다. 미인도 있다. 만주의 봄이다.

10시를 지나 집문문(輯文門)을 통해 성내로 들어와 집안여관에 들었다. 오바(쓰네키치) 씨, 야마다(山田文英) 씨 모두 고분에 출장 중, 점심 후 현공서(縣公署)로 갔다. 문 앞 트럭 수대에 분승한 경찰대가 비적토벌을 위해 출발하려는 장면을 조우했다. 기합이 빠진 듯한 경관, 무엇을 해낼 수 있을까?(나중에 오늘은 늦어서 되돌아왔다는 통지). 요시다(吉田) 서무과장에게 인사. 요시다 씨가 안내해 주어 경무과에서 재류신청서 2통 용지를 받음.

요시다 씨와 자동차로 고분으로 가서 야마다, 오바 양씨를 만남. 야마다씨와 함께 17호분 및 四神塚?의 보존공사에서 만인(滿人) 인부를 지도. 언어를 알아들을 수 없음이 슬픔.

오바 선생의 조수인 羅(魯?)는 일본어를 조금 알아들음. 현공서에서 자동차로 마중와서, 3인이 동승하여 오후 6시 무렵에 귀숙(歸宿). 밤에는 회식. 오바 선생의 언어 동작, 하나같이 재미없는 것이 없음. 고적조사 사안에 대하여 회의. 정청(政廳)에서 통지도 받음. 오바 선생은 자꾸 혼자서는 무리라고 강조하시어, 동정당하심. 밤 12시 반에 취침.

또한 모리 나오유키(森直行) 씨가 왔는데 요시다 씨와 함께 집을 물색했다는 이야기를 하심.

모리 씨는 근간 치치하루의 제2국민고등학교로 전임한다고 함.

5월 18일

오전 8시 10분, 오바, 야마다 씨와 함께 현공서에 가서 도읍건설처(都邑建設處)에서 三隈씨, ※씨를 만남. 그 후 주임인 하나다(花田) 씨와 만남. 그리고 부현장(副縣長)인 니시지마(西島) 씨를 만나 회담. 집은 공서(公署) 내의 뒤편이어서 놀러왔다고, 또 다음 달 정도에 여유가 생기면 같이 산보하자고 또 숙사와 관련해서도 동정해 주었다.

가와다(河田) 씨는 그다지 좋은 사람이 아니라고….

재류신청서는 전달해 준다고 하여 받아 줌. 후쿠오카현 이토시마군(絲島郡) 사람이다. 아편 전매소의 사람은 간자키군(神埼郡) 사람일 것이라고. 요시다 씨, 야마다 씨와 함께 원래 일본의 수비대가 있었던 병사(兵舍) 안의 일실, 즉 가깝고 내가 무료로 살 집을 보러 감.

옆방에는 경찰인 오오키(大木) 씨가 있음. 그 부인에게 인사. 요시다 씨 방의 벽지를 새로 붙이는 데 5엔 정도에 된다고 하며 도와 주겠다고(다만 자기 부담이라고 함, 야마다 씨).

야마다(山田), 오바(小場) 양씨와 함께 고분으로 감. 게다가 토구자(土口子)령 부근의 철도 공사 현장을 봄. 장군총을 가까이서 봄. 호태왕비의 옆(부근은 화재 흔적, 이 비 근처의 집만이 불타지 않는 것은 불가사의하다고, 과연)을 지나 만철(滿鐵) 출장소에 갔지만 주임은 부재. 내일 아침 오겠다고 약속하고 다시 17호로 가서 공사를 감독, 나는 또한 부근의 유적을 답사, 제115호분 부근에서 석촉 1점, 아무리 작은 고분도 모두 회반죽이 칠해져 있음. 제17호분, 사신총의 돌을 제거하는 작업이 진척. 조선인 목도꾼의 강인함에 놀람.

적석총 위에는 와편이 엄청나게 많다. 장군총처럼 위에는 지붕을 덮은 것임.

오후 6시 40분 마중 온 자동차로 귀가. 욕탕에 들어감. 다다하루(忠春) 씨에게 편지(엽서)를 보냄. 밤에 모리 씨 옴.

오바 선생은 여전하심. 직원 아주머니의 방에서 분첩을 훔쳐와서 야마다 씨의 식판 아래에 숨겨두고는 아주머니는 역시 야마다 씨를 좋아하는군. 나는 슬퍼요라고.

현공서(縣公署)의 인사로부터 최후의 출신교를 알려 달라고 하는 전화가 있었다고 아주머니가 전해 줌.

5월 19일(목)

밤중에 세우(洗雨) 갬. 구름.

현공서(縣公署)의 자동차로 만철 사무소의 오노 씨를 방문(오바, 야마다, 시치다).

현성 서측의 만곡부 공사 착수 시기를 물음(답. 인부가 도착하면 바로 착수, 7월에 시작). 기타, 용지 변경, 기타에 대해서 성의있는 대답을 얻음.

자동차를 돌려보내고 3인 도보로 태왕릉에 감. 보존을 불안해 함.

토성의 흔적 약간 잔존, 후지다 선생으로부터 오바 선생에게 조사가 의뢰됨. 도리이 선생의 저서에 있는 '태왕릉 남쪽 1정 정도의 지점에 엄청난 와편무지 있음'을 확인. 태왕릉 남방 도로와의 사이, 밭은 와편, 전이 많음. 특히 도로에서 가까운 밭은 1단 높고 이 부분 가장 많음. 또한 그 도로의 남방에도 초석과 같은 것이 있다.

도중 도로 곁의 양토(揚土) 속에서 즐목문토기편 하나를 채집.

사신총 및 17호분의 보존공사.

사신총에서 목관의 칠 파편 같은 것 출토, 목관편, 철못.

두개골 출토, 이 고분의 주인(야마다 씨 적출).

오늘 돌아오는 길은 도보. 도중 초석, 와편이 광역으로 산포하는 지점에서 기와를 채집. 또 야마다(山田), 오바(小場) 양씨는 아이들에게서 기와를 구입.

숙소에 돌아옴, 지나인이 와서 수비대 병사(兵舍) 안 내 방의 벽지교환 대금 7엔을 청구해 오길래 지불함.

요시다 씨로부터 전화, 집은 도배되었으니 봐 주세요. 몇 시라도 좋으니 이사하라고.

후의에 감사함.

오바 선생의 옆방에는 독일인 2명(모두 청년) 수일 전부터 숙박. 석면을 사러 왔다고 함.

살과 혈관

5월 20일

제11호분 정리 및 제17호분을 1/200로 실측.

인부 2명, 통역 1명(呂), 후지타 선생에게 송신.

5월 21일

제11호분 실측 및 정리.

오늘 佐藤民雄 뒤에게 집안으로 오라고. 항공우편.

1938년 5월 22일

오늘부터 숙사를 '집안여관'에서 원래 일본군 수비대 병사(兵舍) 안의 일실(一室)로 이전. 때문에 현장으로 가는 것은 정오로 늦어짐. 오늘은 시간 및 감독의 편의상, 제 11호분에는 가지 않고 야마다 씨가 공사감독 중인 제17호분에 감. 도중의 길은 '양어두(羊魚頭)'로 통하는 길을 선택. 오바 선생은 감기 기운이 있어 취침. 열이 있음. 밤에 조선인 의사가 내진.

저녁식사는 '집안여관(輯安旅館)'에서.

5월 23일

숙사를 옮기고 첫날밤을 보냈는데 우천으로 날이 밝음.

준비를 마치고 집안여관으로 갔지만 우천으로 중지됨.

조식을 같은 여관(同館)에서 먹음. 이후 식사는 2식, 점심 벤토까지 보태서 80센으로 同 여관에서 식사하기로 약조. 점심은 하고로모(羽衣)에서 먹었는데 니쿠다마돈(고기와 계란을 덮은 일본식 덮밥)을 60센에 먹음.

오늘 우메하라 선생, 향리, 攷史會 편지, 모리타 마모루(森田護) 교장, 나카야마(中山敏一) 씨에게 엽서(瑞書).

5월 24일

장군총 현실 내 침입 토사 반출 작업, 인부 羅 씨 이하 4인.

현실 내에도 고와(古瓦), 도기(陶器) 등의 파편 출토, 와당 출토.

고분 석첩(石疊) 주위에는 분상 건축물에서 전락한 고와가 다수 산재함.

장군총(將軍塚) 고와(古瓦)에는 뒷면에 삿자리문(籠文), 조리눈 등의 문양이 있는 것 없음.

문자기와 없음.

5월 25일

어제에 이어 장군총의 현실 정리.

소위 '溝' 발견, 溝라고 하면 溝이고 溝가 아니라고 하면 아니라고도 할 수 있는 '구'모양의 것. 현실의 주위에 있음. 현실 저면은 전체적으로 서쪽으로 경사. '溝'는 모두 내측으로 경사를 가짐.

장군총 북서쪽 1정(町) 정도의 거리에서 와당 2개. 부근 삿자리문, 笊目文(조리눈)문양이 있는 고와(古瓦) 많이 산포.

오전 10시경 아유가와 기수케(鮎川義介) 씨 비행기로 고분을 보려고 집안에 옴. 곧바로 장군총으로 옴. 집안 박물관의 설계도를 만들어서 제출하라는 것.

야마다 씨, 현장, 부현장 등, 유격대 십수 명 호위. 사신총과 제17호분에는 놀람.

밤에는 야마다 씨, 모리 씨와 함께 지나(支那) 요리에 술잔을 듬.

5월 26일

오늘 아침 1시부터 5시에 걸친 사이에 마선구(麻線溝)에 비적이 습격해 옴(400인).

유격대가 이것의 뒤를 쳐서 공격, 적 20명을 취했지만 경사(警司) 1명 (滿人인데 기관총의 명수로 용감한 사람이라고) 전사. 애석하기 그지 없음.

제11호분 정리, 인부 2사람.

연도는 모두 약 3촌×1척×1척 5촌 정도 판상의 돌을 몇 단으로 쌓아올리고 또 회반죽으로 채워 넣어 응결시켜 밀폐함.

연도(羨道) 부근에서 오늘도 유약이 발린 도기 파편 출토.

5월 27일

제11호분 북실 정리 및 (남실과 함께) 실측, 赤玉 파편 1개 출토.

현실 내부에서 도기, 수골(獸骨) 파편이 출토. 수골(獸骨)은 불가사의함. 새로운 것이 아닐까 한다.

5월 28일

도읍(都邑)에 지도 3장을 받으러 감.

요시다(吉田) 서무과장의 친구(友人) 이치노세(一瀨) 씨가 와서 고분 견학을 가고 싶다고 하여 요시다 씨로부터 안내를 의뢰받음. 자동차에 동승. 사신총, 제17호분, 제12호분을 견학한 다음 장군총과 호태왕비를 보고 돌아와서 제17호분의 남방에서 헤어졌다. 게이오(慶應)를 나온 사람이라 하는데, 담백하고 매우 남자답고 좋은 사람이로다. 요시다 씨는 오사카 외어(外語)의 지나어를 나왔다고 함.

오후에 귀숙(속소로 돌아옴)한 다음 유물 세척, 석유통 1개 18센. 히샤크(자루국자) 작은 것 25센. 야마다(山田) 씨에게 먼저 예일계(豫一界) 편성의 사정으로 예정했던 기일에 돌아와야 된다는 전보가 옴. 또 경성대의 사진반 파견신청 허가와 관련하여 편의를 봐주라는 전보가 왔음. 오늘 오바 선생이 고분 실측의 방법을 가르쳐 줌. 고마웠음. 이것만으로도 집안에 온 것은 만족. 대각선은 특히 필요하다고(현실과 연도 등). 고구려의 고분은 정형(整形)인 것이 적다고….

6월 2일

우에노(上野直昭), 스에마쓰(末松保和), 高(裕燮) 제씨 귀성(京城)

6월 3일

야마다 씨의 방치, 무감독, 차마 볼 수가 없음. 제17호분, 사신총, 이실분(제11호분)의 공사 감독.

대공(목수)에게 명령하여 급하게(至急) 고분 문짝에 열쇠를 달아서 무단견학자의 석실 침입을 저지.

6월 4일

제17호분, 사신총, 제22호분 등의 공사 감독, 사신총의 상면에 차츰 만들어지는 새로운 적토는 과연 괜찮을까? 대단히 의문. 현상보존에 전력을 쏟아야 하지 않을까?

오전 10시 무렵 강계(江界) 전기(電氣)의 요시다 상무 현장 방문. 이를 안내함. 동씨는 평양고고학회의 간사라 함. 오후 ?시 30분 무렵 만포 헌병대장(준위) 이하 약 10명이 견학을 옴. 현의 야나기(柳) 씨가 선도하여 옴, 헌병 중 (시가) 가라쓰미나토(唐津湊)촌(村) 사람이 있어서 향수를 느낌.

이마제키(今關光夫), 엔죠지(圓城寺勳) 씨와 함께 동강(東崗)의 '동아토목' 뒤에 있다고 하는 석관을 보러 갔지만 불명.

오늘밤부터 모리 씨 누추한 방에 내숙(來宿). 밤에 구이도라쿠(食道樂)에서 맥주와 사이다(4엔)를 마심. 사토 兄으로부터 일주일 뒤에 온다는 취지의 전보가 옴.

6월 5일

밤새 비가 옴. 새벽이 되어도 여전히 그치지 않음.

오전 8시 경에 나(羅) 씨 오늘 작업을 문의하기 위해서 옴. 우천으로 중지하기로 함. 다만 대공(목수)만은 일을 하기 위해 작업장으로 갔음. 모리 씨와 함께 기상. 식사는 집안여관.

오바, 이마제키 씨와 회담. 인장(印章)에 대해서 오바 선생님의 고설을 청취.

중학교 앞에서 만두와 잼(1개 35전)을 사서 점심으로 함. 그 후 青訓(청년훈련소)에서 미야자와(宮澤) 씨를 방문함. 부근 만군(滿軍)(滿洲軍)附 청년훈련소(靑訓) 전임지도관(專任指導官) 미즈노(水野) 중위(中尉)와 첫 대면 (오전 10시 무렵부터 맑아짐) 관청, 학교 등 주최의 운동대회는 우천으로 중지.

6월 6일

내용 없음.

6월 7일

내용 없음.

6월 8일

오늘은 이마제키(今關)와 엔죠지(圓城寺) 양 씨도 일을 함.

6월 9일 맑음.

사신총, 17, 12, 126호 諸 古墳의 배수공사.

며칠 전 밤부터 내리던 호우가 멈추었기에 공기는 약간 냉량. 오바 선생이 병상에서 일어나 첫 출진. 마사키(正木) 씨, 엔죠지(圓城寺), 이마제키(今關) 씨 등과 같이 마차로 사신총 지역에 감. 며칠 전 밤부터 내린 호우(豪雨) 때문에 17호분 연도부에 물이 많이 참. 엔죠지, 이마제키 씨는 사진촬영. 제씨들은 모두 야마다(山田) 씨의 무모함에 경탄함. 계획도 없이 일을 하기 때문임. 사신총은 문짝 위에서부터 빗물(雨水)이 흘러내린 흔적이 분명함. 철로총국 경호대의 사람, 대장 이하 6명 내관(來觀). 공사의 사정상 사신총만 허가. 다른 날을 약속함.

17호분은 전방의 배수 공사. 10시 반 하나다(花田), 미스미(三角) 양씨 17호의 평판 측량을 하러 옴. 어제 저녁 오바 선생과 소생(小生)에게 약속한 보존공사의 계획을 위해 실측.

11시, 사진반은 일을 마침. 17호에는 손상의 흔적이 있음. 오바(小場), 마사키(正木), 이마제키(今關), 엔죠지(圓城寺) 씨 돌아감. 마사키, 이마제키, 엔죠지 3씨는 조선으로 돌아감. 쓸쓸함이 끝이 없음.

17호분 연도 앞의 시멘트는 돌의 크기를 보여주기 위하여 치우자고 오바 선생님이 주의 줌. 여기의 배수구는 건너편 집 옆의 버드나무 있는 곳까지 만들지 않으면 안 되겠다고 오바 씨가 야마다의 일을 비꼼.

6월 10일

밤새 치통 및 두통 때문에 쉼. 인부 3명에게 사신총의 땅을 파게 함. 오늘은 인부를 3명으로 함.

오오키(大木) 부인의 이야기.

토벌대로의 식료운반 트럭이 비적에게 습격을 당해 20명이 납치됨. 운전수 1명이 도망해 와서 보고하였다고. 자동차는 비적에게 불태워졌다고, 또 동강(東崗)과 양어두(羊魚頭) 중간의 부락에도 비적이 출몰했다고 한다.

來信; 시오카와(鹽川), 미야자키 다다수(宮崎糺), 모리 나오유키(森直行) 3씨.

발신; 鄕里, 시오카와, 미야노쿠비, 야마다 씨, 이토 다메이치 군.

6월 11일

토구자에 감, 258호 실측, 인골.

1호 현실 정리, 철정이 많이 나옴, 도기(陶器).

나중에 인부에게 126호의 땅을 파게 하고 혼자서 돌아옴.

저녁에 미스미(三角) 씨가 옴. 미스미 씨 집에 가서. 맥주와 술을 대접받음. 밤 11시 무렵에 현공서로부터 비적 상황이 악화되었기에 미스미 씨에게 경무장을 하고 집합하라고 전달이 옴. 미스미 씨와 함께 미스미 씨와 부인과 딸을 하나다(花田) 씨 집에 보내고, 당분간 그곳에 있다가 돌아옴. 오늘은 긴장. 곧 (비적이) 올 것임. 몇 시이건 소집에 응할 수 있도록 군장을 한 채로(신발도 신고) 모포를 배에 올려 두고 취침. 오늘밤 수면은 3~4시간 정도.

아무 일도 없어서 다행이다.

6월 12일 맑음

토구자에 가려고 했지만 날씨가 좋지 않아 삼실총 북방의 적석총의 일부를 팠지만 실패.

T1호 남실을 청소함. 녹갈류 갈도기 출토. 또 벽화 파편 하나가 출토됨. 과연 본래의 것일까.

오늘 내부 표면에는 벽화의 흔적이 1점도 보이지 않음.

6월 13일 맑음 (아침에는 가는 비)

T1호분 남실 정리와 조사.

철제품, 녹갈유 도기 등 출토. 이리하여 지난번 북실에서 출토된 녹유도기가 과연 원래의 것이었을까 아닐까 하는 의문이 해결됨.

채색된 벽화의 파편이 상당 출토되어, 어제 출토된 1편에 다시금 의미를 부여함. 이 무덤방은 지금은 파괴되어 우로가 흘러내려 벽화의 흔적이 1점도 없지만 현실 내의 토사 아래 저부에는 이렇게 보존되어 있음.

남실의 벽화 파편 덕으로 힘을 얻어 북실을 재조사했지만 1편의 벽화 파편도 나오지 않음. 없는 것일까? 오직 철제품만이 출토됨.

오후 4시 공사 종료. 돌아오면서 공부.

來信: 고사회(攷史會) 제1집 송부됨. 한없는 향수를 느낌.

가야모토(榧本) 씨, 上代문화의 連中… 저기압이 있다고 걱정이 깊음. 사평가(四平街)에서 모리모토(森本) 씨로부터. 마루모(丸茂) 씨.

6월 14일 아침녘 비, 그 후 흐림

집안여관에 갔더니 오바(小場) 선생 병이 재발, 걱정이 많다. 나(羅) 씨에 부탁하여 (公醫) 이(李) 선생 집으로 연락함. 동(童) 씨는 발, 손을 씻고 간호를 함. 나(羅) 씨와 파(巴) 씨. 인부 2명과 함께 112호분 및 126호의 땅을 파도록 선발시켰다.

쉼.

6월 15일

149호분; 오바(小場) 선생 휴업으로 그 인부 및 파(巴)를 더해서 인부 계 4명.

곤로 파편이 출토됨.

6월 16일

오전 중 149호 남실.

북실은 파괴도가 심하기 때문에 조사하지 않음.

실측은 후일 실시하기로 함.

오후 토구자 남방 T1, 12호 조사. 도기편 2개, 각기(角器) 1개, 현장에 은닉함.

6월 17일

오전 중, 112호분.

오후, 정보가 좋지 않음.

來信; 祝 선생, 자택, 上代文化의 連中.

오바(小場) 선생 기분이 좋음, 저녁에 같이 거리를 산책함.

6월 18일

228호 발굴, 실측. 수확 없음.

6월 19일

오전 중 149호 북실(北室) 재발굴

오후 태왕릉, 임강총에 갔다 돌아옴, 같이 기와 편 채집.

임강총에는 매우 두꺼운 기와 있음.

성 내외의 물정 어수선.

미스미 씨 집에 산책을 권하려고, 그 후 맥주를 대접받고 12시 가까이가 되어서 돌아옴.

1938년 6월 20일

오전 1시, 옆의 오오키(大木) 방으로 경찰로부터 전령이 옴. 그 긴장한 목소리에 잠이 깸. 토구자(土口子) 부근에 비적의 습격(匪襲)이 있었던 것 같다고, 기관총 소리 시끄러움. 유격대 황급하게 출동, 나는 다시 잠들 수 없었음.

아침에 들었더니 토구자(土口子) 끝의 이마이구미(今井組)가 습격을 당해 邦人(일본인) 다수 참살됨, 또 납치되었다고 (한다.). 약 6할 정도가 조선인이라고 하는데. 노파(밥 해주는)는 창자를 드러낸 채였다고 한다.

참살 7명, 납치 15명(그중 5명 귀환, 3인 참살, 2인 감금, 인질 몸값) 소년 돌격대가 용감하게 공격해 왔다고.

성내(城內) 물정이 어수선해짐. 오바(小場) 선생과 도읍(都邑) 및 서무 요시다 씨를 방문. 오늘은 고분에 가지 않는 것이 좋겠다고. 그 때문에 인부는 17호분에 더하기로 하고 쉬기로 함.

요시다 씨에게 물었더니 급료는 아직 省에서 전송되지 않은 모양. 야마사키(山崎) 씨에게 급료가 늦어지고 있는 점, 그리고 인부임을 계상하지 않은 점에 대해 강력하게 항의하다.

밤은 공회당에서 현재 수색해서 찾은 7명의 사자(七璽) 장례식을 치름. 오전 2시에 숙소에서 취침.

아이를 가진 부인 3인은 불쌍하다고 여자 비적의 동정으로 돌아왔음. 그 3인의 여인과 기적적으로 이마이구미(今井組) 장장(帳場)에서 탈출한 한 청년의 이야기를 들음.

"돌격대의 아이는 일본인은 바카바카(바보바보)라고 했다 함. 성인(成人)들은 간도(間島)에서 일본군이 공산당 토벌 시, 우리들의 부모형제를 아무 일도 하지 않았는데 죽였다고, 일본인은 鬼畜이다."라고 했다고.

6월 21일 맑음

위험은 사라지지 않았다.

민생부가 게을러서 인부의 임금 계상을 하지 않았기 때문에 항공우편으로 이를 물었다. 답변이 있을 때까지 인부 2명은 먼저 도읍(都邑)으로 돌려보냄. 나(羅) 1명을 데리고 집에서 114호에서 출토된 도기(陶器)를 세척했다. 한낮에 귀택했다.

오바 선생은 오후 1시 공회당에서 조난자의 임시(仮) 장례식에 참가했다. 하나다(花田) 씨에 의하면 나카지마 노리요시(中島憲義) 씨는 오는 24일 다시 온다는데, 느긋하게 지낸다고.

1938년 6월 24일

비적 300명, 오전 12시 30분 무렵 동강(東崗) 습격. 요리점 '吾妻'와 滿人 잡화점이 습격당함. '아즈마(吾妻)'에서 음주 중이던 만철(滿鐵) 경비원 2명 참살[1명은 권총으로, 1명은 넓적한 철도(鐵刀)로]. 만군(滿軍) 기병5단(騎兵五團)의 일계(日系) 모(某) 중위는 멋지게 탈출.

엄청나게 요란한 사이렌, 현공서(縣公署)로 피난, 남자는 무장하고 각자 경비에 임함. 소생 등은 집문문(輯文門) 위에서 조관(眺觀). 만군학 1단(滿軍學 1團) 미즈노(水野) 중위 지휘하에 출동. 토구자(土口子)를 장악했지만 비적은 2갈래로 갈라져 잡화류(滿店)와 다른 약탈물을 지니고 한무리(一隊)는 장군총의 뒷쪽으로, 한무리(一隊)는 동대자에서 계아강(鷄兒江) 계곡길로 나와서 도주. 기관총과 소총 소리가 격렬함.

'아즈마(吾妻)'에서는 축음기 등도 가져갔다고 함.

6월 26일

'토구자(土口子)'에서 일본인 1명 납치, 조선인이라고 속여서 귀환.

이하 오바 선생 호위(護衛).

7월 1일

대성(大城)에 비적 습격.

7월 2일

내용 없음.

7월 3일

태평구에 비적 400명 습격, 가옥 불태움.

7월 4일

내용 없음.

7월 5일

병영 위의 화상석(畵像石) 및 전묘(塼墓) 주변에 울타리 공사. 오바 선생 호위.

7월 6일

내용 없음.

III
공간(公刊)된 시치다 다다시의 답사 보고

새로 확인된 미공개「시치다 집안 조사일지」를 보다 수월하게 이해하기 위해서 공간된 보고문을 찾아보았으나『고고학잡지』에 실린 짧은 글 이외에는 포착되지 않았다. 비록 짧은 문서이지만 그가 조사한 고분의 공식 편호와 그가 정리한 조사의 학술적 의의를 읽어 낼 수 있는 문서이기에 이를 전문 번역해서 소개한다.

만주국 집안현 고구려 유적 조사 현황(七田, 1938)

만주 민생부에서는 통화성 집안현성 부근 일대에 산재하는 고구려 고분의 조사 및 보존과 관련된 일이 착착 진행되고 있습니다. 필자는 운 좋게 올해 5월부터 도쿄 미술학교의 조선고적연구원인 오바 쓰네키치 선생과 함께 현지에서 만나 이 작업에 부분적으로 종사하는 광영을 누렸습니다만, 동변도(東邊道) 일대에서 날뛰던 공산비적의 주력이 여기로 이동해 왔기 때문에 성(城)의 바깥에서 작업하는 것이 매우 위험한 상태에 놓이게 되어 안타깝게도 눈물을 머금고 7월 하순 귀국할 수밖에 없었습니다.

이때 오바 선생님은 주로 새로 발견된 벽화고분 중에서 112호분 이실총(풍속화), 제65호(오회분 제4호분의 북방에 있는 소위 사신총) 및 62호분(소위 17호분)의 3기의 고분에 대한 벽화의 모사에 달필입신(達筆入神)의 기술을 발휘하셨습니다. 이 모사는 앞으로 공개되겠지만 일시적으로 비적 준동의 위험 지역이었고, 게다가 일시 병으로 쓰러지기까지 하면서도 어떻게 (저렇게) 작업을 해내시는지 감동할 수밖에 없었습니다.

필자는 주로 철도공사로 파괴된 고분 및 파괴도가 높은 고분을 조사하고 또한 장군총 현실의 청소 및 고와(古瓦) 산포지의 조사에 종사했습니다. 이때 발견된 중요한 유물은 제65호분 현실에서 발견된 두개골, 제62호분 상부에서 출토된 철부, 철꺾쇠 및 철도공사로 파괴된 T1호분의 황갈도기(黃褐陶器), 장신금구 등이었습니다.

T1은 이실분인데 남실에만 벽화가 있었습니다. 또 112호분 북방의 한 고분에서 와제 부뚜막 명기가 출토된 것은 큰 수확이었습니다. 이것은 목하 교토대 고고학연구실에서 복원 접합 중입니다. 또 토구자령(土口子嶺南) 쪽에 있는 소토분군(小土墳群) 중에서도 연도가 치우친 반달칼 모양의 석실 고분이 발견되었습니다. 반달칼모양의 고분이 북방아시아에 농도를 가진 것과 대조할 때 고구려고분의 시원 성격을 이해하는 데 도움이 될지도 모르겠습니다.

또 현성(縣城)의 동북 보병영 뒷산에서 전실적석총과 시베리아 방면의 화상석을 매우 닮은(우메하라 선생 교시) 화상석을 확인할 수 있었다. 전실적석총(塼室積石塚)과 화상석은 둘 다 집안 유일의 것으로 고구려 문화 연구상 중요한 지위에 두어야 할 것입니다.

장군총 현실의 청소에 의해서 분명해진 것은 현실 바닥에 배수구와 같은 것은 반드시 네 벽을 따라 만들어진 구(溝)가 아니라 동측 및 동남 측에서만 구상으로 만들어진 것이었습니다. 고구려고분의 전체를 통관해서 보면 대고분에는 그 고분이 석실(石室)이건 토묘(土墓)이건 간에 거의 분정상(墳頂上)에 고와 편이 산포된다는 사실은 흥미로운 점인데 건축물의 존재를 추측할 수 있는 것이라 생각됩니다.

또 석묘이건 토묘이건 간에 거의 저면이 방형인 점은 스스로 그 부분에서 고구려고분의 기본형식이 방대형이라는 사실을 보여줍니다. 기타 약간의 새로운 사실이 있지만 이는 조만간 발표할 기회를 갖고자 합니다. 다만 여기서는 편집자의 요구에 응해서 5~7월에 걸쳐 동지대(집안)에 체재하면서 얻은 견문을 소개하는 정도에서 머무르고자 합니다.

짧은 문서이지만 사신총이 1938년 조사 당시 65호분이었으며 1935년 이후 17호로 불렸던 고분은 당시 현장에서 62호로 불렸음을 알 수 있다. 풍속화가 새로 발견된 이실총은 112호이며, 철도공사로 파괴된 이실묘인 T1호에서도 벽화가 발견되었음이 드러난다. T1호는 남실에만 벽화가 있던 고분인데 당연한 것처럼 조사 후 철도공사로 인해 파괴되어 사라진 고분이다.

또 풍속화가 그려진 112호의 북방에서 조사된 고분에서 와제 부뚜막이 출토되었음을 알 수 있다. 현재 교토대학 박물관에 보관된 유물인데, 지금까지 그 출토지가 알려지지 않았던 중요유물이다.

또한 집안 조사에서 시치다는 일군의 출토 유물을 일본으로 가져갔는데 그 일부는 교토대학에 있다. 집안에서 채집된 고구려의 대표적 시유도기 2점과 부뚜막형 토기가 그것이다. 이미 간행된 『일본 소재 고구려 유물』 Ⅲ권에 교토대학에서 직접 조사하여 촬영한 사진을 게재한 바 있다(정인성 외, 2010). 당시 파편 상태로 교토대학으로 운반된 토기편을 수복한 사람이 일본고고학사에서 저명한 고바야시 유키오(小林行雄)라고 한다(시치다 다다아키 씨의 증언에 의함).

고구려 고분의 분구에서 기와 편이 출토되는 현상에 주목하여 이를 분상 건축물의 흔적이라고 판단했는데 이는 시치다의 의견이라기보다는 당시 연구자들의 일반적인 인식이었던 것으로 이해된다. 뿐만 아니라 집안 고구려 고분의 경우 토축분이건 석축분이건 모두 저면의 평면 플랜을 방형이라고 판단하고 있는 점도 주목된다.

Ⅳ
향토고고학자 시치다 다다시(七田忠志)

시치다 다다시는 일본 규슈 간자키 요시노가리 유적의 조사연구로 유명한 시치다 다다아키(七田忠昭)의 부친으로 확인되었다. 이 정보를 바탕으로 일본을 방문하여 아들 시치다의 도움으로 부친인 시치다 다다시의 이력과 관련 자료를 조사할 수 있었다.

시치다 다다시는 1933년 병역을 마치고 1934년 도쿄의 국학원대학 고등사범부에 입학하였다. 1938년 대학을 졸업하고 국어한문 역사교원 면허를 받았다. 졸업 직후 만주국의 의뢰로 집안에서 고적조사를 수행한 것으로 확인되는데 그의 집안 조사를 주선한 사람은 우메하라 스에지이다. 교토대학 출신이 아닌 시치다였지만 교토대 고고학연구실의 우메하라와 인연이 있었다는 이야기이다.

시치다의 유품 중에는 조선고적조사에서 유명한 우메하라 스에지와의 관계를 이해할 수 있는 서간류가 확인된다. 특히 시치다가 대학에 진학하기 전에 고향에서 채집한 유물들 중에서 청동기나 거푸집의 성격을 우메하라에게 묻는 편지에 대한 회신이 포함되어 있다. 시치다와 우메하라의 관계를 시사하는 자료이다. 즉 국학원대학에 입학하기 이전부터 시치다는 규

표 1 시치다의 약력

연도	이력
1912	간자키군(神埼郡) 仁比山村에서 출생
1927	사가(佐賀)현립 삼양기중학교 입학
1932	간부 후보생으로 보병 제24연대에 입대
1933	현역 만기제대
1934	국학원대학 고등사범부 입학
1935	근무 연습을 위해 보병 48연대에 應召
1938	국학원대학 고등 사범부 졸업, 무시험 검정으로 사범학교 중학교 고등여학교 국어한문역사교원 면허증 수여받음, 만주국으로부터 통화성 집안의 고적조사를 위촉받음
1940	도쿄 부립 제1상업학교 教諭로 임명
1941	보병 제148연대에 소집됨.(버마 전선 파견을 위한 임시 소집)
1942	사이공(호치민시)을 경유하여 랑군 상륙
1945	예비역 육군대위
1947	고향 간자키(神埼)고교에서 근무
1981	사망

슈 간자키 지역을 중심으로 유물 수집을 즐기던 고고보이였던 셈이다. 채집품 중에서 그 성격이 불명인 자료를 획득한 경우, 당시 교토대학에서 동아시아 고고학으로 이름을 날리던 우메하라에게 편지를 보내 의견을 구했던 것이다. 이를 통해 형성된 연결고리는 우메하라가 시치다를 1938년의 집안 조사에 추천하게 된 배경이 되었던 것으로 추측된다.

알려진 것처럼 자료수집에 광적으로 집착했던 우메하라였다. 집안 현장에서 조사한 내용을 실시간으로 전해 줄 젊은 연구자가 필요했을 것이고 시치다는 그 기대를 저버리지 않은 셈이다. 물론 본인과 연결된 학문 후속세대를 키워 볼 생각도 있었을 것이다. 이는 우메하라 본인을 조선고고학의 세계로 인도한 야쓰이 세이이쓰와의 관계와도 유사하다.

그런데 시치다가 고고학의 꿈을 키우는 데 영향을 준 또 한 사람의 유명 고고학자가 있으니 바로 모리모토 로쿠지(森本六爾, 1903~1936)라는 인물이다. 아마추어 고고학자라지만 야요이시대 연구 수준을 획기적으로 향상시킨 연구자로 평가받는다. 「일본원시농경」이라는 논문을 통해서 야요이 시대에 이미 벼농사가 있었다는 주장을 펼쳐 일본 고고학계에 센세이션을 일으킨 바 있다. 시치다 다다아키가 소장 중인 부친 시치다 다다시의 유품에는 그 자신에게 보낸 편지류를 모아둔 스크랩이 있다. 그중 표지에 '위대한 고고학자 모리모토 로쿠지(森本六爾) 서간집'이라고 써 둔 것이 있다(吉野ヶ里歷史公園, 2005). 평소 시치다가 모리모토를 어떻게 생각했는지가 잘 드러나는 대목이다. 결국 시치다는 고고학연구회를 설립하여 활약하던 모리모토, 그리고 동아시아 고고학계의 거물이 된 우메하라 등과 맺은 사적인 연결망에 기초하여 고향 간자키 지역에서 고고학자의 꿈을 키웠던 인물임이 드러난다.

한편 시치다가 세상을 떠난 다음 가나제키(金關恕)가 쓴 추도문에는 시치다의 집안 고구려 유적 조사와 관련된 내용이 있다(吉野ヶ里歷史公園, 2005). 전후 일본 규슈 고고학을 리드했던 오카자키 다케시(岡岐敬)가 교토대학에 진학하게 된 배경은 시치다와의 인연 때문이었다고 밝히고 있다. 즉 하마다가 세상을 떠난 1938년, 후쿠오카고등학교의 학생이던 오카자키는 시치다에게 유적보고서를 얻기 위하여 편지를 썼던 사실이 드러난다. 그런데 그 편지는 당시 만주국 집안에 있던 시치다에게 전송되어 만주국 집안의 우표가 붙은 답장으로 돌아왔다고 한다. 편지에는 4월 하순에 교토에 가는 일이 있으니 같이 가자는 내용이 적혀 있다(吉野ヶ里遺跡公園, 2005).

시치다는 1938년 7월까지 통화현 집안에 있었으니 아마도 이듬해인 1939년 4월에 교토대학 고고학연구실에 같이 가자는 의미였을 것이다. 당시 시모노세키역에서 만나 교토대학으로 가서 집안 고구려 고고학의 선험자인 우메하라와 미즈노 세이이쓰를 만났다. 이는 후일 규슈 고고학을 선도했던 오카자키가 교토대학 고고학연구실로의 진학을 결심한 계기가 되었다고 한다(吉野ヶ里遺跡公園, 2005).

V
「시치다 집안 조사일지」와 고고학적 정보

여기서는 우선 미공개 「시치다 집안 조사일지」(이하 「시치다 일지」)에 드러나는 고고학적 조사 활동의 내용과 담보된 성과를 살피고자 한다.

이미 위에서 살핀 것처럼 1938년의 조사에서 오바 쓰네키치가 수행했던 주된 작업은 벽화고분의 실측이었다. 1937년 구로다의 조사에서 17호로 명명된 '마조총'과 11호 이실총, 그리고 사신총의 벽화 모사를 실시했던 것으로 보인다. 만약 112호 이실총이 무용총이라면 이때 무용총의 모사도 작성 역시도 추진되고 있었을 가능성이 있다. 이 부분은 보다 정확한 확인이 필요하다. 물론 조사단 전반의 발굴조사와 복원공사, 실측과 측량작업 지도도 그의 몫이었다.

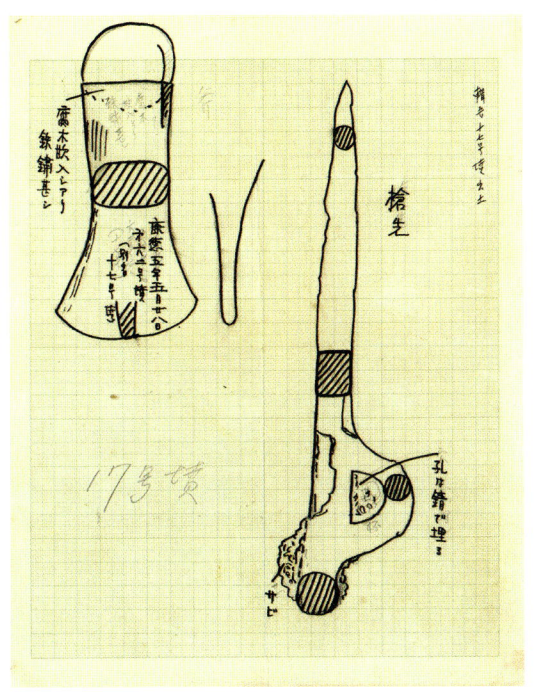

그림 4 시치다 다다아키 소장 자료(17호 출토 유물 실측도: 우메하라 작도)

반면 시치다는 철도 공사로 파괴되는 유적 조사가 파견의 목적이라 했다. 다만 일지에서 드러나는 조사 내용은 그 범위를 넘어선다. 오바가 조사하던 벽화고분의 정리 작업은 물론, 복원공사의 감독도 맡았으며 장군총과 태왕릉을 정리하고 유구 내부와 주변에서 출토 유물을 채집하고 있다.

가장 많은 시간을 투자했던 유구는 17호 마조총 그리고 사신총이다. 조사에 착수한 1938년 5월 17~22일까지 17호에서 작업하고 실측했다. 6월이 되어서 3일과 4일, 그리고 5일에 걸쳐서도 17호분을 조사했다. 17호에서 어떤 작업을 수행했는지 분명히 드러나지는 않지만 오바 쓰네키치의 작업을 보조하고 내부를 정리하며 도면을 작성했던 것으로 보인다.

17호 사신총의 조사에도 자주 참가했다. 구체적으로 어떤 작업을 했는지는 드러나지 않지만 조사 중에 칠 파편이 출토되고 목관 관못과 두개골이 출토된 사실은 국내 연구자들에게 제대로 알려져 있지 않다. 특기할 만한 조사 성과이다.

11호가 벽화가 있는 이실총이었음도 중요하다. 이실총은 실측 정리를 실시하고 구조를 살폈으며 출토 유물을 기록해 두었다. 11호의 조영 방법은 판상의 석재를 쌓아 올리면서 틈새에 회반죽을 채워 넣었음이 드러난다. 시유도기가 출토되었으며 북실 정리 과정에서는 적색 구슬이 출토되었다고 한다. 현실 내부에서는 도기와 짐승뼈가 출토되었는데 시치다는 짐승뼈의 경우 후대에 반입되었을 가능성이 있다고 판단하고 있다. 보고서 『통구』에는 없는 정보이다.

태왕릉의 경우 남서쪽 건물지에 다량의 적색 기와무지가 있다는 기록이 주목되는데 이는 2003년 길림대의 발굴조사에서도 드러난 건물지 유구이다(吉林省文物考古研究所, 2004).

「시치다 일지」에 수록된 유물 채집 기록으로 보건대 이들은 현장에서 반출되었을 것이다. 시치다 다다아키 소장 자료에서 관련 자료의 일부를 발견할 수 있었다.

시치다 다다아키 소장 자료에는 이미 소개한 「시치다 일지」를 비롯하여 전돌과 기와, 그리고 철제 못과 도면류 등이 소장되어 있다. 이 외에도 아들 시치다는 부친의 유품 중에서 집안 고구려고분의 배치도와 완형 전돌이 더 있었다고 하나 이 유물들의 행방은 이번 조사에서는 드러나지 않는다.

조사한 유물을 소개해 보면 다음과 같다.

1. 시치다 다다아키 소장 유물

1) 적색 전돌

묵서로 '대왕릉 西方'이라고 적어 두었는데 태왕릉 출토일 것이다. 적색의 장방형 전돌 파편이다. 문양은 측부(側部) 한 면에만 표현되었는데 능형문이라고 할 수 있다. 능형문, 즉 사격자문의 개별 구획마다 주판알 형태의 융기가 배치되었다. 태토는 비교적 정선된 점토를 이용한 것이다. 성형틀에 여러 번에 나누어 점토를 채웠음이 단면 관찰로 드러난다. 상면 표면에 모래 입자가 관찰되는데 이는 분리사일 가능성이 있다. 속심과 나머지 표면에는 모래 알갱이의 부착이 관찰된다.

색조는 속심, 즉 단면은 물론 모든 표면이 적색이다. 부분적으로 2차 피열로 검게 그을린 부분이 있다. 문양 면에는 1차적으로 노끈무늬 압흔이 관찰된다.

2) 기와(용마루)

회색의 특수기와인데 지붕 용마루에 얹었던 특수기와일 가능성이 높다.

묵서로 '臨江塚'이라고 적혀 있다. 회색 색조인데 매우 고운 입자의 모래가 섞인 점토를 이용해서 성형한 것이다. 단면은 넓게 벌어지는 '八'자 형태이다. 상면에는 '목판긁기'로 조정되었고 하면은 '포목흔'이 선명하다. 하단부에도 포목흔이 남아 있다. 포목은 눈이 비교적 성긴 편이다. '八'자 형태의 원형틀 전면에 포를 깔고 그 위에 점토를 채우고 눌러서 완성한 것으로 판단된다.

임강총 고분의 분구 위에 조영되었던 건축물의 지붕이었는지, 아니면 다른 용도의 건축부재인지 분명하지는 않다. 2004년의 중국 보고서에서 유사한 자료를 발견할 수 있는데 당시 고구려 왕릉급 고분에 실제로 건축부재가 사용되었다는 것을 실증하는 자료라는 점에서 대단히 중요하다.

그림 5 시치다 다다아키 소장 고구려 전돌(후지이 가즈오 촬영)

그림 6 시치다 다다아키 소장 특수기와(후지이 가즈오 촬영)

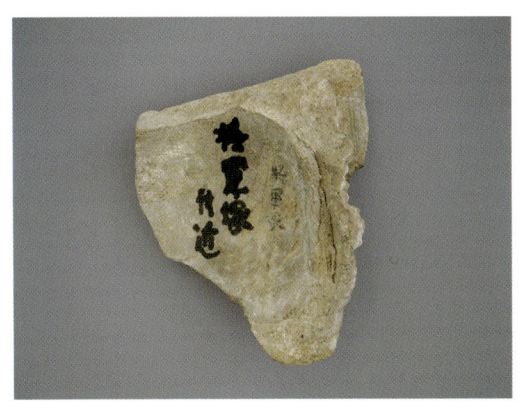

그림 7 시치다 다다아키 소장 유물

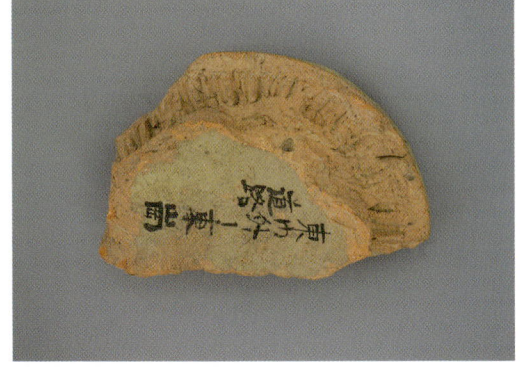

그림 8 시치다 다다아키 소장 유물

3) 장군총 출토 연화문 와당

'묵서'로 '將軍塚'이라고 적힌 연화문 막새편이다. 실제로 「시치다 일지」에는 장군총에서 자주 작업하던 정황이 인정된다. 작업 과정에서 채집한 유물일 것이다.

 이 와당은 고운 점토로 성형했는데 단면과 내외면 전체가 회색으로 발색한다. 유물에는 2종류의 '묵서'가 적혔는데 글씨체와 필기구가 서로 다르다. 시치다가 소장하면서 시간차를 두고 주기했거나, 사후 제3자에 의한 주기일 가능성도 있다.

문양이 없는 민주연과 문양부로 구성되는 연화문 수막새편인데 중방부가 남지 않은 파편이다. 높은 주연부 아래에는 2조의 원권이 돌아간다. 중방 주변의 문양대는 역시 2조의 권선으로 분할되고 각 공간에 볼륨감이 있는 연판(蓮瓣)을 배치했다. 동일한 형태의 연판은 3조의 능선이 돌출된 형태이다.

수키와는 내면에 포목흔이 남아 있고 상면에는 반건조 후의 마연흔이 잘 남아 있다. 수키와와 와당의 접합부 내면에는 점토보강을 했는데 보강 후 목판 조정이 이루어졌다. 수키와와 와당의 접합법은 단면상 나타나지 않는데, 마치 원통형 수키와부에 와당판을 끼워 넣은 것 같은 형상이다. 유사한 형태의 집안 수막새에서 일반적으로 보이는 '찌르기접합법'은 이 자료의 단면에서는 관찰되지 않는다.

4) 적색 수막새

적색의 고구려 수막새이다. 단면과 내외면 모두가 적색이다. 즉 소성 과정이 처음부터 산화염 환경이었음을 시사한다.

와당면만 잔존하는데 수키와부는 접합흔만 남긴 채 탈락되었다. 접합부는 다치구로 연속되게 긁어낸 흔적이 남는다. 다치구 흔적 주변에는 비록 희미하지만 수키와 단부(端部)에 새겨졌던 사선문이 전사되어 관찰된다.

묵서(墨書)로 '東門 外 – 東崗道路 –'라고 적어 두었다. 「시치다 일지」에는 국내성 동문을 나와 동강으로 향하는 도로변에 기와가 쌓인 지점에 대한 기록이 있고 위치 표시가 있다. 이곳에서 선별 채집하여 일본으로 가져간 자료로 평가된다.

민주연과 문양면으로 이루어진 와당이다. 낮고 작은 중방 주변으로 돋을 당초문이 표현되었다. 와당면에는 나무결흔이 전사되었는데 나무거푸집으로 와당면을 만들었음을 알 수 있다.

5) 무용총 목관 철못

무용총에서 출토되었다고 주기된 유물은 모두 4점인데 모두 철못이다. 아마 관못일 것인데 케이스에 소장된 순서를 따라 왼쪽부터 1, 2, 3, 4라고 임시번호를 붙이기로 한다.

4점은 대체로 유사한 형태이지만 각각의 세부형태는 서로 다르다. 못머리가 원형인 점, 쇠못의 몸체 잘린면(단면)이 사각형인 것은 동일하다. 다만 못머리의 형태는 4점이 모두 다르며 못의 몸체도 단면 4각형인 것만 동일할 뿐, 길이와 굵기 등은 서로 다른 형태이다.

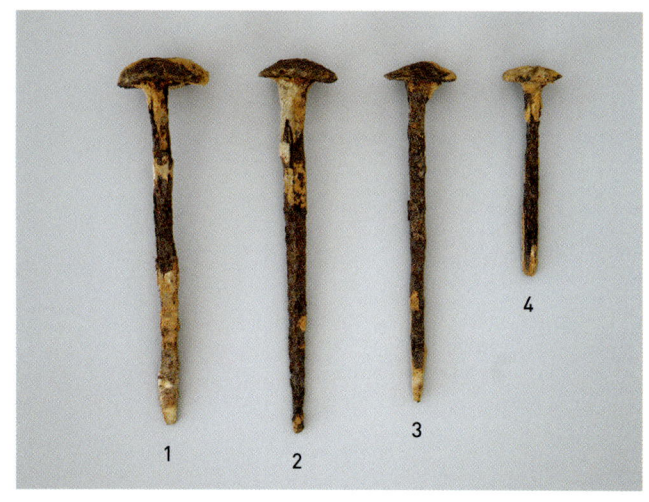

그림 9　시치다 다다아키 소장 무용총 출토 유물

(5-1) 머리가 원형인 철못인데(圓頭釘) 몸체는 단면 사각형이다.

원두에 배면은 약간 들려 있는데 단면 사각형의 신부를 붙여서 구현하는 방법은 육안 관찰로는 알 수 없다. 다만 원두의 배면 중심에 신부가 붙은 것이 아니라 약간 한쪽으로 쏠려 있는 점이 특징이다. 철못의 신부 끝은 뾰족하게 가공되었다. 목질흔은 전혀 남아 있지 않다.

단조품이다.

(5-2) 머리가 원형인 철못인데(圓頭釘) 몸체는 단면 사각형이다.

원두에 배면이 완전한 평탄면을 이룬다. 원두의 아래에 단면 사각형의 철못 신부가 붙었다. 원두의 배면 중심에서 한쪽으로 크게 치우쳐 신부가 접합되었다. 철못의 신부 끝은 뾰족하게 가공되었다. 목질흔은 전혀 남아 있지 않다.

(5-3) 머리가 원형인 철못인데(圓頭釘) 몸체는 단면 사각형이다.

원두에 배면은 완전한 평탄면이다. 원두 배면의 중심에서 주연으로 치우친 곳에 단면 사각형의 철못이 부착되어 있다. 못머리와 몸체를 붙여낸 방법은 육안 관찰로는 알 수 있다.

철못의 신부 끝은 뾰족하게 가공되었는데 목질흔은 관찰되지 않는다.

(5-4) 머리가 원형인 철못인데(圓頭釘) 몸체는 단면 사각형이다.

원두에 배면은 약간 들려 있는데 단면 사각형의 신부가 부착되었다. 다른 철못과 마찬가지로 단조제품이다.

6) 각저총, 무용총 실측도

시치다 소장 자료에는 각저총과 무용총 관련 도면도 포함되어 있다.

현장에서 작성된 원도는 아니며 우메하라가 작성한 '트레이스도'라고 추정된다. 도면은 모두 2장인데, 하나에는 '쇼와 10년 9월 29일 우메하라 약도'라는 메모가 적혔다. 틀림없이 우메하라의 필체이다. 쇼와 10년이라면 1935년이기 때문에 이는 시치다가 집안 현지조사를 실시하던 1938년의 조사 내용이 아니다.

즉 1935년 우메하라의 2차 집안조사에서 작성된 원도를 바탕으로 투명지를 붙여서 트레이스한 도면으로 추정된다. 이 도면은 이케우치, 우메하라 연명으로 발간된 『통구』下에 게재된 도면과 거의 흡사하다. 다만 보고서에는 단면과 평면도의 위치가 이 도면과는 상하 반대로 배치되었다.

우메하라의 도면을 왜 시치다가 보관했는지의 의문은 위에서 살핀 시치다 유품의 내용을 상기하면 해답이 추정된다. 즉 존경하던 모리모토 로쿠지의 원본 도면을 '유품'으로 받아 소중하게 보관했던 시치다였다. 그렇다면 자신을 고고학의 길로 인도해 준 우메하라의 도면도 그가 소장하고 싶었던 콜렉션이었을 것이다.

7) 17호 마조총 출토 유물 실측도(그림 4)

시치다 자료에는 17호에서 출토된 유물 도면도 포함되어 있는데 이는 보고서에 게재된 자료가 아니다. 지금까지 공개되지 않았던 미공개 자료인 셈이다(七田, 1938).

한 점은 철부이며 다른 한 점은 그 용도가 분명하지 않은 철기의 도면이다. 그런데 이 도면은 무용총의 '트레이스도'와는 성격이 다르다. 원도의 필체가 우메하라의 것이 아니기 때문이다. 원도의 메모는 시치다 본인의 필체인지 제3의 인물인지 검증 작업이 필요하다. 원도의 필체는 우메하라가 아니지만 원도 위에 겹쳐 그린 필체는 우메하라의 것이 분명하다. 「시치다 일지」에서 보았던 것처럼 시치다는 17호에서 다양한 작업을 실시한 바 있다. 가능성은 몇 가지 있다. 하나는 시치다가 집안 현지에서 17호 마조총 출토 유물을 보고 그려둔 원도를 우메하라가 정서한 도면일 수 있다. 그렇지 않다면 시치다가 일본으로 가져간 철기 유물을 교토대학의 누군가가 실측했고 이를 보고서를 작성하는 과정에서 우메하라가 조정했을 수도 있다. 물론 추측의 영역이다.

시치다, 그리고 『통구』하를 작성하는 과정에서 작업을 도왔던 교토대학 고고학연구실 소속 연구자들과의 필체 대조 작업이 필요할 것이다.

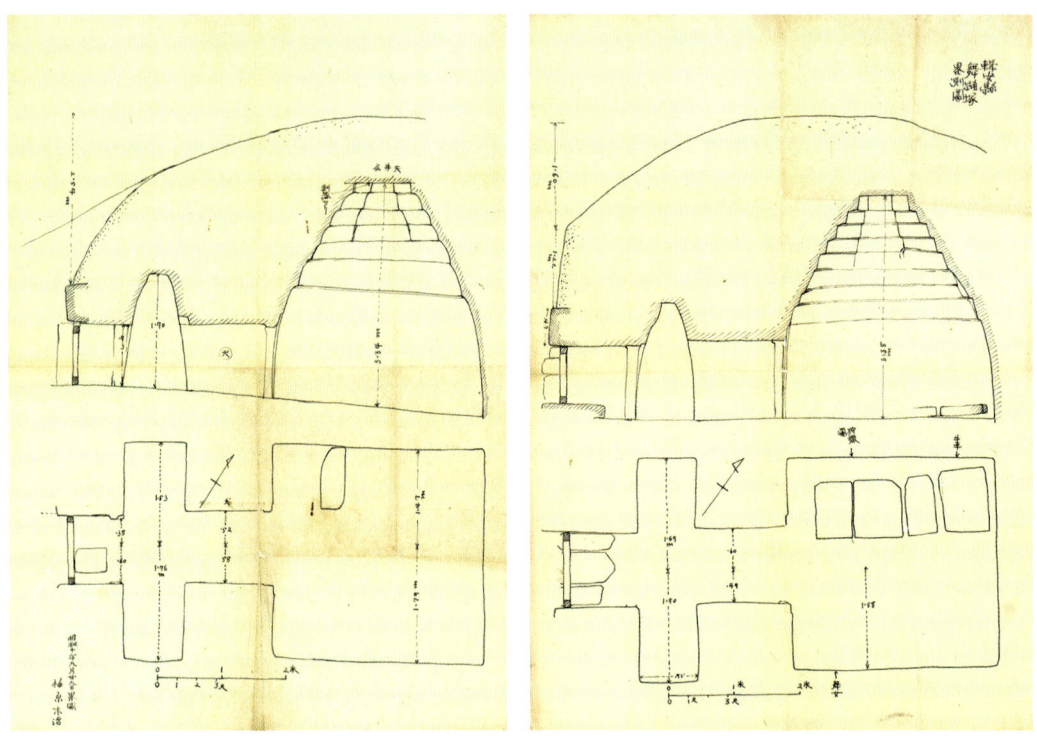

그림 10 시치다 다다시 자료(좌: 각저총, 우: 무용총), 시치다 다다아키 소장, 후지이 가즈오 촬영

그림 11 무용총 입구(성균관대학교박물관, 2006)

그림 12 장군총 석실 입구 전경(『통구』에서 전재)

8) 집안 현지에서 촬영한 인물사진

시치다 자료에는 집안 현지조사 과정에서 촬영한 인물사진이 포함된다. 시치다 본인과 또 다른 한 명이 찍혔다. 사진 뒷면의 메모를 통해 보건대 그 인물은 「시치다 일지」에 출현하는 인물, 즉 모리임을 알 수 있다. 시치다의 1938년의 조사 풍경을 좀 더 선명하게 이해하는 데 도움이 될 자료이다.

2. 교토대학 박물관의 관련 유물

1938년 시치다가 집안에서 수집한 고구려 유물은 교토대학 박물관에도 일부 소장되었음이 확인된다(梅原末治, 1951). 원래 교토대학 문학부 열품진열실에 소장되었던 것으로 그 설명에는 '시치다 기증유물'이라고 적혀 있다. 2점의 고구려 시유도기와 와질소성의 부뚜막형토기가 그것인데 위에서 살핀 「시치다 일지」에도 그 언급이 산견된다. 지금까지 교토대학 소장 유물의 출토 유구가 비정된 적이 없기 때문에 시치다의 현장기록은 대단히 중요하다.

시치다가 조사한 고분에서 시유도기에 대한 언급이 있었던 것은 11호분 이실총과 철도 부설 구간에 있었던 T1호 고분이다. 11호 이실묘가 정확하게 어떤 고분인지는 특정하기가 어렵지만 당시 17호 마조총보다 일련번호가 빠르다는 점에 주의할 필요가 있다. 당시 무용총이 정확하게 몇 호였는지 분명하지 않은데 시치다가 보관하던 무용총 출토 관못이 의미있는 힌트가 될 수 있다.

일지에는 1938년 5월 26일 11호에서 시유도기가 출토되었다고 적어 두었다. 그리고 T1호 고분도 이실총인데 한곳에만 벽화가 그려져 있다고 기술했다. 철도공사 구간에 속한 고분이었기에 지금은 남아 있지 않을 가능성이 높다. 여기서는 녹유갈도기가 출토되었다고 적고 있는데 교토대학에 보관된 녹갈유가 바로 이 고분에서 채집된 유물일 가능성이 높다.

유명한 와질제 부뚜막형토기는 풍속화가 그려진 이실묘인 112호의 북편에 위치한 고분에서 출토되었다고 했다. 중요 고구려 유물의 출토 유구에 대한 유력한 정보이지만 이 역시 앞으로 검증작업이 필요하다. 아울러 시치다 다다시가 소장했다는 당시의 전체 유구 배치도를 추가로 추적 조사할 필요가 있다.

3. 규슈대학 고고학연구실의 관련 유물

규슈대학 고고학연구실에도 시치다 다다시 관련 유물이 보관되어 있다(정인성 외, 2009). 천추총에서 출토된 명문 벽돌과 전돌, 그리고 와당 편이 그것이다. 유물의 종류와 내용 등이 시치다 다다아키 소장의 집안 고구려 유물과 흡사하다. 소장된 시기를 살피니 교토대학보다 훨씬 나중으로 확인된다. 교토대학 박물관의 시치다 관련자료는 1938년 조사 직후에 반입된 것이며 규슈대학 시치다 자료는 그 이후 소장 유물을 다시 나눈 결과로 이해한다. 물론 구체적인 소장경위는 알 수 없다.

VI
맺음말에 대신하여: 고구려고분 속의 항일유격대

살핀 것처럼 새로 발견한 「시치다 일지」에는 1938년에 이루어진 일본 고고학자들의 집안 현지조사의 풍경을 생생하게 복원할 수 있는 내용들이 있다.

그중에서 시치다가 비적이라 표현한 무장세력의 활동내역이 비교적 구체적으로 드러난다.

이는 집안의 고구려 고분군을 배경으로 전개된 항일유격대의 활동으로 이해되는데 관련 내용만을 발췌하여 날짜별로 재정리하면 아래와 같다.

1938년 5월 17일
비적(匪賊)이 이런 곳에 출몰하는 것은 비적이 잘못이다. 세관 앞에서 집안행 버스에 오르다. 滿人 경찰 1명, 대검(帶劍) 권총으로 호위를 위해 승차하다. 연도(沿道) 부근에는 철도공사 때문에 만인(滿人)이 다수 열심히 일하고 있다. 점심 후 현공서(縣公署)로 갔다. 문 앞 트럭 수대에 분승한 경찰대가 비적토벌을 위해 출발하려는 장면을 조우했다. 기합이 빠진 듯한 경관, 무엇을 해낼 수 있을까?(나중에 오늘은 늦어서 되돌아왔다는 통지).

그림 13 1935년 집안 현공서 앞의 조사단과 만주군 (성균관대학교박물관, 2006)

그림 14 1935년 만포진에서 압록강을 건너는 조사단과 만주군(성균관대학교박물관, 2006)

5월 18일

일본의 수비대가 있었던 병사(兵舍) 안의 일실, 즉 가깝고 내가 무료로 살 집을 보러 감. 옆방에는 경찰인 오오키(大木) 씨가 있음.

5월 25일

야마다 씨, 현장, 부현장 등, 유격대 십수 명 호위.

5월 26일

오늘 아침 1시부터 5시에 걸친 사이에 마선구(麻線溝)에 비적이 습격해 옴(400인). 유격대가 이것의 뒤를 쳐서 공격, 적 20명을 취했지만 경사(警司) 1명 (滿人인데 기관총의 명수로 용감한 사람이라고) 전사. 애석하기 그지 없음.

6월 3일

대공(목수)에게 명령하여 급하게(至急) 고분 문짝에 열쇠를 달아서 무단견학자의 석실 침입을 저지.

6월 4일

오후 ?시 30분 무렵 만포 헌병대장(준위) 이하 약 10명이 견학을 옴. 현의 야나기(柳) 씨가 선도하여 옴, 헌병 중 (시가) 가라쓰미나토(秦)촌(村) 사람이 있어서 향수를 느낌.

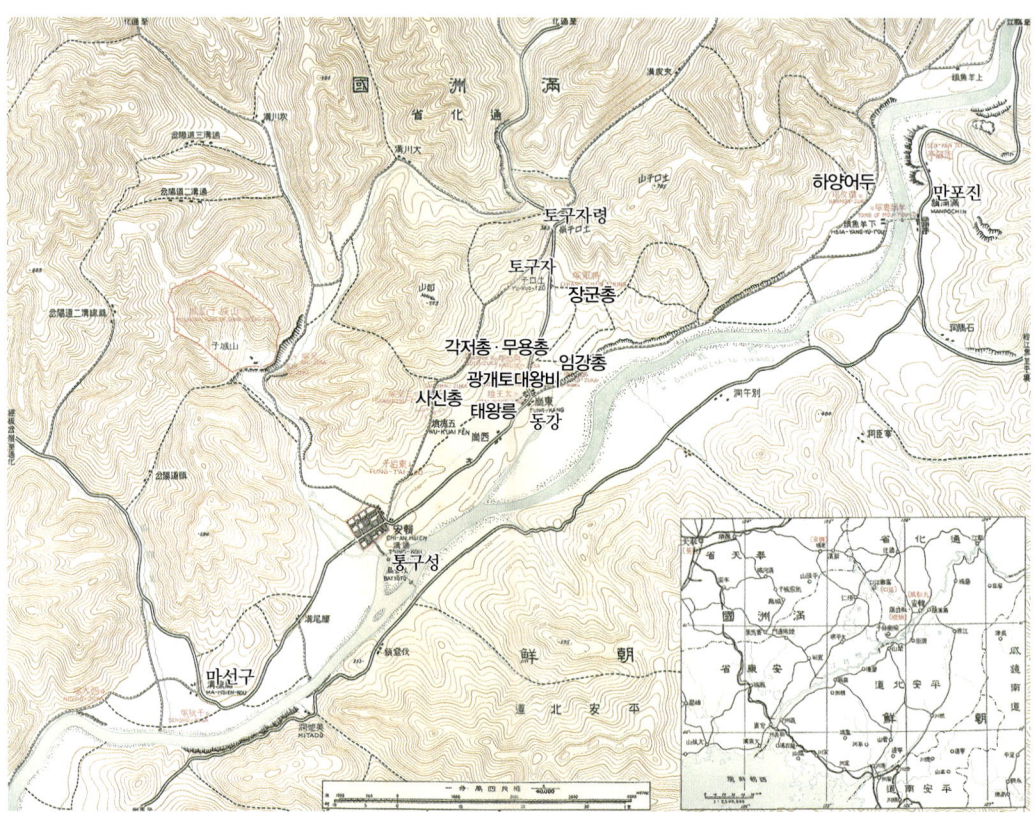

그림 15 집안지역 지형도와 항일유격대의 활동지점(『통구』上에서 발췌)

6월 5일

青訓(청년훈련소)에서 미야자와(宮澤) 씨를 방문함. 부근 만군(滿軍)(滿洲軍)附 청년훈련소(青訓) 전임지도관(專任指導官) 미즈노(水野) 중위(中尉)와 첫 대면.

6월 10일

오오키(大木) 부인의 이야기.

토벌대로의 식료운반 트럭이 비적에게 습격을 당해 20명이 납치됨. 운전수 1명이 도망해 와서 보고하였다고. 자동차는 비적에게 불태워졌다고, 또 동강(東崗)과 양어두(羊魚頭) 중간의 부락에도 비적이 출몰했다고 한다

6월 11일

밤 11시 무렵에 현공서로부터 비적 상황이 악화되었기에 미스미 씨에게 경무장을 하고 집합하라고 전달이 옴. 미스미 씨와 함께 미스미 씨와 부인과 딸을 하나다(花田) 씨 집에 보내고, 당분

간 그곳에 있다가 돌아옴. 오늘은 긴장. 곧 (비적이) 올 것임. 몇 시이건 소집에 응할 수 있도록 군장을 한 채로(신발도 신고) 모포를 배에 올려 두고 취침. 오늘밤 수면은 3~4시간 정도.
아무 일도 없어서 다행이다.

1938년 6월 20일

오전 1시, 옆의 오오키(大木) 방으로 경찰로부터 전령이 옴. 그 긴장한 목소리에 잠이 깸. 토구자(土口子) 부근에 비적의 습격(匪襲)이 있었던 것 같다고. 기관총 소리 시끄러움. 유격대 황급하게 출동, 나는 다시 잠들 수 없었음.

아침에 들었더니 토구자(土口子) 끝의 이마이구미(今井組)가 습격을 당해 邦人(일본인) 다수 참살됨, 또 납치되었다고 (한다.). 약 6할 정도가 조선인이라고 하는데. 노파(밥 해주는)는 창자를 드러낸 채였다고 한다.

참살 7명, 납치 15명(그중 5명 귀환, 3인 참살, 2인 감금, 인질 몸값) 소년 돌격대가 용감하게 공격해 왔다고.

성내(城內) 물정이 어수선해짐.

밤은 공회당에서 현재 수색해서 찾은 7명의 사자(七璽) 장례식을 치름. 오전 2시에 숙소에서 취침. 아이를 가진 부인 3인은 불쌍하다고 여자 비적의 동정으로 돌아왔음. 그 3인의 여인과 기적적으로 이마이구미(今井組) 장장(帳場)에서 탈출한 한 청년의 이야기를 들음.

"돌격대의 아이는 일본인은 바카바카(바보바보)라고 했다 함. 성인(成人)들은 간도(間島)에서 일본군이 공산당 토벌 시, 우리들의 부모형제를 아무 일도 하지 않았는데 죽였다고, 일본인은 鬼畜이다."라고 했다고.

6월 21일 맑음

위험은 사라지지 않았다.

오바 선생은 오후 1시 공회당에서 조난자의 임시(仮) 장례식에 참가했다.

1938년 6월 24일

비적 300명, 오전 12시 30분 무렵 동강(東崗) 습격. 요리점 '吾妻'와 滿人 잡화점이 습격당함.

'아즈마(吾妻)'에서 음주 중이던 만철(滿鐵) 경비원 2명 참살 [1명은 권총으로, 1명은 넓직한 철도(鐵刀)로]. 만군(滿軍) 기병5단(騎兵五團)의 일계(日系) 모(某) 중위는 멋지게 탈출.

그림 16 통구성 집문문(문루 위에서 경계근무 중인 군인: 『통구』에서 전재)

엄청나게 요란한 사이렌, 현공서(縣公署)로 피난, 남자는 무장하고 각자 경비에 임함. 소생 등은 집문문(輯文門) 위에서 조관(眺觀). 만군학 1단(滿軍學 1團) 미즈노(水野) 중위 지휘하에 출동. 토구자(土口子)를 장악했지만 비적은 2갈래로 갈라져 잡화류(滿店)와 다른 약탈물을 지니고 한 무리(一隊)는 장군총의 뒷쪽으로, 한무리(一隊)는 동대자에서 계아강(鷄兒江) 계곡길로 나와서 도주. 기관총과 소총 소리가 격렬함.

'아즈마(吾妻)'에서는 축음기 등도 가져갔다고 함.

6월 26일
'토구자(土口子)'에서 일본인 1명 납치, 조선인이라고 속여서 귀환.
이하 오바 선생 호위(護衛).

7월 1일
대성(大城)에 비적 습격.

7월 3일
태평구에 비적 400명 습격, 가옥 불태움.

그림 17 삼실총 내부의 취침 흔적(『통구』에서 전재)

7월 5일

병영 위의 화상석(畵像石) 및 전묘(塼墓) 주변에 울타리 공사. 오바 선생 호위.

시치다가 조사에 착수하기 전부터 집안은 비적들이 출몰하는 공간이었는데 이들의 정체는 시치다가 고고학잡지에 게재한 문서에 분명히 드러난다(七田, 1938). 시치다는 이를 '공산비적'이라 했고 동변도(東邊道)에서 주력이 이동해 왔다고 했다. 압록강 동쪽, 즉 간도 방면에서 활동하던 공산계열의 항일 무장세력이 1938년 무렵 집안으로 이동해 왔다는 의미일 것이다. 그 6할이 조선인이라는 기술도 중요하다(七田, 1938).

포로가 된 일본인이 조선인이라고 속여서 풀려났다는 기술을 보면(七田, 1938) 조선인은 공격하지 않는 무장세력임을 알 수 있다. 흔히 '항일연군'으로 불리는 무장세력일 것이다. 간도 지역에서 일본군이 벌인 공산세력 토벌 시에 부모형제가 학살되어 원한을 품었던 어린이들이 많이 있었고 무장세력이 이들을 거두어서 유격대원으로 훈련시켰다는 사실도 드러난다.

일지에 드러나는 항일유격대의 전과는 혁혁하다. 산발적이지만 성동격서를 연상시키는 작전은 일본인의 기록임에도 불구하고 대부분 승리의 결과를 알려준다.

또한 무장세력에는 여성대원도 인정된다. 여성 대원들은 임신한 일본인 여성을 석방하는 데 목소리를 낸 것으로 보인다(七田, 1938). 무장세력이 행동강령을 바탕으로 엄격한 규율이 통하는 조직이었음을 웅변하는 기술이다.

그림 18 **장군총 내부의 낙서(『통구』에서 전재)**

300~400명에 이르는 대부대를 운용했으며 집안 지역의 지리환경을 숙지하고 작전을 수행했다는 사실도 중요하다. 작전의 주된 내용은 일본인 상점이나 시설의 파괴, 토벌대로의 보급품 차단과 탈취, 부역자들의 처단 등이었다. 일지에 직접 드러나지 않았지만 이들 활동 등은 전체적으로 당시 집안에 건설되고 있었던 철도 부설공사의 저지투쟁으로도 볼 수도 있다.

7월 1일 대성, 즉 집안현성을 대담하게 공격하는 부분을 끝으로 「시치다 일지」에는 기록이 없다. 일지를 쓸 수 없을 만큼 상황이 긴박했음을 알 수 있다. 원래 7월 말까지 조사할 계획이었으나 이후 조사를 단념하고 철수하고 말았다. 대성 공격의 결과, 일시적으로 일본군과 만주군이 이 지역의 치안을 유지할 수 없는 상황이 전개되었을 가능성이 높다. 집안 지역이 일시적으로 해방구가 된 셈이다.

한편, 파견된 시치다는 오바 쓰네키치의 지시를 좇아 내부가 노출된 고분에 문짝을 달아 무단출입자를 막는 일에 종사했다. 일견 벽화고분의 보호 보존을 위한 조치였던 것으로 보이나, 척후 등의 임무를 수행하던 항일 무장세력의 은신처를 없애려는 전략의 일환일 수도 있다. 실제로 『통구』에 게재된 장군총 석실 사진에는 무수한 방문객의 낙서가 눈에 띄는데 그 대부분이 조선인의 이름으로 드러난다.

1930년대 후반, 압록강 중류역의 고구려 유적을 무대로 전개된 항일 무장투쟁의 내용을 생생하게 복원할 수 있는 사료의 등장이라는 점에서 이번 조사연구는 예상치 못했던 성과를 얻었다고 할 것이다.

참고문헌

김대식 외, 2006,『集安 高句麗 유적의 어제와 오늘』, 성균관대학교 박물관.

서길수, 2007,『한말 유럽학자의 고구려 연구』, 여유당.

정인성 외, 2008『일본 소재 고구려 유물』I, 동북아역사재단.

정인성 외, 2009『일본 소재 고구려 유물』II, 동북아역사재단.

정인성 외, 2010『일본 소재 고구려 유물』III, 동북아역사재단.

京都大學文學部, 1963,『京都大學文學部博物館 考古學資料目錄』第3部 中國.

高裕燮, 1949,「高句麗 古都 國內城 遊觀記」,『朝鮮美術文化史論叢』, 서울신문 出版社.

吉林省文物考古硏究所·集安市博物館, 2004,『國內城』, 文物出版社.

吉林省文物考古學硏究所·集安市博物館, 2004,『集安高句麗王陵』, 文物出版社.

吉野ヶ里歷史公園, 2005,『七田忠志 硏究論文集』.

吉野ヶ里歷史公園, 2005,『七田忠志の魅力展』.

読売テレビ放送編, 1988,『好太王碑と集安の壁畫古墳』, 木耳社.

藤田亮策, 1939,「通溝附近の古墳と高句麗の 墓制」,『池内博士 還曆記念 東洋史論叢』, 座右寶刊行會. 1948,
　　『朝鮮考古學硏究』, 高桐書院, 所收.

梅原末治, 1939,「高句麗の墓制に就いて」,『史林』第24卷 1號. 1944,『東亞考古學論攷』第一, 星野書店.

梅原末治, 1951,『京都大學文學部陳列館-考古圖錄-新輯-』, 京都大學文學部.

朝鮮總督府, 1915,『朝鮮古蹟圖譜』1, 靑雲堂.

池内宏, 1938,『通溝』(上), 日滿文化協會.

池内宏, 梅原末治, 1940,『通溝』(下), 日滿文化協會.

有光敎一, 1987,「朝鮮考古資料集成 各冊著者略歷」,『朝鮮考古資料集成』, 和興堂.

七田忠志, 1938,「滿洲國輯安縣高句麗遺蹟調査の 現況」,『考古學雜誌』第28卷 第11號.

七田忠志, 1938,『輯安行』미공개 조사일지.

덴리대학부속덴리도서관(天理大學附屬天理圖書館) 소장의 오바 쓰네키치(小場恆吉) 자료에 대하여

후지이 가즈오(藤井和夫)

I. 머리말
II. 오바 쓰네키치(小場恆吉) 자료의 개요
III. 「강서삼묘리 삼묘 벽화모사 및 조사기록」에 대하여
IV. 「中和眞坡里墳墓壁畫模寫及調査記錄」에 대하여
V. 「高山里第1號墓發掘調査記錄(고산리 제1호묘 발굴조사 기록)」 등에 대하여
VI. 「平安南道中和郡東明王陵古墳群調査日誌(평안남도 중화군 동명왕릉고분군 조사일지)」에 대하여
VII. 맺음말

I
머리말

필자는 '일본 소재 고구려 유물' 조사의 일환으로, 2010년도에 평안남도 중화군 동두면에 소재한 진파리 벽화고분 발굴조사에 관계된 일본 소재 자료에 관해 조사했고, 그 성과를 졸고인 「일본소재 진파리 벽화고분 발굴조사 관계 자료에 대해서」(『일본 소재 고구려 유물』 Ⅲ, 2010, 동북아역사재단)에 소개하여, 진파리 제1호분 및 동(同) 제4호분의 편년에 관해 논했다. 그때 당시에 존재를 파악하고는 있었지만 소개하지 못했던 일본 덴리대학부속덴리도서관(天理大學附屬天理圖書館)이 소장하고 있는 오바 쓰네키치(小場恆吉) 자료를 이번에 소개하고자 한다.

본 자료는 오바 쓰네키치(小場恆吉) 사후 덴리도서관(天理圖書館)이 유족들에게서 구입한 것으로, 덴리도서관(天理圖書館)이 작성한 「小場恆吉氏資料目錄(오바 쓰네키치 씨 자료목록)」에 224건이 등록되어 일련번호가 붙어 있고, 또 그 이외에도 구(舊) 번호 같은 것이 기재되어 있다. 이 중 태반이 일본 관계 자료인데, 그중에 낙랑고분 관련이 29건, 고구려고분 관련이 5건 열거되어 있다.

고구려고분 관련 5건은 다음과 같은데, 기재되어 있는 매수나 양수사 등이 지금의 인식과 차이가 있다. 목록의 내용은 어디까지나 목록 작성 시의 것으로, 지금과 다른 부분이 있는 자료는 아래의 고구려고분 관련 자료에만 한정되지는 않는 것 같다. 아래의 자료에 부가한 동그라미 번호는 본고에서 설명의 편의상 붙인 것으로, 덴리도서관(天理圖書館)의 번호와 무관하다.

小場恆吉資料(오바 쓰네키치 자료) ① 江西三墓里三墓壁畫模寫及調查記錄(강서 삼묘리 삼묘 벽화 모사 및 조사 기록) 58장

小場恆吉資料(오바 쓰네키치 자료) ② 中和眞坡里墳墓壁畫模寫及調查記錄(중화 진파리 분묘 벽화 모사 및 조사 기록) 20장

小場恆吉資料(오바 쓰네키치 자료) ③ 高句麗墓發掘調查記錄(고구려묘 발굴 조사 기록) 5장

小場恆吉資料(오바 쓰네키치 자료) ④ 高山里第1號墓發掘調査記錄(고산리 제1호묘 발굴조사 기록) 51장

小場恆吉資料(오바 쓰네키치 자료) ⑤ 高句麗墓發掘調査記錄(고구려묘 발굴조사 기록)

그러나 이 모든 자료들을 전부 소개하기에는 자료의 게재료가 고액인 관계로 불가능에 가까우므로, 이러한 상황인 점을 감안해 그중에서도 「中和眞坡里墳墓壁畫模寫及調査記錄(중화 진파리 분묘벽화 모사 및 조사기록)」을 중심으로 소개하고, 더불어 앞의 논문 집필 후 인터넷상으로도 공개된 국립중앙박물관 소장 조선총독부박물관 문서 중에서 진파리고분군 관련 자료도 본고의 취지에 부합하는 것이므로 같이 소개하고자 한다.[1]

필자가 앞서의 논문(후지이 가즈오, 2010)에서 적은 바와 같이, 진파리 벽화고분의 발굴조사는 1941년 6월 및 9~10월의 두 번에 걸쳐 행해졌는데, 가을 조사에서는 오바 쓰네키치에 의한 진파리1호분의 벽화모사 작업도 개시되었다. 하지만, 두 번의 조사에 관여했던 연구자 중 요네다 미요지(米田美代治)는 발굴조사에 관한 어떤 보고도 남길 여유도 없이 다음 해인 1942년 10월에 33세로 별세하고, 고이즈미 아키오(小泉顯夫)는 조사에 관해 간단히 적은 단문을 발표하거나(小泉顯夫, 1942·1977), 회고록(小泉顯夫, 1986)에서 조사에 관해 적고 있지만, 조사가 두 번에 걸쳐 행해졌던 것에 관해서는 전혀 기술하지 않았다.

6월의 제1차 조사에 관해서는 종료 후 겨우 10일 후인 7월 8일에 잡지『綠旗』가 주최한 좌담회가 모리타 요시오(森田芳夫)의 사회로 오가와 게이키치(小川敬吉), 요네다 미요지(米田美代治), 가야모토 가메지로(榧本龜次郞), 아리미쓰 교이치(有光敎一)가 출석해 행해졌고(小川敬吉他, 1941), 다음 날인 7월 9일에는 경성고고좌담회 제6회 정례회가 후지타 료사쿠(藤田亮

---

[1] 국립중앙박물관 소장 조선총독부박물관 문서는 '일본 소재' 자료는 아니지만, 덴리도서관(天理圖書館) 소장 오바 쓰네키치(小場恆吉) 자료와 관계가 깊은 것이고, 또한 진파리고분군 발굴조사의 전체상을 알기 위해서는 필요불가결한 자료이다. 특히 본고에서 번각하는 「平安南道中和郡東明王陵調査日誌(평안남도 중화군 동명왕릉 조사일지)」는 진파리고분 발굴조사의 기초적인 자료이지만, 한국의 젊은 연구자들이 정확히 번각하기에는 곤란한 자료로 생각되므로, 연구자료로 활용할 수 있도록 이 기회를 통해 소개할 필요가 있다고 생각해 지면을 빌려 소개하고자 한다.
또한 여기서 일제강점기에 일본인 연구자에 의해 발굴조사가 행해졌으나, 일본이 패전한 후 75년 가까이 지났음에도 아직 보고서가 간행되지 않은 유적의 관련 자료를 소개하는 이유는, 일제강점기에 조선에서의 고적조사사업이란 무엇이었는지를 되묻기 위해 필요한 정보를 활용 가능한 형태로 공개하기 위한 것으로, 당시 일본인 연구자의 활동 내용을 밝히고 그 활동을 총괄해, 아직도 식민주의의 심성이 농후하게 잔존하고 있는 일본 고고학계에서 이를 완전히 불식하기 위해서는 필요불가결한 작업이기도 하기 때문이다.

策), 스에마쓰 야스카즈(末松保和), 고이즈미 아키오(小泉顯夫), 요네다 미요지(米田美代治), 아리미쓰 교이치(有光敎一) 등이 참가해「新出高句麗壁畫古墳についての座談會(신출 고구려 벽화고분에 관한 좌담회)」가 이왕가미술관에서 개최되었다(후지이 가즈오, 2010, pp.228~262). 또한 고이즈미 아키오(小泉顯夫)가 상세히 소개한 기사가 9월 1일에 간행된 여행잡지『文化朝鮮』에 게재되어 있다(小泉顯夫, 1941). 발견 당초에는 벽화가 양호하게 남아 있었던 진파리 1호분 및 동 4호분에 관한 신문 보도도 많이 보이므로, 연구자뿐만이 아니라 일반 시민들 사이에도 관심이 높았던 것을 엿볼 수 있다.

전란이 격화되던 중, 조선총독부에 의한 조사 등의 경비 지출이 끊긴 당시에, 발굴조사나 벽화고분 2기의 보존 공사 및 동명왕릉 주변의 정비공사 등의 경비가 평양부 내의 민간회사의 거금에 의해 조달된 것도 일반 시민의 높은 관심을 반영하고 있다고 말할 수 있을 것이다(藤田亮策, 1963, pp.84~85; 小泉顯夫, 1977, p.191; 1986, pp.354~355). 다만 고이즈미 아키오(小泉顯夫)는 회고록에서 이 민간에 의한 기부건을 제1차 조사를 위한 것인 것처럼 서술하고 있지만(小泉顯夫, 1986), 제2차 조사를 위한 것이었을 가능성이 높다.

이해 가을의 제2차 조사에 관계된 문서가 국립중앙박물관 소장 일제강점기 자료 중에 있다. 현재는 국립중앙박물관이 인터넷상으로 공개하고 있는 것으로, 1941년 9월 9일부 學務局社會敎育課發(학무국 사회교육과 발) 제875호 문서(국립중앙박물관 소장 일제강점기 자료 관리번호: F160-143-001)이다. 건명이「高句麗古墳調査ニ關スル件(고구려고분 조사에 관한 건)」으로 된 학무국장명의 평안남도지사 앞으로 보내는 문서의 품의서로, 기안자는 아리미쓰 교이치(有光敎一)이다. 조사 기간은 '9월 13일부터 약 30일간'이고, 조사원은 '본부 촉탁 米田美代治(요네다 미요지), 본부 촉탁 평양부립박물관장 小泉顯夫(고이즈미 아키오), 본부 촉탁 조선보물고적명승천연기념물보존회위원 小場恆吉(오바 쓰네키)'로 되어 있고, 비고란에 붉은 글자로 '여비 조사비 기타 일절 경비는 평양고적보존회의 지변으로 한다.'라고 되어 있다(圖 1). 번각해 부록으로 게재하는「平安南道中和郡東明王陵調査日誌(평안남도 중화군 동명왕릉 조사일지)」(국립중앙박물관 소장 일제강점기 자료 관리번호: F009-009)는 이 품의서에 대응하는 복명을 위해 제출된 문서의 일부일 것이다.

이 공문서들 중의 '平壤古蹟保存會(평양고적보존회)'는 '平壤古蹟研究會(평양고적연구회)', '平壤名勝古蹟保存會(평양명승고적보존회)', '平壤古蹟保存研究會(평양고적보존연구회)' 등으로 불린 적도 있는 관제 '문화재보호활동' 단체와 같이 平壤名勝旧蹟保存會(평양명승구적보존회)를 말한다. 기업이나 시민들이 내는 기부금으로 운영되었고, 조선총독부가 재정난으로 문

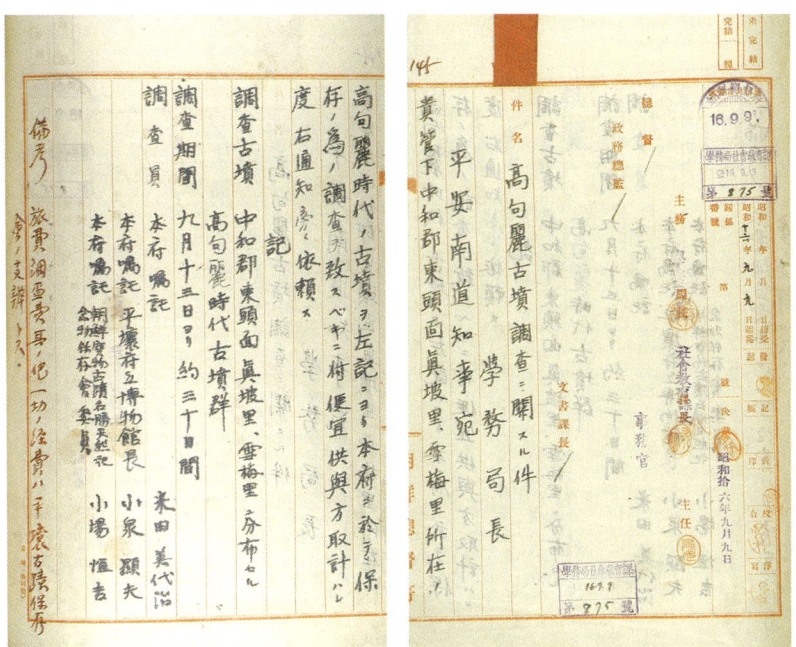

圖 1 「高句麗古墳調查ニ關スル件」, 國立中央博物館所藏日帝强占期資料 管理番號: F009-009

화사업 관련의 예산이 빈약해지면서부터는 평양 지역의 문화재 보호 활동 분야에서 그 역할을 보완하는 활동을 하고 있었고, 평양부립박물관과도 밀접한 관계에 있었으므로 당연히 고이즈미 아키오(小泉顯夫)도 마찬가지였다.

그러나 가을의 제2차 조사 후에 그 조사 내용에 관한 좌담회 개최나 개보(槪報) 등이 발표되었는지에 관해서는 과문해 알 수 없다. 1942년에 개최된 벽화 사진이나 모사의 전람을 위한 pamphlet의 간단한 해설문(矢崎美盛他, 1942; 朝鮮總督府博物館編, 1942)에도 기술이 보이지 않는다.

제1차 조사의 참가자인 아리미쓰 교이치(有光敎一)의 개설서(有光敎一, 1970; 1972) 등이나, 조사에서 총괄적인 입장에 있었던 후지타 료사쿠(藤田亮策) 및 우메하라 스에지(梅原末治)에 의한 간단한 설명문과 벽화 사진이 소개되었지만 거기에 진파리고분군에 관한 조사가 두 번에 걸쳐 행해졌던 것에 관한 기술은 없다(Umehara Suyeji, 1952; 梅原末治·藤田亮策, 1966).

제2차 발굴조사에 관한 기록은 본고에서 소개하고자 하는 국립중앙박물관 소장의「平安南道中和郡東明王陵調査日誌(평안남도 중화군 동명왕릉 조사일지)」(국립중앙박물관 편, 1996, p.175)가 알려져 있고, 벽화모사에 관해서는 덴리대학부속덴리도서관(天理大學附屬天理圖書館)에 소장된 오바 쓰네키치(小場恆吉) 자료가 알려져 있지만 아직 소개된 바는 없다.

1941년 10월의 신문기사를 섭렵해 보면, 진파리고분군에서는 가을에도 발굴조사가 실시되었고, 오바 쓰네키치(小場恒吉)에 의해 모사도 작성이 개시되었던 것을 쉽게 알 수 있다(圖 2). 또 진파리 제7호분에서 금동투조장식이 출토된 일도 보도되고 있었다. 그리고 11월 2일 일요일에는 大阪每日新聞(오사카마이니치신문) 평양지국 주최의 「國民女性文化講座第十七回 東明王陵見學(국민여성문화강좌 제17회 동명왕릉견학)」이 고이즈미 아키오(小泉顯夫) 및 오바 쓰네키치(小場恒吉) 두 명을 강사로 개최되고 있다는 사실이 알려진다.

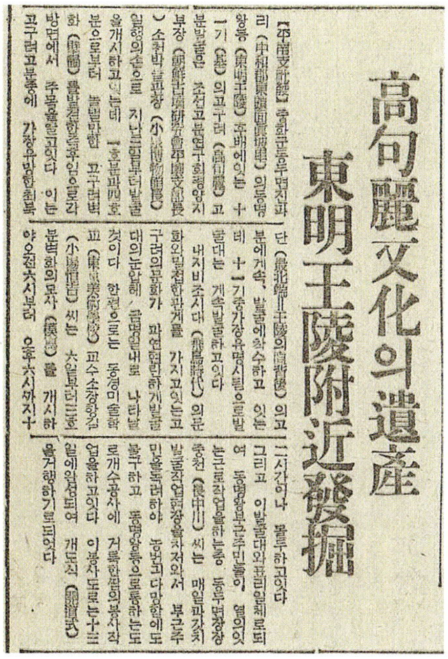
高句麗文化의遺産 東明王陵附近發掘

【平壤支社發】중화군동두면진파리(中和郡東頭面眞坡里)의동명왕릉(東明王陵)후배에잇는 十一기(基)의고구려(高句麗)고분발굴은 조선고분연구회평양지부장(朝鮮古墳硏究會平壤支部長)소천박물관장(小泉博物館長)일행의손으로 지난二일부터발굴을개시하고잇는데 【호분파四호분으로부터 놀랄만한 고구려벽화(壁畵)를발견한후임으로가방면에서 주목을끌고잇다 이는고구려고분중에 가장우망한최북단(最北端)王陵의陪冢)의고분에계속, 발굴에착수하고 잇는데 十一기중가장유명시될으로발굴대는 계속발굴하고잇다 내지비조시대(飛鳥時代)의문화와밀접한관계를 가지고잇는고구려의문화가 파연현란하게발굴대의눈압헤, 금명일내로 나타날것이다 한편으로는 동경미술학교(東京美術學校)교수소장항길(小場恒吉)씨는 六일부터二호분벽화의모사(模寫)를 개시하야오전六시부터 오후六시까지十二시간이나 몰두하고잇다 그리고 이발굴대와표리일체로되여 동명왕부근주민들이 열의잇는근로작업을하는등 동두면장창중천(良中川)씨는 매일파가치발굴작업현장을차저와서 부근주민을독려하야 농번기다망함에도불구하고 동명왕릉으로통하는도로개수공사에 거륵한봉사의봉사작업을하고잇다 이봉사도로는十三일에완성되여 개도식(開道式)을거행하기로되엇다

圖 2 「高句麗文化의遺産 東明王陵附近發掘」, 『每日新報』昭和16年(1941年)10月13日 發行夕刊 第三面.

그러나 필자가 앞선 논문(후지이 가즈오, 2010)에서 가을의 조사를 언급했고, 아울러 게재한 아리미쓰 교이치(有光教一)의 보고에는 6월에 모사가 행해지지 않았던 것이 기재되어 있음에도 불구하고(아리미쓰 교이치, 2010, p.160), 한편으로는 국립중앙박물관이 인터넷상으로 「일제강점기자료원문」 속에서 「平安南道中和郡東明王陵調査日誌(평안남도 중화군 동명왕릉 조사일지)」를 공개한 이후에도 지금까지 진파리고분군의 발굴조사가 6월 한 번뿐이었고, 6월에 행하지도 않은 벽화모사가 1941년 6월에 행해졌다는 기술이 논문이나 도록 등 곳곳에서 보인다(전호태, 2015, p.149; 한성백제박물관, 2016, p.147; 박아림, 2018a, p.70의 표; 박아림, 2018b, p.377의 표1 등).

1941년의 가을 조사 때에 기안한 아리미쓰 교이치(有光教一)의 품의서에는 오바 쓰네키치(小場恒吉)가 조사에 참가하고 있음에도 불구하고, 벽화모사 건에 관해서는 일절 언급이 없다. 1942년의 벽화모사 때에는, 사회교육과장인 矢尾板羊三郎(야오이타 요사부로)에 의해 1942년 8월 17일에 기안된 1942년 8월 21일부, 學務局社會教育課發(학무국 사회교육과 발) 제671호 문서(국립중앙박물관 소장 일제강점기 자료 관리번호: F160-174-001)(圖 3)에는, 건명으로 「高句麗古墳壁畫模寫ニ關スル件(고구려고분벽화모사에 관한 건)」으로 되어 있는데, 학무국장명의 평안남도지사 앞 통지문서에 관한 것이다. 내용은 진파리고분벽화 모사를 조선총독부에서 실시할 때의 편의 공여에 관한 의뢰이다. 「記(기)」에 "一. 모사기간 昭和17년(1942) 8월 25일경부터 약 30일간, 一. 모사인 성명 본부촉탁 小場恒吉"로 되어 있고, "참조 본 건 모사에 요하는

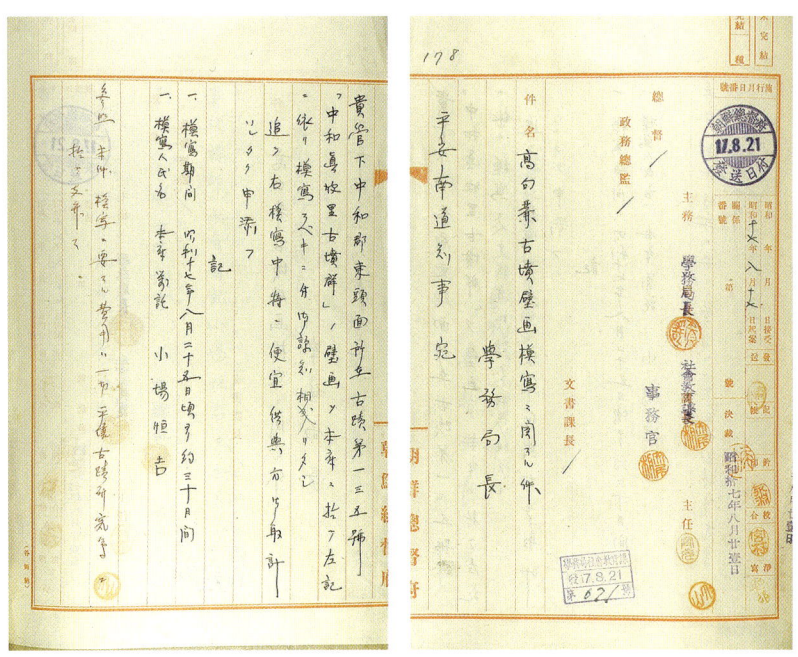

圖 3 「高句麗古墳壁畫模寫ニ關スル件」, 國立中央博物館所藏日帝强占期資料 管理番號 : F160-174-001

비용은 일절 평양고적연구회에서 지변함"으로 되어 있다. 1942년 이후도 계속해서 벽화모사가 행해지고 있었던 것을 나타내고 있다.[2]

이에 본고에서는 덴리대학부속덴리도서관(天理大學附屬天理圖書館)에 소장된 오바 쓰네키치(小場恆吉) 자료의 전모를 소개함과 동시에, 오바 쓰네키치(小場恆吉)의 진파리 제1호분 벽화모사에 관한 자료 및 가을의 발굴조사 내용을 전하는 국립중앙박물관 소장의 발굴조사 일지를 들어, 오류투성이인 채로 항간에 유포되고 있는 오바 쓰네키치(小場恆吉)에 의한 진파리 제1호분 벽화모사 작업의 내용을 밝히고, 또한 아직 발굴보고서가 작성되지 않은 채인 진파리 고분군의 발굴조사 내용을 다소나마 밝힐 수 있을 것으로 기대한다.[3]

---

[2] 전 고(후지이 가즈오, 2010)를 인용해 가을의 제2차 조사 시의 모사작업에 관해 다룬 논문이 있다(박지영, 2017). 전 고를 오독한 것인지, 박지영의 논문에서는 "(1941년) 6월이 아닌 가을에 조사가 실시되었다."라고 적고 있으나(박지영, 2017, p.29), "(1941년) 6월이 아닌 가을에 조사가 실시되었다."라고 하면 발굴조사가 6월에 실시되지 않았다는 오해가 생길 수 있으므로, "(1941년) 6월이 아닌 가을에 모사가 실시되었다."라고 해야 할 것이다. 어디까지나 발굴조사는 6월과 가을인 9~10월의 두 차례에 걸쳐 실시되었던 것이다. 또한 1942년 8월 21일부, 學務局社會敎育課發(학무국 사회종교과 발) 제671호 문서에 근거해, 진파리 제1호분의 1942년 가을의 모사를 소개하면서, "1942년 11월 이후에도 모사가 계속되었음을 알 수 있다."라고 적고 있지만(박지영, 2017, p.30), '11월'이 아니다.

[3] 이전 논고(후지이 가즈오, 2010)의 p.127 및 p.227에 기재된 註1의 下3行 부분은 『동명왕릉과 그 부근의 고

II
오바 쓰네키치(小場恆吉) 자료의 개요

전술한 바와 같이 현재 덴리대학부속덴리도서관(天理大學附屬天理圖書館)에 소장되어 있는 오바 쓰네키치(小場恆吉) 자료는 정리되어 224건이 「小場恆吉氏資料目錄(오바 쓰네키치씨 자료 목록)」에 등록되어 있다. 덴리도서관(天理圖書館)에 소장된 후에 약간의 교체가 행해졌지만, 기본적으로는 덴리도서관(天理圖書館) 소장 당시의 상황을 유지하면서 정리되었

> 구려유적』(김일성종합대학 편, 1976)의 고분 번호에 관해 착오가 있었으므로 여기서 다시 정리하고자 한다. 일본의 패전으로 일본인 연구자가 1941년의 발굴조사 보고서를 간행하지 못하고 돌아간 후, 북한 연구자에 의해 진파리 제1호분 및 동 제4호분에 관한 보고서가 「전 동명왕릉 부근 벽화 무덤」,『고고학 자료집』 제3집(전주농, 1963)으로 간행되었다. 이 책에서는 고분 번호를 바로잡지 않고 구래(舊來)의 번호를 그대로 사용하고 있다. 그 후 1974년에 동명왕릉과 진파리고분군과 설매리고분군의 발굴조사가 실시되었는데, 그 보고서인『동명왕릉과 그 부근의 고구려 유적』에서는 새로운 고분 번호를 부여하고 있다. 이 책의 p.8에 개재된 「동명왕릉과 그 부근의 고구려 유적 분포도」에 의거해 구래의 번호와 대비해 보면 다음과 같다. 진파리 제1호분→신 제9호분, 진파리 제2호분→신 제8호분, 진파리 제3호분→신 제7호분, 진파리 제4호분→신 제1호분, 진파리 제5호분→신 제3호분, 진파리 제6호분→신 제2호분, 진파리 제7호분→신 제6호분, 진파리 제8호분→신 제5호분, 진파리 제9호분→신 제4호분.
> 그러나 이 책 p.77에서의 신구 대비로 신 제4호분→진파리 제7호분, 신 제5호분→진파리 제8호분, 신 제6호분→진파리 제9호분, 신 제7호분→진파리 제2호분, 신 제8호분→진파리 제3호분으로, p.92에서의 신구 대비로 신 제2호분→진파리 제5호분, 신 제3호분→진파리 제6호분이 되므로 분포도에 의한 대비와는 달리 되어 있다. 그림 105~121의 각 고분에 관한 도면이나 사진을 보면 p.77 및 p.92의 신구 대비에는 잘못된 부분이 많은데, 신 제2호분→진파리 제6호분, 신 제3호분→진파리 제5호분, 신 제4호분→진파리 제9호분, 신 제5호분→진파리 제8호분, 신 제6호분→진파리 제7호분, 신 제7호분→진파리 제3호분, 신 제8호분→진파리 제2호분이 되게 된다. 그림 105~121의 각 고분 도면이나 사진의 이름 및 pp.77~96의 본문에 기재된 고분번호도 이와 같이 고쳐야 할 것이다.
> 발굴조사를 실시해 새로운 고분 번호를 부여했지만, 그 후 이 신 번호는 북한에서도 정착되지 않은 것 같은데,『조선유적유물도감』제6권 고구려 편(四)(조선유적유물도감편찬위원회편, 1990b)에서도 구래의 고분번호를 사용하고 있고, 또한『조선유적유물도감』제4권 고구려 편(二)(조선유적유물도감편찬위원회편, 1990a)에서도 신 번호에 따르지 않아 번호의 혼란이 보인다. 논문(문정미, 2010) 등에서도 구래의 고분번호를 사용하고 있다.
> 그 이외에도 전 고에서 다음과 같이 틀린 부분이 있으므로 바로잡고자 한다.
> p.171　誤: 圖 27_ 진파리 제1호분 현실 천장 동측 제4지송.
> 　　　　正: 圖 27_ 진파리 제1호분 현실 천장 동측 제1지송.

다. 현재는 중성지제 첩지(疊紙, たとうがみ)(東京藝術大學大學院文化財保存學日本畫研究室 編, 2007, p.170; Japanese Painting (Conservation), Graduate School of Fine Art, Tokyo University of the Art[ed.], 2010, p.171)로 정리해 중성지제 보관상자에 들어가 있다. 구입 당초에 정리할 때 사용했다고 생각되는 산성지 봉투에 들어가 있는 것도 일부가 있는데, 봉투에는 메모를 적은 것이 남아 있는 것도 있다.

오바 쓰네키치(小場恆吉) 자료 ①~⑤ 이하의 자료 제목에 관한 기재는 자료가 수납되어 있는 첩지 및 봉투에 기재된 것 이외에 제기가 없는 것에 대하여는 필자가 임의로 붙인 것도 있다. 이하 보존상자나 첩지, 봉투 등의 합침별로 그 개요를 적어 보고자 한다.

오바 쓰네키치(小場恆吉) 자료 ①
江西三墓里三墓壁畫模寫及調査記錄(강서삼묘리삼묘벽화모사 및 조사기록) 58장

1. 강서삼묘리삼묘벽화모사밑그림 疊紙 15장
2. 강서소묘천장부벽화 묵묘 2엽
3. 고구려시대고분실측도 白描他
4. 평안남도 강서군 강서면 삼묘리 고구려시대 고분 조사기록
5. 「江西古墳雜記錄(강서고분 잡기록)」, 『朝鮮高句麗古墳壁畫展觀(조선 고구려고분 벽화전관)』, 「昭和六年春夏江西模寫雜記(쇼와 6년 춘하 강서모사잡기)」 기타
6. 「江西古墳小墓壁書実大模写略觧(강서고분 소묘 벽화 실대모사략선)」 pamphlet(등사판쇄)
7. 강서천인 기타 백묘
8. 강서삼묘리 삼묘 외형 실측도
9. 고구려·고신라 칠회단편 모사

목록에는 「江西三墓里三墓壁畫模寫及調査記錄(강서삼묘리삼묘벽화모사 및 조사기록) 58장」으로 되어 있지만, 단년도의 벽화모사 및 조사자료가 아니고 1912~1934년 사이의 강서삼묘 조사 관계 자료이다. 강서삼묘의 벽화모사 작업에 관한 자료로서는, 모사도도 어중간한 것이고 작업일정의 자료 등도 적어 완벽한 합침로 된 자료라고 말하지는 못하지만, 덴리도서관(天理圖書館)에 소장된 오바 쓰네키치(小場恆吉) 자료 중에서는 고구려 고분벽화 모사관계 자료가 가장 풍부하므로, 본 오바 쓰네키치(小場恆吉) 자료의 중핵이 되는 것이라고 말할 수 있다.

본고에서 주안으로 삼는 진파리고분 관계 자료는 아니지만, 양적으로 풍부한 점에서, 그

내용에 관해서는 장을 바꾸어 간단하게 소개하기로 한다.

오바 쓰네키치(小場恆吉) 자료 ②

中和眞坡里墳墓壁畫模寫及調査記錄(중화 진파리 분묘 벽화모사 및 조사기록) 20장

1. 「昭和18年度眞坡里模寫日程(쇼와18년도 진파리 모사일정)」
2. 「色見本(색견본)」
3. 잡지 원고
4. 「昭和十八年九十十一東明陵模寫ニ關スル雜書類(쇼와 18년 9 10 11 동명릉 모사에 관한 잡서류)」
5. 「眞坡里第四號墳石室畧圖(진파리 제4호분 석실략도)(모사계획 장수 기입)」, 성숙도
6. 진파리 제1호분 모줄임 모사
7. 진파리 제1호분 천장·모줄임 백묘
8. 진파리 제1호분 벽화 세부 백묘
9. 강서대묘 천인·비조 벽화모사, 백묘
10. 집안고분 벽화 모사
11. 「昭和十六年眞坡里古墳群作業日程(쇼와 16년 진파리고분군 작업일정)」

목록에는 「中和眞坡里墳墓壁畫模寫及調査記錄(중화 진파리 분묘 벽화모사 및 조사기록) 20장」으로 되어 있으나, ②-2 및 9는 위의 오바 쓰네키치(小場恆吉) 자료 ①에 포함시켜야 될 강서삼묘 관계의 자료이다. ①-5의 「江西古墳雜記錄(강서고분 잡기록)」 속에도 「色見本」이 있으나, ②-2와는 작성 시기가 달랐던 것으로 보인다. 또 ②-10은 집안 소재 고구려 고분벽화 모사로서, 이것도 진파리고분군에 관계된 자료가 아니다.

기타 1942년 가을, 1943년 가을 조사 때의 지출 경비서 및 영수서 등이 남아 있다.

②-9는 강서대묘 현실 모줄임천장의 제3지장 서쪽면 모사도(圖 4) 및 제3지장 동쪽면백묘(圖 5)다. 서쪽면 모사도 뒷면에는 종이 제조자의 주인(朱印)이 있는데, 거기에 「貢宣(공선)」이라고 되어 있는 점에서, 이 용지가 선지(宣紙)인 것이 알 수 있다. 서쪽면의 모사도는 현상모사도가 아니라 복원모사도인데 일부 생략되어 있는 부분도 있어, 오바 쓰네키치(小場恆吉)의 작품이라고 해야 할 것이다. 오바 쓰네키치(小場恆吉)는 이와 같은 복원모사도를 제작하고 있는데, 이 강서대묘 현실 천장 제3지장의 복원모사도를 두루마리로 만든 것도 남아 있다. 일찍이 1942년 6월에 남에게 증정하기 위해 그린 모사복원된 「주작도」 색지(圖 6)가 소개된 것

圖 4 江西大墓玄室天井第三支障西側面復原模寫圖 天理大學附屬天理圖書館所藏小場恆吉資料 No.78

圖 5 江西大墓玄室天井第三支障東側面白描 天理大學附屬天理圖書館所藏小場恆吉資料 No.78

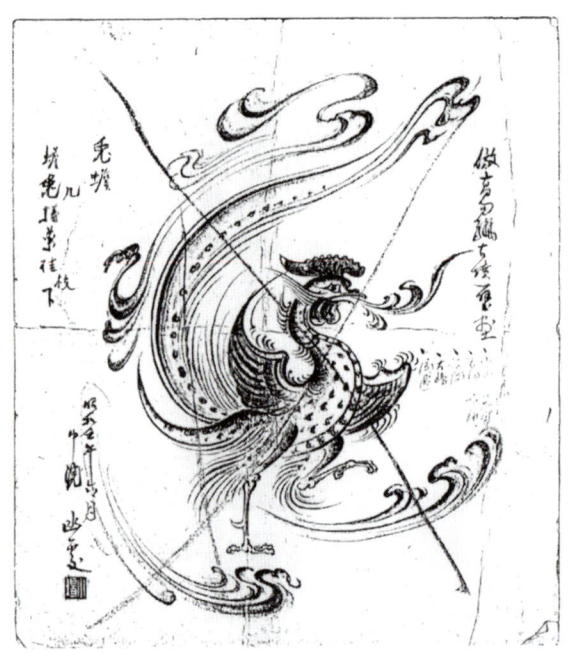

圖 6 眞坡里第1號墳玄室南壁朱雀復原模寫圖

이 있다(佐々木榮孝, 2005, p.86).

이「주작도」는 진파리 제1호분 남벽 동쪽의 주작도 모사를 바탕으로 그린 작품인데, 오바 쓰네키치(小場恆吉)의 화호(畵號)인 '幽處(유쇼)'를 적고 있어서, 화가인 小場幽處로서 그린 것이다. 오자가 있었기 때문인지, '×'를 붙여 두 번 접어 버려둔 것을 제자가 발견해 받아 돌아갔던 것이다. 이 색지는 고인이 된 제자에게서 오바 쓰네키치(小場恆吉)의 손자에게 양도되어 보존되어 있다. 화가에게는 '모사'도 '창작'이란 것은 말할 필요도 없다.

②-3은 괘지 7장에 적은 원고인데, 서두 부분에 "조선에서 매일 보고 있는 것을 조선의 잡지에 쓰고 이것을 또한 조선에 있는 사람이 읽는 것이므로…"라고 되어 있어서, 당시 조선에서 발행되고 있던 잡지의 기고 원고로 생각되지만 게재지는 확인되지 않는다. 내용은 매일 눈으로 보던 조선의 장벽에 관한 것으로, 화가의 원고처럼 민가장벽의 패턴 스케치도 보인다.

②-10은 '집안고분벽화 모사'인데, 무용총의 수렵도 등과 같은 벽화모사의 밑그림이다. 무용총의 밑그림은 앞에 게재한 정인성의 논문에서 소개하는 七田忠志(시치다 다다시)가 조사에 참가한 1938년에 제작된 모사일 가능성이 높다. 그러나 七田忠志(시치다 다다시) 조사일지에서 보이는 바와 같이, 매우 긴박한 정세 중의 모사작업이었기 때문에, 수렵도, 탄금도 등의 부분적인 것만 남아 있고, 벽화 별로 원척모사의 제작은 할 수 없었던 것 같다.

②-11은「昭和十六年眞坡里古墳群作業日程(쇼와16년 진파리고분군 작업일정)」인데, 다음 절에서 적은 ②-4 중의「쇼와 16년, 17년, 18년 분의 작업메모」와 같이 상세하지 않은 매우 간략한 메모이다. 평양부 괘지 외 3장으로 이루어지는, 1941년 9월 20일「東京出發(도쿄 출발)」에서 시작되고, 10월 27일의 모사 작업「着色(착색)」지 기록되어 있으며, 사용 그림 물감 수량 등의 명단이 있다.

따로 유리된 반절 괘지 1장의 일정표가 남아 있지만, 거기에는 11월 12일「模寫終(모사 마지막)」에서 11월 17일 오전「博物館(박물관)」, 오후「(京城)出發((경성)출발)」까지가 기록되었으나, 10월 28일에서 11월 11일까지의 일정 기록은 남아 있지 않고 있다.

그 외의 자료에 관해서는 장을 바꿔 상세히 살펴보기로 한다.

오바 쓰네키치(小場恆吉) 자료 ③
高句麗墓發掘調査記錄(고구려묘 발굴조사 기록) 5장
1. 쇼와 11년도 고구려고분 조사일지
2. 쇼와 11년 가을 고구려 조사 잡록

3. 쇼와 11년도 고구려고분 조사보고 초안

4. 대성산록 고분

5. 오바 쓰네키치(小場恆吉) 편지 초안   우메하라 스에지(梅原末治) 앞   1936년(쇼와 11년도 고구려고분 조사 보고서 관계)

오바 쓰네키치(小場恆吉)는 조선고적연구회의 연구원으로서 조수인 아리미쓰 교이치(有光敎一), 澤俊一(사와 슌이치)와 함께 쇼와 11년(1936)의 가을인 9월 10일부터 11월 1일 사이에, 대동군 임원면 및 자족면에서 고구려고분의 조사를 행했다. 이때 조사한 고분은 토포리 제1호분, 동 제2호분, 동 제3호분, 동 제6호분, 남경리 제1호분, 동 제2호분, 호남리 제1호분, 동 제2호분, 내리 제1호분, 고산리 제1호분, 동 제2호분, 동 제3호분이다(小場恆吉, 1937).

과거의 도굴로 피해가 심했거나 붕괴되어 있었던 것도 있는데, 그 모두를 발굴조사 하지는 않았지만 12기의 고구려고분은 조사했다.

③-1은 그 조사 내용을 오바 쓰네키치(小場恆吉)가 적은 일지이다. 9월 10일부터 10월 24일까지 날짜만 적은 것을 포함해 61장이다. 몇 기의 고분을 동시에 병행해 발굴했기 때문에 같은 날짜의 것도 있고, 1장에 5일분을 적은 것도 있어서 일지의 매수가 발굴일수와 같은 숫자는 아니다.

③-2는 조선총독부의 괘지에 선을 그어 원고지를 만들었는데, 세로에는 고분을, 가로에는 일자를 적어 그날의 각 고분별 작업내용을 적고 있는데, 3장분이지만 조사 고분 수가 많아져서 2장분의 윗부분에 덧 종이를 대어 세로 줄을 늘렸다. 조사일지 내용의 일람표를 위해서였다. ③-1에 기재가 없는 날짜에 관해서도 기재되어 있는데, ③-1에서 결여된 부분을 보완했다.

③-3은 조선총독부의 괘지 22장에 적은 『昭和十一年度古蹟調査報告(쇼와 11년도 고적조사보고)』(小場恆吉, 1937)를 위한 원고의 초안이다. 대부분은 연필로 적혀 있는데, 수정한 메모는 잉크로 되어 있다. 초안이기 때문에 간행된 것과 내용 및 구성이 완전히 동일한 것은 물론 아니지만, 기본적인 내용은 『昭和十一年度古蹟調査報告(쇼와 11년도 고적조사보고)』과 동일시해도 좋은 것이다.

③-4은 조선총독부의 괘지 2장 및 편지지 1장으로 되어 있다. 『昭和十一年度古蹟調査報告(쇼와11년도 고적조사보고)』의 「第二 高句麗古墳の調査(제2. 고구려고분의 조사)」장의 「乙 大同郡林原面古墳(을 대동군 임원면고분)」(小場恆吉, 1937)의 서두 부분 및 고산리 제1호분의 조사에 관한 개요 보고의 초안인데, 매우 간략하게 되어 있다. 태반이 잉크로 적혀 있어서 ③-3의

집필을 위한 각서인 것으로 생각할 수도 있지만 작성 의도는 불명확하다.

③-5는 편지지 4장 및 조선총독부 괘지 2장분으로 되어 있는데, 1936년 12월경의 것으로 생각되는 우메하라 스에지(梅原末治) 앞으로 보낸 오바 쓰네키치(小場恆吉)의 편지 초안이다. 보내야 할 내용 모두가 적혀 있지는 않지만, 1937년에 조선고적연구회에 의해 간행된 『昭和十一年度古蹟調查報告(쇼와 11년도 고적조사보고)』에 게재할 예정의 자신이 담당한 1936년 조사분 원고의 내용 및 편집에 관한 보고이다.

오바 쓰네키치(小場恆吉) 자료 ④

高山里第1號墓發掘調查記錄(고산리 제1호묘 발굴조사 기록)　51장

1. 「高山里第一號墳寫眞(고산리 제1호분 사진)」　45장
2. 청사진·책자 보존시설 설계도 청사진　2엽, 설명서　1책
3. 모사　1엽
4. 벽화 見取圖(스케치 약도)　기타

오바 쓰네키치(小場恆吉)가 1936년에 발굴조사한 고산리1호분의 자료이다. 발굴조사 일지 등의 자료가 상술한 오바 쓰네키치(小場恆吉) 자료 ③ 중에서 보이는 것이다. ④-1에 관해서는 제Ⅴ장에서 다루므로 그 상세한 내용은 뒷장으로 미루기로 한다.

④-2는 국립중앙박물관 소장의 조선총독부박물관 문서 중에 같은 자료가 있다.[4] 고산리 제1호분은 발굴조사 종료 후에 재매립했지만, 천장부가 파괴되어 없었기 때문에 보존설비의 필요성이 보고되어,[5] 1937년도에 보존시설의 공사가 계획되었다. 「平安南道大同郡林原面高山里第一號墳壁畫保護覆堂設計書(평안남도 대동군 임원면 고산리 제1호분 벽화보호복당설계도)」라는 제목이 붙은 것이 그 설계 관계의 도서이다.

④-3은 연화도 배묘 스케치다(圖 7). 넣어 둔 봉투 바깥에는 「No.30三① 임원면 고산리 제1호분 백묘모사 1장」이라고 되어 있다. 고산리 제1호분에서 출토된 벽화의 파편에도 연화가 그려져 있는 것이 있지만, 이것 등에 해당하지는 않고, 그림의 모양으로 볼 때 의심의 여지 없이 강서 간성리 연화총 전실 천장 서쪽의 연화문이자 그 농사(籠寫)이며, 그 필치로 볼 때 오

4　관리번호: A177 목록번호: 97-보존64「평남 대동군 임원면 고산리 제1호분」.
5　관리번호: A177-003「평남 대동군 임원면 고산리 제1호분(벽화 고분 보존 설비에 관한 보고서)」.

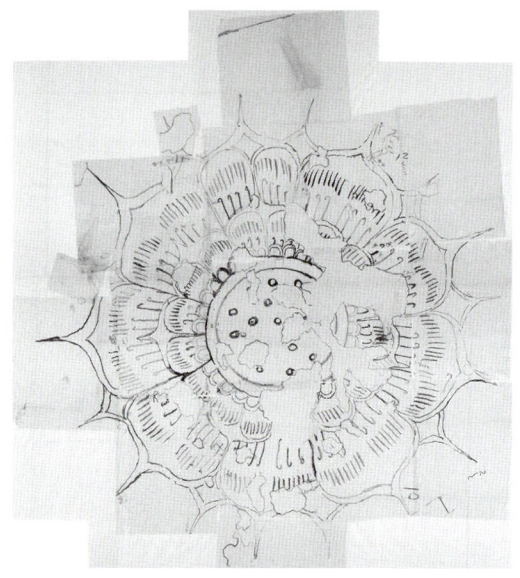 

圖 7　肝城里蓮華塚前室天井西側模寫 天理大學附屬天理圖書館所藏小場恆吉資料 No.88

圖 8　肝城里蓮華塚模寫 國立中央博物館所藏品番號: 건판 001887

圖 9　肝城里蓮華塚前室西方天井蓮華紋 國立中央博物館所藏品番號: 건판 027017

圖 10　肝城里蓮華塚前室西方天井蓮華紋

바 쓰네키치(小場恆吉)의 손에 의한 것이 명확하다. 이 연화문의 모사도는 국립중앙박물관 소장 조선총독부박물관 유리건판 중에서 볼 수 있다(국립중앙박물관 편, 1997, p.80, 원판번호: 120968. 국립중앙박물관 소장품 번호: 건판 001887)(圖 8), 모사도 자체가 남아 있는지 없는지는 불명확하다. 동 고분벽화의 모사는 1912년에 오바 쓰네키치(小場恆吉) 및 太田福藏(오오타 후쿠조)에 의해 행해졌다고 되어 있으나(關野貞, 1913a, p.15), 본 농사와는 필치가 다른 것처럼 보이므로, 유리건판 모사도는 太田福藏(오오타 후쿠조)의 손에 의한 것일 가능성이 높고,

1912년에 행해진 것이라고 생각된다.

건판사진 모사도와 덴리도서관(天理圖書館) 소장의 본 그림과의 사이에는 벽화 박락 부분의 형상에 약간의 차이가 보이고, 천장 사진과의 사이에서도 차이가 확인된다(국립중앙박물관 편, 1997, p.80, 원판번호: 120968; 국립중앙박물관 소장품 번호: 건판 001887; 李王職 編 1916의 圖(56)) (圖 9, 圖 10). 2장의 천장 사진은 모두 1910년대 전반에 촬영된 것으로 생각되는데, 국립중앙박물관 유리건판 쪽이 박락 부분이 약간 적으므로 앞서 촬영된 것임이 명확하다. 그러나 이 연화도 농사의 제작은 1912년에 행해진 모사작업 때의 것일 가능성이 높지만, 박락 부위의 상이만으로는 이를 상세히 밝힐 수는 없다.

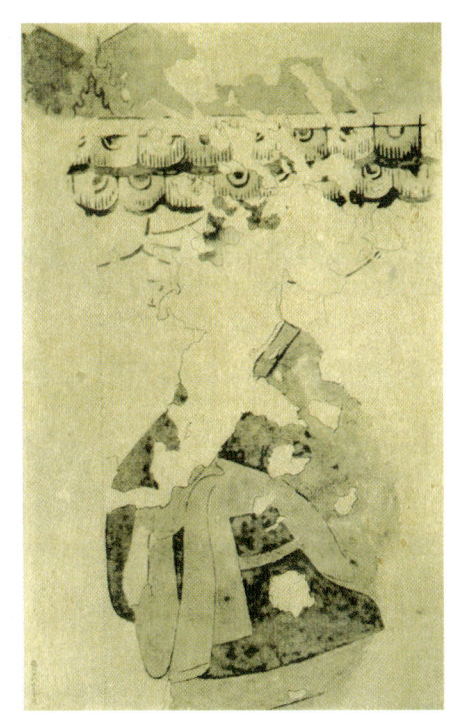

圖 11 肝城里蓮華塚前室西方墳内人物圖

간성리 연화총 모사는 강서삼묘의 모사와 같이 이왕가박물관에 바쳐(關野貞, 1913a, p.15), 1916년 이왕직(李王職) 간행의 『朝鮮古墳壁畫集(조선고분벽화집)』에는 그중의 1장인 「전실 서쪽 무덤 안의 인물도」가 게재되어 있는데(李王職編, 1916의 圖(57))(圖 11), 필치로 볼 때 太田福藏(오오타 후쿠조)의 손에 의한 것으로 생각된다.

④-4는 현실 벽화를 축소한 실측도와 같은 소형도다. 보고서에 사용하기 위해 작성했다고 생각되는 작은 도면이다. 『昭和十一年度古蹟調査報告(쇼와 11년도 고적조사보고)』(小場恆吉, 1937)의 도판 제27-2 「高山里第一號墳石室實測圖(고산리 제1호분 석실 실측도)」의 단면도 초고로 B5판에 들어가 있다. 본 見取圖(스케치 약도)를 작성한 것은 ③-1의 「조사일지」 10월 19일 조에 기재되어 있다.

이 이외에 고분 분포도의 초안(小場恆吉, 1937, 도판 제26 「林原面古墳群」의 原圖(「임원면 고분군」의 원도), 고산리 제1호분 분구 실측도(小場恆吉, 1937, 도판 제26 「林原面古墳群」의 原圖(「임원면 고분군」의 원도), 사신 벽화 스케치가 같이 들어 있다.

오바 쓰네키치(小場恆吉) 자료 ⑤

고구려묘 발굴조사 기록

1. 「高句麗古墳の調査(고구려고분의 조사)」 초안
2. 임원면 고산리 을분 조사일지
3. 임원면 고산리 갑분 조사일지
4. 임원면 고산리 경분 조사일지
5. 쇼와 12년도 조사 관계 잡자료 등

⑤-1은 『昭和十二年度古蹟調査報告(쇼와 12년도 고분조사보고)』(小場恆吉, 1938)에 들어 있는 「第二 高句麗古墳の調査(제2 고구려고분의 조사)」 원고의 초안인데, 「甲 大同郡林原面古墳(갑 대동군 임원면고분)」, 「乙 大同郡大寶面古墳(을 대동군 대보면고분)」, 「丙 結論(병 결론)」으로 나뉘어 철을 해 두었다. 따로 패션 4장에 임원면고분 및 대보면고분에서 출토된 유물 사진의 스케치를 그렸다. 같은 책에 사용하기 위해 선정한 것인지는 모르겠지만, 같은 책에는 그 일부인 7점만 게재되어 있을 뿐이다.

⑤-2~4는 1937년 9~10월에 발굴조사된 임원면 고산리고분군의 조사일지로, 오바 쓰네키치(小場恆吉)가 정리했다. 오바 쓰네키치(小場恆吉) 이외에 사와 슌이치(澤俊一), 田窪眞吾(다쿠보 신고)가 참가했다. ⑤-2는 「을분」으로 되어 있으나 보고는 「고산리 제7호분」으로 되어 있는 것이다. 1937년 9월 17일~10월 14일간의 일지로 6장이 남아 있다. 약측도가 기재된 것이 보이는 이외에 석실의 작은 사진이 붙어 있는 것이 있다.

⑤-3은 「갑분」으로 되어 있으나 보고에는 「고산리 제8호분」으로 되어 있는 것이다. 1937년 9월 20일~10월 12일간의 일지로 20장이 남아 있다. 약측도가 기재된 것이 보이는 이외에 석실의 작은 사진이 다수 붙어 있는 것이 있다. ⑤-2 및 ⑤-3에 붙어 있는 사진은 사와 슌이치(澤俊一)가 은염(銀塩)필름으로 촬영한 것으로 생각된다.

⑤-4은 「경분」으로 되어 있으나 보고에는 「고산리 제9호분」으로 되어 있는 것이다. 1937년 10월 4일~10월 18일간의 일지에 17장이 남아 있다.

⑤-5는 「昭和十二年秋 林原面大宝面費用計算書(쇼와 12년 가을 임원면 대보면 비용 계산서)」, 명함, 田窪眞吾 서장(小場恆吉 앞, 1937년 10월 10일 소인), 小川敬吉 서장(小場恆吉 앞, 1937년 10월 26일 소인)등의 서장류, 잡다한 메모류 등이다. 오가와 게이키치(小川敬吉) 서장의 내용은 1936년에 발굴조사한 고산리 제1호분의 복옥설계도 및 설계서(小場恆吉자료 ④-2)

송부 및 (평안남도) 지사에게 서류를 보내 의뢰하려고 생각했던 것이나, 실제로 이 복옥건설공사는 행해지지 않았다.

다음 이후에서는 이와 같은 자료 중에서 오바 쓰네키치(小場恆吉) 자료 ①「江西三墓里三墓壁畵模寫及調査記錄(강서삼묘리 삼묘 벽화모사 및 조사기록)」및 자료, ②「中和眞坡里墳墓壁畵模寫及調査記錄(중화 진파리분묘 벽화모사 및 조사기록)」, 자료 ④-1「高山里第一號墳寫眞(고산리 제1호분 사진)」에 관해서 살펴보기로 한다.

III
「강서삼묘리 삼묘 벽화모사 및 조사기록」에 대하여

앞 장에서 적은 바와 같이, 「江西三墓里三墓壁畵模寫及調査記錄(강서삼묘리 삼묘 벽화모사 및 조사기록)」은 본고에서 주안으로 삼는 진파리고분 관련의 자료는 아니지만, 덴리도서관(天理圖書館) 소장 오바 쓰네키치(小場恆吉) 자료의 중핵이 되는 것이라고 말할 수 있는 것으로, 양적으로도 가장 풍부한 것이다.

오바 쓰네키치(小場恆吉)는 세키노 다다시(關野貞)의 요청으로 1912년에 평안남도 강서에 가서 최초의 고구려 고분벽화의 모사를 그렸다. 이 때의 모사는 오바 쓰네키치(小場恆吉) 혼자가 아니라 오오타 후쿠조(太田福蔵)와 둘이 분담해 했기 때문에 당연히 각 화가 별로 필치가 달랐다. 조선총독부박물관에서는 1912년의 모사작업이 모든 벽화가 아닌 일부가 결여되어 있고, 또한 한 사람이 한 것이 아니므로 전체의 묘사법이나 색조, 격조 등이 달랐기 때문에, 고구려 고분벽화의 영구보존을 위해 만일에 대비해 다시금 모사할 것을 계획했다. 그 최초의 사업으로서 강서고분의 모사를 3개년에 걸쳐 할 계획으로 이를 오바 쓰네키치(小場恆吉)에게 위촉했다(無署名, 1931, pp.136~137). 오바 쓰네키치(小場恆吉)는 1930~1932년, 1934년의 4년간에 걸쳐 다시금 모사를 하고 있다.

세키노 다다시(關野貞)가 1913년에 조선총독부에 제출했다고 생각되는「古墳保存ニ關スル覚書(고분 보존에 관한 각서)」의 기재조항 중에 이하와 같이 벽화모사의 금지를 제언한 것이 있다(早乙女雅博, 2005, p.279).

(전략)

(2) 강서 우현리 고분 및 전기한 고분 수리 후의 관리상 주의

(중략)

(ㅅ) 벽화의 모사는 엄금할 것(모사를 수십, 수백 번 중복하게 되면 점차 벽화의 손상이 증대할 것이다. 또한 앞서 이왕가박물관에서 진남포 신북면 화상리 대연화총을 서툰 화공에 명해 모사시키고 그 때문에 벽화를 오손시켜 불명료하게 만든 것과 같은 통한의 일이 없는 것을 유지할 수 있다.) 희망자에게는 총독부에서 모사한 것을 모사시켜도 좋다.

(후략)

그러나 세키노 다다시(關野貞)의 오바 쓰네키치(小場恆吉)에 대한 신뢰가 두터워, 1930년부터의 벽화모사 계획에서도 오바 쓰네키치(小場恆吉)를 추천했을 것이다. 물론 오바 쓰네키치(小場恆吉)도 희망하고 있었던 것이다.

덴리도서관(天理圖書館)의 오바 쓰네키치(小場恆吉) 자료 ①은 이 두 번에 걸친 모사작업에 관계된 자료인데, 본 자료 중 가장 양이 많은 것이지만 구성이 충분한 것은 아니다. 大正年間(다이쇼년간)(1912~1926)의 오바 쓰네키치(小場恆吉) 각서에 관해서는 佐々木榮孝가 저서에서 많이 인용하고 있는데(佐々木榮孝, 2005), 이번 조사에서는 조사할 수 없었으므로, 덴리도서관(天理圖書館) 이외의 장소에 남아 있는 것 같다. 따라서 덴리도서관(天理圖書館)의 오바 쓰네키치(小場恆吉) 자료 중에는 오바 쓰네키치(小場恆吉)의 고구려고분 조사 관계의 초기자료는 드물다. 강서삼묘 조사 관계의 자료도 이와 같은데, 1912년의 모사작업 관계자료는 극히 드물고, 태반이 1930년 이후의 것이다. 이것들은 앞 장에서 기술한 바와 같이 아홉으로 분류할 수 있다. 이하에서는 이를 순서대로 기술하기로 한다.

①-1은 강서대묘의 천장 지장 모줄임부 벽화가 태반이나, 일부 강서중묘의 천장 지장 모줄임부 벽화를 포함한다. 골묘 모사, 백묘 초안, 채색 초안으로, 지장 모줄임 측면 등 한 면을 모사한 것뿐만이 아니라 부분도도 있다. 첩지 15장으로 정리된 크고 작은 총 18장의 모사이다.

①-2는 1장은 강서중묘 천장중앙부 벽화의 묵묘 모사인데 상당 부분이 결실되어 있다. 다른 1장은 무엇을 그린 것인지 불명확한데, 모조지 같은 용지에 그린 작은 소묘이다.

①-3은 강서대묘 천장중앙부 및 천장 지장 모줄임부 벽화의 골묘 모사, 백묘 초안 31장, 잡 메모장(표지 포함 5장), 강서삼묘 약측도 4장이다. 강서대묘 천장중앙부 및 천장 지장 모줄임부 벽화의 골묘 모사에는 연필로 모사한 후 그 연필선을 먹으로 덧그린 것이 있는데, 먹으

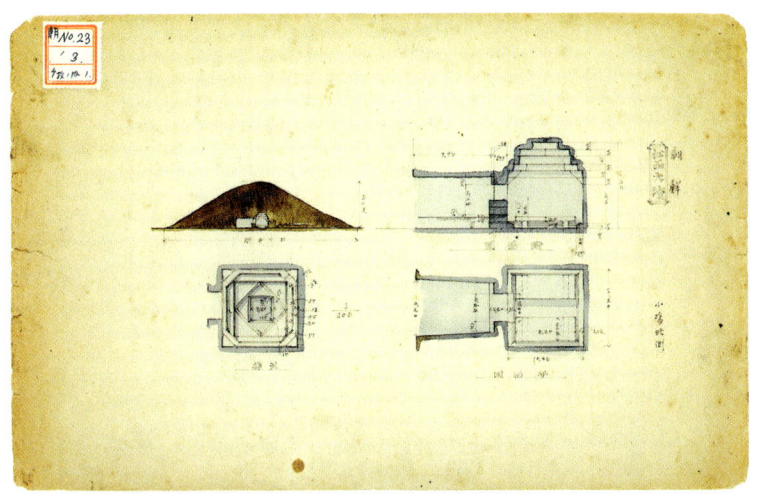

圖 12 「江西大墳」天理大學附屬天理圖書館所藏小場恆吉資料 No.77

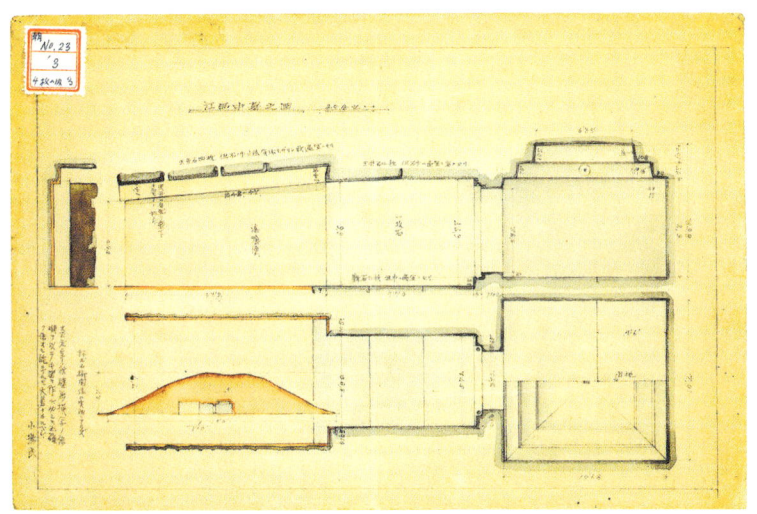

圖 13 「江西中墓之圖」天理大學附屬天理圖書館所藏小場恆吉資料 No.77

로만 모사한 것은 없는 것을 알 수 있다. 하나의 도상을 몇 장이나 작은 종이를 이어 묵으로 트레이스를 한 것이 있지만, 연필로 그린 것과는 달리 묵으로 그린 것은 실패하거나 마음에 들지 않는 부분을 지우고 다시 그려 수정할 수 없기 때문에, 재 트레이스한 것을 접합했을 것이다. 잡 메모장은 강서중묘를 모사할 때의 잡 메모이다.

①-3 중에서 가장 주목해야 할 것은 강서삼묘의 약측도 4장이다. 이들은 190×297mm 정도 크기의 그림용지(drawing paper)에 그려져 있는데, 각각 「江西大墳(강서대분)」(내용은 강서대묘 분구 단면 및 석실 약측도)(圖 12), 「江西中墓之圖(강서중묘의 도)」(내용은 강서중묘 분구 단면 및 석실 약측도)(圖 13), 「朝鮮平安南道江西古墳配置圖, 江西小墳(조선 평안남도 강서고분

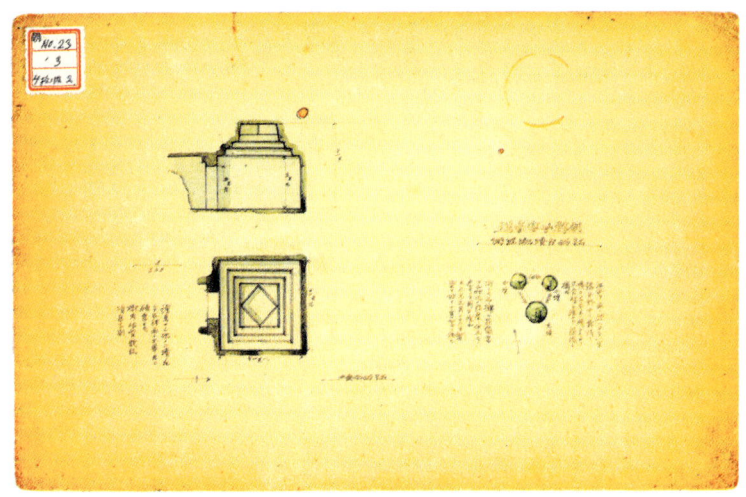

圖 14 「朝鮮平安南道江西古墳配置圖, 江西小墳」, 天理大學附屬天理圖書館所藏小場恆吉資料 No.77

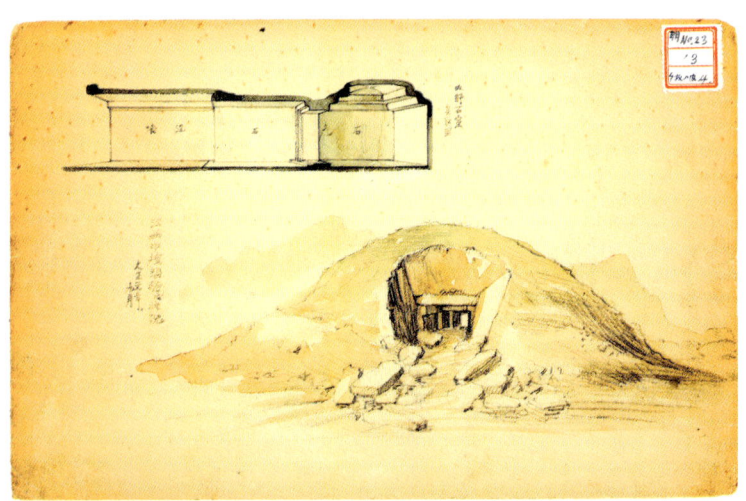

圖 15 「江西中墳開發狀況」, 天理大學附屬天理圖書館所藏小場恆吉資料 No.77

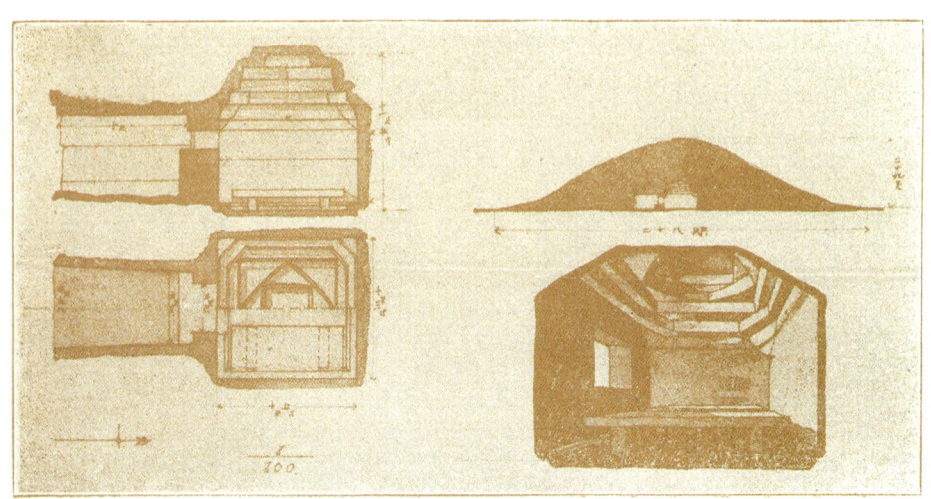

圖 16 江西古墳(大)見取圖 小場恆吉圖(『美術新報』第12卷 第4號)

배치도, 강서소분)」(내용은 강서삼묘 배치 약측도 및 강서소묘 석실 약측도)(圖 14), 「江西中墳開發狀況(강서중분 개발상황)」(내용은 강서중묘 분구 석실 입구부 개구상황의 소묘 및 강서중묘 단면)見取圖(스케치 약도)(圖 15)의 제목으로 명기되어 있고, 「朝鮮平安南道江西古墳配置圖, 江西小墳(조선 평안남도 강서고분 배치도, 강서소분)」의 「朝鮮平安南道江西古墳配置圖(조선 평안남도 강서고분 배치도)」 부분에 "다이쇼 원년 9월 23일 개발을 시작해 10월 4일에 마침", 「江西中墓之圖」에는 "다이쇼 원년 가을 벽화모사의 여가를 써서 본 도를 작성함. 반드시 정확하다고는 할 수 없지만 큰 차이는 없을 것이다."이라는 메모가 있는 점으로, 오바 쓰네키치(小場恆吉)가 다이쇼 원년(1912) 가을의 조사 때에 제작한 것을 알려준다. 「江西大墳」의 도에는 제작시기에 관한 기재가 없지만, 『美術新報』에 게재된 오바 쓰네키치(小場恆吉)의 「江西古墳(大)見取圖(강서고분(대)見取圖(스케치 약도))」(關野貞, 1913a, p.13)(圖 16)와 비교해 보면, 그보다 흙을 제거하는 작업이 진행된 상태의 도면이다. 『考古學雜誌』에 게재된 강서대묘 석실 실측도(關野貞, 1913c, p.4)는 흙을 제거하는 작업이 더 진행되지는 않았지만, 이와 거의 동일한 東京大學所藏關野貞(도쿄대학 소장 세키노 다다시) 필드카드04-042 「遇賢里第二塚[縱斷面圖, 天井圖](우현리 제2총[종단면도, 천장도])」는 1912년 9월 28일에 제작된 것인데, 「江西大墳」도는 1912년 10월 이후, 가을의 모사작업 기간에 제작된 것으로 보이지만 그 시기의 특정은 할 수 없다.

이 중에서도 강서중묘 분구단면 및 석실 약측도는 주목된다. 『建築雜誌』 제 326호에 게재된 강서중묘석실실측도(關野貞, 1913b, p.37의 제38도) 및 『朝鮮古蹟圖譜』 제二책에 게재된 강서중묘석실실측도(朝鮮総督府編, 1915, 도 630, 631)(圖 17)는 동일한 실측도이지만, 석실단면도의 연도 천장이 바닥면과 거의 평행하게 그려져 있다. 이와 달리 오바 쓰네키치(小場恆吉)의 석실 단면도에는 연도 부분의 천장이 입구 방면으로 경사져 있고, 입구쪽 전반부는 약 −4.9도, 후반부는 전체적으로 약 −1.2도 경사지게 그려져 있다. 또한 연도 전반부의 천장에는 평안남도 강동군 한왕묘와 같이 연도부로서는 유례가 적은 일단의 작은 모줄임이 그려져 있는데, 「出4.2-4.7(寸)(출4.2-4.7(촌))」이라고 기재되어 있다. 연도 전반부 천장의 경사에는 "천장은 자연적으로 떨어져 내린 것 같다."라는 주기가 있다. 연도 후반부 측벽에는 "一枚岩(돌 한 장)", 연도 전반부 측벽에는 "漆喰塗(회반죽 칠함)"이라고 기재되어 있는데, 연도부 천장석과 연도 후반부 바닥석의 폭은 실측하지 않았다고 적혀 있다.

이 단면은 "연도의 길이는 원래 약 23척 5촌이었던 것이, 입구 수선 때에 기사의 무이해로 인해 전반의 13척 7촌이라고 하는 중요한 부분을 철거해 버려 지금은 흔적도 없다."(小場恆

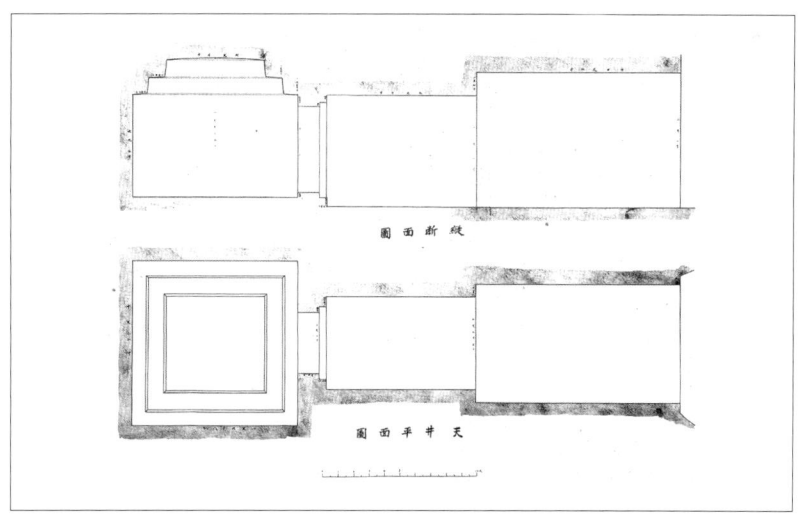

圖 17   江西中墓石室実測圖(『朝鮮古蹟圖譜 二』)

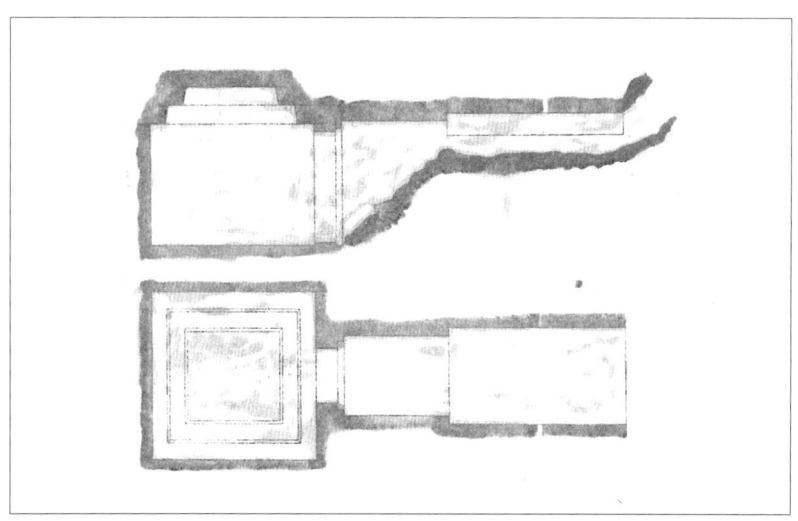

圖 18   江西中墓石室実測圖(『考古學雜誌』第3卷 第8號)

吉, 1931, p.4)라고 하는 상태가 되기 이전의 연도부를 나타내는 것이지만, 『朝鮮古蹟圖譜』 제 二책에 게재된 실측도와는 양상을 달리하고 있다. 『考古學雜誌』에 게재된 강서중묘석실실측도(關野貞, 1913c, p.9)(圖 18)는 흙 제거가 진행되지 않은 상태로 연도의 바닥면은 그려져 있지 않지만, 『朝鮮古蹟圖譜』 제二책에 게재된 실측도와 같이 연도 전반부 천장은 수평이고, 일단의 모줄임이 표현되어 있다. 흙 제거가 끝나지 않은 상태에서 연도의 바닥면은 그려지지 않았다. 세키노 다다시(關野貞)가 1912년 9월 24일에 필드카드에 그린 도면(東京大學所藏關野貞 필드카드04-030 「江西高句麗古墳第二塚[縱斷面圖, 天井圖](강서 고구려고분 제2총[종단면도, 천장도])」와 거의 동일한 도면이다. 연도 전반부가 거의 수평으로 그려져 있는 것은 흙을 제거

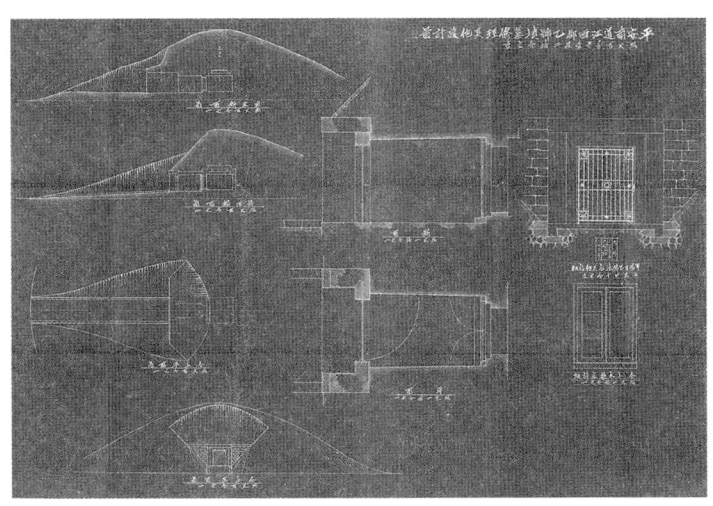

圖 19 江西中墓修理設計圖靑燒(『關野貞アジア踏査』)

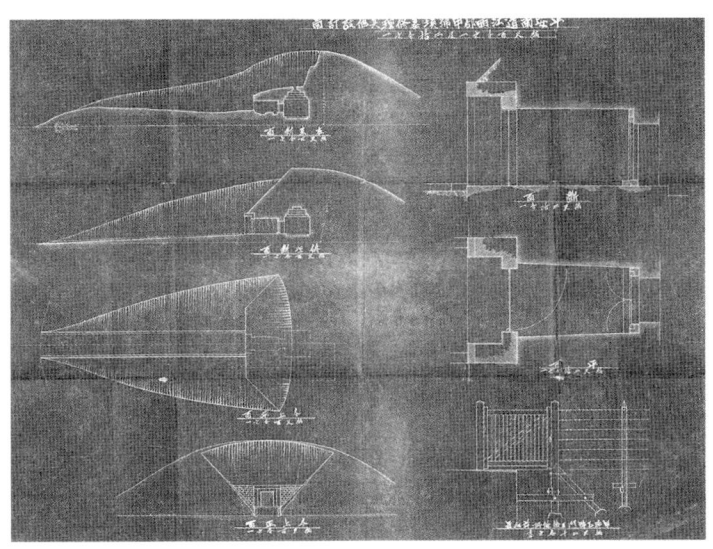

圖 20 江西大墓修理設計圖靑燒(『關野貞アジア踏査』)

하는 작업이 진행되지 않았기 때문에, 정확히 실측하는 것이 불가능했기 때문이었는지도 모른다. 다만, 연도 전반부 천장에 일단의 모줄임이 그려져 있지 않은 것은 실제와는 다른 점으로 보인다. 덧붙여 이 모줄임은 뒤에 게재할 ①-5-ⅰ 栗山俊一서장 동봉의 오바 쓰네키치(小場恆吉) 및 구리야마 슌이치(栗山俊一) 제작 석실략도(圖 24, 圖 25)에도 그려져 있다.

    강서중묘 입구의 수리는 1913년에 실시되었는데, 이때 조선총독부 기사인 이와이 조자부로(巖井長三郎)로 인해서 제작되었다고 생각되는 수리설계도 청사진을 東京大學所藏關野貞 필드카드 중에서 확인할 수 있다(早乙女雅博, 2005, p.282 도 14)(圖 19). 강서중묘 수리설계도 청사진과 함께 강서대묘의 수리설계도 청사진도 남아 있는데(早乙女雅博, 2005, p.282, 도 13)

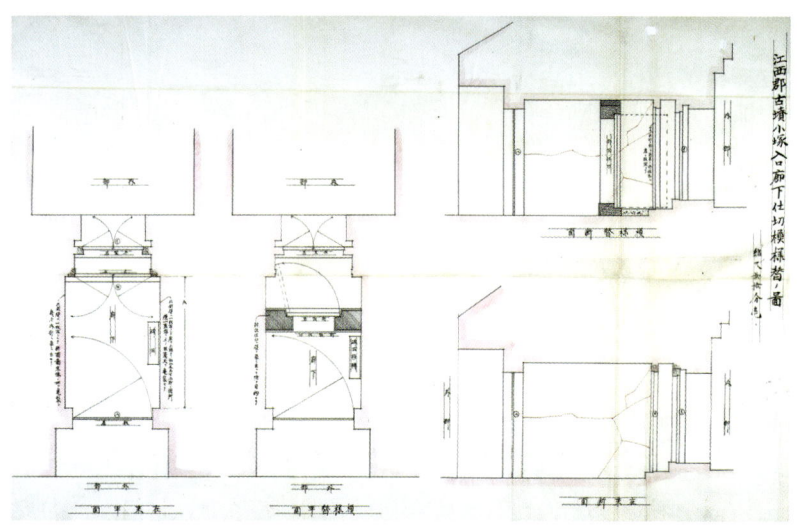

圖 21 「江西郡小塚入口廊下仕切模樣替ノ圖」國立中央博物館所藏日帝強占期資料 管理番號: F090-019-003-001

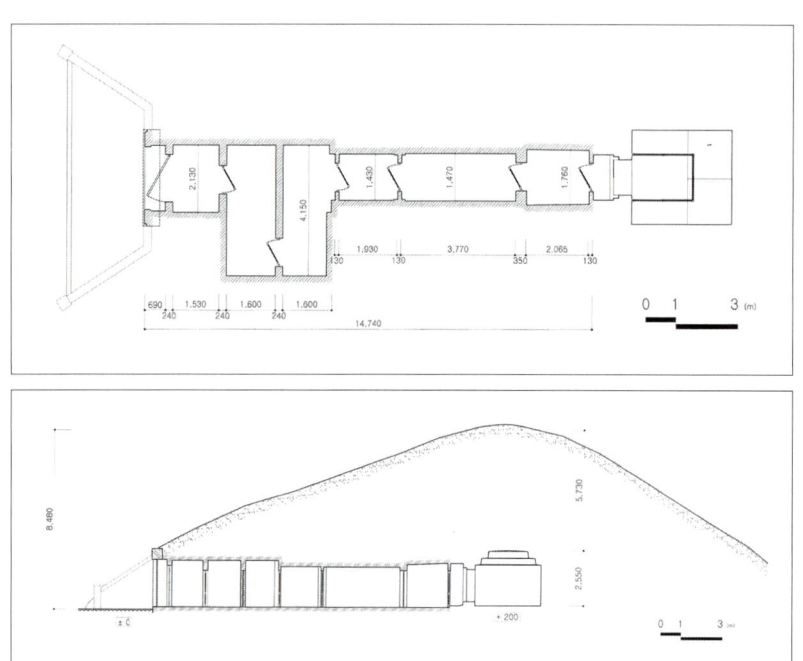

圖 22 江西中墓石室平面圖及斷面圖(『남북공동 고구려 벽화고분 보존 실태 조사 보고서 제1권 조사보고』)

(圖 20), 수리설계도에 보이는 양 무덤의 수리 후 연도의 형상은 대략 동일해, 설계한 기사는 양 무덤을 동일한 형상으로 맞추고자 했던 것인지, 강서중묘 수리 설계도에서는 「修理斷面圖(수리단면도)」, 「墳丘平面圖(분구평면도)」, 석실 「斷面(단면)」, 석실 「平面(평면)」의 각 도면 중의 석실은 연도 전반부를 제거한 형태로 도면이 그려져 있다. 이에 따라 강서중묘의 연도 전반부를 제거하고자 하는 폭거로 이어져, 현재는 알 수 없게 되어 버린 것이다. 이 수리공사의 설계에 세키노 다다시(關野貞)가 어떻게 관여했는지는 확인할 수 없다. 고고학에 관한 지식이

없던 조선총독부 영선과(營繕課) 기사에 의한 문화재 파괴가 행해진 것을 여실히 나타내 주는 자료로서, 일제 침략자에 의한 문화재 파괴라고 하는 만행의 기록으로서 중요한 자료라고 평가할 수 있다.

강서중묘 수리 설계도 중의 석실「斷面(단면)」의 연도 후반부 단면도의 입구부 방면으로의 천장 경사각도는 약 －1.2도인데, 오바 쓰네키치(小場恆吉)의 약측도와 동일한 각도이다. 강서중묘 연도 전반부 천장의 입구부 방면으로의 큰 경사는, 후술할 ①-5-ⅰ 栗山俊一 서장(圖 23) 중의 구리야마 슌이치(栗山俊一)가 작성한 강서중묘석실약도(圖 25)에서도 이와 같이 그려져 있다. 현재 남아 있는 강서중묘 석실 실측도 중에는 오바 쓰네키치(小場恆吉)의 「江西中墓之圖」가 발굴 당시의 석실 상황을 가장 정확하게 지금까지 전해 주는 것이라고 평가할 수 있다.

1913년의 수리공사에서는 현실 앞에 내부로 침입을 막기 위한 문비시설을 하고 있는데, 그때에 문비를 달기 위한 부분의 바닥 및 천장, 벽면을 콘크리트로 덧바르고 있다. 1913년에 제작된 수리 설계도 청사진보다, 1918년에 제작된 「江西郡小塚入口廊下仕切模樣替ノ圖(강서군 소총 입구복도 경계 개수도)」(국립중앙박물관 소장 일제강점기 자료 원문 관리번호: F090-019-003-001)(圖 21)가 그 상황을 더욱 상세히 파악할 수 있게 해 준다. 이 도면은 1918년 3월 22일부, 平南會(평남회) 제829호로 평안남도장관에게서 조선총독 앞으로 제출된 「古墳設備模樣替ノ件申請(고분설비 개수건 신청)」문서에 첨부되어 있던 것이다. 이 도면에 의하면 1918년의 공사 때에도 신설한 문비 부분의 주위를 크게 부가하고 있다. 보존시설을 포함한 것이지만, 현 상황의 도면(강현, 2006, p.79의 삽도 38, 삽도 39)(圖 22)을 볼 때, 기본적으로 1918년의 부가한 부분이 가장 현재에도 잘 남아 있는 것 같다.

오바 쓰네키치(小場恆吉)의 「江西中墳開發狀況」 도면 중의 강서중묘석실단면見取圖(스케치 약도)의 연도 천장과 바닥면은 평행하게 그려져 있고, 연도 전반부의 천장 모줄임도 그려져 있다. 그가 이 도를 「略測圖(약측도)」가 아니라 「見取圖(스케치 약도)」로 이름붙인 것은 자연스럽게 떨어져 내린 것으로 보는 연도 전반부 천장부의 경사를 복원하고 있는 것에 기인할 것이다.[6] 그러나 「見取圖(스케치 약도)」로 하기보다는 「복원 見取圖(스케치 약도)」라고 하는 것이

---

6 오바 쓰네키치(小場恆吉)는 이와 같은 강서삼묘의 「약측도」 작도에 있어서 석재 각 변의 촌법을 상세히 계측하고 있었던 것을, 상기 도면 중의 기재 이외에도, 후술할 ①-4 괘지메모 중의 촌법메모나, ①-5 구리야마 슌이치(栗山俊一) 서장 동봉의 오바 쓰네키치(小場恆吉) 송부의 강서중묘 석실 촌법 조회 때의 약도 등에서도 알려져 있다. 그 위에 화가로서의 수련을 쌓아 온 오바 쓰네키치(小場恆吉)의 「약측도」는 「약측도」라고 말하기는 하지만 「실측도」와 같은 정밀도를 가지고 그려져 있다고 말할 수 있어서, 「약측도」가 아니라

더 적절하다고 할 수 있을 것이다.

『朝鮮古蹟圖譜』 제二책의 강서중묘 「実測圖(실측도)」(朝鮮総督府編, 1915, 도 630)에는 연도 전반부 천장의 일단 모줄임도 표현되어 있지 않고, 연도 천장부도 수평으로, 실측도가 아니라 「복원도」라고 해야 할 것이다. 이 연도부의 상태에 관해 세키노 다다시(關野貞)는 논문에서도 일절 다루지 않았다. 왜 세키노 다다시(關野貞)가 이러한 점을 다루지 않고 이와 같은 도면을 「실측도」로 했는지는 알 수 없다.

앞서 다룬 세키노 다다시(關野貞)가 조선총독부에 제출했다고 생각되는 「古墳保存ニ關スル覺書」에는 고분발굴의 요항이라고 부를 만한 이하와 같은 것이 적혀 있다(早乙女雅博, 2005, p.280).

(전략)

(三) 고분발굴에 관한 주의를 요망함.

원래 고분은 그 구조와 부장품의 내용에 의거하여, 고대 문화의 상태, 제종 민족의 특질 및 상호의 관계를 선명하게 하므로, 그로 인하여 역사의 결루를 보완할 수 있는 귀중한 자료인 것이므로, 함부로 발굴하는 것을 엄금하는 것은 물론, 발굴을 허가할 경우에도 다음 사항에 의거시키는 일로 허가하라.

(중략)

(ㄴ) 고분의 실측도(평면도, 입면도, 종단면, 횡단도) 및 부장품 분포의 실측도 및 고분 발굴에 관한 상세한 설명서를 제출시키는 것. 다만 도면에는 상세한 촌법의 기입을 요한다.

(후략)

그는 도면에 관해서는 정확함과 엄밀함을 추구했는데, 후지시마 가이지로(藤島亥治郎)로 하여금 "실측도의 제작할 때에는 선생의 전문인 건축의 실측도 제작법을 실로 엄격하게 고분

「실측도」라고 해야 할 수준의 도면이다. 아리미쓰 교이치(有光敎一)에 의하면 오바 쓰네키치(小場恆吉)는 "(실측에 있어서는) 일일이 계측하지 않았다. 우선 위에서 본 대략 나온 상태를 그린 후, 뒤에 필요한 곳을 조금만 계측해 완성하고 있었다."(京都木曜クラブ, 2003, pp.13~14)라고 말했고, "선생은 현장에서 야장에 슥슥 그린 후 숙소에 돌아와서 고쳤다. 도가 완성되어 현장에 가져가 보면 훌륭하게 맞았다."(有光敎一, 2005, pp.26~27)라고 했다. 이러한 이야기는 필자도 생전의 아리미쓰 교이치(有光敎一)에게서 몇 번이나 들었다.

이나 기타에도 응용해, 그로 인하여 정밀무비한 평면, 입면, 단면 등의 도면으로 한 것이었다. 출토유물의 실측 또한 이와 같아서 부정확한 스케치 등은 도저히 선생이 만족할 바가 아니었다."(藤島亥治郎, 1936, p.11)라고 말할 정도로, 세키노 다다시(關野貞)는 도면에 대해서는 정확함을 가장 중요시 여기고 있었다. 그럼에도 불구하고 『朝鮮古蹟圖譜』 제二책에 게재된 강서중묘 실측도는 개변이 행해졌다고 말할 수밖에 없는 상태의 것이다. 또 세키노 다다시(關野貞)는 많은 고구려 벽화고분 관계의 논문을 집필했지만, 이 강서중묘 연도 천장부에 관해서는 전혀 다룬 적이 없다. 무엇보다도 세키노 다다시(關野貞)는 한왕묘에 관해서도 논문 등에서 연도 천장부 모줄임에 관한 기술을 볼 수 없으므로, 강서중묘에 있어서도 연도 천장부의 모줄임에 관해서는 전혀 관심이 없었는지도 모른다.

강서고분에 관한 세키노 다다시(關野貞)의 실측도에서 강서대묘에도 의문점이 있다. 『朝鮮古蹟圖譜』 제二책에 게재된 강서대묘의 석실 실측도(圖 26)(關野貞他, 1915, 도 605~608), 오바 쓰네키치(小場恆吉)의 「江西大墳」(圖 12), 1913년의 강서대분 수리설계도 청사진 중의 「在來斷面(재래단면)」(圖 20)과 같은 3가지에서도 석실 단면도에 다른 부분이 있다. 2006년에 촬영된 사진(남북역사학자협의회 국립문화재연구소 편, 2006, p.229)에서 보이는 현문 및 연도의 상황과 비교해 볼 때, 현상은 오바 쓰네키치(小場恆吉)의 「江西大墳」과 같은 양상처럼 보이므로, 『朝鮮古蹟圖譜』 제二책에 게재된 실측도와는 다르다.

세키노 다다시(關野貞)는 일부분이기는 하지만 실제와 다른 실측도, 스스로가 만든 「古墳保存ニ關スル覚書」와는 상응하지 않는 내용이라고 할 수 있는 실측도를 공간해, 후세에 틀린 정보를 남긴 연구자로는 있을 수 없는 과오를 범하고 있는데, 나아가 이것이 일제침략기의 한반도에서 행해진 일이었다는 것은 용서할 수 없는 소행이었다고밖에 말할 수 없다.

①-3에는 그 밖에 표지를 넣어 5장을 종이 지노로 철한 강서중묘의 벽화 및 석실에 관한 잡 메모가 포함되어 있다.

①-4는 강서대묘, 강서중묘를 중심으로 하는 조사 시의 각종 메모가 적힌 노트 1책과 패지 6장이다.

노트는 원래 48페이지의 것으로 생각되지만 4페이지분이 잘려 없어져 현재 44페이지분이 남아 있다. 강서대묘, 강서중묘의 석실 약측도 및 벽화 소묘, 채색 등의 메모, 석실약도 등을 시작으로 간성리 연화총 전실 천장 서쪽의 연화문 소묘, 안성동 쌍영총 석실 및 벽화에 관한 메모, 화상리 성총 석실 및 벽화에 관한 메모, 화상리 대연화총(감신총)석실 및 벽화에 관한 메모, 개성 공민왕릉 관계 메모, 동 석등 소묘, 동 망주석 소묘, 개성 숭양학원 정몽주각 관계

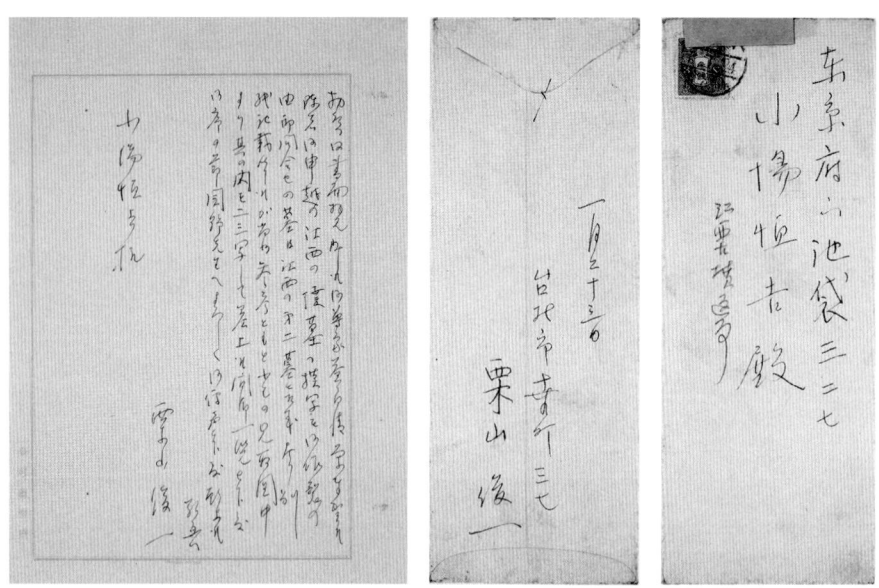

圖 23　栗山俊一書狀 小場恆吉宛 天理大學附屬天理圖書館所藏小場恆吉資料 No.77

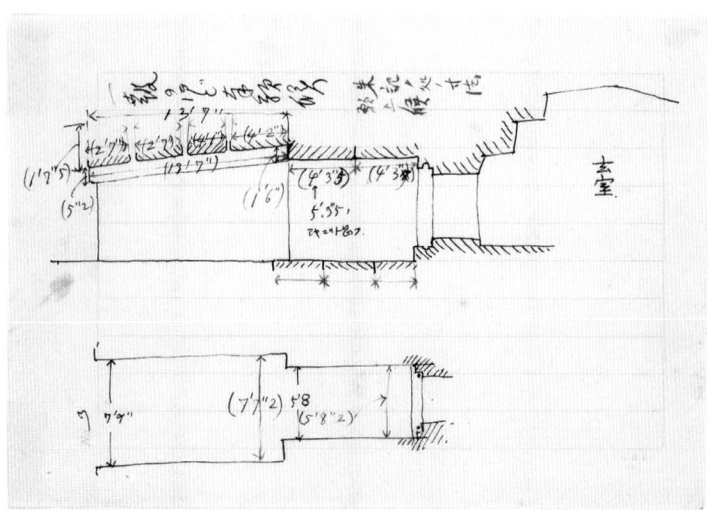

圖 24　江西中墓石室略圖(小場恆吉作製) 天理大學附屬天理圖書館所藏小場恆吉資料 No.77

소묘 및 메모, 동 표충비 관계 소묘 및 메모가 있는데, 마지막에 다시 강서대묘 벽화 현무 및 청룡 소묘가 있다. 그 이외에 농촌풍경 등의 소묘가 보인다. 이와 같은 내용으로 볼 때 1912~1914년에 작성된 것으로 생각된다.

괘지 6장에는 석재의 촌법이 상세하게 적힌 강서대묘의 석실 약측도, 강서중묘의 석실약도, 동 천장 및 북벽 벽화 모식도가 그려져 있다. 1912년에 작성된 것으로 생각된다.

①-5는 하나의 보존상자 속에 강서대묘, 강서중묘 모사작업 때의 다양한 자료가 같이 들어가 있다.

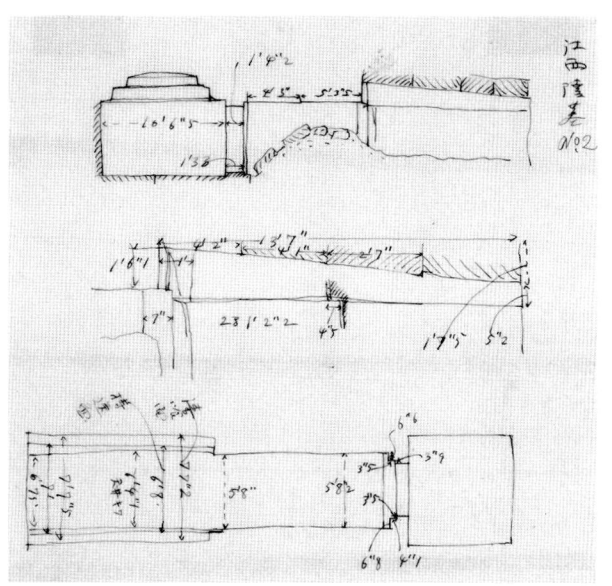

圖 25 江西中墓石室略圖(栗山俊一作製) 天理大學附屬天理圖書館所藏小場恆吉資料 No.77

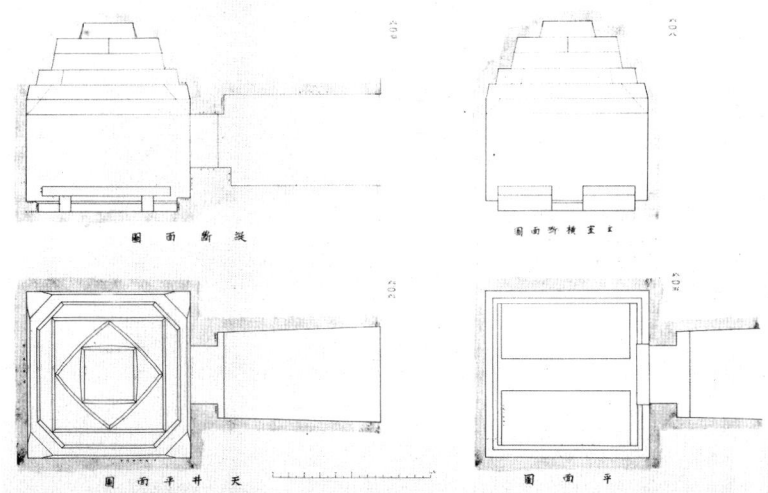

圖 26 江西大墓石室実測圖(『朝鮮古蹟圖譜 二』)

　1912년의 벽화모사 작업관계의 자료는 거의 포함되어 있지 않고, 1930~1934년의 모사작업 자료이다. 설명의 편의상 다음과 같이 가칭의 번호를 붙이고, 제목이 적혀 있지 않은 것에는 가칭의 제목을 붙여 정리하기로 한다.

　ⅰ. 구리야마 슌이치(栗山俊)一 서장 오바 쓰네키치(小場恆吉) 앞 1931년 1월 23일부
　ⅱ. 「壁畫模寫支出經費書上書(벽화모사 지출경비 서상서)」
　ⅲ. 「壁畫模寫支出經費纏書(벽화모사 지출경비 전서)」

ⅳ. 「昭和六年春夏 江西摸寫雜記(쇼와 6년 봄 여름 강서모사 잡기)」

ⅴ. 1930~1934년 강서대묘, 강서중묘 벽화모사 관계자료

ⅵ. 강서대묘 주작도 연필묘사 초안

ⅶ. 조선총독 관방외사과 小田安馬 편지 평안남도지사 藤原喜藏 앞 5월 15일부

ⅷ. 『朝鮮高勾麗古墳壁畫展觀(조선 고구려고분벽화 전관)』 관계자료

이하에서는 이것 등을 순차적으로 살펴보기로 한다.

①-5-ⅰ는 구리야마 슌이치(栗山俊一) 서장(圖 23)이다. 「1931년 1월 23일부」로 되어 있으므로, 1930년 섣달이나 1931년 초에 일치시기(日治時期)의 대만총독부 영선과 기사로 근무해 台北市(타이페이)에 거주하고 있던 구리야마 슌이치(栗山俊一)에게 오바 쓰네키치(小場恆吉)가 보낸 강서중묘에 관한 질문장에 대한 회답이다. 강서중묘 석실 연도부의 단면 약도 및 평면략도(圖 24)를 보내, 1912년 약측도 제작 시에 실측하지 않았던 연도 천장석과 바닥석의 폭을 질문하고 있다. ①-3에서 소개한 강서중묘의 분구단면 및 석실 약측도에 「다만 돌의 촌법 실측을 하지 않고 적당히 편의적으로 함」 등으로 주기된 바와 같이 실측하지 않은 부분이 있는데, 그 정확한 촌법을 알고 싶어 했던 것 같다. 구리야마 슌이치(栗山俊一)의 답신에는 그의 손에 있던 도면을 베껴 촌법을 적어 넣은 약도(圖 25)가 첨부되어 있다. 이 구리야마 슌이치(栗山俊一)의 약도에도 연도 전반부의 천장에 일단의 모줄임이 그려져 있는데, 좌우에서 십수 cm가 튀어나온 일단의 평행모줄임 천장을 하고 있는 양상을 볼 수 있다.

①-5-ⅱ는 1930년 5월 10일에 강서로 가 7월 4일에 평양으로 돌아올 때까지의 강서중묘 벽화 모사작업에 수반해 지출된 제 경비를 적은 것인데 3장으로 되어 있다. 1930년 5월 11일~7월 2일 사이에 지출된 모사에 사용된 재료, 도구 기타 약간의 식료품이나 인부 임금도 적혀 있다.

①-5-ⅲ은 ①-5-ⅱ를 정리한 강서중묘 벽화모사 지출경비 전서(纏書)에서 2장으로 되어 있다. 당초 예정의 1930년 5월 13일~7월 1일간의 경비로, 직접적으로 모사작업에 필요한 경비만을 계상하고 있는 것 같다.

①-5-ⅳ는 표지에 「昭和六年春夏 江西摸寫雜記(쇼와 6년 봄 여름 강서모사 잡기)」로 제목이 적혀 있는데, 표지를 포함해 편지지 6장으로 되어 있다. 1931년 5월 11일~7월 10일 사이의 강서대묘 벽화모사 작업에 수반해 필요했던 재료, 도구 및 인부 등의 제 경비 일부를 적어둔 것이다. 자동차의 차임 등도 계상되어 있다.

①-5-ⅴ는 1930~1932년 및 1934년의 4개년의 강서대묘, 강서중묘 벽화모사 작업 관계의 제 자료가 철해져 있다. 언제, 누가 철한 것인지는 알 수 없지만, 연도별로 완전히 정리되어 철해진 것은 아니다. 총수 42장으로 그중 6장은 앞뒤에 메모가 적혀 있으나 영수증 3장이 찢어져 결실되어 있다. 이하에서는 이를 연도별로 정리해 보기로 한다.

1930년의 자료는 강서중묘의 벽화모사 작업관계의 것이다. 이해의 가장 오래된 자료는 원래는 「江西古墳モ(摸)寫見積 昭和五年(1930年)二月二十八日(강서고분 모사 견적 쇼와 5년 2월 28일)」로 적힌 표지를 붙혀 철해져 있던 것으로 생각되는 것으로, 표지 포함 편지지 4장으로, 속의 2장은 앞뒤 양면에 기재되어 있다. 내용은 모사에 필요한 일수 및 경비를 적산하고 있는 메모이다. 적산에 참고로 하기 위함인지, 1912년의 강서대묘, 강서중묘 벽화모사 작업에 관한 사항도 당시의 자료에서 베껴 메모되어 있다. 이에 의하면 당시의 도쿄(東京)에서 강서까지의 일정이 「9월 17일 출발, 9월 19일 경성 도착, 9월 20일 出館(출관)(박물관에 감), 9월 21일 그림도구 구매, 9월 22일 경성 평양 1박, 9월 23일 강서 도착, 10월 1일 경부터 시작함」이라고 적혀 있는데, 모사일수는 「9월 25~30일, 10월 31일, 11월 26일까지, 63일×2 = 126일(선년총연일수)」이다. 이 도쿄(東京)에서 강서까지의 일정은 「小場의 기록에서 발췌」로 소개된 기술(佐々木榮孝, 2005, p.42)과는 약간 차이가 있으나, 왜 차이가 있는지는 불명확하다.

1912년의 모사 작업은 오바 쓰네키치(小場恆吉) 한 명이 아니라 오오타 후쿠조(太田福蔵)와 둘이서 분담해 행했기 때문에 총연일수는 두 배인 126일간으로 되어 있다. 이것을 1930년 계획에서는 이유를 알 수 없지만 2일 적은 124일간에 그리기로 해, 강서대묘, 강서중묘 각각의 벽화 별로 모사 일수를 나누고, 강서중묘에서 1912년에 그리지 않았던 증가분을 20일로 적산해, 이를 포함한 모사 총일수를 144일로 하고 있다.

재료 등의 적산을 위해 석실 각 부분별로 모사 사용 용지 수를 세밀히 적어 내, 「美ノ四ツ版(美濃4판)」[7]에서 강서대묘 183장, 강서중묘 135장이라는 계산 메모가 있는데, 그림도구, 붓 등의 모사재료로부터 반사경, 램프 등의 도구, 더욱이 인부까지 총량을 산출하고 있다. 후술할 1932년의 메모 속에 있는 수채화 도구 발주처의 文房堂(분포도)의 용지 및 수채화 도구 등의 「정가표」에서의 필요 부분을 발서한 것도 보인다. 거기에는 수채화 도구에 관해서는

---

7 일본에서 에도 시대부터 사용된 종이의 촌법표현법으로, 美濃紙의 네배판이 된다. 그러나 지금의 ISO와 같이 엄밀한 규격에 의거한 것이 아니라, 제조자 각각이 맞추어 사용하는 발이나 도리의 촌법이 제각각으로, 그에 따라 발로 뜬 종이도 촌법은 다양해서 엄밀한 촌법을 제시할 수는 없다. 대략 9촌×1척3촌 정도의 美濃판 종×2, 횡×2의 4장 치수이다.

Winsor&Newton제 및 Lefranc Bourgeois제의 양자의 가격이 메모되어 있다.

오바 쓰네키치(小場恆吉)가 모사에 사용하는 그림도구는 일본의 그림도구인 巖繪具(이와에노구)(東京藝術大學大學院文化財保存學日本畵硏究室編, 2007, p.41; Japanese Painting (Conservation), Graduate School of Fine Art, Tokyo University of the Art[ed.], 2010, p.41) 및 泥繪具(도로에노구)(東京藝術大學大學院文化財保存學日本畵硏究室編, 2007, p.41; Japanese Painting (Conservation), Graduate School of Fine Art, Tokyo University of the Art[ed.], 2010, p.41) 가 중심이었으나, "고색이나 니토의 오염 등을 칠하는데 뉴튼제(Winsor&Newton제) 수채화구를 이용했던 것이다."라고 적고 있다(小場恆吉, 1931, p.7). '뉴튼제 수채화도구'를 사용하고 있었다고 적었지만, 1930년 5월 2일자 美蘭社(미란샤)의 영수증 기입란에는 Winsor&Newton제 그림도구가 태반이나 Lefranc Bourgeois제 그림도구도 기재되어 있어서, 영국과 프랑스의 전통 있는 그림도구 제조자의 수채화 도구를 사용하고 있었던 것 같다. 현재는 없지만 美蘭社는 今井昭美堂(이마이쇼비도)와 어깨를 나란히 하는 東京美術學校(도쿄미술학교) 교원 및 학생들이 자주 이용하고 있던 그림재료상이었다.

5월 10일에 평양을 출발해 강서로 향했고, 7월 2일에 강서를 출발할 때까지 모사 작업이나 그 준비, 철수 작업이 행해졌을 것이지만, 모사 작업의 구체적인 일정에 관해서는 6월 7일 이후 밖에 없고, 7월 4일 평양 도착으로 끝나고 있다.

그 이외에, 평양 출발 전에 도쿄(東京)에서 구입한 그림재료의 1930년 일자가 부기된 영수증이 4장 있는 이외에, 평양에서 구입한 그림도구나 거울 등의 영수증도 있다. 또한 7월 4일에 평양으로 돌아와 7일까지 숙박한 평양 철도호텔에서의 식사나 숙박비, 7월 7일에 평양을 출발해 귀국하는 도중에 들른 경성에서의 구입 영수증 등이 있다. 1929년 12월 30일의 그림도구 등 그림재료의 영수증도 있지만, 모사 작업 전년부터 준비를 시작했었는지는 모르지만 그 상세는 불명이다.

그 이외에 1930년의 모사 작업 자료로서는 앞서 기재한 ①-5-ⅱ, ①-5-ⅲ가 있는데, 다른 해에 비교해 볼 때 풍부하고 완벽하지는 않지만 모사 작업의 실제를 다소나마 엿볼 수 있다. 강서중묘의 벽화모사는 1930년의 작업으로 종료하고 있다.

1931년의 자료로서는 앞서 기재한 ①-5-ⅳ의 자료에 포함되어 있지 않은 간결하게 작업 내용을 적은 5월 13일~6월 27일간의 일정표가 있다. 5월 11일에 강서에 도착해 작업을 준비하고, 13일 오후부터 강서대묘 벽화의 청룡도부터 모사 작업을 개시하고 있다. 그 이외에 일본에서의 준비단계부터 시작해 강서에서의 작업종료까지 사이의 모사재료 구입이나 인부 임금까지, 매일매일의 지출을 기록한 메모도 남아 있다.

그 이외에 1931년의 자료로서는 ①-5-ⅴ와는 별도로 단편으로 남아 있던 것이지만, 그림 도구의 동 연도의 남은 것을 묶은 메모도 있다.

1932년은 전년의 작업에 이어 강서대묘 벽화모사를 하고 있지만, 같은 해의 자료로서 오바 쓰네키치(小場恆吉) 자료에 남아 있는 것은 다양한 그림도구 관계의 메모뿐이다. 도쿄(東京)에서 작성한 것으로 생각되는 3월 11자의 메모에는 東京府 神田区 駿河臺下(현재의 東京都 千代田区 神田神保町)의 文房堂(분포도)으로의 프랑스 Lefranc Bourgeois제의 많은 색의 수채화 도구 발주 리스트, 그것 등의 그림 도구를 약간 그려 제작한 색 견본장적인 것도 포함되어 있다. 그 이외에 巖繪具 및 泥繪具, 기타 각종 일본화 재료의 리스트가 있다.

전술한 1930년 5월 2일자의 美蘭社 영수증에서는 Winsor & Newton제 그림도구가 태반이었으나, 1932년의 발주 리스트에서는 Lefranc Bourgeois제의 그림도구만으로 되어 있다. 양자 모두 전통 있는 세계적으로 저명한 그림도구 제조자로, 품질에도 차이가 없어 어느 쪽을 선택하더라도 문제는 없다. 아마 당초 예정의 3개년으로 완료하는 것이 곤란해 기간 연장을 할 수밖에 없는 상황에 있었던 것으로 보여졌기 때문에, 경비 절감을 목적으로 더 싼 가격인 Lefranc Bourgeois제 그림도구를 사용하기로 했을 것이다.

다음으로 5월 14일에 제작한 메모가 있다. 여기에는 「昭和7, 5, 14日計算, 在手水彩エノグ 江西ニテ(쇼와 7, 5, 14일 계산, 재수 수채화 도구 강서에서)」라는 제목으로 적힌 편지지에 수채화 도구의 재고 수가 표로 묶여 있다. 5월 14일의 재고 수 좌측에는 동년 작업 종료 후의 잔고 수로 생각되는 숫자가, 우측에는 1934년의 벽화모사 작업종료 후의 7월 1일의 남은 수가 기입되어 있다.

별도로 조선총독부의 괘지에 「昭七, 七, 十四日古墳ヘ持行ケル水彩エノグ數 計百九十四本(쇼 7, 7, 14일 고분에 가져갈 수채 그림도구 수 계 194개)」라는 제목으로 적고, 상술한 「쇼와 7, 5, 14일 계산, 재수 수채 그림도구」메모와 같이 색견본과 같은 색명의 상부에 그림도구를 칠하고 있다. "주 14일 이후에도 가져오기 위한 수가 확실하지 않음"이라는 주기가 있다. 이것들에 의해 볼 때, 적어도 5월 14일에는 강서에서 작업을 개시해, 7월 14일 이후까지 현장에서의 모사를 하고 있었던 것을 알려준다.

또한, 날짜의 부기가 없어서 단정할 수는 없지만, 1932년의 것으로 보이는 「平壤南門町(평양남문정) 上木工藝社(가미키코게이샤)」앞의 Winsor & Newton제 혹은 Lefranc Bourgeois제 수채화 도구 주문서와 이에 대응하는 영수증이 남아 있다.

1934년의 자료로 확실하게 말할 수 있는 것은 편지지 1장뿐이다. 한쪽 면에는 간결하게 작업일정이 기재되어 있는데, 이에 의하면 5월 13일에 강서에 도착해, 다음 날인 14일부터 강서대묘 벽화의 주작도부터 모사 작업에 착수하고 있다. 동년의 작업은 6월 25일에 끝나고 있다. 그 반대면에는 5월 중에 사용한 인부 수의 메모가 있다.

①-5-vi는 강서대묘 주작도 연필그림 밑그림으로 美濃 4판의 5장이다. 남아 있는 것은 동쪽의 주작도가 2장, 서쪽의 주작도가 2장, 동서 주작도 하부 산악도를 1장에 상하로 그렸다. 다만, 벽화전체의 분이 아니고 게다가 완전하게 베끼지도 못했다. 종이를 분절할 수 없으므로 단정지을 수는 없지만, 얇은 美濃紙인 것 같은데, 이것을 사용해 연필로 그렸고, 일부이기는 하지만 그 연필선을 먹으로 덧그리고 있다.

오바 쓰네키치(小場恆吉)의 모사 모습을 아리미쓰 교이치(有光敎一)는 다음과 같이 적고 있다. "모사할 때에는 얇은 美濃紙를 걸고, 이것을 넘기며 아래의 벽화를 확인하면서 그리고 있었다. 얇은 종이에 팔이나 손을 대지 않으면서 재빠르고 훌륭하게. 천장의 중인방 부분이라도 대략 하루는 걸렸다."(有光敎一, 2005, p.26)

일본화를 수행했던 오바 쓰네키치(小場恆吉)는 당연하게도 모사의 기법을 습득하고 있었는데, 아리미쓰 교이치(有光敎一)의 증언과 같이, 고분벽화를 모사 할 때에는 '臨模(임모)'나 '搨模(탑모)'가 아니라 '上げ寫し(아게우쓰시)'(東京藝術大學大學院文化財保存學日本畫研究室編, 2007, p.112; Japanese Painting (Conservation), Graduate School of Fine Art, Tokyo University of the Art[ed.], 2010, p.112)를 하고 있다. 말할 필요도 없이 '아게우쓰시'는 모사할 때 원본인 고분벽화를 다치지 않게 해 모사하는 것이 가능한 기법인데, 關野貞가 전술의 「古墳保存ニ關スル覺書」에서 적은 바와 같은 "서툰 화공"은 일본화의 수행을 하지 않아 '아게우쓰시'를 알지 못했기 때문에 먹으로 탑모를 행해, "벽화를 오손시켜 불명료하게 해"버렸던 것일 것이다.

평생, 오바 쓰네키치(小場恆吉)는 붓과 먹으로 들어 올려 베끼기를 하고 있었는지, 이 주작도에서는 얇은 美濃紙에 연필로 그린 후 그 연필선을 먹으로 덧그리고 있다. 그러나 왜 그런지는 모르지만 전부를 배끼기지 않고 연필선을 먹으로 덧그린 것도 어중간하게 끝내고 있다.

다음 장에서 기술할 진파리 제1호분 벽화의 모사를 할 때에도 동일 부분을 베낀 것이 복수로 남아 있는데, 오바 쓰네키치(小場恆吉)의 고분벽화 모사 작업 공정의 복원은 그다지 용이하지 않다. 통상의 모사작업을 간단히 정리하면 들어올려 베끼기 → 전사 → 선사 → 채색 → 완성의 순서가 된다. 오바 쓰네키치(小場恆吉) 자료에는 통상적이라면 동일 작업단계에 있다고 생각되는 복수로 베낀 장들이 남아 있고, 더욱이 용지도 얇은 美濃紙, 셀로판지, 트레이싱 페이퍼, 기타의 일본 종이 및 양지 등등 다양해서, 간단하게는 어떤 작업단계의 것인지 정리가 곤란한 자료가 대부분이다.

본 자료도 모사의 최초 단계인 '아게우쓰시'인 것 같지만, 먹이 아니라 연필이고 또한 그 연필선을 먹으로 덧그린 어중간한 것으로 되어 있어서, 그 성격의 평가에는 곤란한 점이 있다. 동일한 장면의 모사 각 단계의 자료가 갖추어져 있는 것이 없어, 최종적인 결론을 내기에는 아직 자료가 부족하다. 향후의 신 자료 발견을 기대할 수밖에 없다.

①-5-vii는 조선총독부 관방외사과 小田安馬(오다 야스마)의 편지이다. 원래는 キャスリン・ボール(Catherine Ball?)(캐서린 볼)의 영문서한을 평안남도 지사인 藤原喜藏(후지와라 기조)에게 중개 의뢰받은 조선총독부 관방외사과의 小田安馬가 그 부신으로 쓴 것이다. 小田安馬의 편지에 의하면 キャスリン・ボール(캐서린 볼)은 전 총리대신인 다나카 기이치(田中義一)로부터 화병을 샌프란시스코 일본총영사를 통해 증여받은 일본미술연구가로, 일본 국내의 미술품을 1년간 연구했고, 조선의 고적 등에 관한 견학을 희망하고 있던 인물로 되어 있다. 이 봉투에는 오바 쓰네키치(小場恆吉) 앞으로 동 외사과의 곤도 노부타로(近藤延太郎)가 안배를 의뢰하고 있는 메모가 적혀 있는데, 평안남도지사에게는 송부하지 않고 오바 쓰네키치(小場恆吉)의 손에 도착했던 것으로 보인다. 일시는 "5월 15일"로만 되어 있는데 몇 년인지는 기재되어 있지 않지만, 후지와라 기조(藤原喜藏)가 지사 재직 중이고, 近藤延太郎 및 小田安馬가 외사과에 재직하고 있던 시기로 볼 때, 1932년 때일 것이다. 資料 ①-5-v에 보이는 메모에 의하면 이해에 오바 쓰네키치(小場恆吉)는 5월부터 7월까지 강서고분에서 벽화모사 작업을 하고 있었는데, 그 안내를 의뢰받았을 것으로 보인다.

①-5-viii은 九州國際文化協會(규슈국제문화협회)의 주최로 1942년 5월에 福岡市(후쿠오카시)의 巖田屋(이와타야)백화점에서 개최된 『朝鮮高勾麗古墳壁畫展觀(조선 고구려고분벽화 전관)』의 관계자료로서, 규슈국제문화협회의 회장인 荒川文六(아라카와 분로쿠) 명의의 안내장, 규슈국제문화협회의 포스터, 『朝鮮高勾麗古墳壁畫展觀』 pamphlet의 3점이다.

규슈국제문화협회의 포스터는 B열 본판 4취의 용지를 사용해 인쇄했다. 입장세 징수를 위해 福岡(후쿠오카) 세무서가 검인했는데, 그 인영이 남아 있다.

『朝鮮高勾麗古墳壁畫展觀』의 pamphlet은 4×6판으로 표지를 포함해 8페이지로 되어 있다. 전관한 것은 삼묘리고분(강서삼묘)의 벽화모사, 사진, 실측도, 쌍영총 사진, 중화 제1호분(진파리제1호분)의 사진인데, 각 무덤의 개요와 전관품의 내용에 대해서 야자키 요시모리(矢崎

美盛), 아리미쓰 교이치(有光敎一), 엔죠지 이사오(圓城寺勳) 등 3인이 집필했다.

①-6은 「江西古墳小墓壁畵実大模寫略解(강서고분 소묘 벽화 실대모사략해)」이라는 제목이 적혀 있지만, 「강서중묘 벽화모사」에 관한 간단한 해설로, 등사판쇄로 타블로이드판 용지 2정으로 되어 있다. 벽화의 기법이나 그림 도구에 관한 오바 쓰네키치(小場恆吉)의 관찰도 기술되어 있다. 1930년 7월 12일 날짜의 『朝鮮新聞』 조간 제5면의 「貴重な遺物 江西古墳小墓壁畵模寫 二日間本府博物館に陳列(귀중한 유물 강서고분 소묘벽화 모사 2일간 본부 박물관에 진열)」의 기사는 약간의 오식은 있지만, 이 pamphlet을 그대로 베낀 것이다.

1930년 5월 10일부터 약 50일간에 걸쳐 실시되고 있었던 강서중묘 벽화 모사의 전관을, 우선 7월 6일 오전 9시 반~오후 5시에 평양의 상품진열소에서 실시했고,[8] 이어서 7월 12~13일에 조선총독부박물관에서 실시하고 있는데, 그때 배포한 pamphlet이라고 생각되지만, 7월 4일에 오바 쓰네키치(小場恆吉)가 평양에 도착해 있었던 것으로 볼 때, pamphlet 작성의 시간을 고려해 본다면 조선총독부박물관에서만 배포했던 것일 가능성이 높다고 볼 수 있다. 『朝鮮新聞』의 기사는 이런 느낌을 강하게 준다.

①-7은 강서대묘 현실 천장 북벽 제2지장 측면 벽화천인의 모사소묘이다. 크고 작은 6점이 있는데, 그중 3점은 운기문 내지 천의의 부분도인데, 천인은 그려져 있지 않다. 하나는 다수의 성진을 나타내는 것으로 생각되는 대소의 유리색 주점으로 그린 위에, 제2지장의 측면 벽화 오른쪽 끝 및 왼쪽에서 두번째의 천인을 연필로 얇은 일본 종이에 베끼고, 일부는 연필선을 먹으로 덧그리기도 했다. 주위에 운기문을 배치했지만, 그 위치는 벽화와는 다르다. 다만, 이 성진도와 동일한 것을 고구려 고분벽화 중에서는 찾아볼 수 없다. 또 하나는 제2지장 측면 벽화 오른쪽에서 두 번째의 천인을 셀로판지(cellophane)에 먹으로 베낀 소묘이다. 나머지 하나는 두 번째의 천인을 그리고 있지만, 입은 천의도 그대로를 베낀 것이 아니고, 천인의 상하에는 벽화에서는 그 위치에 배치되어 있지 않은 운기문 및 童子化生(동자화생)전의 연화문을 그리고 있다. 이것들도 물론 벽화 그대로를 베낀 아니고, 고구려 고분벽화의 천인을 모티브로 제작된 '화가' 오바 쓰네키치(小場恆吉)의 창작활동에 공반된 '작품'이라고 해야 할

---

8 「商品陳列所(상품진열소)」에 전관되어 있었다고 하는 것은 『毎日申報』 1930년 7월 9일자(7월 8일 발행) 석간 제3면의 「江西古墳의 壁畵를 模寫」 기사에 의한다. 한편, 『中外日報』 1930년 7월 10일자 조간 제3면의 「江西古墳壁畵模寫完成」 기사에는 7월 6일 오전 9시~오후 5시까지 「平壤圖書館(평양도서관)」에서 공개했다고 되어 있다. 어느 쪽에서 개최되었는지 혹은 양쪽 모두에서 개최되었는지, 혹은 같은 시설의 다른 명칭인지에 관해서는 확인되지 않았다.

것이다.

①-8은 강서삼묘리 삼묘분구 평면도이다. 대묘, 중묘, 소묘를 별개로 제작하고 있는데, contour line을 기입하고 있다. 삼묘 각각의 실측을 하고 있고, 그 데이터를 기입한 메모지도 남아 있다. 상술한 ①-3의 설명 중에서 아리미쓰 교이치(有光敎一)의 증언을 기술했으나, 이 평면도 작도를 할 때에도 오바 쓰네키치(小場恆吉)는 현장에서 실측만을 하고 숙소에 그 데이터를 가져와 야간에 제도하고 있었던 것을 이야기해 주는 자료라고 말할 수 있을 것이다.

①-9는 강서삼묘 고분 출토의 칠기편 2편 및 경주 금령총 출토의 칠기편 5편의 모사가 그림 용지 1장에 그려져 있다. 강서삼묘에서는 대묘, 중묘, 소묘에서 칠기편이 출토되었다. 모사도의 칠기편 문양과 같은 문양을 가지는 칠기편이 대묘 및 중묘에서 출토되었으나, 모사도 칠기편의 출토 무덤은 특정할 수 없다.

금령총 출토의 칠기편과 함께 모사된 것으로 하고, 1924년의 금령총 발굴조사 이후에 모사된 것이라는 점은 명백하나, 그 시기를 상세히 밝힐 수는 없다.

도의 완성 정도로 볼 때, 더구나 오른쪽 아래에 방울벌레 2마리의 소묘가 그려져 있는 것으로 비추어 'étude'일지도 모른다.

IV
「中和眞坡里墳墓壁畫模寫及調査記錄」에 대하여

본 장에서는 먼저 최초로 오바 쓰네키치(小場恆吉)의 모사 작업에 관한 기재가 있는 아래의 자료를 정리해 작업 내용 등을 살펴보기로 한다. 여기서 읽을 수 있는 작업 일정에 관해서는 마지막에 「표3 일정 일람표」로 붙이기로 한다. 본 장에서는 설명의 편의상 자료에 A~E의 약칭을 붙이고 기술을 진행한다.

자료 A: 「昭和十六年度朝鮮古蹟研究會平壤研究所平安南道中和郡東明王陵古墳群調査日誌(쇼와 16년도 조선고적연구회 평양연구소 평안남도 중화군 동명왕릉고분군 조사일지)」 국립중앙박물관 소장(본고의 말미에 번각 게재)

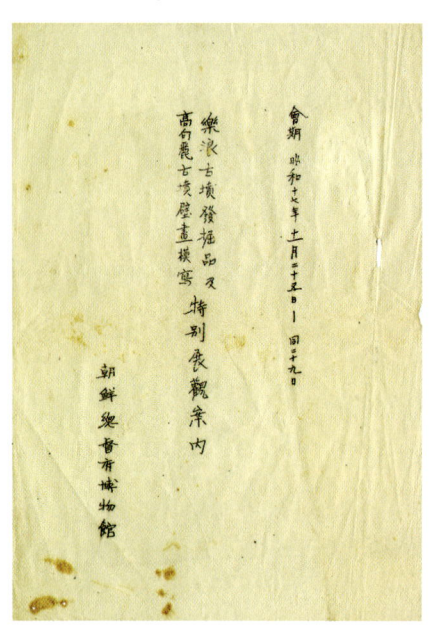

圖 27 『樂浪古墳發掘品及特別展觀案内』

자료 B: 『樂浪古墳發掘品及高句麗古墳壁畫模寫特別展觀案内(낙랑고분 발굴품 및 고구려 고분벽화 모사 특별전관 안내)』(朝鮮總督府博物館編, 1942, 후지이 가즈오, 2010, pp.217~225)(圖 27)

자료 C: 「昭和18年度眞坡里模寫日程」 天理大學附屬天理圖書館 小場恆吉컬렉션(본고의 제Ⅱ장 小場恆吉 자료 ②-1)

자료 D: 「昭和十八年九 十 十一 東明陵模寫ニ關スル雜書類」 天理大學附屬天理圖書館 小場恆吉컬렉션(본고의 제Ⅱ장 小場恆吉 자료 ②-4)

 Ⅰ.「쇼와 16년(1941), 17년(1942), 18년(1943)분의 작업 메모」

 Ⅱ.「쇼와 17년(1942), 18년(1943)분의 작업 메모」

  쇼와 16년(1941)분도 수 일만 기재가 있음.

 Ⅲ.「쇼와 18년(1943)분 인부 출근부, 작업 메모」

  「木村(기무라)」, 「虎(도라)」라는 인물에 관한 것.

 Ⅳ.「天井模寫日數纏(천장모사일수전)」(쇼와 18년 작성)

 Ⅴ.「備品紙等目錄(비품, 지 등 목록)」

자료 E: 「眞坡里第四號墳石室畧圖(模寫計畫枚數記入)」(본고의 제Ⅱ장 小場恆吉 자료 ②-5)

오바 쓰네키치(小場恆吉)는 1941~1944년 사이에 매년 가을에 진파리에 가서 모사 작업을 하고 있다. 그 벽화모사 작업의 실제에 관해, 이와 같은 자료로 읽을 수 있는 정보를 정리해

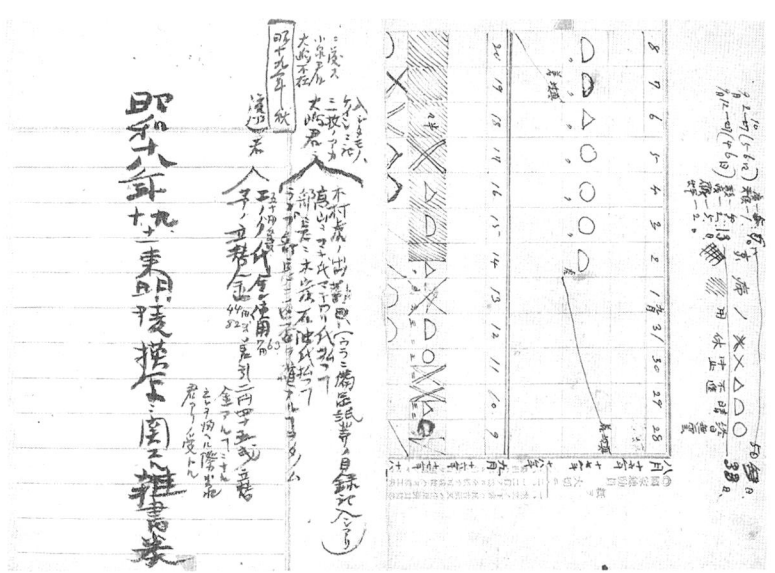
圖 28 「昭和十八年九十十一東明陵模寫ニ關スル雜書類」天理大學附屬天理圖書館所藏小場恆吉資料 No.78

여기서 소개해 나가기로 한다.

자료 D「昭和十八年九 十 十一 東明陵模寫ニ關スル雜書类」는 1941년부터 1943년까지 오바 쓰네키치(小場恆吉)의 진파리 제1호분 벽화모사 작업에 관한 정보가 가장 많다. 각종 잡다한 메모도 많이 적었는데, 오바 쓰네키치(小場恆吉)가 조사관계의 지출로 입체한 분에 관한 메모를 적은 것도 보인다.

자료 D의 표지(圖 28)에는「쇼와 19년(1944) 가을, 大嶋(오오시마)부재, 小泉군에게 넘김. 大嶋군에게 3장의 빨간 괘지에 기입한 것{木村, 虎의 출근 횟수(뒤에 비품, 종이 등의 목록 기입이 있음, 高山(다카야마)에게 장작대금 장작 쪼갠 대금 지불 함, 부장에게 목탄 석유대금 지불함, 램프 부장에게 반환했는지 아닌지 확인하기를 부탁하다}」이라는 기재가 있다. 이 외에 「渡辺(와타나베)군{50엔(圓) 수취, 그림도구 대금 사용 7엔(圓) 63, 내 입체당금 44엔(圓) 82센(錢) 정산 결과 2엔(圓) 45센(錢) 입체금이 있음에 됨, 이것을 돌아갈 때 出水(이즈미)군에게서 받음」등이 기재되어 있는데,「3장의 빨간 괘지」는 자료 D-Ⅲ 및 Ⅴ인 것으로 생각된다.

자료 D에 기재된 내용은 1943년까지의 모사에 관한 메모를 적어 넣은 것으로, 이 자료는 오바 쓰네키치(小場恆吉)가 사망할 때까지 그의 손에 남아 있다가 현재는 덴리대학부속덴리도서관(天理大學附屬天理圖書館)에「小場恆吉 자료」로 남아 전해지던 것인데, 1944년 가을에 「大嶋 부재, 小泉군에게 건넴」이라는 것은 이 자료의 D-Ⅲ 및 Ⅴ를 정서한 것일 것이다.

오바 쓰네키치(小場恆吉)의 벽화모사 작업은 1941년 9월부터 개시되었다. 그는 1941년

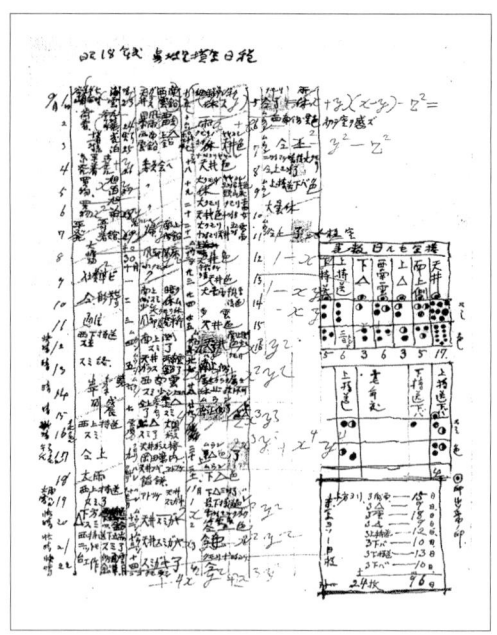

圖 29 「昭和18年度眞坡里模寫日程」天理大學附屬天理圖書館所蔵小場恆吉資料 No.78

9월 26일에 진파리에 도착했고, 9월 28일에 제4호분의 연도 측벽에 고착되어 있던 붉은 흙을 제거하기 위해 물로 씻음에서 작업을 개시했다(자료 A). 모사는 우선 제1호분의 청룡부터 착수했는데, 10월 8일에 백묘를 시작했고, 10월 18일부터 착색을 시작, 10월 27일까지 18일 반(자료 D-I란 외 메모, 다만 착색 일수에는 '?'가 붙어 있다)을 소요해 청룡의 모사를 종료했다. 그 후 11월 13일에 진파리를 출발해 평양으로 향했다(자료 D-I).

1942년 11월 25일~29일 사이에, 조선총독부박물관에서 개최된 「樂浪古墳發掘品及高句麗古墳壁畫模寫特別展觀」에는 현무도 1장, 청룡도 1장, 백호도 1장, 주작도 1장, 주작도 1장, 무인도 1장, 무인상 1장, 인동당초문 1장이 전시되어 있었다(자료 B). 그러나 다음에서 기술하는 바와 같이 1942년 가을의 모사 작업에 관한 자료에는 주작도 모사의 기사를 찾아볼 수 없다. 자료 D-I에는 1941년 10월 28일~11월 13일간의 기재가 없다.

제II장에서 말한 것처럼 小場恆吉자료 ②-11에 "11월 12일 모사 마지막"이라며, 1941년 10월 28일~11월 12일 사이에 주작도 모사를 했던 것으로 생각할 수밖에 없다. 따라서 1941년의 모사는 청룡도 및 주작도라고 해야 할 것이다.

1942년 가을의 작업은 8월 25일에 평양에 도착, 8월 28일에 진파리에 들어갔다. 숙소의 정비 등을 하고 작년에 이어 제1호분 벽화의 모사를 했다. 9월 2일~9월 9일 사이에 백호도의 백묘, 9월 10일~9월 12일 사이에 무인도 백묘, 9월 13일~9월 14일, 9월 21일~9월 26일 사이에 현무도 백묘, 9월 27일~10월 7일 사이에 현무도 착색, 10월 7일~10월 20일 사이에 백호

표 1 「모사한 일수표」(쇼와 18년도)

부위		먹	색	일수
천장	◉	●×8,	●×9	17일
남상측	◉	◐×2, ●×1	●×2, ◐×1	5일
상△	◉	◐×1, ●×1	◐×1, ●×1	3일
서남운	◉	◐×1, ●×2	●×3	6일
하△	◉	◐×1	●×2	3일
서상 모줄임		●×3	3일로서	6일
서하 모줄임	◉	●×2	●×3	5일
상 모줄임 하단	◉	◐×1, ●×1	◐×1, ●×2	4일
서하 모줄임 하단		●×1		1일
17년도				
상 모줄임		◐×1, ●×1	●×1, ◐×1	3일

◉印 완성의 표시 ●印 하루 작업의 표시 ◐印 반나절 작업의 표시 필자 註 먹=묵묘백묘, 색=착색

표 1에 의한 그림상 예정일수
3 측면   15일
3 △   9일
3 구름   18일
3 △   9일
3 상 모줄임   12일
3 하면   10일
3 하 모줄임   13일
3 하면   10일
24장   96일

도 착색, 10월 20일에 인동당초문 백묘, 10월 21일~10월 24일 사이에 인동당초문 착색, 10월 22일~10월 26일 사이에 무인도 착색, 10월 26일에 현무도를 수정해, 1942년 가을의 모사를 종료했다(자료 D-I, D-II).

1942년 가을의 모사 작업에서는 백호도 18일 반, 현무도 16일 반, 동서의 무인도 5일, 인동당초문 3일로 각 그림의 모사를 종료한다(자료 D-II란 외 메모).

1943년 가을의 모사 작업은 9월 7일에 진파리에 도착, 짐 정리나 발판 제작을 하고, 9월 12일부터 모사에 착수해 11월 11일에 모사 작업을 종료하고 있다(자료 C, D-I, D-II, D-III). 1943년 가을의 모사 작업은 천장부를 하고 있으나, 자료로는 정확한 장소의 특정이 곤란하다.

모사작업에 소요된 일수는 다음과 같다.

자료 C(圖 29)에 적어 둔 「모사한 일수표」(쇼와 18년도)를 정리해 표로 만들어 보면 다음과 같은데, 이에 의하면 '위쪽에서부터 그림 상의 예정일수'를 정리해 적고 있다. 또한 '위쪽에서부터 그림상의 예정일수'에는 사용한 종이의 매수도 적혀 있다.

필자가 「天井部模寫日數纒(천장부 모사일수전)」으로 제목을 붙인 자료(자료 D-Ⅳ)에는 천장부 모식도에 각 부분의 모사에 소요된 일수 내지 예상 일수가 적혀 있는데, 이를 정리하면 아래와 같다.

중앙 천장면	14일
제4지장 측면	20일
제4지장 삼각천장 하면	10일
제3지장 삼각 모줄임부 측면	24일
제3지장 삼각 천장 하면	12일, 먹 1일
제3지장 평행 모줄임 측면	18일, 먹 3일
제3지장 평행 모줄임 하면	20일, 먹 1일
제1지장 평행 모줄임 측면	24일, 먹 2일
제1지장 평행 모줄임 하면	22일, 먹 1일

위의 기재와 같이 자료 C 및 자료 D-Ⅳ의 모사 일수 사이에는 차이가 있다. 또한 일정일람표(표 3)에 정리한 내용과도 차이가 있다. 현재로는 어떤 자료의 숫자가 소요 일수의 실제인지를 검증할 수는 없다.

1944년 가을의 모사 작업 일정에 관한 메모류는 남아 있지 않다. 오바 쓰네키치(小場恆吉) 자료 ②-5 「성숙도」(圖 30)에는 「朝千(鮮)平安南道中和郡東頭面眞坡里第四號墳玄室天井星座文(조천(선)평안남도 중화군 동두면 진파리 제4호분 현실천장 성좌문)」이라는 제목이 적혀 있는데, 천장 동반부를 원치수대로 모사한 밑그림으로, 제4호분의 모사 작업에 손을 대고 있었던 것은 확실하나 텐리도서관(天理圖書館) 소장 오바 쓰네키치(小場恆吉) 자료에는 진파리 제4호분 벽화의 모사는 백묘를 포함하더라도 이 이외에는 없다.

오바 쓰네키치(小場恆吉) 자료 ②-5의 「眞坡里第四號墳石室畧圖(模寫計畫枚數記入)」(圖 31)는 요네다 미요지(米田美代治)가 트레이스하고, 벽화에 관한 정보를 적어 넣은 약도에 오바 쓰네키치(小場恆吉)가 모사에 사용하는 용지의 장수를 적어 넣은 것이다. 요네다 미요지(米田美代治)가 작성한 약도에는 단면도 중의 연도 측벽 부분의 써넣음에 "양벽에 전면적으로 벽화가 있지만, 붉은 흙이 고착되어 있는데 간단히 물로 씻음만으로는 빠지지 않는다"로 되어 있으므로, 1941년 9월 28일에 오바 쓰네키치(小場恆吉) 자신이 물로 씻어 벽화를 뚜렷이 드

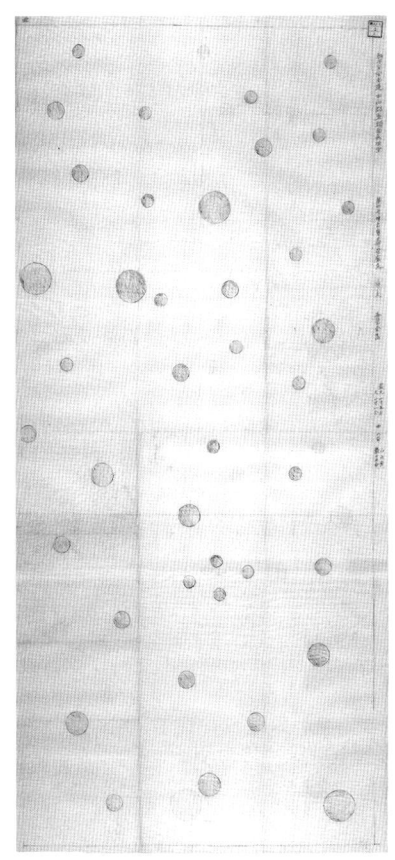

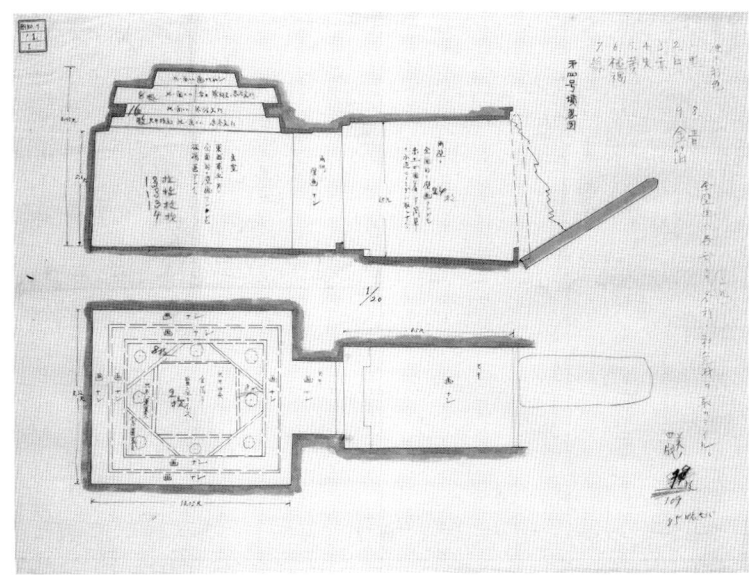

圖 31 眞坡里第四號墳石室畧圖 天理大學附屬天理圖書館所藏小場恆吉資料 No.78

圖 30 眞坡里第四號墳天井星宿圖 天理大學附屬天理圖書館所藏小場恆吉資料 No.78

러내기 이전에 작성한 것이라는 점은 명백하다.

    오바 쓰네키치(小場恆吉)가 적어 넣은 것으로는, 제4호분 약도의 단면도 및 평면도 중에 모사 사용의 종이 장 수가 있는 외에도, 약도의 좌측에 아래와 같은 기재가 붉은 색 글자로 적혀 있다.

사용 채색

1. 흑
2. 백
3. 적
4. 주
5. 황
6. 퇴갈
7. 녹
8. 청

9. 금박

전 벽면은 각 부분이 모두 상기 전 종류의 채색재를 사용하고 있다.

이 이외에도 그 아래쪽에는 파란 글자로 "美ノ四版 109枚(미노4판 109장)"이 적혀 있는데, '美濃4판 109장'일 것이다. '109장'은 약도 중에 적어 넣은 장 수의 합계와 일치하고 있어서, 제4호분의 모사에 필요한 종이의 장 수를 '美濃4판'으로 109장이 필요하다고 계산하고 있는 것을 나타내는 것이다.

제4호분의 벽화 모사는 작업 일정에 관한 메모류가 전혀 남아 있지 않지만, 1941~1943년 사이에는 제4호분의 벽화 모사 작업을 했던 기록이 없고, 자료 D의 표지 기재에서 1944년 가을에도 오바 쓰네키치(小場恆吉)는 평양에 가 있는 것이 확인되는 점에서, 1944년 가을에 행해진 것은 틀림없을 것이다.

제1호분의 천장부 모사도 1943년의 가을 시점에는 완료되지 않아서 1944년에도 모사를 계속하고 있었을 가능성이 높다. 오바 쓰네키치(小場恆吉)는 1944년의 가을에도 평양에 가서 제1호분의 미완성 부분 및 제4호분의 벽화 모사를 했던 것으로 생각되지만 상세한 내용은 불명확하다.

더욱이 「小場恆吉 자료 ② 中和眞坡里墳墓壁畵模寫及調査記錄」 중에 「2. 色見本」(圖 32~圖 34)이 있는데, 이것은 진파리 벽화고분의 모사용으로 작성한 것이 아니라, 1931년의 강서중묘를 모사한 때에 작성된 것으로 생각된다.

자료 D-Ⅴ의 「備品紙等目錄」은 1943년의 모사작업에 사용했던 것으로 생각되는 종이 등 이외에, 취사용구, 목수도구 등 모사 작업을 위해 동명왕릉 앞에 있었던 부속의 참봉관에 체재할 때 조사 경비로 구입한 것을 평양부립박물관 측에 인계용 비품 등의 일람 같은데, 오바 쓰네키치(小場恆吉)의 꼼꼼한 성격이 여실히 드러나고 있어서 매우 흥미롭다. 화가답게 물품의 명칭 대신에 물품의 스케치를 그린 부분도 있다. 표 2로 정리해 게재한다.

이 표 속에서 모사 작업 관계의 재료 및 도구로 생각되는 것을 추출해 보면 다음과 같다. 압정, 먹, 도판(carton), 벼루, 모사지, 셀로판지, 트레이싱 페이퍼, 선묘필, 장판지, 백양지, 창호지, 그림 도구 접시, 접사다리, 장단의 막대류, 측량용 폴, 판, 거울, 램프, 양복 솔, 구둣솔, 문지름 솔, 칫솔 등이 있다. 이 이외에도 양동이, 주전자 등도 현장에 물을 운반하는 데 빠트릴 수 없으므로, 모사 작업과 밀접한 관계를 가지는 것이나 범용성이 있는 이것들은 일단 제쳐 두고 그 내용을 살펴보기로 한다.

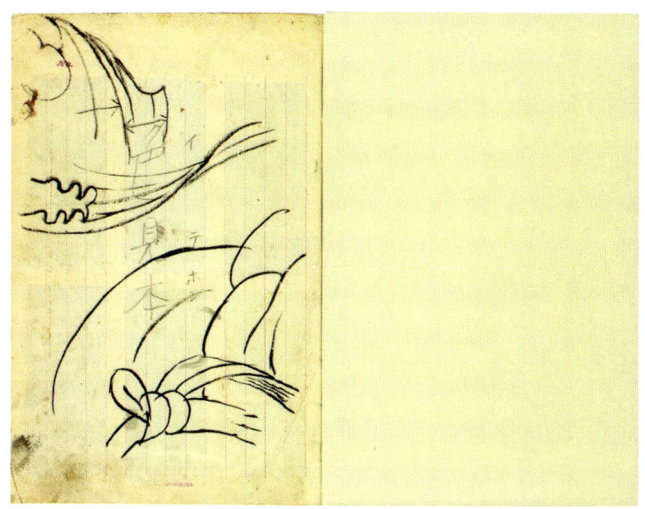

圖 32 「色見本」(1) 天理大學附屬天理圖書館所藏小場恆吉資料 No.78

圖 33 「色見本」(2) 天理大學附屬天理圖書館所藏小場恆吉資料 No.78

圖 34 「色見本」(3) 天理大學附屬天理圖書館所藏小場恆吉資料 No.78

표 2 비품, 지 등 목록

남은 초 20병 정도	걸레 5장	압정 1상자(극소수의 먹도 있음)
간장통 1병	강판 1부	도판(carton) 1장
총채	수세미 3개	벼루 2면
식기 약간	전등 1개	모사지 31장, 셀로판 약간, 트레이싱 약간 빛의 확산에 사용한 것, 선묘필 3관
냄비 1개	국자(ladle) 1자루	
반합	주걱 대소 3자루	
석쇠	국자(dipper) 1자루	장판지
방석 1장	양동이	백양지 두루마리 1
세면기	도마	창호지 두루마리 1
식기 씻는 바리 2개	상자 1개	그림 도구 접시 14개 일괄
부삽 1개	작은 판자류 약간 중 2 소판 3, 4장	접사다리 1쌍
부지깽이		장단 막대류 10개
흙풍로 2개	톱	측량용 폴 4본 장단
식칼 1병	식료용기 바구니	판 5장
대 유리병 2병	쇠망치	거울 2장
소 유리병 1병	양복 솔 2개	쇠풍로(虎에)
	구둣솔	주전자 3개 흑, 백, 녹
	문지름 솔	상자 장방형 1개
	칫솔	램프는 부장에게 반납을 虎와 정에게 부탁해 둠

양복 솔, 구둣솔, 칫솔은 벽화의 오물 제거를 위해 사용한 것으로 생각된다. 그 후 모사 작업에 착수하게 되는데, 어두운 석실 안에서의 작업에 필요한 빛은 거울 및 램프에서 얻었다고 생각된다.[9] 초도 다수 준비해 두었던 것 같으나 이는 숙소에서 사용했던 것이지 않았을까 라

---

9 1941년 7월 19일, 이왕가미술관에서 개최된 경성고고담화회 제6회례회 '새롭게 발견된 고구려 벽화고분에 대한 좌담회'에서의 藤田亮策의 발언에 의하면, 석실 작업에 사와 슌이치(澤俊一)는 일본 종이와 거울을 이용해 태양 반사 빛으로 석실에 비추었으나, 오바 쓰네키치(小場恆吉)는 램프 파였다고 한다(후지이 가즈오, 2010, p.214). 한편, 아리미쓰 교이치(有光敎一)에 의하면 오바 쓰네키치(小場恆吉)는 모사할 때 연도 입구에 트레이싱 페이퍼를 내리고 거기에 큰 거울로 태양광을 비추어 석실 안의 조명으로 삼았다고 한다(有光敎一, 2005, P.26).
그러나 오오타 후쿠조(太田福藏)에 의하면 1912년의 강서삼묘를 모사할 때에는 "램프와 반사경을 사용해" 모사하고 있고(太田天洋, 1913b, p.17). 제Ⅲ장에서 다룬 오바 쓰네키치(小場恆吉) 자료 ①-5-ⅴ중의 1930년의 벽화모사 작업 적산관계 메모에도 거울 및 램프의 양자가 함께 들어가 있다. 표 2의 목록에는 차용한 램프 반납의 건이 기재되어 있고, 인계품 속에 거울 2장이나 트레이싱 페이퍼 등 각종 종이류도 있는 점으로 미루어 사와 슌이치(澤俊一)류에 거울도 사용해 석실 안에 빛을 비추어 넣었을 가능성이 높다. 오바 쓰네

고 생각되지만 상세한 점은 불명확하다.

문지름 솔은 현장에서 모사한 도를 숙소에서 접합할 때 문질러 붙이고 펼 때 사용하거나 하는 것으로 보인다.

현장에서의 모사에는 얇은 美濃紙를 사용했다고 생각되나, 그 외에 트레이싱 페이퍼나 셀로판지(セロファンcellophane, 오바 쓰네키치(小場恆吉)는 "セロハン"으로 표기)도 다용했던 것으로 보이는데, 묵묘된 것이 덴리대학부속덴리도서관(天理大學附屬天理圖書館) 소장 오바 쓰네키치(小場恆吉) 자료에 다수 들어가 있다. 이것들을 접합하거나, 합쳐 트레이스하거나, 혹은 복사하거나 해서 채색해 모사를 완성했을 것이다. 현재, 덴리대학부속덴리도서관(天理大學附屬天理圖書館)에서는 얇은 일본 종이, 트레이싱 페이퍼뿐만 아니라 셀로판지의 모사 바탕그림에도 배접해 보관하고 있는데, 그 때문에 이것이 얼핏 봐서는 셀로판지로는 생각할 수 없을 양상을 나타내고 있다.

접사다리는 마주보도록 설치하고 거기에 널판을 걸쳐, 천장부의 모사를 할 때 높은 곳의 작업 발판으로 사용했을 것이다. 자료 D-Ⅱ의 1943년 9월 9일조에 보이는 "그림 도구 운반, 족대를 만듦."의 '족대'는 이렇게 만든 것으로 생각된다.

그 이외에 그림도구나 붓 등의 그림 재료류에 관한 기재가 없지만, 이것 등은 오바 쓰네키치(小場恆吉)가 자신의 손에 있던 물건을 지참해 사용하거나 소비했기 때문으로 생각된다.

또, 모사도 완성까지 계속해 사용하기 위해서 가지고 돌아갔을 것이다.

1941년 가을부터 1944년 가을까지 오바 쓰네키치(小場恆吉)에 의해 행해진 벽화모사 작업의 성과 중에서, 현재 우리가 눈으로 볼 수 있는 것은 국립중앙박물관에 소장되어 있는 제1호분 현실의 벽화, 청룡도, 백호도, 현무도, 동서의 양 주작도, 천장부 제2지장 북측 벽의 인동당초문도뿐이다(圖 35~圖 39).

1942년 5월 9일~5월 13일에 福岡市(후쿠오카시) 天神町(덴진쵸)의 巖田屋백화점에서 개최된 「朝鮮高勾麗古墳壁畫展觀」에서는 京城帝國大學(경성제국대학) 법문학부 미학연구실 사진실이 촬영한 제1호분 관계의 "북벽 현무, 동벽 청룡, 서벽 백호, 천장"의 약 1/2 크기 사진이 전람되었으나, 모사는 전혀 출품해 진열되지 않았다(矢崎美盛 他, 1942).

1942년 11월 25일~11월 29일에 조선총독부박물관에서 개최된 「樂浪古墳發掘品及高句麗古墳壁畫模寫特別展觀」(朝鮮總督府博物館編, 1942)에서는 사진의 전람없이 오바 쓰네키치(小

키치(小場恆吉)는 모사할 때 양자를 병용해 모사했을 것이다.

圖 35　眞坡里第1號墳靑龍圖壁畵模寫 國立中央博物館所藏品番號: M198(5-2)

圖 36　眞坡里第1號墳白虎圖壁畵模寫 國立中央博物館所藏品番號: M198(5-4)

圖 37　眞坡里第1號墳玄武圖壁畵模寫 國立中央博物館所藏品番號: M198(5-3)

圖 38　眞坡里第1號墳朱雀圖壁畫模 寫國立中央博物館所藏品番號: M198(5-5)

圖 39　眞坡里第1號墳玄室天井第二支障北側壁忍冬唐草文圖壁畫模寫 國立中央博物館所藏品番號: M198(5-1)

場恆吉)의 손에 의해 그려진 벽화 모사가 전람되었는데, 목록에는 "중화군 동두면 진파리 제1호분 벽화모사, 현무도 1장, 청룡도 1장, 백호도 1장, 주작도 1장, 주작도 1장, 무인상 1장, 무인상 1장, 인동당초문 1장, 금동투조금구 1개"라고 되어 있다(圖 40).

1941년의 가을에 청룡도 및 주작도, 1942년의 가을인 9월 2일~10월 26일 사이에 백호도, 현무도, 동서 무인도, 인동당초문의 모사를 행하고 있으나, 1942년 가을의 모사 작업 종료 후, 11월 1일에 평양에서 경성(서울)으로 향하고 있어서, 오바 쓰네키치(小場恆吉) 자신이 조선총독부박물관으로 옮겼을 가능성도 생각해 볼 수 있다. 그 후 1942년 11월 25일의 전관까지 급하게 표구했을 것이다. 그러나 이때 전람되었던 「무인상」의 모사는 현재 국립중앙박물관

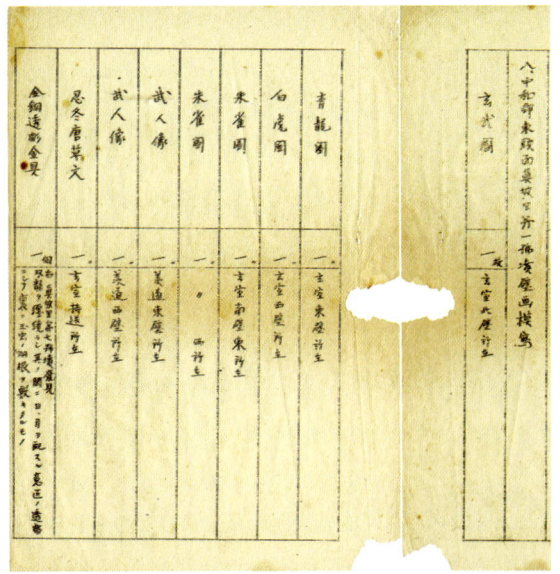

圖 40 『樂浪古墳發掘品及特別展觀案內』 9丁裏, 10丁表

에 남아 전해지지 않고 그 소재도 확인되지 않는다.[10]

덴리대학부속덴리도서관(天理大學附屬天理圖書館) 소장의 오바 쓰네키치(小場恆吉) 자료에 남아 있는 제1호분의 모사도는 국립중앙박물관 소장의 모사도와는 다른 벽화인데, 모사작업을 시작할 때 하는 모사 백묘와 재 트레이스 백묘, 채색 모사로 생각되는 것이다. 이와 같이 1943년, 1944년에 행한 모사 작업 관련의 각종 자료는 국립중앙박물관에는 남아 전해지지

---

10 1963년 5월 말 현재의 국립박물관 본관 소장품에 관한 목록에는 '진열품 번호, 명칭, 수량'의 각 란에 "M-198, 중화진파리고분 벽화 모사, 8"로 되어 있는데(國立博物館編, 1963: p.477), 목록 작성 시에는 1942년 가을의 〈특별전관〉 때와 마찬가지로 8장의 모사도가 있었을 가능성이 높다.

1912년에 오바 쓰네키치(小場恆吉) 및 오오타 후쿠조(太田福藏)에 의해 모사되어 이왕가박물관에 수장된 강서삼묘, 간성리 연화총, 매산리 수총의 모사도는 1969년에 국립박물관으로 이관된 것으로 보이나(國立博物館編, 1971, p.336), 2004년에 국립공주박물관에서 개최된 특별전의 도록인 『고구려 고분벽화 모사도』 기재의 국립중앙박물관 소장 고구려고분벽화 모사 목록에는 본고의 제II장에서 언급한 간성리 연화총의 '전실 서쪽 분 내 인물도'가 게재되어 있지 않다(김재홍, 2004, pp.71~74). 그러나 국립중앙박물관이 2006년에 간행한 보고서인 『고구려무덤벽화-국립중앙박물관소장모사-』에는 동도가 게재되어 있으므로, 그 사이에 확인된 것으로 생각된다(국립중앙박물관 편, 2006, p.128). 다음 해인 2007년에 간행된 『고구려 무덤벽화-국립중앙박물관소장모사-』의 영문판(국립중앙박물관 편, 2007)에는 국립중앙박물관 편 2006에 게재되지 않은 덕수궁 미술관(구 이왕가박물관)에서 이관된 9점의 강서대묘, 강서중묘의 벽화모사가 게재되어 있는데, 이것들은 그 1년 사이에 새로 확인된 것으로 생각된다.

이러한 예로 볼 때 국립공주박물관의 특별전인 『고구려 고분벽화 모사도』의 개최 준비 때에는 확인되지 않았고, 그 이후에도 확인되지 않았다고 하는 진파리 제1호분의 무인상 모사도가 향후 확인될 가능성은 충분히 있다고 생각된다.

않는다고 한다. 완성된 모사도가 확인되지 않는 1943년 및 1944년의 모사작업 관련 자료는 이와 같은 상황으로 인해 충분히 갖춰져 있는 것이 아니므로, 동일 벽면의 일련의 작업을 쫓아갈 수 있을 정도의 자료는 남아 있지 않다.

덴리대학부속덴리도서관(天理大學附屬天理圖書館) 소장의 오바 쓰네키치(小場恆吉) 자료 중에는 단편도 포함되어 있으나, 여기서는 모사도만을 정리해서 다음과 같은 23도의 도판을 소개하기로 한다.

진파리 제1호분 현실 천장 제4지장 서쪽 벽 인동당초문도 백묘(圖 41), 진파리 제1호분 현실 천장 제4지장 서쪽 벽 인동당초문도 모사(圖 42), 진파리 제1호분 현실 천장 제4지장 동쪽 벽 인동당초문도 백묘(圖 43), 진파리 제1호분 현실 천장 제4지장 동쪽 벽 인동당초문도 백묘(圖 44), 진파리 제1호분 현실 천장 제4지장 북쪽 벽 인동당초문도 백묘(圖 45), 진파리 제1호분 현실 천장 제4지장 남쪽 벽 인동당초문도 부분 백묘(圖 46a), 진파리 제1호분 현실 천장 제4지장 남쪽 벽 인동당초문도 부분 백묘 우편 반전 수정(圖 46b), 진파리 제1호분 현실 천장 제4지장 남쪽 벽 인동당초문도 부분 착색 백묘(圖 47), 진파리 제1호분 현실 천장 남서부 백묘(圖 48a), 진파리 제1호분 현실 천장 남서부 백묘 첩부 부분(圖 48b), 진파리 제1호분 현실 천장 남동부 백묘(圖 49), 진파리 제1호분 현실 천장 일정도 백묘(1)(圖 50), 진파리 제1호분 현실 천장 일정도 백묘(2)(圖 51), 진파리 제1호분 현실 천장 북동부 백묘(圖 52), 진파리 제1호분 현실 천장 일정월정도 백묘(圖 53), 진파리 제1호분 현실 천장 월정도 백묘(圖 54), 진파리 제1호분 현실 천장 남부 화문도 백묘(圖 55), 진파리 제1호분 현실 천장 모사도 백묘(圖 56), 진파리 제1호분 현실 천장 일정월정도 백묘 접합관계도(圖 57), 진파리 제1호분 현실 북벽 槐樹(괴수)도 백묘(圖 58), 진파리 제1호분 현실 동벽 서조운문도(좌), 진파리 제1호분 현실 북벽 용운문도(우)백묘(圖 59), 진파리 제1호분 현실 천장 일정도 연필 스케치(圖 60), 진파리 제1호분 현실 천장 월정도(좌상), 진파리 제1호분 현실 남벽 동쪽 주작도(우), 동명왕릉고분군략도(좌하)(圖 61), 진파리 제7호분 출토 금동투조금구 문양 연필 스케치(1)(圖 62), 진파리 제7호분 출토 금동투조금구 문양 연필 스케치(2)(圖 63)이다.

진파리 제1호분의 현실 네 벽 및 천장부 이외에 모줄임 부분의 모사도를 자료 C 및 D에서 보이는 어느 모사 작업에 대응시킬 것인가는 동정하기 곤란하다. 처음부터 끝까지 일관되게 현장에서 모사도를 완성시키고 있었다고는 생각하기 어렵다. 우선 현장에서는 벽화에서 부분부분을 '아게우쓰시'를 하고, 이것을 숙소에서 접합해 베끼고 또 현장에서 색채 정보 등의 여러 가지 정보를 적은 후 이것을 베끼고 완성도용 백묘를 제작해 착색하고, 또한 현장에서 벽화

圖 41　眞坡里第1號墳玄室天井第四支障西側壁忍冬唐草文圖白描　天理大學附屬天理圖書館所藏小場恆吉資料 No.78

圖 42　眞坡里第一號墳持送第四支障西側壁模寫　天理大學附屬天理圖書館所藏小場恆吉資料 No.78

圖 43　眞坡里第1號墳玄室天井第四支障東側壁忍冬唐草文圖白描　天理大學附屬天理圖書館所藏小場恆吉資料 No.78

圖 44　眞坡里第1號墳玄室天井第四支障東側壁忍冬唐草文圖白描　天理大學附屬天理圖書館所藏小場恆吉資料 No.78

圖 45　眞坡里第1號墳玄室天井第四支障北側壁忍冬唐草文圖白描　天理大學附屬天理圖書館所藏小場恆吉資料 No.78

圖 46a　眞坡里第1號墳玄室天井第四支障南側壁忍冬唐草文圖部分白描　天理大學附屬天理圖書館所藏小場恆吉資料 No.78

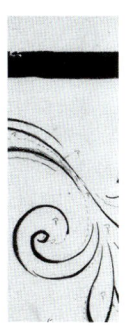

圖 46b　眞坡里第1號墳玄室天井第四支障南側壁忍冬唐草文圖部分白描　天理大學附屬天理圖書館所藏小場恆吉資料 No.78

圖 47　眞坡里第1號墳玄室天井第四支障南側壁忍冬唐草文圖白描　天理大學附屬天理圖書館所藏小場恆吉資料 No.78

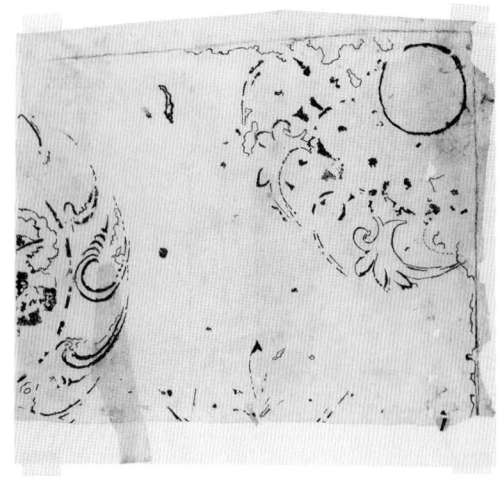 

圖 48a　眞坡里第1號墳玄室天井南西部白描 天理大學附屬天理圖書館所藏小場恆吉資料 No.78
圖 48b　眞坡里第1號墳玄室天井南西部白描貼附部分 天理大學附屬天理圖書館所藏小場恆吉資料 No.78

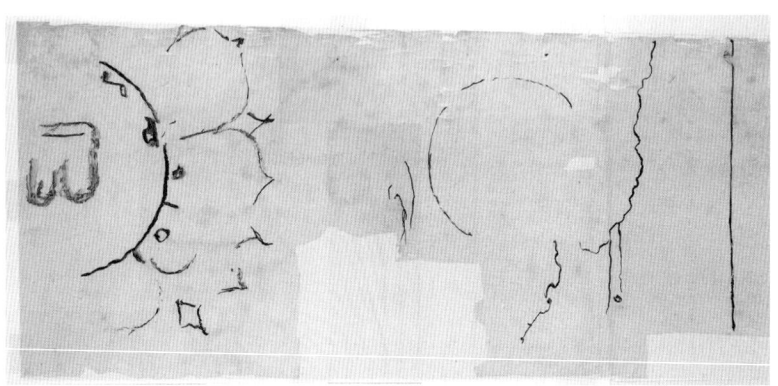

圖 49　眞坡里第1號墳玄室天井南東部白描 天理大學附屬天理圖書館所藏小場恆吉資料 No.78

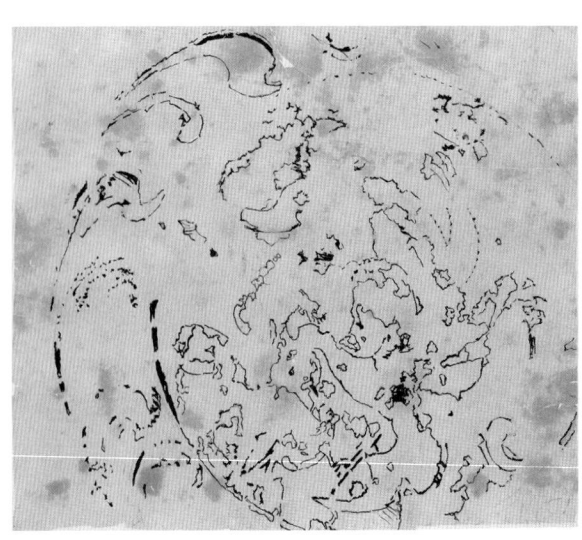

圖 50　眞坡里第1號墳玄室天井日精圖白描(1) 天理大學附屬天理圖書館所藏小場恆吉資料 No.78

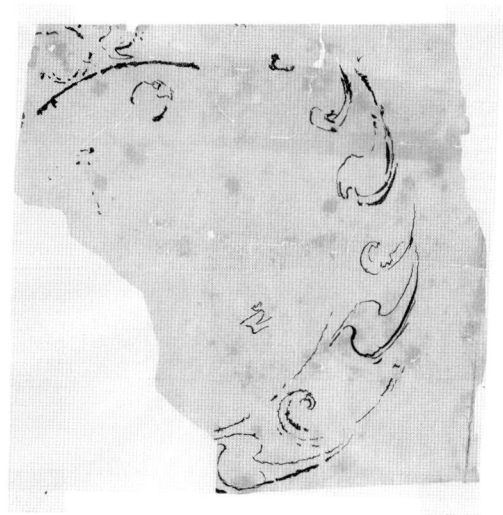

圖 51　眞坡里第1號墳玄室天井日精圖白描(2) 天理大學附屬天理圖書館所藏小場恆吉資料 No.78

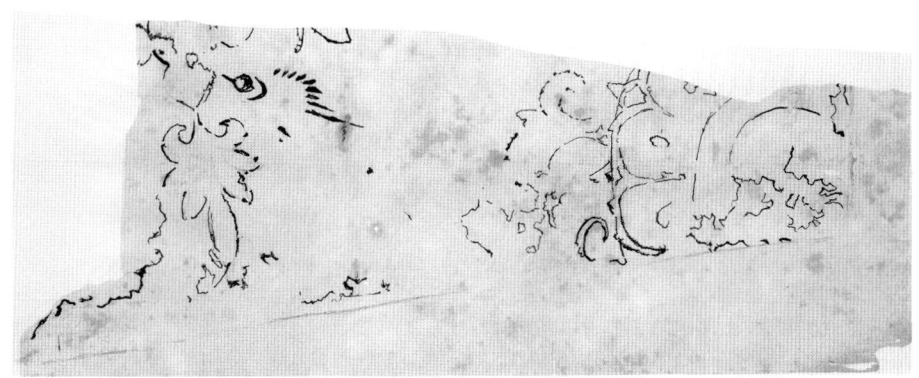

圖 52　眞坡里第1號墳玄室天井北東隅白描 天理大學附屬天理圖書館所藏小場恆吉資料 No.78

圖 53　眞坡里第1號墳玄室天井日精月精圖白描 天理大學附屬天理圖書館所藏小場恆吉資料 No.78

圖 54 眞坡里第1號墳玄室天井月精圖白描 天理大學附屬天理圖書館所藏小場恆吉資料 No.78

圖 55 眞坡里第1號墳玄室天井南部華紋圖白描 天理大學附屬天理圖書館所藏小場恆吉資料 No.78

 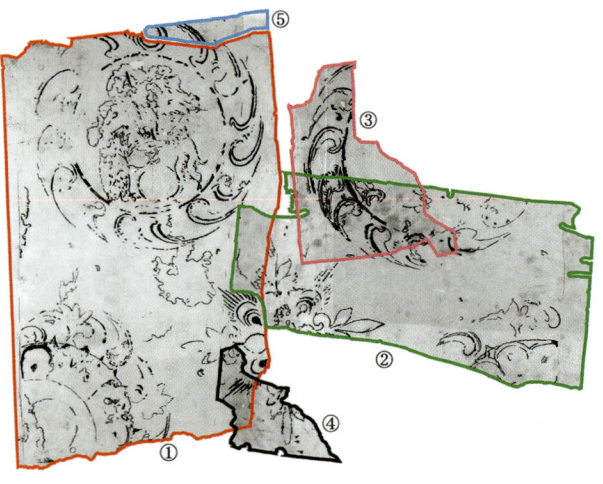

圖 56 眞坡里第1號墳玄室天井白描 天理大學附屬天理圖書館所藏小場恆吉資料 No.78

圖 57 眞坡里第1號墳玄室天井日精月精圖白描接合關係圖 天理大學附屬天理圖書館所藏小場恆吉資料 No.78

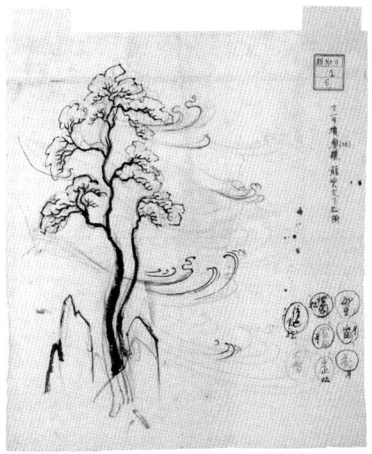

圖 58　眞坡里第1號墳玄室北壁槐樹圖白描 天理大學附屬天理圖書館所藏小場恆吉資料 No.78

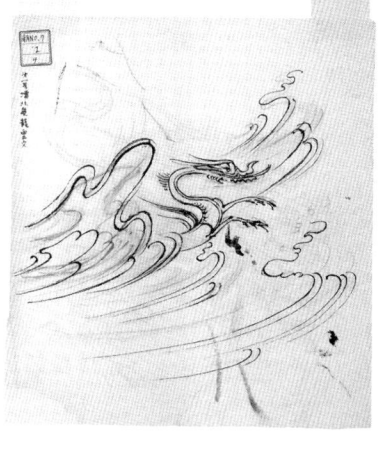

圖 59　眞坡里第1號墳玄室東壁瑞鳥雲紋圖(左), 北壁龍雲紋圖(右)白描 天理大學附屬天理圖書館所藏小場恆吉資料 No.78

圖 60　眞坡里第1號墳玄室天井日精圖鉛筆스케치 天理大學附屬天理圖書館所藏小場恆吉資料 No.78

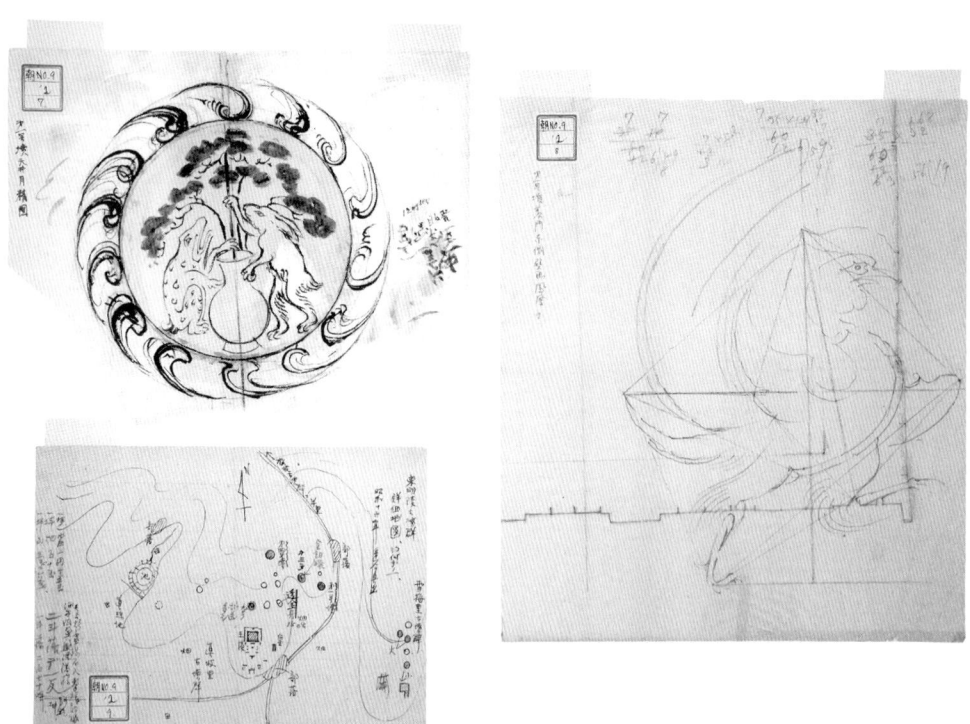

圖 61 眞坡里第1號墳玄室天井月精圖(左上), 南壁東側朱雀圖(右), 東明王陵古墳群畧圖(左) 天理大學附屬天理圖書館所藏小場恆吉資料 No.78

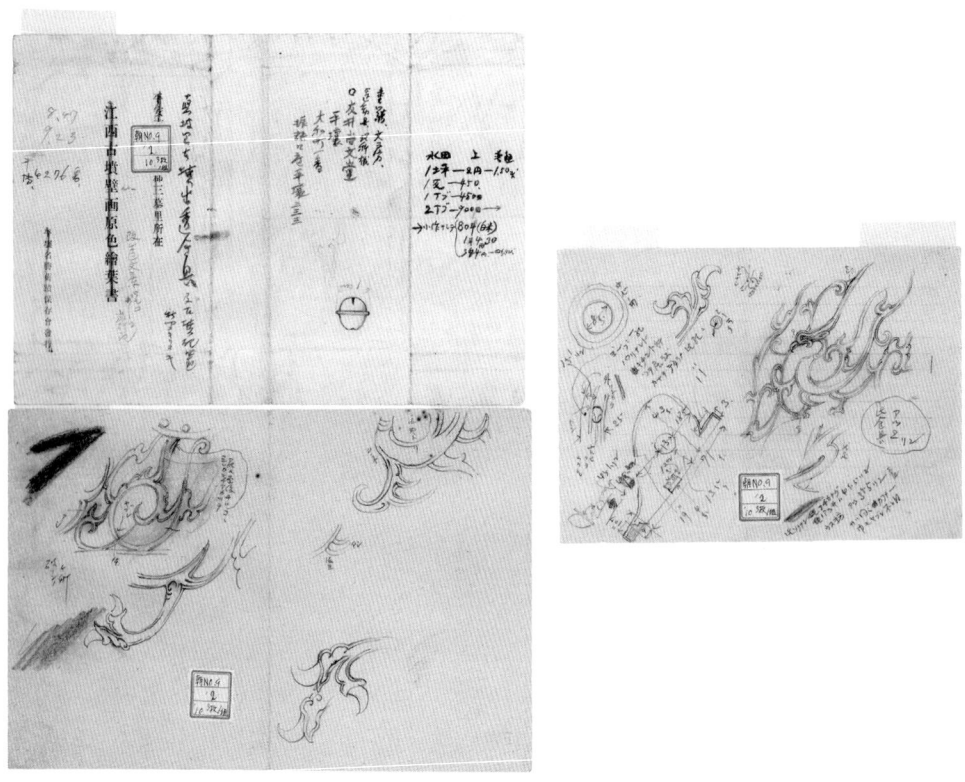

圖 62 眞坡里第7號墳出土金銅透彫金具紋樣鉛筆스케치(1) 天理大學附屬天理圖書館所藏小場恆吉資料 No.78

圖 63 眞坡里第7號墳出土金銅透彫金具紋樣鉛筆스케치(2) 天理大學附屬天理圖書館所藏小場恆吉資料 No.78

를 직접 관찰해 조정하면서 착색해 완성하고 있었다고 상상할 수 있지만, 남아 있는 자료들에서 세세하게 모사 작업 공정을 상세하게 복원하는 것은 불가능하다.

　진파리 제1호분 현실 천장부의 모사 및 백묘(圖 48~圖 56)를 보면 비착채색 모사도(圖 56)에 이르기까지는 동일한 모티브에 대해 몇 장이라도 그리고 있는 것을 알 수 있다. 여기서 한 가지 주의할 것은 圖 53의 일정월정도 백묘에 관해서이다. 4장의 단편을 함께 배접해 복원되어 있으나, 다른 백묘모사를 서로 겹친 것이다(圖 57). 圖 57-①의 상변, 월정도의 결실된 부분(圖 57-⑤ 部分)에는 圖 48a 우변의 월정도에 붙어 있는 작은 편(圖 48b)이 부착되었다. 圖 57-②의 하변, 圖 57-④의 우변 천장 북동부에 해당하는 부분에는 圖 52가 부착되었다. 圖 57-③의 우변의 비스듬히 찢어지고 끊긴 부분에는 圖 51이 부착되었다. 일정도 부분만을 보더라도 적어도 3장의 모사와 연필 스케치(圖 60)가 남아 전해지고 있다. 천장 전체의 모사나 부분 모사도 복수가 제작되었을 것이라는 점을 상상하기에 어렵지 않다.

　먹뿐만 아니라 연필 모사 내지는 스케치가 되어 있으나, 최종 게재의 모사도에는 연필을 사용하지 않은 것 같다. 또한 圖 54 및 圖 58~圖 61과 같이 벽화의 극히 일부만을 그린 것이 있는데, 모티브의 디자인인 느낌이 강하다.

　안타깝게도 자료 C 및 D에서도 상세한 모사 작업의 공정에 관한 정보를 알 수가 없어서 그 상세를 복원할 수가 없다.

　앞에서 살펴본 바와 같이 덴리대학부속덴리도서관(天理大學附屬天理圖書館) 소장의 오바 쓰네키치(小場恆吉) 자료 중에는 최초의 모사 바탕그림에서 착색된 것까지 다양한 상태의 그림이 남아 전해지고 있으나, 완성형에 가까운 것은 진파리 제1호분의 천장 제4지장 서쪽 벽의 인동당초문도(圖 42)뿐이다. 이 모사는 완성도처럼 보이지만, 더욱 정사(淨寫)할 것을 기도하고 있었을 가능성도 생각해 볼 수 있으므로 모사도의 최종형이라고 단정할 수는 없다.

이와 같이 무인상 및 1943년의 가을과 1944년의 가을에 행해진 모사도는 모사 작업 과정의 도중이었던 일부 자료가 덴리대학부속덴리도서관(天理大學附屬天理圖書館) 소장의 오바 쓰네키치(小場恆吉) 자료 속에 남아 전해지고 있지만, 제3표에서 정리한 벽화모사 일정 일람표에서와 같이 완성되었다고 되어 있는 많은 자료의 현재 소재를 확인할 수 없다.

진파리고분군 및 동명왕릉, 설매리고분군의 발굴조사 및 정비사업이 조선총독부의 재정상황 악화에 따라 평양명승구적보존회의 평양부 민간 출연금에 의해 행해진 것이라는 점을 생각해보면, 평양부립박물관에서 거두어 보관되어 있을지도 모른다. 1941년 가을의 발굴조사 관계자료 일부에 관해서는 평양부립박물관에서 거두어 보관하고 있던 것이 확인된다. 1941년 10월에 동명왕릉의 북동쪽에서 발견해 발굴 조사한 청동기 시대 주거지 관계의 도면인「梅原考古資料(우메하라 고고자료)」11097 및 11098은 1942년 10월 1일에 우메하라 스에지(梅原末治)에 의해 평양부립박물관에서 트레이스된 것이다. 더욱이 다음 날인 10월 2일에는 이 주거지에서 출토된 무문토기 그림(「梅原考古資料」5195 및 5196)을 작성했다(후지이 가즈오, 2010, pp.134~140).

평양부립박물관에 보관되어 있던 이와 같은 청동기시대 주거지 관계 자료는 해방 후, 조선중앙역사박물관에 인계되어 북한의 연구자에 의해 이 자료를 이용한 논문이 발표되었다(정백운, 1958). 그러나 북한의 연구자에 의해 작성된 진파리 제1호분 및 동 4호분의 보고서(전주농, 1963)에는, 1941년에 일본인 연구자들에 의해 양 고분과 설매리고분군을 포함한 주변의 고분이 발굴되었지만 보고서가 미간행된 것을 적고 있지만, 그 당시의 조사 자료나 출토유물에 관해서는 다루지 않았다. 1974년에 실시된 동명왕릉 및 그 부근의 고분군 발굴조사 보고서(김일성종합대학, 1976)에서도 1941년 가을의 고분군 발굴조사 관계 자료에 관해서는 아무것도 다루지 않았다.

그런데 그와 같은 양 보고가 발표되기 이전 시기에 일본인 연구자로 진파리 제1호분 및 동 제4호분 이외의, 1941년 가을의 동 제3호분, 동 제7호분, 동 제9호분 및 설매리고분군의 발굴조사에 관해서 언급하고 있는 자는 없다. 하지만 북한 연구자가 양 보고 중에서 진파리 제1호분 및 동 제4호분 이외의 조사 실시에 관해서 다루고 있는 것은, 간단한 메모라고 하더라도 무언가 조사자료가 전해 남아 있던 것을 시사하는 것일 것이다. 정백운 1958, p.67 註3 중에는 "이 유적에 관한 집자리 시축도만이라도 남은 것은 다행이다."라고 적고 있어서, 고분군 발굴조사 관계의 자료는 남아 전해지지 않는다고도 생각해 볼 수 있지만, 정백운이 말하는 '이 유적'은 청동기 시대 주거지만을 지칭하는 것으로, 고분군은 여기에 포함되어 있지 않다고 생각된다. 고분군 발굴조사 관계 자료가 조선중앙역사박물관에 인계되어 남아 있을 가능성을 완전히 부정할 수 없다.

보존 처리 관계로 조선총독부박물관에 반입되었다고 생각되는 진파리 제7호분 출토 금동제투조금구와 같은 예외는 있을 것이지만, 기본적으로 발굴조사 관계 자료는 평양부립박물관에 보관되어 있었을 것이다. 1941년 가을의 발굴조사 때 촬영한 유리건판도 국립중앙박물관에는 남아 있지 않는데, 이것들도 평양부립박물관에 보관되었을 가능성을 충분히 생각해 볼 수 있다. 물론 경성제국대학 법문학부 미학연구실 사진실의 엔죠지 이사오(圓城寺勳)나 이마제키 미쓰오(今關光夫)가 촬영한 유리건판은 경성제국대학에 보관되었고, 일본 패전 후에는 서울대학교박물관으로 인계되었을 것이지만 현재 그 소재가 확인되지 않고 있다.

이상과 같은 상황이므로, 여기서 소개한 자료가 충분한 것이라고는 말할 수 없지만 오바 쓰네키치(小場恆吉)의 진파리벽화고분 모사 작업의 실태를 전하는 유일한 자료가 되고 있는 것이다.

표 3 오바 쓰네키치(小場恆吉) 진파리고분 벽화모사 일정 일람표

1941년					
월일	날씨 자료 A	자료 D-Ⅰ	자료 D-Ⅱ	자료 A	
0926		진파리 도착		정오경 현장 도착	
0927	가랑비				
0928	맑음			제1호분 문부 정리, 제4호분 연도 양측 물 세척	
0929	맑음				
0930	맑음			위원회 출석을 위해 경성으로 출발	
1001	흐림				
1002	맑음				
1003	가랑비				
1004	가랑비			위원회에서 돌아옴	
1005	맑음				
1006	맑음 뒤 비				
1007	맑음		초 청룡		
1008	맑음	모사 시작 청룡			

월일	날씨 자료 A	자료 D-I	자료 D-II	자료 A	
1009	맑음	청룡			
1010	맑음	청룡			
1011	흐림 비	휴식		날씨 때문에 휴업	
1012	비 뒤 맑음	휴식		오후부터 일을 시작함	
1013	맑음 뒤 흐림	청룡			
1014	흐림 추움	청룡			
1015	맑음	청룡			
1016	맑음 뒤 흐림	청룡			
1017	흐림 강품	휴식	오후 착색		
1018	맑음	청룡 착색			
1019	맑음	청룡 착색			
1020	맑음 따뜻	청룡 착색			
1021	맑음 따뜻	청룡 착색			
1022	맑음	청룡 착색			
1023	맑음	청룡 착색			
1024	맑음	청룡 착색			
1025	비	휴식			
1026	맑음	청룡 착색			
1027	맑음	청룡 착색	착색		
1028	맑음		이후 기입 없음	오전 평양으로 출타함	
1029					
1030					
1031					
1101					
1102					
1103					
1104					
1105					
1106					
1107					
1108					
1109					
1110					
1111					
1112					
1113			평양에 체재		
1114		진파리 출발			

월일	날씨 자료 A	자료 D-I	자료 D-II	자료 A	
1115		호텔			
1116		호텔	기차, 식당		
1117					
1118					
1119					
1120					
1121					
1122					
1123		아침 下關(시모노세키)			

1942년

월일	날씨 자료 D-I	자료 D-I	자료 D-II	자료 D-IV	
0825				평양 도착	
0826					
0827					
0828		진파리 도착	진파리 들어감		
0829			온돌을 바름		
0830			東鄉(도고)옴, 가을 화초 땀, 大嶋(오오시마) 감		
0831			앞뜰과 우물길을 만듦. 실내 및 침구의 정리, 진주못에 감		
0901			군청원 다수 내연, 온돌 바르기, 선반 달기		
0902	맑음	백호	2시 반부터 집필, 백호 머리부터	모사 개시	
0903		백호	백호		
0904		백호, 풍로, 불	백호		
0905		백호	백호		
0906		백호	벽이 젖어 그리지 못함. 내관 다수, 비가 와 거의 이날은 그리지 못함		
0907	맑음	백호	백호		
0908	맑음	백호	백호, 묵묘 종료		
0909		백호(반일)	백호를 이어 붙임		
0910		무인(반일)	서 무인 묵묘, 풍우		
0911		무인(반일)	서 무인 묵묘 종료		
0912	맑음	무인	동 무인 묵묘 종료		
0913		현무	현무 시작. 어두워 1장만, 병으로 기분이 안 좋음		
0914		현무(반일), 앓음	현무(반일), 드러누움		
0915	맑음	앓음	드러누움		
0916		앓음	드러누움		

월일	날씨 자료 D-Ⅰ	자료 D-Ⅰ	자료 D-Ⅱ	자료 D-Ⅳ	
0917		앓음	병 중, 큰 폭우, 江藤(에토), 小泉(고이즈미)		
0918		앓음	병 중, 林, 교장 옴		
0919		앓음	부뚜막 만듦		
0920		앓음	병 중		
0921		현무	현무(반일), 뇌우, 밤을 주움		
0922		현무	무진리행, 東京 이래 205圓(엔) 소비		
0923	맑음	현무	현무		
0924	맑음	현무	현무, 소나기		
0925	맑음	현무	현무		
0926		현무	현무 묵묘 종료, 부장옴		
0927	맑음	현무 착색	현무 착색		
0928	맑음	현무 착색	현무 칙색		
0929		현무 착색	현무 착색, 부장에게서 숯 1묶음, 구장에게서 고구마		
0930	맑음	현무 착색	현무 착색		
1001	맑음	현무 착색	현무 착색, 시정일 휴식		
1002		현무 착색	현무 착색		
1003	맑음	현무 착색	현무 착색		
1004		현무 착색	현무 착색		
1005		현무 착색	현무 착색		
1006		현무 착색	현무 착색		
1007		현무 착색 종료, 백호 착색	현무 착색, 백호 착색, 구장에게 2圓(엔)		
1008			비 휴식		
1009		백호 착색	백호 착색		
1010		백호 착색	백호 착색, Cotton flannel제 바지 아래, 조끼 2장, 작업 시 추움		
1011		백호 착색	백호 착색		
1012		백호 착색	백호 착색		
1013		백호 착색	백호 착색		
1014		백호 착색	백호 착색		
1015		백호 착색	백호 착색		
1016		백호 착색	백호 착색		
1017		백호 착색	백호 착색		
1018		백호 착색	백호 착색, 부장 일가 놀러옴		
1019		백호 착색	백호 착색		

월일	날씨 자료 D-I	자료 D-I	자료 D-II	자료 D-IV
1020		백호 착색 종료, 인동	백호 종료, 인동 묵묘	
1021		인동 착색	인동묵묘, 인동 착색	
1022	맑음	인동 착색, 무인 묵묘	갑자기 추워짐, 인동착색, 서 무인 착색	
1023		무인 묵묘, 인동 착색	얼음이 엶, 극한, 서 무인 착색, 인동 착색	
1024	맑음	인동 착색, 동벽 무인 착색	극한, 인동 종료, 동 무인 착색	
1025		동벽 무인 착색 종료	따뜻함, 무인 바탕 착색.	
1026		고침	현무 고침, 무인 종료	모사 끝남
1027		처리	오전 청소함	
1028		진파리 출발		
1029		중화읍 출발, 호텔		
1030		낙랑, 호텔		
1031		호텔		
1101		호텔에서 중식 후 출발, 평양 출발		
1102				
1103				
1104		경성 출발, 경주 숙박		
1105		밤에 경주 출발, 배		
1106		下關(시모노세키) 출발		

1943년

월일	날씨 자료 D-III	자료 D-I	자료 D-II	자료 D-III	자료 C
0901					부산 도착
0902					
0903					경성 도착
0904					경성 출발, 평양 도착
0905					
0906	흐림, 맑음			小泉 왕릉에 왕복	
0907	오후 4시부터 비	진파리 도착	진파리 들어감	평양 왕릉 숙박	평양 출발, 5시 관(동명왕릉 참봉관)에 도착
0908	흐림, 때때로 비		大嶋, 虎 협의, 나는 짐 정리		大嶋
0909	흐림, 비 흐림, 맑음		고분에 도구 옮김, 그림 도구 옮기고, 발판을 만듦		입분 준비
0910	맑음		판자 주위를 씻음, 종이 바르기 등		입분 준비, 자신의 짐을 정리
0911	맑음		정 통신		

월일	날씨 자료 D-Ⅲ	자료 D-Ⅰ	자료 D-Ⅱ	자료 D-Ⅲ	자료 C
0912	맑음	하 모줄임 묵묘	서쪽 하단 모줄임 묵묘		서 하 모줄임 묵묘
0913	맑음	하 모줄임 묵묘 종료	서쪽 하단 모줄임 묵묘		묵묘 종료
0914	맑음(자료 C)		평양		
0915	맑음(자료 C)		평양		
0916	맑음	상 모줄임 묵묘	서쪽 인동 묵묘		서 상 모줄임 묵묘
0917	맑음, 흐림	상 모줄임 묵묘	서쪽 인동 묵묘		서 상 모줄임 묵묘
0918	비		비 휴식		큰 비
0919	맑음, 흐림, 중식 후 뇌우	상 모줄임 묵묘 종료	서쪽 인동 묵묘		서 상 모줄임 묵묘 완료
0920	쾌청	△大상 모줄임 하단			△아래쪽 묵묘
0921	쾌청	상하 모줄임 하단 종료, 상 묵묘			서 모줄임 하단 두 곳 모두 묵묘 완료
0922	쾌청	상 묵묘 종료, 운 연필, 천장월			받침 공작, 측면 운 연필, 월
0923	쾌청	천장 새, ㅁㅁ, 운 연필			천장 까마귀, 서 남 운 연필
0924	흐림, 비, 맑음				폭풍우, 西田(니시다) 감
0925	흐림	운 연필, △, 최상쪽		흐려서 그리지 못함	서남 운 연필, 상△ 연필
0926	흐림	경성			위원회에
0927		경성			위원회에
0928		경성			위원회에
0929		경성, 최상쪽(반일)			남상연
0930		앓음			감기로 드러누움
1001		앓음			때때로 흐림, 감기로 드러누움
1002		최상쪽 묵묘			남상쪽 묵묘 약간, 어두워 쉼
1003	흐림	최상쪽 묵묘 종료			감기 및 虎는 평양행
1004	하늘에 구름 한 점 없음	최상쪽 묵묘 계속			남상쪽 묵묘 완료
1005	구름 없음	천장 까마귀, △小구름			천장 까마귀, 서남 운 연필 완료
1006	구름 없음	△小구름 묵묘			서남 구름 묵묘 조금 남음
1007	맑음	구름 묵묘, △大묵묘			서남 구름 묵묘 완료, 오후 흐림, 상△묵묘

월일	날씨 자료 D-Ⅲ	자료 D-Ⅰ	자료 D-Ⅱ	자료 D-Ⅲ	자료 C
1008	맑음, 흐림	△大묵묘, 천장 까마귀			상△묵묘 완료, 태양까마귀
1009	흐림	천장 까마귀, 종이 이음			천장 까마귀 이음, 岡田(오카다) 안내
1010	흐림	이음, 천장 연필		관(참봉관)에 가, 천장 바름	천장 이음, 바름, 밭소벽
1011	오후부터 쾌청	천장 연필, 천장 묵묘 시작함	천장의 두꺼비, 토끼묵묘 종료, 나뭇잎 약간		바름, 천장 묵묘
1012	구름 많음	천장 묵묘	천장 묵묘 종료, 태양묵묘 절반		천장 묵묘
1013	구름 많음	천장 묵묘	태양, 꽃모양 끝남		천장 묵묘
1014	오후부터 구름 많음	천장 묵묘 종료	천장 묵묘 끝남, 이것으로 묵묘를 완전히 완료함		묵묘 완료
1015	매우 흐림, 비		비로 쉼		
1016	매우 흐림, 비		매우 흐림, 충치로 휴식		
1017	오전 매우 흐림	처음으로 태양 착색	오전 매우 흐림, 오후부터 처음으로 착색		천장 착색
1018	안개 및 흐림	태양 착색	또한 매우 흐림, 까마귀 원내 거의 그려져 있는데, 흐려서 나머지는 완성하지 못하고, 5시 이후, 빛이 없어서 마침	안개 및 구름, 난처했지만 몇 개를 그리고, 5시에 그만둠	천장 착색
1019	안개비와 흐림, 오후 맑음	태양 착색(반일)	매우 흐리고 비가 와 휴식, 낮부터 4시까지 그림, 태양이 완성		2시까지 착색, 頭山(도야마) 옴
1020	옅은 구름	천장, 아내와 딸 옴	구름 많고, 10시에 감, 가랑비 모양, 남쪽, 서 묵묘, 3시 반 됨, 달은 어두워 못함.	간신히 그림	천장 착색
1021	맑음, 흐리다가 5시부터 뇌우	달 착색	오전 난방을 만들었지만 매워서 진전이 없음, 5시 고침, 달 착색, 두꺼비와 호, 나무, 되어 완료		천장
1022	구름 없음	달 착색	하늘에 구름 한 점 없음, 달 토끼, 광선 3분의 2		천장 착색
1023	오전 맑음, 오후 흐림	천장 연필 구름	광선, 태양 바탕 착색, 인동문, 오전 쾌청, 오후 어두워져 진행하지 못해 5시 그만둠		천장 착색
1024	오전 가랑비, 구름 많음, 오후 약간 좋아짐	천장 묵묘(반일)	천장 구석 동북 연화 1개를 그림, 오전 비 흐림 휴식		
1025	흐림	천장 구석	구름이 많아 곤란해, 중지하는 시간이 많음, 구석 서북 연꽃 종료함, 5시부터 천장 됨		천장 착색
1026	구름 한 점 없음	천장 완성	천장 고색 오후 2시 지나 종료함, 발판이 나빠 최상 남쪽부터 아침 6시까지 함		천장, 남 위쪽 착색 약간
1027	매우 흐림	최상 묵묘, 착색			남 위쪽
1028	흐림	최상 묵묘, 착색			종종 어두워 종종 휴지

월일	날씨 자료 D-Ⅲ	자료 D-Ⅰ	자료 D-Ⅱ	자료 D-Ⅲ	자료 C
1029	구름 없음		구름 없음, 최상 구석서남 완성, △ 착색 약간		남 위쪽 완료
1030	구름 없음		구름 없음, 남 상 △ 됨		상 △ 착색 완료
1031	구름 없음		△, 구석 서 하		하 △ 착색
1101	구름 많음		구석 서 하 △ 완료, 달, 최하 모줄임 착색		하 △ 착색 완료, 최하 모줄임 착색
1102	반 맑음		최하 모줄임 착색		최하 모줄임 착색
1103	반 맑음		동, 오른쪽 채색은 고색		최하 모줄임 착색
1104	반 맑음		동, 오른쪽의 고색		최하 모줄임 착색
1105	흐림		최하 서쪽 모줄임 12시 됨, 비가 와 돌아감, 약간 서 위쪽의 구름 함		최하 모줄임 착색 완료
1106	구름 많음		위쪽 구름 착색 종료, 서남쪽 면		서남 구석·구름 착색 처음으로 허무함을 느낌
1107	구름 없음		서남 쪽면 진행, 상단의 고색 됨		서남 구석·구름 착색
1108	2시까지 쾌청, 후 매우 흐림				서남 구석·구름 착색
1109	구름 없음				상 모줄임 하단 착색
1110	매우 흐림				많이 흐려 휴식
1111	구름 없음			부장 옴	상 모줄임 하단 완료
1112	눈			정은 중화, 나는 협양리	
1113	맑음			10시 출발	

V
「高山里第1號墓發掘調査記錄(고산리 제1호묘 발굴조사 기록)」 등에 대하여

고산리 제1호분은 평안남도 대동군 임원면 고산리 당산동에 소재한다. 오바 쓰네키치(小場恆吉) 자료 ③-1 및 동 ③-2에 의하면 1936년(쇼와 11년) 10월 7일부터 발굴조사를 개시하고 있다. 또한 조사 종료 후, 10월 27일부터 연도부의 재매립을 개시해 다음 날인 28일에는 전면 재매립을 개시했다. 그 보고는 1937년에 간행된 『昭和十一年度古蹟調査報告』에 「第二. 高句麗古墳の調査」로 게재되어 있다(小場恆吉, 1937). 그러나 지면의 제약 때문인지 상술한 오바 쓰네키치(小場恆吉) 자료 ④-4 중에서 벽화 見取圖(스케치 약도)등 보고서에 게재되어 있어야 하지만 게재되지 않은 것이 있다. 그 하나가 오바 쓰네키치(小場恆吉) 자료 ④-1인 고산리 제1호분 사진이다. 현재는 바탕 종이 13장에 photo corner를 이용해 2장에서 4장이 붙어 있는데 총 45장이 있다(圖 64~圖 76, 표 4). 보고서에 게재되어 있는 20장 이외에 25장의 미보고 사진이 포함되어 있다.

보고서에 게재된 사진에는 촬영자가 명기되어 있는데, 사와 슌이치(澤俊一), 아리미쓰 교이치(有光敎一) 및 경성제국대학법문학부미학연구실사진실이 행했던 것을 알 수 있다. 오바 쓰네키치(小場恆吉) 자료 ③-1에 의하면 발굴 개시일에 사와 슌이치(澤俊一)가 현장에 가서 촬영을 했다. 사와 슌이치(澤俊一)의 고산리 제1호분 촬영은 이 한 번뿐이다. 현실 네 벽의 벽화 촬영은 10월 17일, 18일, 20일에 아리미쓰 교이치(有光敎一)가 했다. 오바 쓰네키치(小場恆吉) 자료 ③-2에 의하면 10월 27일에 연도의 재매립 작업과 병행해 경성제국대학법문학부미학연구실사진실의 주임인 엔죠지 이사오(圓城寺勳)와 이마제키 미쓰오(今關光夫)도 벽화 촬영을 했다.

고산리 제1호분의 조사 당시에 경성제국대학법문학부미학연구실사진실은 服部報公會(핫토리호코카이)의 지원을 받고, 西鮮合同電氣株式會社(서선합동전기주식회사)의 협력으로 전등선을 끌어 넣었고, 아마 암실도 만들었을 것이고, 강서삼묘에서는 대규모의 사진촬영을 하고 있었다. 강서삼묘에서는 panchromatic 유리건판과 적외선 유리건판에 의한 촬영을 하고 있지만, 원색판복제인쇄를 위해 황, 녹, 적, 흑 등 4색의 필터를 사용한 panchromatic 유리건판

圖 64 高山里第1號墳寫眞(1) 天理大學附屬天理圖書館所藏小場恆吉資料 No.88

圖 65 高山里第1號墳寫眞(2) 天理大學附屬天理圖書館所藏小場恆吉資料 No.88

圖 66　高山里第1號墳寫眞(3) 天理大學附屬天理圖書館所藏小場恆吉資料 No.88

圖 67　高山里第1號墳寫眞(4) 天理大學附屬天理圖書館所藏小場恆吉資料 No.88

圖 68 高山里第1號墳寫眞(5) 天理大學附屬天理圖書館所藏小場恆吉資料 No.88

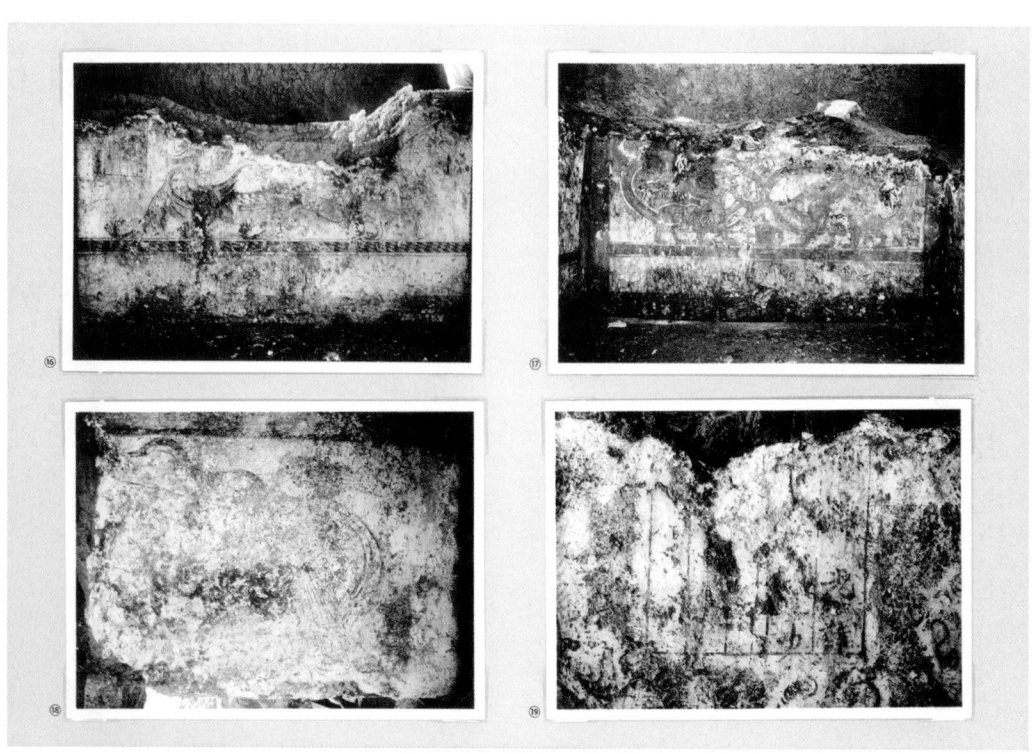

圖 69 高山里第1號墳寫眞(6) 天理大學附屬天理圖書館所藏小場恆吉資料 No.88

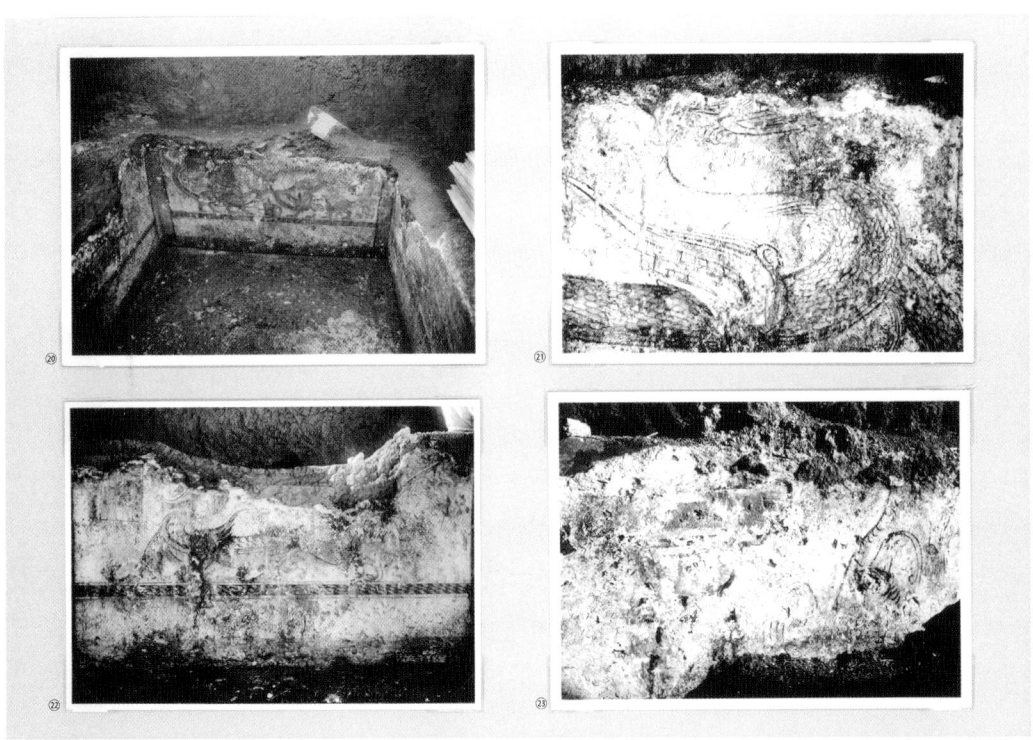

圖 70　高山里第1號墳寫眞(7) 天理大學附屬天理圖書館所藏小場恆吉資料 No.88

圖 71　高山里第1號墳寫眞(8) 天理大學附屬天理圖書館所藏小場恆吉資料 No.88

圖 72　高山里第1號墳寫眞(9) 天理大學附屬天理圖書館所藏小場恆吉資料 No.88

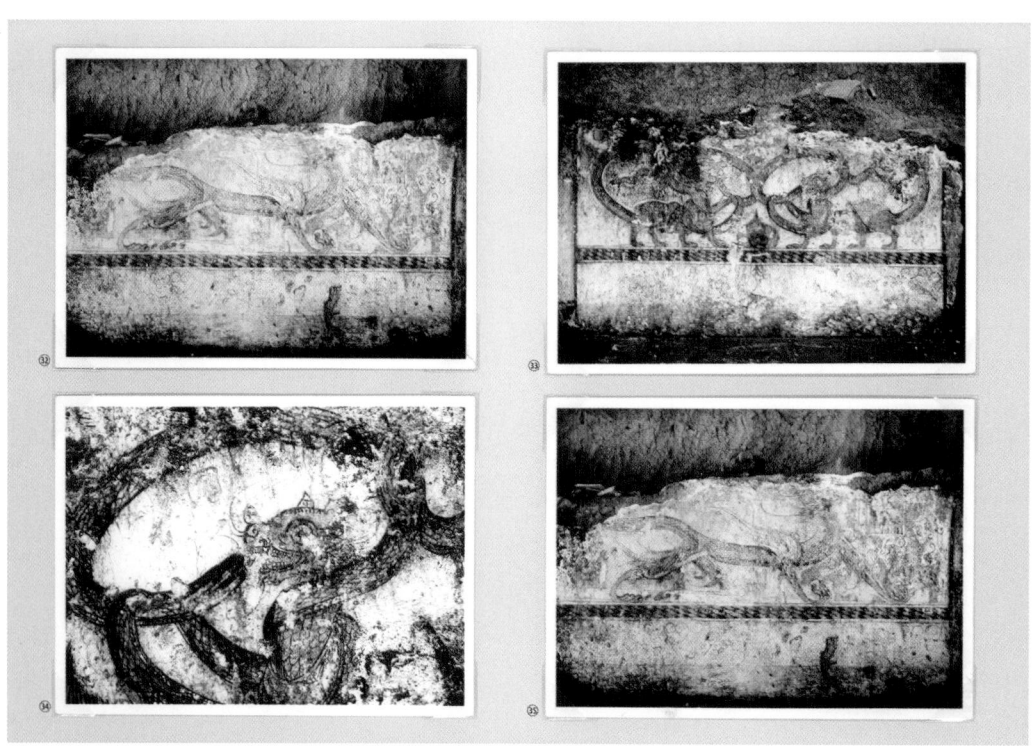

圖 73　高山里第1號墳寫眞(10) 天理大學附屬天理圖書館所藏小場恆吉資料 No.88

圖 74　高山里第1號墳寫眞(11) 天理大學附屬天理圖書館所藏小場恆吉資料 No.88

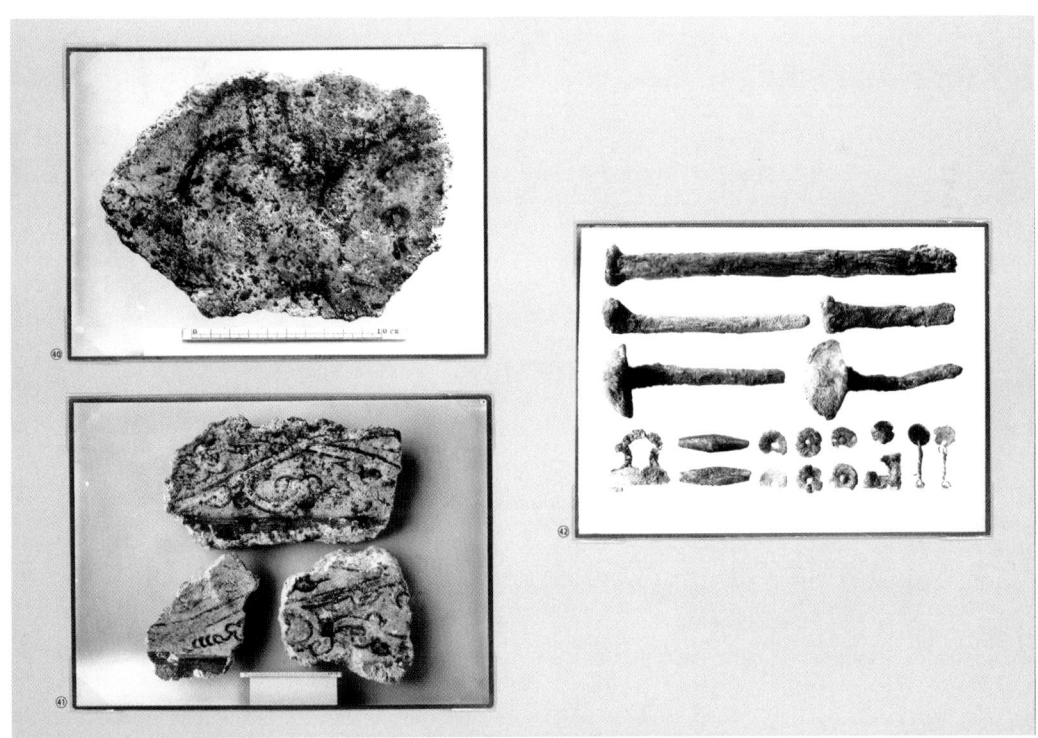

圖 75　高山里第1號墳寫眞(12) 天理大學附屬天理圖書館所藏小場恆吉資料 No.88

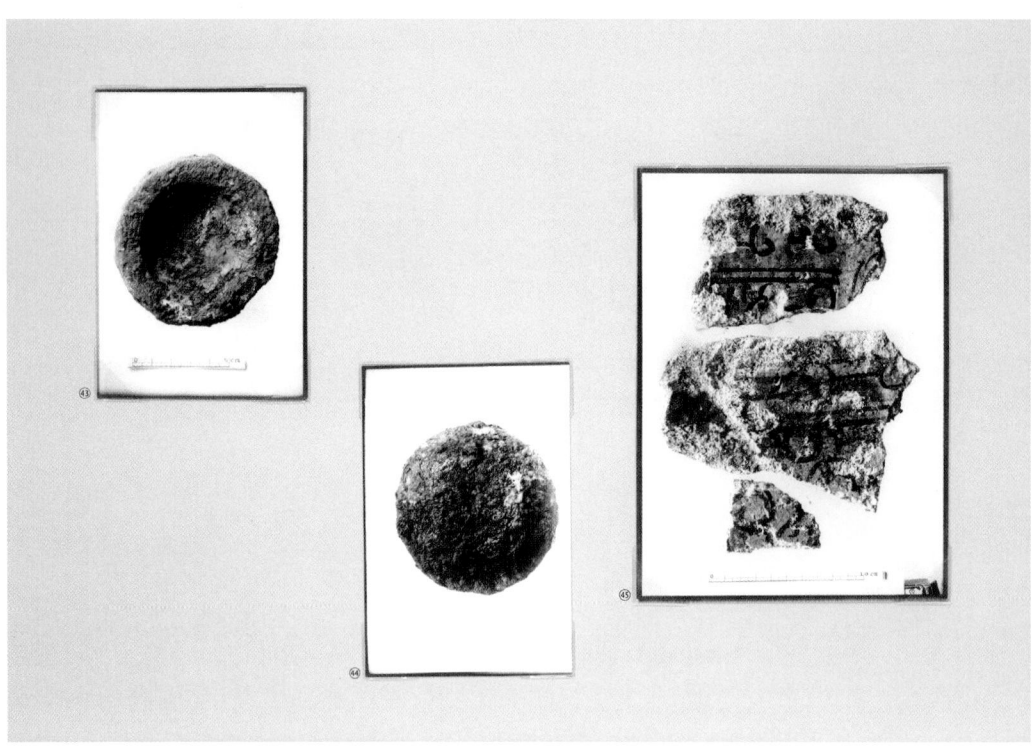

圖 76 高山里第1號墳寫眞(13) 天理大學附屬天理圖書館所藏小場恒吉資料 No.88

표 4 오바 쓰네키치(小場恒吉) 자료 고산리 제1호분 발굴조사 사진 일람표

도면 중의 번호		
	i ii iii iv v	촬영자명 『昭和十一度古蹟調査報告』(小場恒吉, 1937) 圖版 No. 및 기재 명칭 혹은 필자 부여 명칭 오바 쓰네키치(小場恒吉) 자료 사진의 배서 『국립중앙박물관 소장 유리원판 목록집』 Ⅱ 원판번호 및 국립중앙박물관소장품번호 『국립중앙박물관 소장 유리원판 목록집』 Ⅱ 기재 명칭
①	i ii iii iv v	澤俊一 改修墳中ノ全形(南面) 개수분 중의 전형(남면) No.360287, No.012934 고산리 제1호분 서면의 발굴 전 전경
②	i ii iii iv v	澤俊一 도판 제28(1) 고분외형(서쪽에서 조망) 古墳全形(西面) 고분전형(서면) No.360288, No.012935 고산리 제1호분 남면의 발굴 전경
③	i ii iii iv v	澤俊一 玄室東壁壁畫現出ノ状 현실 동벽 벽화 현출의 장 No.360294, No.012941 고산리 제1호분 현실 동벽 상부 벽화 노출 상태
④	i ii iii iv v	澤俊一 北面ヨリ見タル羨道 북면에서 본 연도 No.360292, No.012939 고산리 제1호분 현실에서 바라본 연도

⑤	i ii iii iv v	澤俊一 도판 제28(2) 석실연도 앞부분 No.360289, No.012936 고산리 제1호분 전실에서 바라본 현실 통로
⑥	i ii iii iv v	澤俊一 도판 제25(1) 임원면 고산리고분군(其一) No.360282, No.012929 고산리 대성산록에서 바라본 당산동 고분군
⑦	i ii iii iv v	澤俊一 北方上ヨリ觀タル玄室及羨道並前室 북쪽에서 본 현실 및 연도와 전실 No.360293, No.012940 고산리 제1호분 북쪽 위에서 바라본 현실과 연도
⑧	i ii iii iv v	澤俊一 도판 제29(상) 석실연도전면관 玄室乃一部と羨道 현실의 일부와 연도 No.360290, No.012937 고산리 제1호분 전실에서 현실로 이어지는 연도
⑨	i ii iii iv v	澤俊一 發掘中羨道及玄室발굴 중 연도 및 현실 No.360291, No.012938 고산리 제1호분 전실에서 바라본 연도와 현실
⑩	i ii iii iv v	有光敎一 도판 제30(1) 현실 남동벽 및 안쪽에서 본 연도 힐석 채움돌 No.360302, No.012950 고산리 제1호분 현실 남벽 연도 우측의 벽화
⑪	i ii iii iv v	有光敎一 도판 제30(2) 현실 남서벽 및 안쪽에서 본 연도 힐석 채움돌 No.360301, No.012949 고산리 제1호분 현실 남벽 연도 우측의 벽화
⑫	i ii iii iv v	경성제국대학법문학부미학연구실사진실 현실 서벽 북부 세부
⑬	i ii iii iv v	경성제국대학법문학부미학연구실사진실 현실 북벽 벽화 중앙부
⑭	i ii iii iv v	경성제국대학법문학부미학연구실사진실 연도 동벽 북쪽

⑮	i ii iii iv v	경성제국대학법문학부미학연구실사진실 도판 제34(상) 현실 서벽 문자
⑯	i ii iii iv v	경성제국대학법문학부미학연구실사진실 현실 서벽 벽화 – 백호
⑰	i ii iii iv v	경성제국대학법문학부미학연구실사진실 현실 북벽 벽화 – 현무
⑱	i ii iii iv v	경성제국대학법문학부미학연구실사진실 현실 남벽 서쪽 벽화–주작
⑲	i ii iii iv v	경성제국대학법문학부미학연구실사진실 도판 제34(하) 현실 동벽 문자
⑳	i ii iii iv v	경성제국대학법문학부미학연구실사진실 현실 부감
㉑	i ii iii iv v	경성제국대학법문학부미학연구실사진실 도판 제33(1) 현실 동벽 벽화 세부
㉒	i ii iii iv v	경성제국대학법문학부미학연구실사진실 현실 서벽 벽화–백호
㉓	i ii iii iv v	경성제국대학법문학부미학연구실사진실 연도 동벽 채화
㉔	i ii iii iv v	有光教一 현실 북벽 벽화–현무 No.360300-1, No.012947 고산리 제1호분 현실 북벽의 현무(3-2)

㉕	i ii iii iv v	有光教一 도판 제29(하) 석실 연도 동벽 채화 No.360303, No.012951 고산리 제1호분 연도 동벽의 벽화
㉖	i ii iii iv v	有光教一 도판 제32(1) 현실 북반부 No.360299, No.012946 고산리 제1호분 현실 북벽의 현무(3-1)
㉗	i ii iii iv v	有光教一 현실 서벽 벽화 – 백호 No.360298, No.012945 고산리 제1호분 현실 서벽의 백호(2-2)
㉘	i ii iii iv v	有光教一 현실 북벽 벽화 – 현무 No.360300-2, No.012948 고산리 제1호분 현실 북벽의 현무(3-3)
㉙	i ii iii iv v	有光教一 도판 제31(1) 현실 서벽 벽화 – 백호 No.360297, No.012944 고산리 제1호분 현실 서벽의 백호(2-1)
㉚	i ii iii iv v	有光教一 현실 동벽 벽화 – 청룡 No.360295, No.012942 고산리 제1호분 현실 동벽의 청룡(2-1)
㉛	i ii iii iv v	有光教一 현실 동벽 벽화 – 청룡 No.360296, No.012943 고산리 제1호분 현실 동벽의 청룡(2-2)
㉜	i ii iii iv v	경성제국대학법문학부미학연구실사진실 도판 제31(2) 현실 동벽 벽화–청룡 .
㉝	i ii iii iv v	경성제국대학법문학부미학연구실사진실 도판 제32(2) 현실 북벽 벽화–현무
㉞	i ii iii iv v	경성제국대학법문학부미학연구실사진실 도판 제33(2) 현실 북벽 벽화 세부

㉟	i ii iii iv v	경성제국대학법문학부미학연구실사진실 *현실 북벽 벽화－현무*
㊱	i ii iii iv v	澤俊一 高山里唐山洞一號墳出土 壁畫断片 고산리 당산동1호분 출토 벽화단편 No.360308, No.037854 고산리 제1호분 출토 벽화편(7－5)
㊲	i ii iii iv v	澤俊一 高山里唐山洞一號墳出土 持送壁畫断片其二 고산리 당산동1호분 출토 모줄임 벽화단편 其二 No.360306, No.037852 고산리 제1호분 출토 벽화편(7－3)
㊳	i ii iii iv v	澤俊一 도판 제35(1) 벽화 파편(其一) 高山里唐山洞一號墳出土 壁畫断片蓮華文 고산리 당산동1호분 출토 벽화 단편 연화문 No.360304, No.037850 고산리 제1호분 출토 벽화편(7－1)
㊴	i ii iii iv v	澤俊一 高山里唐山洞一號墳出土 持送壁畫断片其二 고산리 당산동1호분 출토 모줄임 벽화 단편 其二 No.360307, No.037853 고산리 제1호분 출토 벽화편(7－4)
㊵	i ii iii iv v	澤俊一 高山里唐山洞一號墳出土 壁畫断片蓮華文(?) 고산리 당산동1호분 출토 벽화 단편 연화문(?) No.360310, No.037855 고산리 제1호분 출토 벽화편(7－7)
㊶	i ii iii iv v	澤俊一 도판 제35(2) 벽화 파편(其二) 高山里唐山洞一號墳出土 持送壁畫断片其一 고산리 당산동1호분 출토 모줄임 벽화 단편 其一 No.360305, No.037851 고산리 제1호분 출토 벽화편(7－2)
㊷	i ii iii iv v	澤俊一 도판 제36(상) 철정·영락파편 및 식금구 파편 No.360311, No.012953 고산리 제1호분 출토 철정, 영락편과 부속구편
㊸	i ii iii iv v	澤俊一 도판 제36(하) 우 만두형철기(뒤) 高山里唐山洞一號墳出土 饅頭形鐵器(裏) 고산리 당산동1호분 출토 만두형철기(뒤) No.360312(右), No.037856(右) 고산리 제1호분 출토 만두형철기 앞뒤
㊹	i ii iii iv v	澤俊一 도판 제36(하) 좌 만두형철기(앞) 高山里唐山洞一號墳出土 饅頭形鐵器(表) 고산리 당산동1호분 출토 만두형철기(앞) No.360312(左), No.037856(左) 고산리 제1호분 출토 만두형철기 앞뒤

㊺	i	澤俊一
	ii	
	iii	高山里唐山洞一號墳出土 壁畫斷片 고산리 당산동1호분 출토 벽화 단편
	iv	No.360309, No.012952
	v	고산리 제1호분 출토 벽화편(7-6)

에 의한 촬영을 하고 있던 것으로 보인다.[11] 통상, 원색판 복제인쇄용의 panchromatic 유리건판에 의한 촬영은 필터를 교환하면서 카메라를 동일 위치에 설치해 촬영하고, 바로 촬영한 유리건판의 현상을 해 원색판 복제인쇄 사용에 문제가 없는지 현상한 유리건판의 상태를 확인하면서 작업을 진행할 필요가 있다. 그 때문에 촬영장소에서의 암실설비와 방대한 시간이 필요하게 된다.

고산리 제1호분에서 어떠한 촬영이 행해졌는지는 분명하지 않지만, 강서삼묘와 같은 촬영이 행해졌다면 유리건판을 사용해 제판한 원색판 인쇄가 가능하므로 발굴 당초의 벽화 채색을 선명하게 복원할 수 있다. 그러나 암실도 현장 부근에 만들지 못했고, 또한 10월 27일 하루뿐인 촬영이었으므로, 원색판 인쇄에 사용할 몇 가지 색의 필터를 이용해 유리건판을 얻을 수 있는 촬영은 시간적으로 불가능하기 때문에 그러한 촬영은 하지 않았을 것이다.

그런데 아리미쓰 교이치(有光教一)가 촬영하고 있음에도 불구하고, 경성제국대학법문학부 미학연구실이 같은 벽화를 왜 촬영했는지는 차치하더라도, 동 연구실에서는 미학미술사 연구의 자료수집을 위한 사진촬영을 일관되게 행하고 있었고, 고산리 제1호분 발굴 때에도 연구실이 자료수집의 일환으로 스스로 촬영했을 것이다.

경성제국대학 법문학부 미학연구실 사진실이 고산리 제1호분에서 촬영한 사진은 『昭和十一年度古蹟調査報告』에 게재된 것과, 같은 책의 圖版第三二(二)와 동일한 사진이 『朝鮮古文化綜鑑 第四卷』(梅原末治·藤田亮策, 1966)에 게재된 이외에는 과문해서 발표된 사례를 알지 못한다. 이 책에서 진파리고분군 관계 자료를 중심으로 다룬다고 하면서도 여기서 소개하는 것은 이와 같은 이유에서이다. 또한 「국립중앙박물관 소장 조선총독부박물관 유리건판 공

---

11 이 사진 촬영은 크게 주목받아 「高句麗古墳の壁畫原色寫真に撮影」, 『京城日報』 1936년 10월 22일 석간 제3면을 시작으로, 준비 단계부터 촬영 종료까지 『每日申報』 1936년 9월 1일 조간 제5면, 『京城日報』 1936년 9월 22일 석간 제3면, 『京城日報』 1936년 11월 14일 석간 제3면 등, 계속적으로 신문에 보도되었다. 中吉功, 1937; 田中豊藏, 1938도 참조해 주기 바란다. 또한 이 사진촬영에 관한 논문인 「日帝强占期에 만든 江西高句麗 陵墓壁畫의 原色寫眞」(함순섭, 2018)도 아울러 참조하기 바란다.

개」를 보면, 국립중앙박물관 소장의 유리건판 중 일부[12]에는 현재 사진유제에 갈라짐 현상이 나타나고 있는 것 같은데, 오바 쓰네키치(小場恆吉) 자료 중의 사진에는 갈라짐 현상을 볼 수 없기 때문이다.

사와 슌이치(澤俊一) 및 아리미쓰 교이치(有光敎一)의 손에 의한 유리건판은 국립중앙박물관에 남아 전해진다. 그러나 경성제국대학의 자료는 기본적으로 서울대학교박물관에 인계되어 있을 것이므로 그 소재 유무를 확인했지만 미정리인 관계로 현재는 "없다"라고 하는 회답만 할 수밖에 없다고 한다. 앞으로 정리 작업이 진행될 것을 기대하며 이 장을 마치고자 한다.

VI 「平安南道中和郡東明王陵古墳群調査日誌(평안남도 중화군 동명왕릉고분군 조사일지)」에 대하여

진파리 제1호분 및 동 제4호분은 1941년 5월에 구 일본 육군의 연습 중에 발견되어, 같은 해 6월에 긴급하게 제1차 발굴조사가 실시되었다. 그러나 6월도 막바지가 되어 장마에 들어가기 직전이었으므로 일단 중단하고, 같은 해 가을인 9~10월에 제2차 조사를 해 제1호분 및 동 제4호분에 대한 보충 조사와 동 제3호분, 동 제7호분, 동 제9호분의 조사가 실시되었다. 본고의 제Ⅲ장에서 기술한 바와 같이 오바 쓰네키치(小場恆吉)의 제1호분 벽화모사 작업도 개시되었다.

또한 제2차 조사 중에, 전 동명왕릉 주변 지구의 정비 작업을 실시해 설매리고분군에서 5기의 고분을 발굴조사하고 청동기시대 주거지, 고구려와요지[13]를 발견하고, 청동기 시대 주거지

---

12 국립중앙박물관 소장품 번호 012952, 012953, 037850~037856.
13 이전의 논고(후지이 가즈오, 2010, p.129의 註3)에서 적은 바와 같이, 고이즈미 아키오(小泉顯夫)는 "옆의 밭 속에서 고구려 기와의 요지가 발견되어"라고 했지만, 발굴조사가 되었는지에 관해서는 불분명하다(小泉顯夫, 1942, p.14). 이전의 논고에서는 이에 관해서 "정릉사지 일대에 산포되어 있던 고구려 기와를 와요지가 있었던 것으로 오인했을 가능성도 생각할 수 있다."라고 했으나, 구마가이 노부오(熊谷宣夫) 앞으로 보낸 요네다 미요지(米田美代治)의 서장(국립중앙박물관소장 일제강점기 자료 관리번호: A182-001-015) 속의 요지 약도의 주기에는 "(밭)표면에 다종의 고구려 평기와 다종의 매우 다량으로 산란한다. 모두 불에 탔거나 파편"이라고 되어 있는데, 정릉사 건설에 관계된 와요지의 가능성도 시야에 넣어 생각해야 할 것으

의 발굴조사가 실시되었다.

본 「調査日誌」는 그 1941년 9월 13일부터 10월 28일까지의 진파리고분군 제2차 조사일지로, 기록자는 조선총독부박물관 촉탁 요네다 미요지(米田美代治)다. 지금까지 요네다 미요지(米田美代治)에 관해서는 출자 등이 그다지 상세히 알려져 있지 않다. 몇 번이나 같이 조사를 하고 중국 산동성 대동 운강석굴의 조사에도 함께 참가한 적이 있는 조선총독부박물관에서 가까운 사이였던 아리미쓰 교이치(有光敎一)조차도 출신지가 후쿠오카현이라는 것은 알고 있었지만, 어디였는지는 상세히 몰라 저서에서 요네다 미요지(米田美代治)를 소개할 때 생년미상이라고 하고 있을 정도이다(有光敎一, 2007, pp.229~231).[14]

그럼 「일지」의 내용을 살펴보기로 하자. 조사 참가자는 총독부에서 조사사업의 건을 발령받은 오바 쓰네키치(小場恆吉), 고이즈미 아키오(小泉顯夫), 요네다 미요지(米田美代治) 외에도, 평양부립박물관 관원인 大島(오오시마: 蔡秉瑞채병서)가 조사원으로 참가했고, 그 이외에 李德吾(이덕오), 山川(야마카와), 水原(미즈하라), 渡邉(와타나베) 등의 평양부립박물관 사람들이나 임시직원(조선고적연구회 평양연구소 고용?)인 櫻井勳(사쿠라이 이사오: 李時鵬)이 조사

로 보인다. 여기서 정정하고자 한다.

더구나 학무국장명의 평안남도지사 앞 문서의 품의서인 1942년 5월 14일자, 학무국 사회교육과발 제410호 「古蹟保存並調査ニ関スル件」 문서(국립중앙박물관소장 일제강점기 자료 관리번호: A182-001-014)에는 「同所附近所在窯址調査ノ要アルニヨリ本局員吉川孝次ヲ派遣スルヲ以テ便宜供与方取計ハレタシ」라는 것이 보인다. 그러나 요시카와 코지(吉川孝次)의 복명서(국립중앙박물관 소장 일제강점기 자료 관리번호: A182-001-011)에는 이 요지에 관해서는 전혀 기술된 것이 없다.

14 진파리고분군 발굴조사의 중핵을 맡았던 요네다 미요지(米田美代治)는 1909년 9월 10일 福岡県(후쿠오카켄) 築上郡(지쿠조군) 八津田村(야쓰다무라)에서 米田仙松(요네다 센마쓰)과 マツ(마쓰) 부부 사이의 4남으로 태어났다. 요네다 미요지의 생가는 오가와 게이키치(小川敬吉)의 생가와 같은 마을의 지호지간의 위치 관계에 있었다. 부친인 仙松은 오랫동안 필리핀에 있었는데 위세가 좋았던 것 같다. 이 지방에서는 많은 사람들이 일 때문에 남양군도에 갔다고 한다. 그러나 仙松의 직업 등은 상세하지 않고, 1945년 6월에 루손섬 앞바다에서 전사했다. 요네다 미요지(米田美代治)는 1932년 3월, 日本大學專門部工科建築科(니혼대학 전문부 공과 건축과)를 졸업하고, 1933년 7월에 조선총독부 고적 조사 사무 촉탁으로 위촉되어 발굴조사에 종사했다. 1942년 10월 24일, 장티푸스로 경성제국대학 부속병원에서 사거했다. 사망신고서는 친동생인 하라 가즈오(原一男)가 제출했는데, 유품의 정리도 一男가 했다. 그는 仙松의 5남으로 하라 사다키치(原定吉)와 フク(후쿠) 부부와 양자결연해 하라(原) 라는 성을 쓰고 있었다. 「日曜畫家(일요화가)」였던 요네다 미요지(米田美代治)가 그린 회화나 유품을 정리해 담은 버들고리를 가지고 돌아갔는데, 1939년의 조선미술전람회 입선작인 「おもちゃ(장난감)」(朝鮮建築會編, 1942, p.12)이나 경복궁 내의 풍경을 그린 회화 등이 남아 전한다. 다만, 버들고리는 내용이 불명확한 채 가치 없는 것으로 처분되었던 것으로 보여 남아 있지 않은 것 같다.

나 잡무를 담당했다.

6월의 조사에 참가하고 있던 조선총독부 촉탁인 사와 슌이치(澤俊一)가 발령되지 않았고, 「일지」 9월 29일자에는 평양부립박물관에서 이덕오가 렌즈를 지참한 기사가 보이는데, 발굴조사 할 때의 사진촬영은 평양부립박물관의 기재를 사용해 고이즈미 아키오(小泉顯夫), 大島(채병서) 등, 평양부립박물관원이 행했던 것일 수도 있다. 제2차 발굴조사에서 촬영했다고 생각되는 유리건판이 국립중앙박물관에는 남아 있지 않은 점에서도 그런 느낌이 강하게 든다. 덧붙여서 말하면 요네다 미요지(米田美代治)가 기록한 본 조사일지에는 자신의 사진촬영에 관한 기사가 일절 없어서 요네다 미요지(米田美代治)는 사진촬영을 하지 않았다고 해도 과언이 아니다.

또한 경성제국대학법문학부미학연구실사진실의 주임인 엔죠지 이사오(圓城寺勲)나 같은 사진실원이었던 이마제키 미쓰오(今關光夫) 등이 사진 촬영을 위해 참가하고 있는 것을 알 수 있다. 동 사진실은 강서삼묘리의 삼묘, 고산리 제1호분, 쌍영총 등, 많은 수의 고분벽화를 촬영했는데, 진파리 제1호분 및 동 제4호분의 벽화 사진도 촬영했던 것을 알 수 있다. 「일지」 9월 29일조의 "촬영대(撮影隊)" 및 같은 달 30일 조의 "사진반(寫眞班)"은 엔죠지 이사오(圓城寺勲)의 일행일 것이다. 엔죠지 이사오(圓城寺勲)는 9월 26일 정오경에 현장에 도착했고, 9월 29일부터 촬영을 개시, 10월 2일 오후 3시경에 경성으로 돌아간다.

규슈국제문화협회가 주최해 1942년 5월 9일부터 5월 13일 사이에 福岡市(후쿠오카시) 天神町(덴진쵸)의 巖田屋(이와타야)에서 개최된 「朝鮮高勾麗古墳壁畫展觀(조선 고구려고분 벽화전관)」에 전시된 진파리 제1호분의 벽화사진은 동 「전관」의 pamphlet(矢崎美盛他, 1942)에 "경성제국대학 법문학부 미학연구실 사진실의 촬영과 제작에 의한 것"이라고 되어 있어서, 이 때 촬영된 것으로 보인다.

그러나 동 사진실이 촬영에 의한 유리건판은 앞서 다루었던 고산리 제1호분과 같이 경성제국대학에서 서울대학교 박물관으로 인계되어 있을 것이나, 미정리인 것 같으므로 현재로서는 소재 불명이라고 말할 수밖에 없는 상황이다.

1941년 가을의 조사에서는 진파리고분군 외에도 설매리고분군의 발굴조사를 실시했다. 아래에서는 조사 일지에 근거해 발굴조사를 실시한 고분별로 그 내용을 정리해 적어 나가고자 한다.

진파리 제1호분

1941년 6월의 조사에 이어, 9월 20일부터 10월 28일까지 실시. 제1호분에서는 연도 및 그 전방 통로의 발굴을 행해 연도 안을 큰 자연석 다수를 백색 회반죽으로 충진해 있던 것이 확인되었다. 또한 현실 내부 도굴 흔적의 정리를 했다. 횡단면도의 작성도 했다. 경성제국대학 법문학부 미학연구실사진실에 의한 사진 촬영, 오바 쓰네키치(小場恆吉)에 의한 벽화 모사도 개시되었다. 내부 보호를 위해 임시 문짝 설치 공사를 했다.

진파리 제3호분

제3호분 봉토의 실측을 하고 발굴을 개시했다. 9월 20일부터 10월 18일까지 실시.

봉토에 남북으로 트렌치를 설정해 발굴을 행해, 봉토의 구축 과정을 알 수 있게 되었다. 붉은 흙(점토)를 단단히 발라 굳힌 듯이, 봉토의 위에 얇은 회반죽층을 두고 그 위에 흑색의 봉토 층을 두었으며, 그 위에 평기와를 여기저기 깐 층이 있다. 더욱이 봉토를 두고, 기와 층을 두었으며, 그 위에 자연석을 겹쳐 쌓은 것인 점이 명확해졌다.

봉토의 남방 사면 중앙부, 구 도굴 입구 부근에서 삼국시대 당초문기와 편이 출토되었고, 남방 중앙부에 C자형 화강암을, 더욱이 그 북쪽 약 3척 지점에서 반으로 잘린 철제대도 1점이 출토되었다. 지두문 암막새도 출토되었다.

기와층 속에서 치미편이 1점 출토되었고, 토기의 파편도 곳곳에서 수 점 출토되었다. 확실한 치미의 고구려고분 출토 사례가 거의 전무하므로 귀중한 자료이다.

남북 트렌치, 다시 말해 봉토의 중앙부 면에서 약 2m의 흙 속에 C자형 화강암이 있었다.

남북 트렌치의 북동 가장자리 낮은 부분에서 연도의 사용석재(자연 석렬) 및 옅은 목탄층을 봉토 속에서 검출했다. 이 연도의 돌 외부의 상부에 직경 2촌이고 길이가 약 2척 5촌인 목탄 막대기가 남북으로 놓여 있었다. 이로 인해 연도부가 트렌치의 동쪽에 편재되어 있던 것을 확인할 수 있게 되었다. 이 부분을 넓게 파 확장했더니 연도 외부의 채움돌(嵌石)로 생각되는 자연석 다수를 노출시킬 수 있었다.

연도 내의 매립토를 제거해 나갔더니 현문 문비 석의 바깥쪽 아래 부근에서 상당량의 인골이 출토되었고, 작은 칠 파편, 금제영락 1점 등이 출토되었다. 또한 연도의 가장 안쪽 부분, 다시 말해 문비의 전방 바로 아래에서 출토된 인골 부근에서 문비에 사용되었다고 생각되는 금동환 2점이 출토되었다.

연도 전방에 이르러 이맛돌과 거의 같은 높이의 봉토 표면 가까운 곳에서 자연석 및 평기와가 출토되었다. 또한 봉토의 윗 표면 바로 아래 약 2척 밑에는 자연석 및 기와가 곳곳에 남아 있는 곳이 있는데, 그 사이에서 완전한 수막새 1점이 출토되었다.

토벽의 출토 면은 평면적이고 직선적으로 출토되나 다소의 요철은 있다. 바닥 면을 이루는 구석 가장자리의 토벽은 직선적이나, 바닥 면에서는 약간의 곡선을 이루고 있는 것이 확실하다.

연도를 채움돌은 제1호분의 것에 비해 비교적 작다. 회반죽은 충분히 충진한 것이 아니라 각 돌 틈새에 놓인 상태이지만 충진한 부분도 있다.

현실은 무참하게 도굴당했고, 더욱이 현실은 흰 벽체이지만 벽화는 없었다.

진파리 제4호분

9월 26일, 제4호분의 연도 전방의 재 발굴 및 정리를 행했다. 금동제품의 아주 작은 잔편도 출토되었다.

제4호분의 연도 양 측벽을 물로 씻어 내는 작업을 오바 쓰네키치(小場恆吉)가 했는데, 이 연도로 인해 현실 안의 모든 벽화와 함께 본 무덤의 전체 의장이 명확해졌다.

10월 10일, 11일, 제4호분의 임시 문짝을 만들었다.

진파리 제7호분

10월 14일부터 10월 22일까지 왕릉 배후에 위치하는 제7호분의 발굴을 행했다. 도굴된 무덤인 것은 명료하다. 연도 안 문비의 직전 약 70cm 위치에, 구 도굴 당시의 매몰 흙 및 하부 회반죽과의 사이에서 금동투조금구가 출토되었다.[15]

더욱이 이 잔결품이 문비의 바로 아래에서 심하게 부패된 채 남아 있는 것이 검출되었다. 인골 및 칠 파편, 철 파편의 소수가 문 부분의 바로 아래 부근에서 출토되었다. 금동투조금구의 극소 파편들도 곳곳에서 출토된다.

봉토 및 평면도, 종단면도의 실측을 행했다.

---

15 이 금동투조금구의 문양 스케치가 덴리대학부속덴리도서관(天理大學附屬天理圖書館) 소장의 小場恆吉資料 중에 있다(제Ⅲ장 圖 62, 圖 63).

진파리 제9호분

10월 15일, 제9호분의 발굴을 개시해 10월 27일까지 조사했다.

봉토의 표면 아래 약 1척 5촌 정도인 곳에 자연석을 여기저기 깔아 놓고 있을 뿐만이 아니라 완전한 수막새도 출토된 것이다. 이러한 유형의 와당 네다섯 점이 출토되는 곳을 보면 봉토의 정상에 무엇인가 건축물의 존재를 추측하게 해 주지만 상세하지는 않다.

연도 안에 흘러 들어온 흙이 심한데, 유물을 포함하고 있고 철제 못이 출토되었다. 현문비 부근 이내에 목관용 칠 및 철 도금못, 인골, 영락 등 다수가 출토되었다. 특히 주목되는 점은 목관재가 탄 흔적이 명료한데, 목재의 탄화된 것이 있었던 것이다. 바닥 면 위 혹은 다소의 흙을 놓은 상부에 재가 된 것이 온통 출토되었다. 더구나 못 등이 다수 출토되었으나 대부분은 산란된 상태이다. 그러나 그 일부는 열을 지어 칠판과 함께 출토되는 곳도 있다. 금제실 2줄이 출토되었다.

현문 앞의 부분도 바닥 면 가까이 부착하여 숯 및 재층이 있다. 확실히 목관을 태운 것일 것이다. 그 증거로서 불탄 인골이 다수 출토되었다. 또한 이 부분에 대구? 2점이 출토되었다. 목재 문지방을 놓았던 것인지, 부패 혹은 불에 타고 남은 재 성질의 것도 한 면에 있다. 좌우의 벽에 문을 세웠다고 생각되는 회반죽의 남은 부분이 수직적으로 남은 것이 있다.

외부에서 볼 때 우측에서 문고리가 패인 곳 안에서 출토되었다. 또한 중앙부에 둥근 좌금으로 생각되는 철 제품이 출토되었다.

현실 안은 도굴 당시에 북쪽에 치우친 부분의 바닥을 파괴하고 있으나, 바닥 면에는 하등의 관대처럼 보이는 유물이 없다. 근소하게 매몰 흙 속에 소수의 영락이 출토되었을 뿐이다.

봉토 및 1/100 평면도 종료. 평면 1/20도 작성. 종단면 작성.

설매리고분군

설매리고분군은 동명왕릉의 동쪽 구릉에 남면하는 설상부에 남북으로 5기가 나란히 있다. 9월 30일~10월 2일의 3일간에 걸쳐 조사를 행했다. 남에서 북으로 순서대로 제1호분~제5호분이라고 번호가 매겨져 있다.[16]

제2호분의 도굴 부분을 시굴해 연도문부를 노출시켰다. 작은 구멍을 만들어 현실에 들어갔더니, 바닥 면은 무참하게 파괴되었고, 관대의 돌 받침도 파괴되어 산란해 있었다. 네 벽에는 문자 및

---

16 『동명왕릉과 그 부근의 고구려 유적』(김일성종합대학 편, 1976)에서는 북쪽에서부터 제11호분~제15호분이라고 번호가 매겨져 있다.

벽화가 없다. 천장의 구조는 진파리 제1호분과 같고 평면은 편수식이었다.

다른 네 무덤도 시굴했지만 벽화가 없었다. 요네다 미요지(米田美代治)는 조사일지에 벽화가 없었던 것에 관해 "비관 이 위에도 없음"이라고 적고 있어서, 조사 의도의 일단을 엿볼 수가 있다.

제1호분 현실의 평면은 편수식이고, 천장은 삼단의 모줄임, 더욱이 중앙에 천장 반석을 두었다. 제3호분은 양수식이다. 제5호분은 양수식이고 현실 안에 매립토가 태반을 점하고 있으며, 천장 회반죽의 낙하가 심하다.

10월 17일, 2기의 재매립을 행했다.

주거지 발굴조사

동명왕릉과 진파리 제7호분~제9호분 사이의 송림 속에서 마제석기 2점을 지상에서 수습했고, 그 부근에서 토기편을 발견했기 때문에, 10월 21일에 시굴해 10월 25일까지 계속했다. 지표 아래 약 1척의 위치에 박혀 있던 토기가 두세 점 출토되었다. 발굴조사를 실시했더니 더욱이 구멍이 있는 큰 석기가 출토. 또한 탄화층이 연속하는 것을 검출했고, 토기가 출토된 면과 같은 높이에서 매립토를 제거해 바닥 면을 검출했다. 바닥 면에는 여기저기에서 토기 편이 출토되었다.

이 주거지에서 서쪽으로 약 50m에 있는 송림 속에 토기 편이 노출되어 있는 것을 발견해 부근의 시굴을 시도해 본 결과, 탄층 등이 출토되어 비슷한 주거지가 있는 것을 확인했다(정백운, 1958, pp.67~68; 후지이 가즈오, 2010, pp.134~139).

10월 28일, 제1주거의 실측 見取圖(유구 유물 배치도)(1/20) 일부를 작성했다.

사적 정비공사

발굴 조사의 종반에는 조사와 병행해 사적 정비를 위해 진파리고분군 회유 통로를 계획해, 진파리 제4호분에서 제3호분으로 통하는 통로, 제7호분 전방의 통로, 제3호분의 서쪽에서 전방으로 통과해 제1호분으로 통하는 통로, 제3호분의 연도 전방 통로, 제1호분 전방 통로, 옥샘의 정비, 진주못으로의 통로 일부 및 제4호분 전방의 석단, 제4호분에서 제3호분으로 통하는 신설 통로의 잔디심기를 행하고 있다.

VII
맺음말

이 글에서는 진파리고분군 발굴조사에 관한 일본 소재의 자료뿐만이 아니라, 국립중앙박물관 소장 자료도 병행해 소개함으로써 조금이나마 미보고인 진파리고분군 발굴조사의 내용을 밝힐 수 있었다고 생각한다.

진파리고분군 발굴조사 관계의 정보는 조사에서 중심적인 역할을 수행한 요네다 미요지(米田美代治)가 보고를 정리할 여유도 없이 빨리 별세했기 때문에, 또 다른 한 명의 중심적인 인물인 고이즈미 아키오(小泉顯夫)의 저작물 내용이 그대로 믿어져 왔다. 그러나 고이즈미 아키오(小泉顯夫)의 회고록 「第十章 高句麗古墳を掘る, 2 中和眞坡里古墳群の調査, 眞坡里二號墳·六號墳·九號墳」[17](小泉顯夫, 1986, pp.366~368) 부분의 내용이 1941년 가을의 조사에 관한 것이라는 것은 「平安南道中和郡東明王陵古墳群調査日誌」에 의해 명백해졌다고 할 수 있다. 일찍이 고이즈미 아키오(小泉顯夫)는 1941년 6월과 가을의 조사를 명확히 준별하지 않고 적었다(小泉顯夫, 1942). 또한 오바 쓰네키치(小場恆吉)의 벽화모사에 관해서도 1941년 6월에 행해진 것처럼 기술하고 있다(小泉顯夫, 1986, p.368). 어떤 의도로 이를 준별하지 않았는지 고이즈미 아키오(小泉顯夫) 본인에게 물어보고 싶지만, 유명계를 달리하고 있어서 지금은 어찌할 수 없는 일이 되어 버렸다.

여기서 고이즈미 아키오(小泉顯夫)에서 유래하는 진파리고분군 조사에 관한 틀린 정보를 어느 정도 바로잡을 수 있었다고 생각되므로 본고의 목적 중 하나는 달성했다고 말할 수 있다.

북한의 동명왕릉 부근 고분군의 발굴조사보고서 중에는, 진파리 제2호분, 제3호분, 제7호분~제9호분의 5기에 관해 1941년에 일본 제국주의 침략자들에 의해 도굴된 관계로 유물이 전혀 남아 있지 않다고 한다(김일성종합대학, 1976, p.90). 그때 조사된 것은 5기가 아니라 진파리 제3호분, 제7호분, 제9호분의 3기이고, 모두 이미 도굴분이었으니 약간의 과장된 표현으로 되어 있다. 이 3기의 고분이 발굴조사 된 것을 1976년 이전에 일제강점기 조사관계자는 발

---

[17] 小泉顯夫(1986)의 고분 번호에 오류가 있는 것은 이미 전 고(후지이 가즈오, 2010, p.127의 註1)에서 지적한 바 대로이다. 더욱이 그때에 필자가 범한 오류에 관해서는 본고(註3)에서 정정한 바대로임을 밝혀 둔다.

표하지 않았다. 어떤 자료가 평양부립박물관에서 조선중앙역사박물관에 인계되어 있지는 않을까 하는 기대를 갖게 해준다.

오바 쓰네키치(小場恆吉)는 1912년의 강서대묘, 강서중묘의 벽화모사 이래, 고구려 고분벽화에 매료되어 조선총독부의 의뢰로 매년 모사하기 위해 방문했는데, 종국에는 1916년에 동경미술학교의 조교수직을 사임하고, 경성으로 거처를 옮겨 조선총독부박물관 촉탁으로서 고구려 고분벽화의 모사뿐만이 아니라 낙랑고분 출토 칠기문양의 모사까지도 깊은 관심을 가졌고, 그 발굴조사 등을 행하게 되었다. 제1차 세계대전 종결 후, 1920년부터 시작된 전후 공황에 의한 일본의 행재정정리의 영향을 받아 조선총독부에서도 1924년에 고적조사과가 폐지되어 오바 쓰네키치(小場恆吉)는 고적조사과 사무촉탁을 의원퇴직하고, 1925년에 동경미술학교 강사로 복직해 도쿄로 돌아갔다. 그러나 그 후에도 1945년 8월의 일본 항복 직전까지 계속해 출장이라는 형식으로 조선총독부 촉탁 혹은 고적조사위원회위원, 조선총독부 보물고적명승천연기념물보존회위원 등등, 다양한 형태로 조선의 고적조사에 관여를 계속했다. 선행연구의 오바 쓰네키치(小場恆吉) 연보(秋田市立赤れんが鄕土館編, 1991; 高橋潔, 2003; 佐々木榮孝, 2005 등)에는 보이지 않지만, 본고에서 소개한 바와 같이 낙랑고분이나 고구려고분 조사뿐만이 아니라, 이와 같은 조사와 동시기에 강서대묘 및 강서중묘, 진파리 제1호분의 벽화모사를 각각 4회씩이나 정력적으로 실시하고 있어서, 오바 쓰네키치(小場恆吉)의 고구려 고분벽화에 대한 관심의 깊이와 애정을 느끼기에 충분하다. 이 오바 쓰네키치(小場恆吉)의 고구려 고분벽화 모사의 마지막 작업이 진파리 제1호분인데, 1944년 가을의 모사 작업을 끝으로 일본이 패전함에 따라 완성하지 못한 채, 다시는 진파리에 가는 것을 이루지 못했다.

아직 확인되지 않은 진파리고분군 조사관계 자료가 서울대학교박물관이나 조선중앙역사박물관에 남아서 전할 가능성은 충분히 있다. 덴리대학부속덴리도서관(天理大學附屬天理圖書館) 소장의 오바 쓰네키치(小場恆吉) 벽화모사 관계자료도, 당연히 있어야 된다고 생각되는 정도의 충분한 양이 아니므로 다른 곳에 전해 남아 있을 가능성을 부정할 수 없다. 오바 쓰네키치(小場恆吉)의 출신지인 아키타시에는 고구려 고분벽화모사 관계자료가 남아 있을 것으로 생각되지만, 필자가 확인한 것은 秋田市立赤れんが鄕土館(아키타시립 아카렌가향토관) 소장의 "朝鮮平安南道中和郡眞坡里 第一號古墳壁畫 靑龍と白虎(조선 평안남도 중화군 진파리 제일호 고분 벽화 청룡과 백호)"(圖 77)뿐이다. 청룡도는 약 17×29cm, 백호도는 약 18×29cm로 소형으로 축소 모사도이다. 보고서용의 것인지도 모르지만, 그 제작 의도는 불명하다.

만약 미지의 자료가 공개된다면 더욱 조사 내용 및 벽화 모사에 관한 신 지견이 밝혀질 것

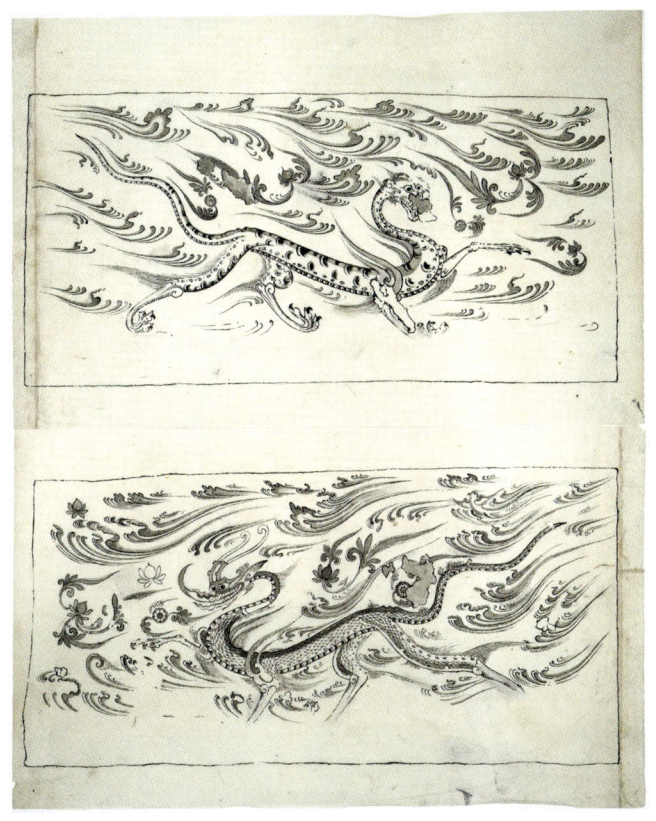

圖 77 「朝鮮平安南道中和郡眞坡里 第一
號古墳壁畫 靑龍と白虎」秋田市立
赤れんが鄕土館所藏小場恆吉資料

으로 생각된다. 1941년의 발굴조사 후, 이미 80년 가까운 세월이 경과해 버렸지만 신 자료의 발견을 기대해 본다.

오랫동안 진파리 제1호분 및 동 제4호분의 발굴조사 및 오바 쓰네키치(小場恆吉)에 의한 벽화 모사는 그 조사 기간으로 간주되는 1941년 6월 16일~29일까지 사이의 겨우 2주간에 실시되었다고 여겨져 오고 있었지만, 이와 같은 단기간에 현재 국립중앙박물관에 소장되어 있는 진파리 제1호분의 현실 사신도조차도 모사 작업을 완료하는 것이 불가능하다는 것은 본고에서 소개한 오바 쓰네키치(小場恆吉) 자료에 의거할 필요도 없고, 모사 작업 미경험자라고 하더라도 초등학교 이래로 학교 교육의 미술 수업을 받아 온 사람이라면 누구라도 알 수 있는 것이다. 이와 같은 비상식적인 모사 작업 기간이 계속 유포되어 온 것은 일차적으로 발굴조사 관계자에 의한 정보 발신이 불충분했기 때문이기도 하지만, 또한 이와 더불어 우리 고고학 연구자가 무지몽매한 점에도 원인이 있다고 말할 수 있다. 당연한 일이라지만 거기에 의문을 가지고 탐구해야만 하는 것은 말할 필요도 없는 것이니 그 잘못에 질책을 받더라도 어떠한 변명의 여지가 없다. 우리들의 무지몽매함을 부끄러워하고 깊이 반성하지 않으면 안 될 것이다.

그러나 근본적으로 가로놓여 있는 것은 일본제국주의자에 의한 침략과 식민지 지배의 문제에 있다는 것을 당연히 인식해야 하는 것이라는 점은 굳이 말할 필요도 없다.

아직 우리 일본인 연구자들은 일제강점기에 선배 연구자들이 행한 조사에 관한 정산을 정확하게 해야 할 채무를 등에 업고 있다. 본고가 그 채무 정산에 다소나마 공헌할 수 있었다면 다행으로 여긴다. 또한 이와 같은 기회를 부여해 주신 동북아역사재단에도 감사의 뜻을 표하며 붓을 놓고자 한다.[18]

---

18 이 글에서는 덴리대학부속덴리도서관(天理大學附屬天理圖書館) 소장의 小場恆吉資料 소개를 기획했으나, 이 자료를 도판으로 사용하는 것은 과액의 게재료가 필요하므로, 많은 자료는 도판 게재를 할애할 수 없었고, 극히 일부만 도판으로서 사용할 수 있었다. 또한 컬러와 흑백에는 게재료에서 큰 차이가 있는데, 컬러는 흑백의 3~4배인 고액이기 때문에, 게재한 도판도 태반은 흑백으로 할 수밖에 없었다. 관심 있는 분은 수고스럽지만 덴리대학부속덴리도서관(天理大學附屬天理圖書館)에 소정의 수속을 밟고, 동 관을 방문해 열람해 주기 바란다.

오바 쓰네키치(小場恆吉)의 모사 제작 과정의 복원은 불가능하므로, 따라서 모사 관계 용어의 엄밀한 개념 규정을 행하는 것은 불가능하다. 본고에서는 사용하는 미술용어의 엄밀한 개념 규정을 행하지 않았고, 거기에 기초를 둔 적용을 실시하지 않았다. 이와 같은 이유로 본고의 기술에서 이해하기 어려운 부분이 있을지도 모르지만, 너그러운 이해를 바라는 바이다.

미술 관계 용어나 표구 관계 용어 등은 atelier가 변하면 다르게 표현을 하고 있는 경우가 많고, 같은 한자를 사용하고 있어도 읽는 방법이 다른 용어가 있거나 동일한 단어라도 의미하는 바가 다르거나 다른 용어를 사용하고 있는 예가 많다. 제대로 개념 규정을 하고 이에 맞는 용어를 사용해야 하지만, 본래 그러한 용어를 사용하는 쪽에서 해야 할 일로서, 외부 집단의 사람이 마음대로 하는 것은 아니라고 생각한다. 언어 및 회화 등등의 literacy가 풍부한 독자 제현들은 적확하게 읽어 줄 것으로 생각하므로, 본고에서도 하지 않았다.

본고 중에서 소개한 요네다 미요지 작성 진파리고분군 조사일지는, 후지이 가즈오가 일본 소재 고구려 유물 관련 자료로 조사할 필요가 있다고 생각하고 장래의 소개에 대비하고 국립중앙박물관에서 2010년 11월 23일 열람 및 촬영하고 번각원고를 작성하였던 것이다. 열람 및 촬영 시에는 당시 국립중앙박물관 학예연구실장이었던 조현종 선생님의 도움을 받았다. 여기에 명기하여 감사의 마음을 전한다.

본고의 원문은 일본어이지만, 제반 사정에 의해 한국어 번역문만을 게재하기로 했다. 번역에는 주홍규 씨가 수고를 담당해 주었다. 이 번역문을 필자가 점검, 수정해 게재한 것이지만, 점검하면서 누락된 부분이 있을 수 있다. 또한, 필자의 수정이 한국어로서 적절하지 못한 부분이 있을지도 모른다. 제현의 관용을 바라는 바이다. 또한 이상과 같은 경위로 본 번역문의 최종적인 번역 책임은 필자가 지기로 한다.

참고문헌

한국어

강현, 2006,「고구려 고분 보존을 위한 건축학적 조사」,『남북공동 고구려 벽화고분 보존 실태 조사 보고서 제1권 조사보고』, 남북역사학자협의회 국립문화재연구소.

국립박물관 편, 1963,『國立博物館本館所藏品目錄』, 국립박물관.

국립박물관 편, 1971,『國立博物館所藏品目錄-旧德寿宮美術館-』, 국립박물관.

국립중앙박물관 편, 1996,『국립중앙박물관 보관 고문서목록』, 국립중앙박물관.

국립중앙박물관 편, 1997,『국립중앙박물관 소장 유리원판목록집』I, 국립중앙박물관.

국립중앙박물관 편, 1998,『국립중앙박물관 소장 유리원판목록집』II, 국립중앙박물관.

국립중앙박물관 편, 2000,『국립중앙박물관 소장 유리원판목록집』IV, 국립중앙박물관.

국립중앙박물관 편, 2006,『고구려무덤벽화 – 국립중앙박물관소장모사 – 』, 주자소.

국립중앙박물관 편, 2007,『고구려무덤벽화(영문판) – 국립중앙박물관소장모사 – 』, 주자소.

김일성종합대학 편, 1976,『동명왕릉과 그 부근의 고구려 유적』, 김일성종합대학출판사.

김재홍, 2004,「국립중앙박물관 소장 고구려 고분벽화 모사도의 현황과 의의」,『고구려 고분벽화 모사도』, 통천문화사.

남북역사학자협의회 국립문화재연구소 편, 2006,『남북공동 고구려 벽화고분 보존 실태 조사 보고서 제2권 도판』, 남북역사학자협의회 국립문화재연구소.

문정미, 2010,「동명왕릉일대의 고구려벽화무덤들에 그려진 산수화에 대하여」,『조선고고연구』 2010년 제2호, 사회과학출판사.

박아림, 2018a,「고구려 고분벽화 모사도 가치의 재조명」,『고구려 고분벽화, 남북의 소중한 세계문화유산』, 국립문화재연구소 미술문화재연구실.

박아림, 2018b,「고구려 고분벽화 모사도의 현황과 일제강점기자료의 검토」,『북한미술연구보고서 III – 북한 고구려 고분벽화 모사도 – 』, 국립문화재연구소.

박지영, 2017,『일제강점기 고구려 벽화고분 연구 – 조선고적조사자료를 중심으로 – 』, 숙명여자대학교 석사학위논문.

아리미쓰 교이치, 2010,「고구려 벽화고분 조사 보고 – 평안남도 중화군 진파리고분군 1941년 6월 조사 -」,『일본 소재 고구려 유물』Ⅲ, 동북아역사재단.

전주농, 1963,「전 동명왕릉 부근 벽화 무덤」,『고고학 자료집』제3집, 과학원출판사.

전호태, 2015,「고구려 진파리1호분 연구」,『역사와현실』95, 한국역사연구회.

정백운, 1958,「강남 원암리 원시 유적 발굴 보고서」,『문화유산』1958년 No.1, 과학원출판사.

조선유적유물도감편찬위원회 편, 1990a,『조선유적유물도감』第四卷 고구려 편(二), 조선유물유적도감편찬위원회.

조선유적유물도감편찬위원회 편, 1990b,『조선유적유물도감』第六卷 고구려 편(四), 조선유적유물도감편찬위원회.

최장열, 2006,「일제강점기 강서무덤의 조사와 벽화 모사」,『고구려무덤벽화 - 국립중앙박물관소장모사 -』, 주자소.

한성백제박물관 편, 2016,『고구려고분벽화』, 한성백제박물관.

함순섭, 2018,「日帝强占期에 만든 江西 高句麗 陵墓壁畵의 原色寫眞」,『考古學誌』제24집, 국립중앙박물관.

후지이 가즈오, 2010,「일본 소재 진파리 벽화고분 발굴조사 관계 자료에 대해서」,『일본 소재 고구려 유물』Ⅲ, 동북아역사재단.

일본어

秋田市立赤れんが鄕土館編, 1991,『寄贈品公開 小場恆吉先生資料展圖錄』, 秋田市立赤れんが 鄕土館.

有光敎一, 1970,「半島に埋もれた文化交流の謎を掘る(朝鮮半島)」,『半島と大洋の遺蹟(沈黙の世界史10)』, 新潮社;『有光敎一著作集』第3卷(1999, 同朋社)에 재록.

有光敎一, 1972,「高句麗時代の壁畵墳について」,『日本のなかの朝鮮文化』第14號, 日本のなかの, 朝鮮文化社;『有光敎一著作集』第3卷(1999, 同朋社)에 재록.

有光敎一, 2005,「高句麗古墳の調査に参加して」,『高句麗壁畵古墳』, 共同通信社.

有光敎一, 2007,『朝鮮考古學七十五年』, 昭和堂.

有光敎一·藤井和夫·朱洪奎編, 2008,「京城考古談話會第6回例會 新出高句麗壁畵古墳についての座談會」,『高麗美術館硏究紀要』第6號, 高麗美術館硏究所.

梅原末治·藤田亮策, 1966,『朝鮮古文化綜鑑』第4卷, 養德社.

太田天洋(福藏), 1913a,「朝鮮江西古墳內壁畵」,『美術畵報』第33編 卷5, 畵報社.

太田天洋(福藏), 1913b,「朝鮮古墳壁畵の發見に就いて」,『美術新報』第12卷 第4號, 畵報社.

小川敬吉他, 1941,「高句麗古墳と壁畵を語る」,『綠旗』第6卷 第8號, 興亞文化出版.

小場恆吉, 1931,「再び江西古墳壁畵摸寫に就いて」,『東京美術學校校友會月報』第29卷 第8號, 東京美術學校校友會.

小場恆吉, 1937,「第二 高句麗古墳の調査」,『昭和十一年度古蹟調査報告』, 朝鮮古蹟硏究會.

小場恆吉, 1938, 「第二 高句麗古墳の調査」, 『昭和十二年度古蹟調査報告』, 朝鮮古蹟研究會.

京都木曜クラブ編, 2003, 「有光教一氏インタビュ-私と朝鮮古蹟調査研究-戰前から戰後を通して-」, 『考古學史硏究』第10號, 京都木曜クラブ.

小泉顯夫, 1941, 「新發見の壁畫古墳」, 『文化朝鮮』第3卷 第5號, 東亞旅行社朝鮮支部.

小泉顯夫, 1942, 「米田君と東明王陵」, 『朝鮮と建築』第21輯 第12號, 朝鮮建築會.

小泉顯夫, 1977, 「樂浪と高句麗の遺蹟」, 『想い出の平壤』, 全平壤樂浪會.

小泉顯夫, 1986, 「中和眞坡里古墳群の調査」, 『朝鮮古代遺蹟の遍歷』, 六興出版.

早乙女雅博, 2005, 「高句麗壁畫古墳の調査と保存」, 『關野貞アジア踏査』, 東京大學總合硏究博物館.

佐々木榮孝, 2005, 『紋樣學のパイオニア 小場恆吉』, 明石ゆり.

關野貞, 1913a, 「新たに發見せる高勾麗時代の壁畫」, 『美術新報』第12卷 第4號, 畵報社.

關野貞, 1913b, 「平壤附近に於ける高勾麗時代の墳墓」, 『建築雜誌』第28輯 第326號, 建築學會.

關野貞, 1913c, 「朝鮮江西に於ける高勾麗時代の古墳」, 『考古學雜誌』第3卷 第8號, 聚精堂.

高橋潔, 2003, 「朝鮮古蹟調査における小場恆吉」, 『考古學史硏究』第10號, 京都木曜クラブ.

田中豊藏, 1938, 「朝鮮に於ける高句麗古墳壁畫の調査及び撮影」, 『研究抄錄』第5輯, 服部報公會.

朝鮮建築會編, 1942, 「故米田美代治君追悼錄」, 『朝鮮と建築』第21輯 第12號, 朝鮮建築會.

朝鮮總督府編, 1915, 『朝鮮古蹟圖譜』第二册, 朝鮮總督府.

朝鮮總督府博物館編, 1942, 『樂浪古墳發掘品及高句麗古墳壁畫模寫特別展觀案內』, 朝鮮總督府博物館.

東京藝術大學大學院文化財保存學日本畫研究室編, 2007, 『圖解 日本畫用語辞典』, 東京美術.

中吉功, 1937, 「高句麗古墳壁畫撮影と其展觀」, 『靑丘學叢』第28輯, 大阪屋號書店.

藤島亥治郎, 1936, 「關野先生を偲ぶ」, 『寶雲』第16册 關野貞博士追悼篇, 寶雲舍.

藤田亮策, 1963, 「朝鮮古蹟調査」, 『朝鮮學論考』, 藤田先生記念事業會.

無署名, 1931, 「昭和五年度の古蹟調査」, 『朝鮮』第197號, 朝鮮總督府.

矢崎美盛他, 1942, 『朝鮮高句麗古墳壁畫展觀』, 九州國際文化協會.

李王職編, 1916, 『朝鮮古墳壁畫集』, 李王職.

영어

Japanese Painting (Conservation), Graduate School of Fine Art, Tokyo University of the Art[ed.], 2010, "An Illustrated Dictionary of Japanese-Style Painting Terminology," TOKYO BIJUTSU, Tokyo.

Umehara, Suyeji, 1952, 'The Newly Discovered Tombs with Wall Paintings of the Kao-kou-li Dynasty' "Archives OF THE CHINESE ART SOCIETY OF AMERICA," New York, The Chinese Art Society of America, Vol.Ⅳ, 1952.

삽도 출전 일람

圖 1. 國立中央博物館所藏日帝強占期資料 管理番號: F009-009

圖 2. 『每日新報』昭和16年(1941年)10月13日發行夕刊 第三面

圖 3. 國立中央博物館所藏日帝強占期資料 管理番號: F160-174-001

圖 4. 天理大學附屬天理圖書館所藏小場恆吉資料 No.78

圖 5. 天理大學附屬天理圖書館所藏小場恆吉資料 No.78

圖 6. 佐々木榮孝, 2005, p.86

圖 7. 天理大學附屬天理圖書館所藏小場恆吉資料 No.88

圖 8. 國立中央博物館所藏品番號: 건판001887

圖 9. 國立中央博物館所藏品番號: 건판027017

圖 10. 李王職編, 1916, 圖(56)

圖 11. 李王職編, 1916, 圖(57)

圖 12. 天理大學附屬天理圖書館所藏小場恆吉資料 No.77

圖 13. 天理大學附屬天理圖書館所藏小場恆吉資料 No.77

圖 14. 天理大學附屬天理圖書館所藏小場恆吉資料 No.77

圖 15. 天理大學附屬天理圖書館所藏小場恆吉資料 No.77

圖 16. 關野貞, 1913a, p.13

圖 17. 關野貞他, 1915, 圖六三〇, 六三一

圖 18. 關野貞, 1913c, p.9

圖 19. 早乙女雅博, 2005, p.282, 圖一四

圖 20. 早乙女雅博, 2005, p.282, 圖一三

圖 21. 國立中央博物館所藏日帝強占期資料 管理番號: F090-019-003-001

圖 22. 강현, 2006, p.79, 삽도 38, 삽도 39

圖 23. 天理大學附屬天理圖書館所藏小場恆吉資料 No.77

圖 24. 天理大學附屬天理圖書館所藏小場恆吉資料 No.77

圖 25. 天理大學附屬天理圖書館所藏小場恆吉資料 No.77

圖 26. 關野貞他, 1915, 圖六〇五~六〇八

圖 27. 朝鮮總督府博物館編, 1942, 1丁表

圖 28. 天理大學附屬天理圖書館所藏小場恆吉資料 No.78

圖 29. 天理大學附屬天理圖書館所藏小場恆吉資料, No.78

圖 30. 天理大學附屬天理圖書館所藏小場恆吉資料 No.78

圖 31. 天理大學附屬天理圖書館所藏小場恆吉資料 No.78

圖 32. 天理大學附屬天理圖書館所藏小場恆吉資料 No.78

圖 33. 天理大學附屬天理圖書館所藏小場恆吉資料 No.78

圖 34. 天理大學附屬天理圖書館所藏小場恆吉資料 No.78

圖 35. 國立中央博物館所藏品番號: M198(5-2)

圖 36. 國立中央博物館所藏品番號: M198(5-4)

圖 37. 國立中央博物館所藏品番號: M198(5-3)

圖 38. 國立中央博物館所藏品番號: M198(5-5)

圖 39. 國立中央博物館所藏品番號: M198(5-1)

圖 40. 朝鮮總督府博物館編, 1942, 9丁裏, 10丁表

圖 41. 天理大學附屬天理圖書館所藏小場恆吉資料 No.78

圖 42. 天理大學附屬天理圖書館所藏小場恆吉資料 No.78

圖 43. 天理大學附屬天理圖書館所藏小場恆吉資料 No.78

圖 44. 天理大學附屬天理圖書館所藏小場恆吉資料 No.78

圖 45. 天理大學附屬天理圖書館所藏小場恆吉資料 No.78

圖 46. 天理大學附屬天理圖書館所藏小場恆吉資料 No.78

圖 47. 天理大學附屬天理圖書館所藏小場恆吉資料 No.78

圖 48. 天理大學附屬天理圖書館所藏小場恆吉資料 No.78

圖 49. 天理大學附屬天理圖書館所藏小場恆吉資料 No.78

圖 50. 天理大學附屬天理圖書館所藏小場恆吉資料 No.78

圖 51. 天理大學附屬天理圖書館所藏小場恆吉資料 No.78

圖 52. 天理大學附屬天理圖書館所藏小場恆吉資料 No.78

圖 53. 天理大學附屬天理圖書館所藏小場恆吉資料 No.78

圖 54. 天理大學附屬天理圖書館所藏小場恆吉資料 No.78

圖 55. 天理大學附屬天理圖書館所藏小場恆吉資料 No.78

圖 56. 天理大學附屬天理圖書館所藏小場恆吉資料 No.78

圖 57. 天理大學附屬天理圖書館所藏小場恆吉資料 No.78

圖 58. 天理大學附屬天理圖書館所藏小場恆吉資料 No.78

圖 59. 天理大學附屬天理圖書館所藏小場恆吉資料 No.78

圖 60. 天理大學附屬天理圖書館所藏小場恆吉資料 No.78

圖 61. 天理大學附屬天理圖書館所藏小場恆吉資料 No.78

圖 62. 天理大學附屬天理圖書館所藏小場恆吉資料 No.78

圖 63. 天理大學附屬天理圖書館所藏小場恆吉資料 No.78

圖 64. 天理大學附屬天理圖書館所藏小場恆吉資料 No.88

圖 65. 天理大學附屬天理圖書館所藏小場恆吉資料 No.88

圖 66. 天理大學附屬天理圖書館所藏小場恆吉資料 No.88

圖 67. 天理大學附屬天理圖書館所藏小場恆吉資料 No.88

圖 68. 天理大學附屬天理圖書館所藏小場恆吉資料 No.88

圖 69. 天理大學附屬天理圖書館所藏小場恆吉資料 No.88

圖 70. 天理大學附屬天理圖書館所藏小場恆吉資料 No.88

圖 71. 天理大學附屬天理圖書館所藏小場恆吉資料 No.88

圖 72. 天理大學附屬天理圖書館所藏小場恆吉資料 No.88

圖 73. 天理大學附屬天理圖書館所藏小場恆吉資料 No.88

圖 74. 天理大學附屬天理圖書館所藏小場恆吉資料 No.88

圖 75. 天理大學附屬天理圖書館所藏小場恆吉資料 No.88

圖 76. 天理大學附屬天理圖書館所藏小場恆吉資料 No.88

圖 77. 秋田市立赤れんが鄕土館所藏小場恆吉資料

【부기】 덴리대학부속덴리도서관의 게재조건 요구에 따라 본서에 게재된 화상자료의 무단전재는 엄격히 금지한다. 전재하는 경우에는 덴리대학부속덴리도서관에 전재의 수속절차를 별도로 밟아 한다.

【附記】 天理大學附屬天理圖書館の掲載許可條件により、本書掲載の同館所藏資料畫像の無斷轉載は禁ずる。轉載する場合には天理大學附屬天理圖書館に転載の手續をされたい。

진파리고분 조사일지 번각
眞坡里古墳調査日誌飜刻

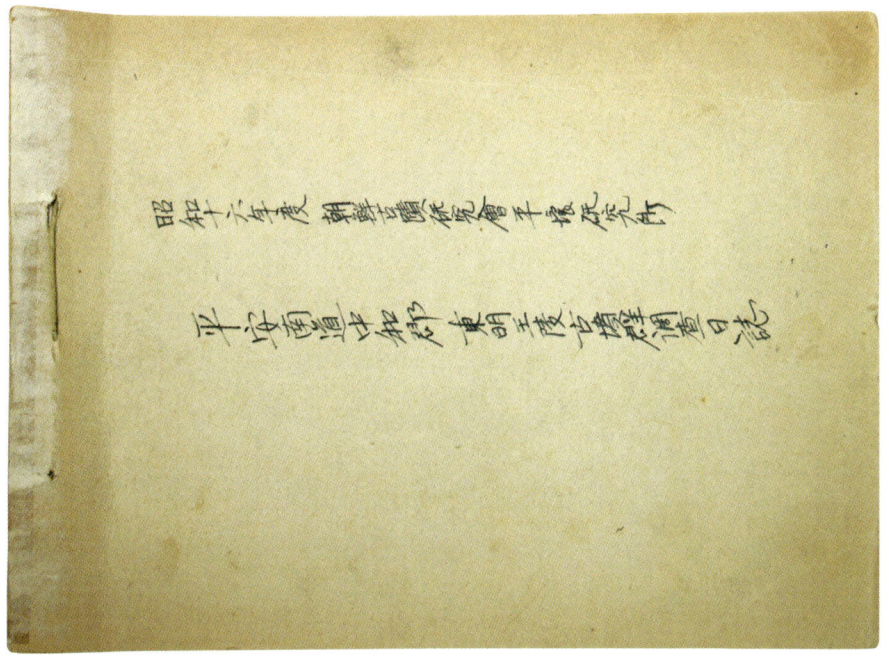

翻刻凡例
1、本翻刻の原本は、國立中央博物館所藏の左記文書であり、藤井和夫が二〇一〇年十一月二十三日に閲覽及撮影を行い、翻刻した。但し、右揭の表紙を除き、次ページ以降の日誌畫像は、國立中央博物館が Internet 上で公開している「日帝强占期資料原文」より download して、揭載したものである。
『國立中央博物館保管古文書目錄』(一九九六、國立中央博物館)
No. 431
29
①遺蹟調査の件 ②一九四一年 ③朝鮮古蹟研究會平壤研究所 ④平南中和郡東明王陵古墳群調査日誌
1、書式は原本を尊重したが、改行については從つておらず、又、讀解の便宜の爲、句讀點は適宜補つた。
1、漢字は正字體、舊字體を使用し、日本の一九二九年文部省発表の『漢字整理案』以來二〇一〇年十一月三〇日內閣告示の『常用漢字表』に至る迄に発表されたり、制定されたりした漢字新字體は使用しないことを原則としたが、翻刻者が使用可能な digital font の制約から、Typeface の統一を完全に圖ることは爲し得ていない。
1、送假名は原文のままとした。
1、漢字の誤字、音通等については正しい字を赤字で( )に入れて本文に續けて附した。又、右行間に赤字で「ママ」と附したものもある。衍字については「＝」を附した。
1、漢字、片假名表記部分等に必要に應じて、漢字、平假名カ至らがなを右行間に附したものがある。
1、綠字は鉛筆書部分である。
1、赤字傍線附括弧內は、翻刻者が加えた注記である。
1、抹消、訂正については、特に翻刻、注記をしないが、一部消線を施して翻刻した部分がある。
1、日附、天候等の段と下の記事の段との間の罫線は、翻刻者が補ったものである。

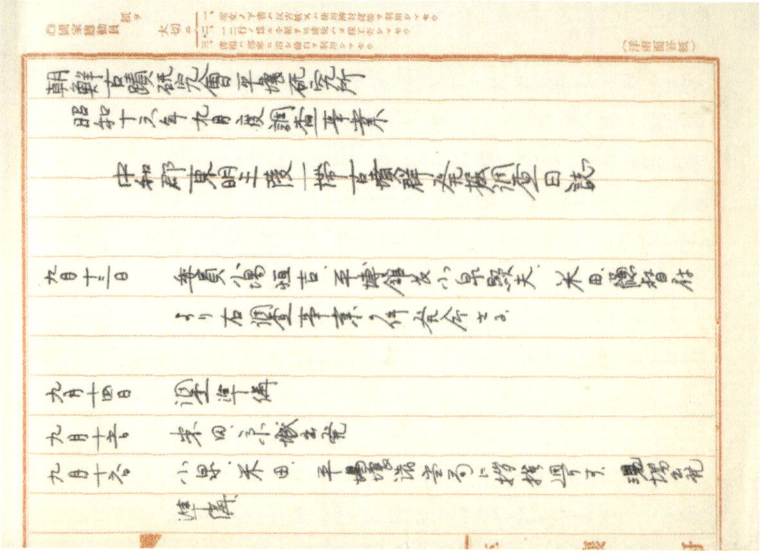
朝鮮古蹟研究會平壤研究所
昭和十三年九月古蹟調査事業
中和郡真坡里一帯古墳群分布調査日誌

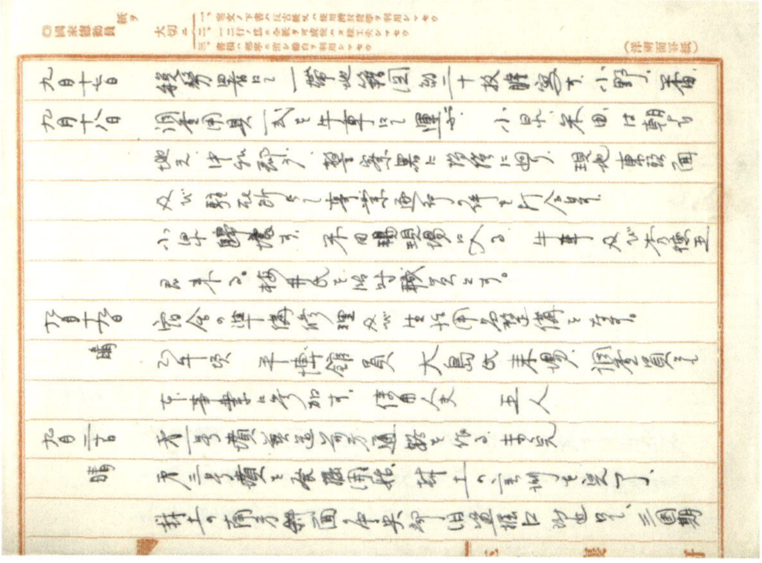

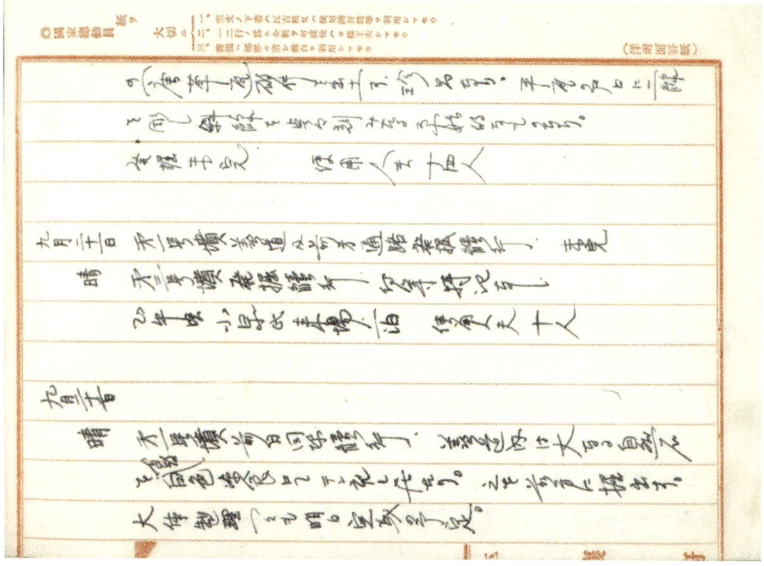

「表紙

　　　　　昭和十六年度朝鮮古蹟研究會平壤研究所

　　　　　平安南道中和郡東明王陵古墳群調査日誌
　　　　　　　　　　　　　　　　　　　　　　」

朝鮮古蹟研究會平壤研究所
昭和十六年九月度調査事業

　　中和郡東明王陵一帶古墳群發掘調査日誌

九月十三日	委員小場恆吉、平博(平壤府立博物館)舘長小泉顯夫、米田美代治、總督府より右調査事業の件發令さる。
九月十四日	調査準備。
九月十五日	米田、京城出發。
九月十六日	小泉、米田、平壤諸當局に挨拶(挨拶)廻りす。現場出發準備。
九月十七日	稅務署にて一帶地籍圖約二十枚謄寫す。小野忠明、米田。
九月十八日	調査用具一式を牛車にて運ぶ。小泉、米田は朝より地元、中和郡廳、警察署に挨拶(挨拶)廻り、現地東頭面及び駐任所にて事業遂(逐)行の件を打合はす。 小泉歸壤す。米田現場に入る。牛車及び李德五(吾)君來る。櫻井勳(勳)氏(李時鵬)を臨時職員とす。
九月十九日 晴	宿舍の準備修理及び生活用品整備をなす。 正午頃、平博舘員大島氏(奈表瑞)來場、調査員として本事業に參加す。 使用人夫　五人

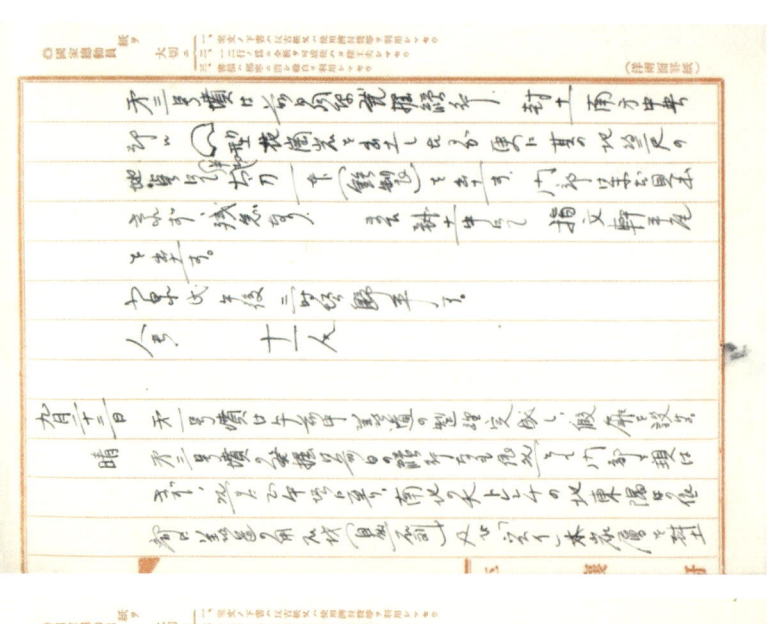
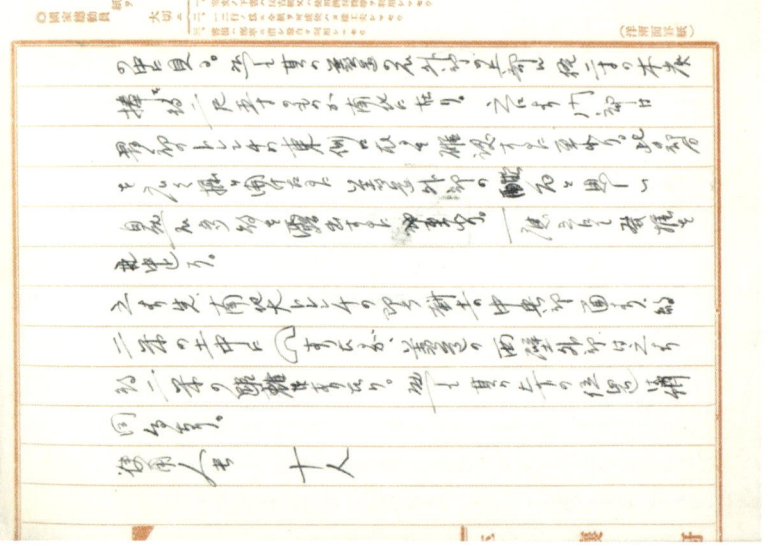
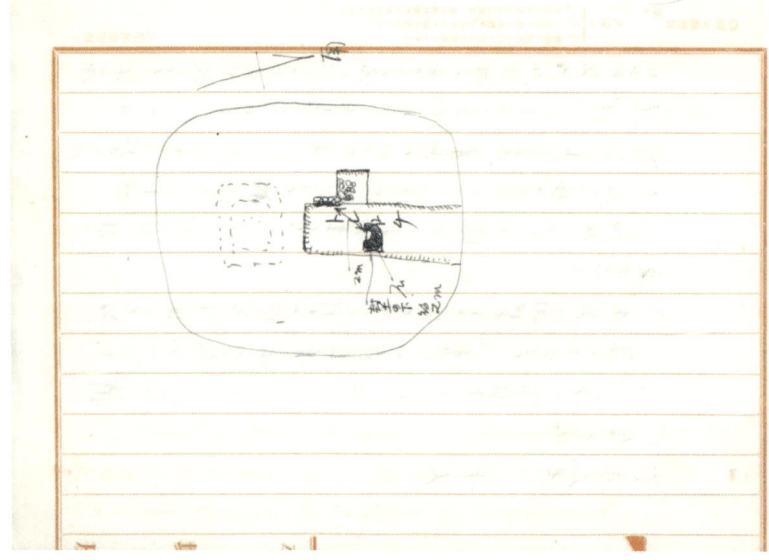

九月二十日　晴	第一號墳羨道前方通路を作る。未完 第三號墳を發掘開始。封土の實測を完了。 封土の南方斜面の中央部舊盗掘口附近にて、三國期の(唐草瓦)破片を出土す。珍品なり。平瓦の（小）口に二線を彫し斜線を點々刻みたる原始的なものなり。 發掘未完。使用人夫　十四人
九月二十一日　晴	第一號墳羨道及前方通路發掘續行。未完 第三號墳發掘續行。何等特記なし。 正午頃小泉氏來場、一泊。使用人夫十人
九月二十二日　晴	第一號墳前日同樣續行。羨道內は大なる自然石を多數白色漆喰にてテン（漸い）充し居たり。之を前方に掘出す。大體整理つき明日完成の豫定。 第三號墳は前日同樣發掘續行。封土南方中央部に〔型花崗岩を出土したるが更に其の北約三尺の地點にて半切太刀一本(鐵製)を出す。門部は未だ見出されず。殘念なり。また封土中にて指文軒平瓦を出土す。 小泉氏午後三時頃歸平す。 人夫　十二人
九月二十三日　晴	第一號墳は午前中羨道の整理完成し、假扉を設ける。 第三號墳の發掘は前日の續行なるも依然として門部を現はさず。然るに正午頃に至り、南北の大トレンチの北東隅の低部に羨道の用石材(自然石列)及び「ウスい（漸い）」木炭層を封土の中に見る。然して其の羨道の石外部の上部に徑三寸の木炭棒を約二尺五寸のもの南北に在り。之により門部は最初のトレンチの東側に在るを確認するに至れり。此の部分を廣く掘り開けたるに、羨道外部の欠（陷）石と思しい自然石多數を露出するに至れり。一應之で發掘を中止す。之より先、南北大トレンチの即ち封土の中央部面より、約二米の土中に〔ありたるが、羨道の西壁外部は之より約二米の距離あり。然して其の上下の位置は稍同高なり。 使用人夫　十人

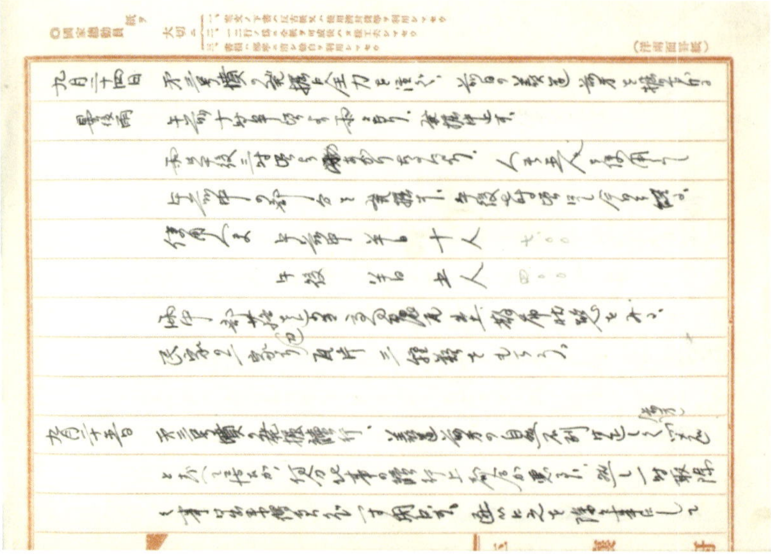

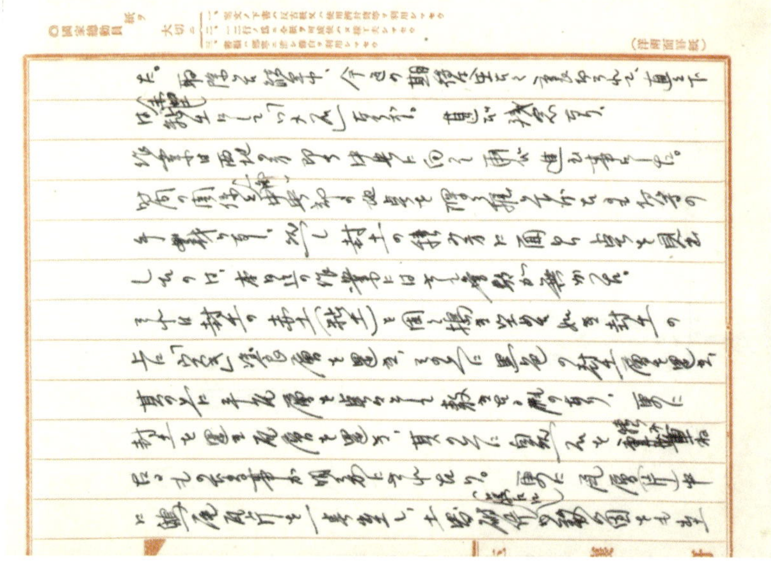

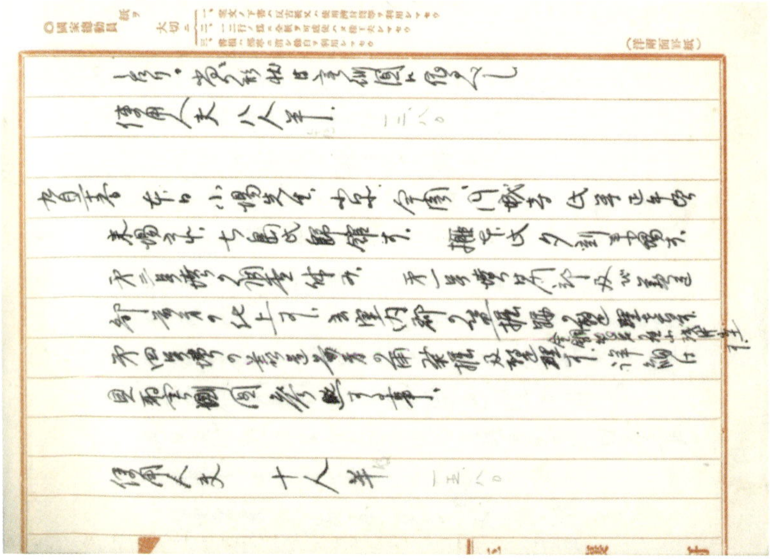

（同日裏面）

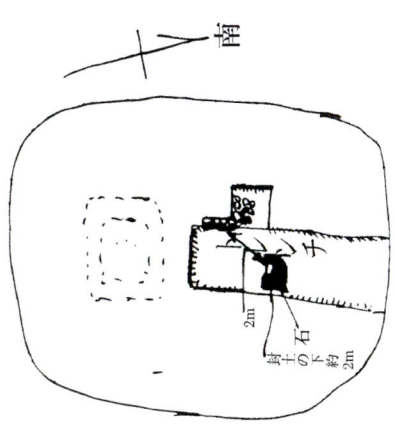

九月二十四日
曇後雨

第三號墳の發掘に全力を注ぐ。前日の羨道前方を掘り下げる。
午前十時半頃より雨となり、發掘中止す。
雨は午後三時頃よりよがるによりに、人夫五人を使用して午前中の部分を發掘す。午後七時頃で今日を終る。
使用人夫　午前中　半日　十人　七、〇〇
　　　　　午後　　半日　五人　四、〇〇
雨中部落を歩き高句麗瓦出土散布狀態をみる。
民家の二家より巴瓦片三種類をもらう(ふ)。

九月二十五日

第三號墳の發掘續行。羨道前方の自然石列は正しく前方「ツメ石」詰
と考へて居たが、何分仕事の續行上都合が惡い。然し一時取除く
事は出來得ないので一寸開口す。遂(逐)ひとを除くことにして
取除いた結果、今迄の期待は全く裏切られて、直ぐ下は赤土黏土
にして「ツメ石」ならず。甚だ殘念なり。詰
作業は西北の方、卽ち中央に向つて再び進む事にした。時間の關係
上一部中央部の地點を深く掘り下げたるも何等の手懸(懸)りなし。神
然し封土の積み方に面白い點を見出したのは、本日迄の作業にはる
それは封土の赤土(黏土)を固く搗き堅めた如き封土の上に「ウスキ」敷
漆食(喰)層を置き、その上に黑色の封土層を置き、其の上に平瓦層
を點々として敷きたるものあり。更に封土を置き瓦層を置き、其の
上に自然石を積み重ねたるものなる事が明らかにされたり。更に瓦
層(片)中に鴟尾瓦片を一點出土し、土器破片處々に數箇をも出土し
たり。向その形狀は實測圖に依るべし。
使用人夫　八人半　　　　一二、八〇

九月二十六日｜本日小場先生、小泉、今關(光夫)、圓城寺(勳)氏等正午頃來場され、大島氏歸館す。椎本(龜次郞)氏夕刻來場す。
第三號墳の調査休み、第一號墳は門部及び羨道部前方の仕上す。玄室內部の盜掘跡の整理をなす。
第四號墳の羨道前方の再發掘及整理す。金銅製品の極小殘片出土す。
詳細は見取實測圖參照する事。
使用人夫　十人半　　　　二、五、八〇

九月二十七日 小雨｜昨夜來雨があり、今日の調査を氣付か(造)われて居たが、朝は小雨で休業する事にした。
午前中は宿舍で賑やかな休息。
午後雨も上つたので、人夫三人を入れて第四號墳の前方の整理をなす。
夕刻より、小泉、椎本、圓城寺、櫻井の諸氏と共に眞珠池畔に「ドヂョー(泥鰌)」取りに行く。
大魚(漁)の後玉泉の里に白水を掬み、ナツメ(諾)の味に話題は樂浪人を語りつゝ南畫境に遊ぶ。
夜は論戰をあり、片田舍の賤が家に時ならぬ文化論を展開した。
使用人夫　一人一日　半日後四人　　一、五〇
　　　　　　　　　　　　　　　　　三、二〇

九月二十八日 晴｜心配して居た天氣模樣良くなり、今日は人夫全員十六名を督て第三號墳の再調査に全力を傾注した。第一號墳の門部の整理及び第四號墳の羨道兩側壁の水洗ひを小場先生自からやり、意外な收穫もあり。それは兩側は對照の構圖のもとに成り、先づ二壁の兩側はは山嶽を抽(描)きて樹木を配し、其の中央に羽形を畫きて、蓮華及び蓮葉を置き、中空には忍冬(冬)文等を配したる構圖であり、縱(從)來に見られざる意匠なるは注目さるゝ處である。從つてこの羨道に依つて玄室内の全壁畫と共に本墳の全體意匠が明らかになつた。然も佛敎的な色彩をいよく濃厚に表現し居るは、本墳の特徵とすべき處である。小泉、椎本氏正午頃歸平す。
使用人夫　十六名　　　　三、四、〇〇

九月二十九日 晴｜第三號墳の發掘に全力。南北トレンチを深かくし其の中央部に羨道楣石を逐(逢)ひ見出す。時に午前十一時頃なり。午後四時頃に

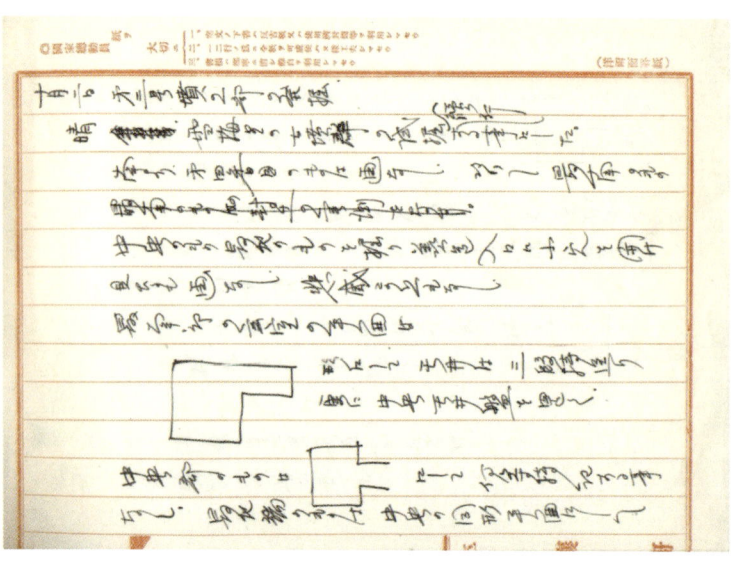

	至り、いよ／＼入室するを得るまで至りたるに、十数日の期待は全く裏切られ、玄室は無残にも盗掘に會ひ、更に玄室は白き壁體にして壁畫無く、落膽この上とも無し。 第一號墳より、いよ／＼攝(撮)影逐(隊)の方は開始する。 夕刻、雲梅里の古墳を諸氏と共に見に行く。 この日正午頃大島氏來場し、午後四時頃平博李氏レンズ及び三(味噌)ン等持參し直ちに歸城(壤)す。 使用人夫　午前九名　午後八人半　　　　　　一三、七〇
九月三十日 晴	第三號墳の羨道前方發掘整理。 午後より雲梅里の五基内最南方の封土の實測及び北より二番目の墳の既に羨道前方楣石の露出せるを整理、多(少)開口せるに、玄室内を鏡にて檢出せる處壁畫なきもの如く思はれ、一時調査中止す。 寫眞班の方は第一號墳の攝(撮)影に懸命の態なり。 小場先生午前十時頃委員會出席の爲め京城へ出發す。 使用人夫　八名　　　　　　　　　　　　　　一三、〇〇
十月一日 曇	第三號墳の發掘整理。 雲梅里の前より第二號墳の盜掘部分を試掘せるに羨道門部を露出したり。小孔を作りて玄室に入りたるに、床面は無慘に破壞され柏臺の石盤も破壞散亂し居たり。四壁には文字及び壁畫なし。天井の構造は眞坡里第一號墳と同じく、 平面は ![図] なり。 朝大島、李德吾、歸平す。 午後小泉氏來場。夕刻四時頃松坡里の古墳を見に行く。 使用人夫
十月二日 晴	第三號墳の一部の發掘。 雲梅里の古墳群の試掘續行する事にした。 南より、第四番目のもの畫なし。大いて最南のもの、中央のもの、最北のものを掘り、羨道人口に小穴を開け見たるも畫なし。悲感(觀)このものなし。

最南部の玄室の平面は　　　　形にして天井は三段
　　　　　　　　　　　　　　特殊り、更に中央
　　　　　　　　　　　　　　天井盤を置く。
中央部のものは　　　　にして何等特記する事なし。

最北端のものは中央の同形平面にして、玄室内は埋土が大半を占
め居るも、天井の「シックと」(謎喰)が落下せる事甚だし。平面は
　　　形なり。特記する事なし。

思ふに本古墳群の内最南端のもの最も大なるものの如く感ぜらる。
(實測せざるにより確定せざるも)
午後三時半頃
今關、圓城寺、小泉氏等歸任す。
夜は櫻井君來り宿す。

十月三日　小雨	第三號墳の羨道前方一部整理。 何等特記する事なし。
十月四日　小雨	午前中は人夫出て來す。二人のみ。 小場先生委員會より歸くる。 櫻井君と附近(李梅里)の寺址を訪ねたるも何等得る處なし。 正後(午)頃迄雨あり。本日は休業の狀態なり。 午前中　人夫　三人　午後　二人 德吾君歸くる。 午後三時頃急に同面内龍山寺に行く。 途中ドルメン群を見學。寺には「フト」(浮屠)三四あれども大したもの にあらず。高句麗礎石と思はしき殘缺一箇あれどもその由來出所明 ならず。 歸宅六時頃なりき。
十月五日　晴	調査事業は中秋祭の爲休業す。 午後は趣味の畫をスケッチす。
十月六日	第三號墳の羨道前方部の整理をなす。

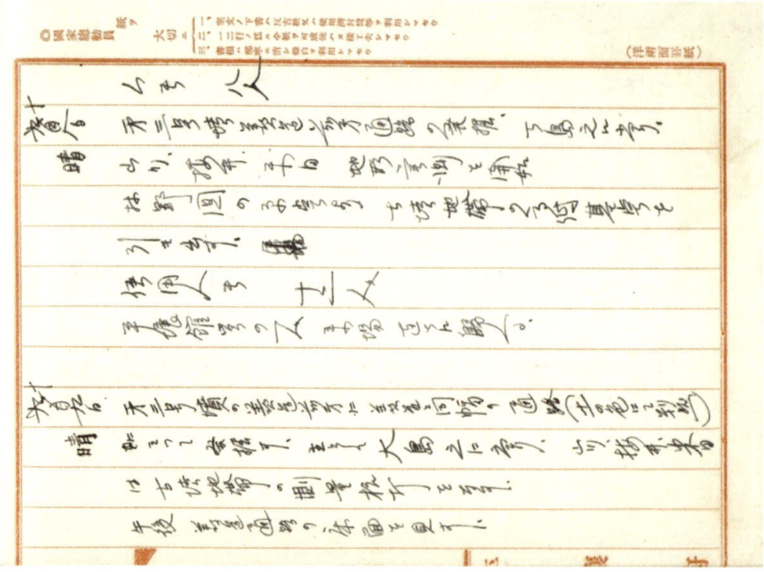

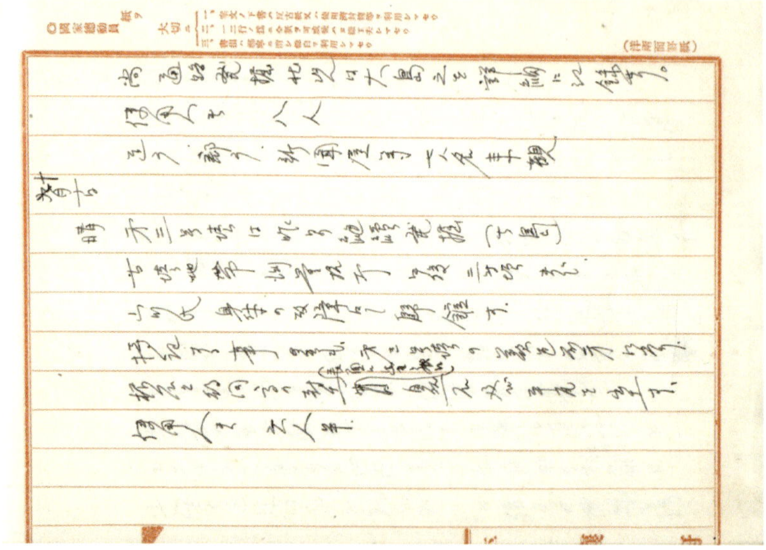

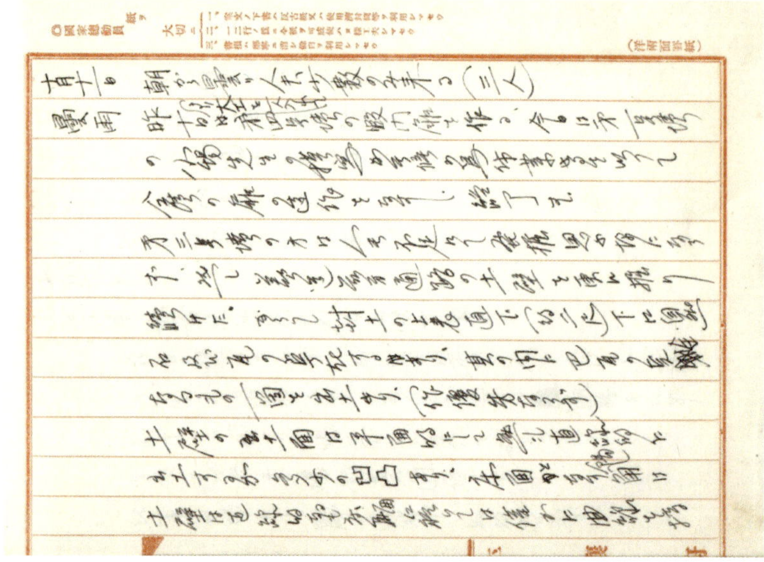

晴後 小雨後 （小場先生 作業開始す）	羨道内の埋土を取り除きたるに、内部閂石の外側下附近で人骨を相當量出土し、ウルシ小破片、「金製ヨ(ヤ)ウラク」一箇等を出土せり。 使用人夫 三人（午後雨にて半日と計算す。） 小泉氏正午頃來場し、四時頃歸任す。
十月七日 晴	第三號墳羨道前方の本格的發掘開始す。羨道に通ずる封土中の通路を明らかにせり。 午後四時頃、大島、山川氏來場。 人夫 八人
十月八日 晴	第三號墳羨道前方通路の發掘。大島之に當り、山川、櫻井、米田地形實測を開始。 林野圖の原點より古墳地帶の高低基點を引き出す。 使用人夫 十三人 平壤館員の一人來場、直ちに歸へる。
十月九日 晴	第三號墳の羨道前方に羨道と同幅の通路（土の色にて判然。）にそうて發掘す。主として大島之に當り、山川、櫻井、米田は古墳地帶の測量杭打をなす。 午後羨道通路の床面を見す。 尚通路發掘狀況は大島之を詳細に記錄せり。 使用人夫 八人 道廳、郡廳、新聞屋等七人名來觀。
十月十日 晴	第三號墳は昨日の繼續發掘（大島）。 古墳地帶測量杭打午後三時頃まで。 山川氏身體の故障にて歸館す。 特記する事なきも、第三號墳の羨道前方に當り、槨石と約同高の封土表面に近き處に自然石及び平瓦を出土す。 使用人夫 六人半
十月十一日 曇雨	朝から曇り、人夫少數のみ來る（三人）。 昨十日より大工を一人入れて第四號墳の假門扉を作る。今日は第一號墳の小場先生の模寫が天候の爲休業せるを以って全墳の扉の造作をなす。終了す。

第三號墳の方は人夫不足にて發掘思ふ樣にならず。然し羨道前方通路の土壁を更に掘り續けたが、かくて封土の表直下約三尺下に自然土及び瓦の點在するあり。其の間に巴瓦の完全なるもの二箇を出土せり。（作優秀ならず。）
土壁の出土面は平面的にして然も直線的に出土するが多少の凹凸あり。床面となす隅角は土壁は直線的なるも床面に於いては僅かに曲線を持つ事確かなり。
午後大島氏歸館せり。
再び小場先生と二人となる。
使用人夫 三人
（大工及び人夫八人分支拂ふ）

十月十二日
雨後晴

秋の取り入れの爲め人夫出頭少數なり。
前日の續きをなす。午後は米田も人夫がはりに立働く割合に進行せり。羨道に通ずる通路を大半終了す。午後より小場先生も仕事を始める。
午後二時頃平壤館員通信に來る。
仕事中途にして歸へるを得ず。如何にすべきや。
金一百五拾圓、人夫賃受入す。
今日は七日より昨十一日までの分を支拂ふ。
　　　　合計
本日使用人夫 五人 三人 五圓 計 八圓 五圓

十月十三日
晴後曇

朝は非常に明朗なる天候に惠まれ、氣候よし。
人夫三人出場す。
第三號墳の羨道内の石及び漆喰を取り出す事とす。羨道「ツメ石」は第一號墳のものに比し比較的小さい爲搬出に便なり。「ツメ喰」は充分充填せるものにあらず。各石間に置きたる狀態なるも、周々填充せる部分もあり。羨道の最も奧の部分、即ち門扉の前方直下に出土せる人骨附近に、扉用？金銅環三箇を出土せり。本日を以つて羨道内の「ツメ石」全部搬出を終了せり。
午後三時頃小泉、大島兩氏來場す。
夕刻多少測量す。
使用人夫 三人　三人負 九圓、一人、一、五圓　計十圓五〇錢

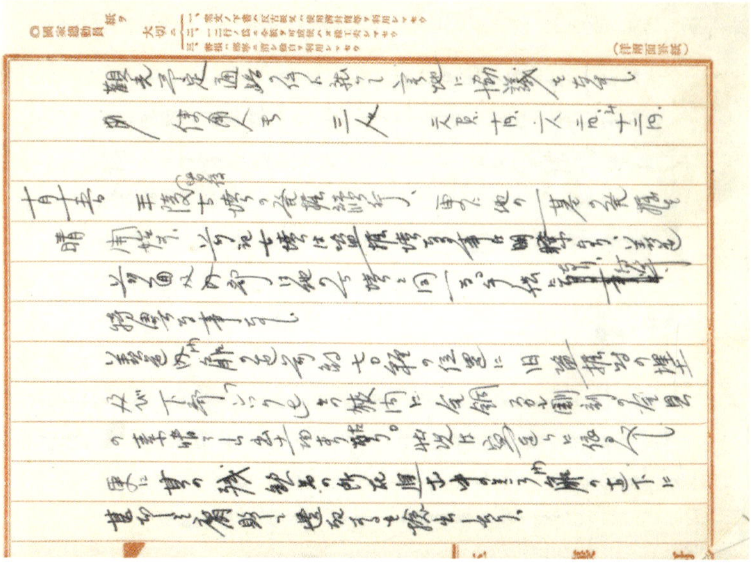

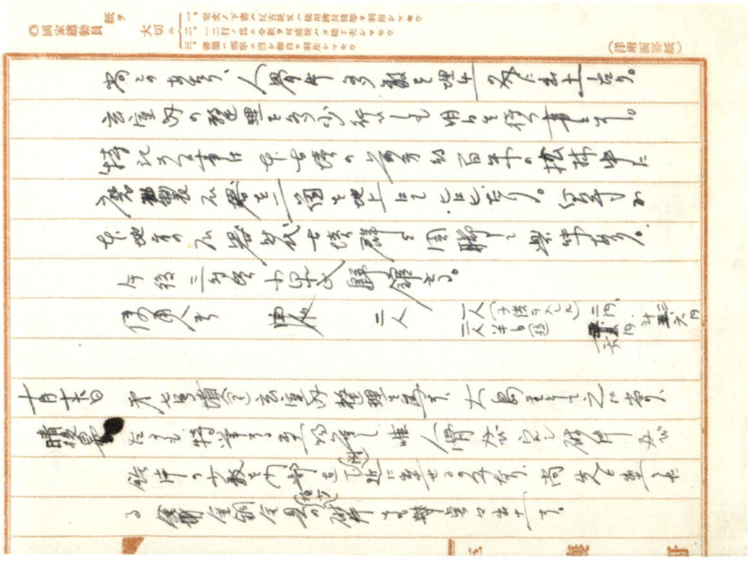

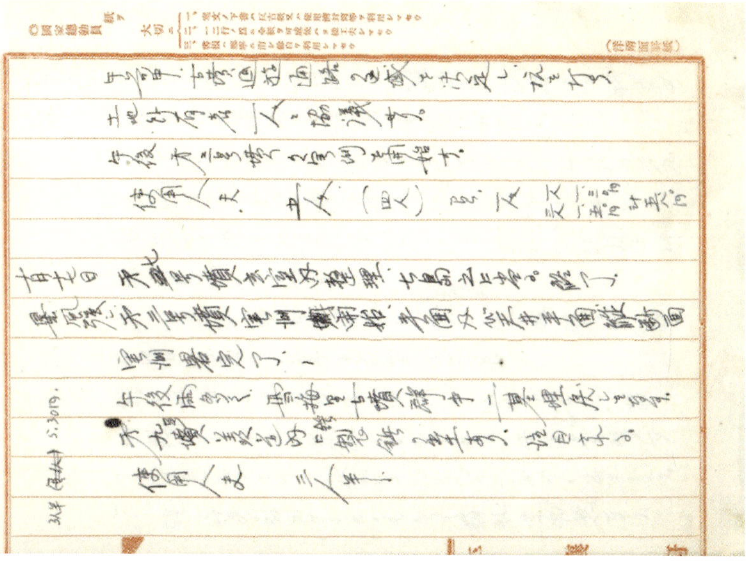

十月十四日
曇寒

今日は人夫多數出で來らず。
王陵背後の墳丘(第七號墳)の發掘開始す。
大島氏と封土の實測を行ひ、第三號墳玄室内整理を大島之に當り、何等特記する事なし。
午後面長(차을진)來場し、小泉、面長、氏等と共に觀光豫定通路の件に就いて實地に協議をなす。
使用人夫 三人　二人負 十圓、一人二圓　計 十二圓

十月十五日
晴

王陵背後古墳(第七號墳)の發掘續行、更に他の一基(第九號墳)の發掘を開始す。前記古墳は盜掘墳なる事は明瞭なり、羨道前面及内部は他の古墳と同一なる手法になり、何等特異な事なし。
羨道内門扉の直前約七〇糎の位置に舊盜掘時の埋土及び下部「シックセ」との狹間に金銅カシ彫刻の金具の素晴らしい出土物あり。狀況は寫眞に依るべし。更に其殘缺品の所在を求中のところ、門扉の直下に甚だしく腐敗して遺存するを檢出したり。
向こうのあたり、人骨片多數を埋土の内に出土したり。玄室内の整理を多少行ひしも明日を待つ事とす。
特記する事は本古墳の前方約百米の松林中に磨製石器を二個を地上にて拾ひとりたり。何等か本地方の石器時代古墳群と關連して興味あり。
午後三時頃小泉氏歸館る。
使用人夫 二人　二人(子供ヲキミ) 六圓　計 三十六圓

十月十六日
晴後曇

第七號墳(?)玄室内整理を爲す。大島主として之に當たる、特筆する出土物無し。唯人骨及びウルシン破片及び鐵片の少數を門部直下附近に出土せるのみなり。尚先に出土したる金銅金具の極少(小)破片をも點々出土す。
午前中、古墳廻遊通路の區域を決定し、杭を打ち、土地所有者二人と協議せり。
午後第三號墳の實測を開始す。
使用人夫 五人(四人)、負 一人　三人 五〇〇圓　計 五、八〇圓

十月十七日
曇風强シ

第七號墳玄室内整理、大島之に當る。終了。
第三號墳實測開始、平面及び天井平面、縱斷面實測畧完了。
午後雨多く、雪梅里古墳群中二基埋戻しをなす。
第九號墳羨道内に鐵製鋲の出土あり。注目される。

十月十八日 晴 3人半	使用人夫　三人半　　　　（五、三〇圓） 第三號墳の實測續行。縱斷面殘部の實測の爲め羨道內を淸掃。詳細實測圖に依る。 午前十時頃大島歸平するを以つて、午後は第九號墳羨道內整理をなす。流土甚だし、遺物を包含す。埋土極めて不チツ子（秩マ序）にして遺物の出土狀況を詳細に點抽（描）するを得ず。 然るに第二扉付（附）近以內に「木棺用ウルシ」（漆マ塗）及び鐵鍍金鋲、人骨、ヤ（慶マ）ウラク（珞マ）等多數を出土す。 特に注目さるゝ點は、木棺材が火中したる根（痕）蹟明瞭にして木材の炭化したるものあり。床面上或は多少の土をおいたる上部に灰になりたるもの一面的に出土したり。 尙、鋲等多數出土したるも多く散亂せる狀態なり。然し其の一部は列をなしてウルシ板と共に出土する處もあり。甚だしく調査困難を感ず。 特筆すべきは金製糸二本を出土せり。 明日羨道內の調査は終了の豫定なり。 　使用人夫　三人 本日、十三日―十八日までの人夫賃支拂ふ。 　　　　　　計六〇、二〇圓。 正午頃平館員水原君來場。
十月十九日 晴	第九號墳羨道內前日の殘部の整理を爲す。 附圖の部分。 火中木棺 腐木材ミシ 扉環 帶具？ 此の部分も前日同樣に床面に近く或は附着して炭及び灰の層あり。明らかに木棺の火せるものならん。之が證には人骨の火中物多數出土した。又之の部分に帶具？二箇を出土せり。 特異なる點は

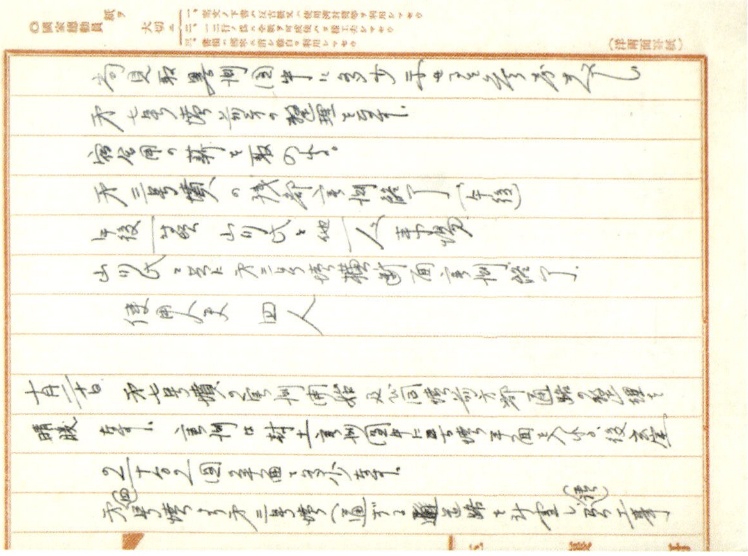

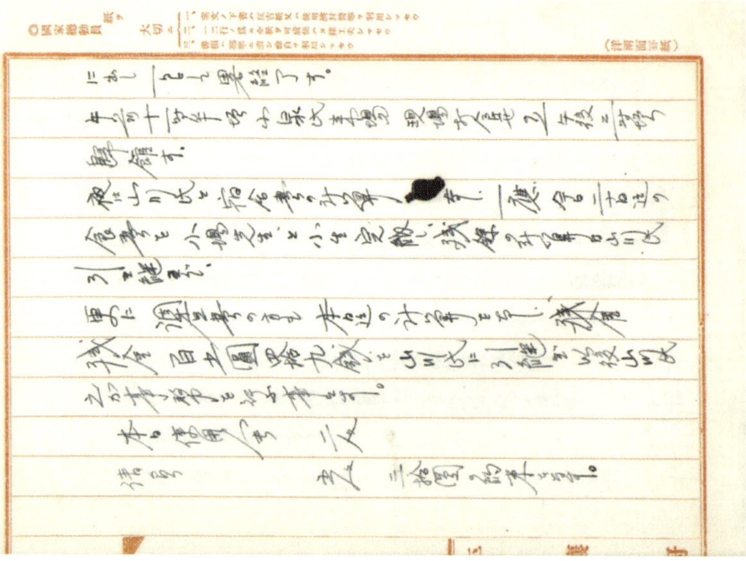

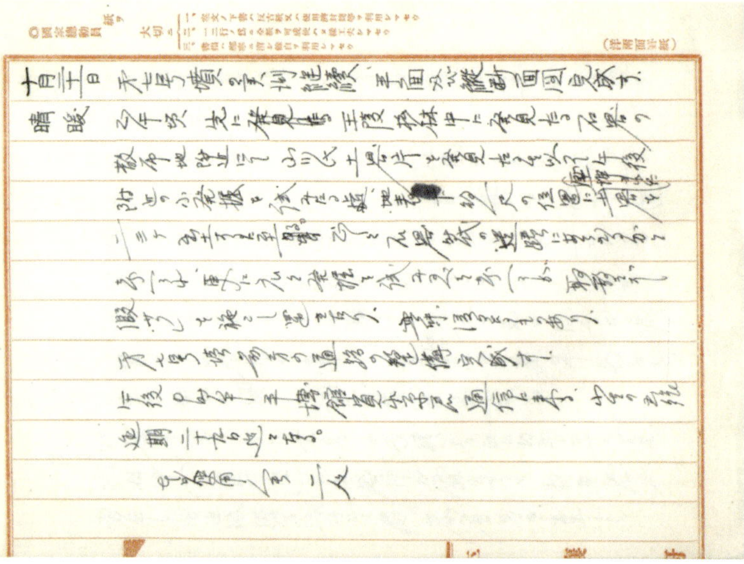

木材の扉座を置いたものか、腐朽或は
火中せる残灰性のもの一面にあり。
左右の壁に扉を立てたと思はれる「シックヒ漆喰」
の残部が垂直的に残るものあり。
外部より向つて右側に扉環を溝の中に
出せり。或は中央部に環の座金と考
へられる鐵製品を出土せり。

木材扉？

向見取畧測圖中に多少示せるを参考すべし。
第七號墳前方の整理をなす。
宿舎用の薪を取入れる。
第三號墳の残部實測終了（午後）。
午後二時頃、山川氏他一人來場。
山川氏と共に第三號墳横斷面實測終了。
　使用人夫　四人

十月二十日
晴暖

第七號墳の實測開始及び同墳前方部通路の整理をなす。實測は封土
實測中に古墳平面を入れる。後玄室の二十分の一圖の平面を多少
なす。
第四號墳より第三號墳へ通ずる道路を計畫し、請負工事に出し一日
にして略終了す。
午前十一時半頃小泉氏來場。現場打合はせの上午後三時頃歸館す。
夜は山川氏と宿舎費の計算。（酒）なし。一應今日二十日迄
の食費を小場先生と小生完納し、残餘の計算は山川氏引き継ぐ。
更に調査費の方も本日迄の計算をなし、残金百五圓四拾九銭を山川
氏に引継ぎ以後山川氏之が事務を行ふ事とす。
　　本日使用人夫　三人
　請負　　五人　三拾圓の約束をなす。

十月二十一日
晴暖

第七號墳の實測継續、平面及び縱斷面圖完成す。
正午頃先に王陵松林中に發見したる石器の散布地附近にて山川氏土
器片を發見したるを以つて午後附近の小發掘を試みたる處、地表下
約一尺の位置に壓押されたる土器を二三ヶ出土するに至る。正しく石
器時代の遺蹟にあらざるかと考へられ、更に廣く發掘を試みるべく
考へるが、取敢えず「假サク柵」を施こし置きたり。無味清々たるもの

	あり。 第七號墳前方の通路の整備完成す。 午後〇時半博館員水原君通信に来る。小生の出張延期二十九日迄となる。 　本日使用人夫　三人
十月二十二日 　晴	第七號墳實測終了。第九號墳玄室内部整理を午後に行ふ。 朝より先日發見したる土器出土地域の發掘を試みつゝありし處更に有孔大石器を出土せり。また炭灰層の連續するを檢出し、土器出土の底部高に於いて、埋土が多少異なり、此部分に「ホミ」（多可司）類にて採土すると、ホロ／＼と取れる感じをせるを以つて、之を賴として埋土を取り除きたる處、諸所より土器片を出土しつゝ其の地表面は客不板となる。更に明日を期して調査精密を要する。 特筆すべきは、今回發見の本遺蹟より西に約五〇米の地點松林中（王）陵青後）に土器片が露出せるを櫻井君が發見し、附近試掘を試みたる處、炭層等を出土し本遺蹟と同一時代にして然も同一的性質を持つものである事が確められた。再調査を必要とする。 　本日使用人夫　五人
十月二十三日 　晴	第九號墳玄室内の整理終了。玄室内は盗掘時に北等の部分の床を破壞し居るが、床面には何等棺臺らしき遺物なし。僅かなる埋土の内に「ヨ（や擾）ウラク（路）」の少數を出土せるのみにして特筆すべきもなし。 住居址？の北方部の上表部分の發掘を爲す。特記すべきものなし。 第三號墳の西側より前方を通りて第一號墳に通ずる新設道路を請負にて着手し、大半を施行（工）す。 櫻井氏中和に軍事の事にて一日休（休）業す。 夜は天體運行に就いて小場先生、山川氏と議論をなす。又面白き話題續出。 第三號墳（新設道路より）の通路を請負誓約す。金拾貳圓なり。 　本日使用人夫　四人
十月二十四日 　晴	第九號墳の封土及び百分の一平面終了。羨道前方の通路發掘工事を行ったため玄室の實測をなし得ない。 第三號墳の羨道前方通路完成。（負） 封土の表面下約一尺五寸程の處に自然石を點々と封じ居たるのみらず、先に出土した完全なる巴瓦を出土した。この種の瓦當四五箇出

　　　　土する處より見るも、何等か封土の頂上に施したる建築物？の存
　　　　在を憶測せらるるが未だ不明なり。
　　　　　使用人夫　二人
　　　　　　請負　　二組
　　　　本日住居址調査は中止。

十月二十五日　本日作業中止。
　　雨　　　　午後三時半頃より雨止み、第二住居址の發掘を多少爲す。
　　　　　使用人夫　二人
　　　　第九號墳前方封土發掘請負完了。

十月二十六日　第九號墳平面三十分の一圖作成。
　　晴　　　　山川氏玉泉の工作開始。
　　　　道路工事着々進捗。
　　　　　使用人夫　小生　二人

十月二十七日　第九號墳縱斷面作成。
　　晴　　　　午後小學生七十五名勤勞報（奉）仕に來る。
　　　　眞珠池くの通路の一部、第四號墳前方石段、第四號墳より第三號墳
　　　　に通ずる新設道路の芝植を行ふ。思つた以上の好成績に出來た。
　　　　玉泉の手入れ終了の由。
　　　　　使用人夫　小生　二人

十月二十八日　第一號墳の橫斷面作成、實測不足の部分手入れ。
　　晴　　　　第一住居の實測、見取圖1/20一部作成。
　　　　新設道路終了。特に第一號墳前方を完成。
　　　　小場先生午前平壤に出掛ける。
　　　　午後平博渡邊氏明日の用意の爲來場。
　　　　古墳出土の人骨入用の壺五個を仕入れる。
　　　　　使用人夫　小生　二人
　　　　　　全　　　六人

十月二十九日

진파리고분 조사일지 번각 한역
眞坡里古墳調査日誌飜刻韓譯

주홍규

번각의 범례

I. 이 번각의 원본은 국립중앙박물관에 소장되어 있는데, 다음과 같은 문서로 되어 있다. 이를 후지이 가즈오가 2010년 10월 23일에 열람 및 촬영을 하고 번각한 것이다. 다만 표지를 제외하고, 다음 페이지 이후의 일지 관련 화상은 국립중앙박물관이 인터넷상에서 공개하고 있는 「일제강점기 자료 원문」에서 내려받아 개재한 것이다.
『국립중앙박물관 보관 고문서 목록』(1996, 국립중앙박물관) No. 431, 29.
①유적 조사의 건, ②1941년, ③조선고적연구회 평양연구소, ④평남 중화군 동명왕릉고분군 조사일지

I. 서식은 원본을 존중했으나 개행은 원문에 따르지 않았다. 또한 독해의 편의상 구독점은 적절히 보완했다.

I. 한자는 정자체(正字體)·구자체(舊字體)를 사용했고, 일본의 1919년 문부성 발표의 『漢字整理案』이래로 2010년 11월 30일에 내각고지된 『常用漢字表』에 이르기까지 발표되었거나 제정된 한자신자체(漢字新字體)는 사용하지 않는 것을 원칙으로 했지만, 번각자가 사용 가능한 디지털 폰트의 제약으로 서체의 완전한 통일을 도모하지는 않았다.

I. 送假名(한자 밑에 다는 假名)은 원문 그대로로 했다.

I. 한자의 오자, 음통 등에 관해서는 올바른 글자를 붉은 색 글자로 ( )에 넣어 본문에 연결해 부기했다. 다만 우행간(右行間)에 붉은 색 글자로 「ママ」를 부기한 것도 있다. 연자(衍字)에 관해서는 「══」를 덧붙였다.

I. 한자, 가타가나 등의 표기는 필요에 따라 한자, 히라가나 내지 한글을 우행간(右行間)에 부기한 것이 있다.

I. 녹색 글자는 연필로 쓴 부분이다.

I. 붉은 색 글자에 방선(傍線)을 치고 괄호 안에 넣은 것은 번각자가 넣은 주기(注記)이다.

I. 말소, 정정에 관해서는 별도로 번각, 주기하지 않지만, 일부 소멸선을 표시해 번각한부분이 있다.

I. 일시, 날씨 등의 단과 아래 기사의 단 사이의 괘선은 번각자가 보완한 것이다.

「　　　　표지

쇼와 16년도 조선고적연구회 평양연구소

평안남도중화군동명왕릉고분군조사일지

　　　　　　　　　　　　　　　　　　　　」

조선고적연구회 평양연구소
쇼와 16년 9월도 조사사업

중화군 동명왕릉일대 고분군 발굴조사 일지

9월 13일	위원 오바 츠네키치, 평박(평양부립박물관)관장 고이즈미 아키오, 요네다(미요지), 총독부로부터 다음의 조사사업 건, 발령받음.
9월 14일	조사 준비.
9월 15일	요네다, 경성 출발.
9월 16일	고이즈미, 요네다, 평양 제 당국에 인사하러 다님. 현장 출발준비.
9월 17일	세무서에서 일대 지적도 약 20장 등사함. 오노(다다아키), 요네다.
9월 18일	조사 용구 일체를 소달구지로 옮김. 고이즈미, 요네다는 아침부터 지역의 중화군청, 경찰서에 인사하러 다니고, 현지 동두면 및 주재소에서 사업수행의 건을 상의함. 고이즈미 평양으로 돌아감. 요네다 현장에 들어감. 소달구지와 이덕오 군이 옴. 사쿠라이(이사오, 李時鵬이시붕) 씨를 임시 직원으로 삼음.
9월 19일 맑음	숙소의 준비 수리 및 생활용품을 정비. 정오경, 평박관원인 오시마 씨(蔡秉瑞채병서) 현장에 옴, 조사원으로 본 사업에 참가. 사용 인부 5명
9월 20일 맑음	제1호분 연도 전방 통로를 만듦. 미완. 제3호분을 발굴 개시. 봉토 실측을 완료. 봉토의 남방 사면의 중앙부, 구 도굴 구멍 부근에서 삼국기의 (암막새)파편이 출토됨. 진품(珍品)임. 암키와의 협단면에 두 줄을 넣고 사선을 점점이 새

	긴 원시적인 것임. 발굴 미완. 사용 인부 14명
9월 21일 맑음	제1호분 연도 및 전방 통로의 발굴 속행. 미완 제3호분 발굴 속행. 하등 특기 사항 없음. 정오경 고이즈미 씨 현장에 옴. 1박. 사용 인부 10명
9월 22일 맑음	제1호분 전날과 같이 속행. 연도 안은 큰 자연석을 다수 백색의 회반죽으로 충진해 있었다. 이것을 전방에서 노출시킴. 대체로 정리했으나, 내일 완성 예정. 제3호분을 전날과 같이 발굴 속행. 봉토 남쪽의 중앙부에서 ⌒형 화강암이 출토되었고, 더욱이 그 북쪽 약 3척인 지점에서 반절인 대도 1점(철제)이 출토되었다. 문 부분은 아직 나오지 않음. 유감임. 또한 봉토 속에서 지두문 암막새가 출토됨. 고이즈미 씨 오후 3시경 평양으로 돌아감. 인부 11명
9월 23일 맑음	제1호분은 오전 중 연도의 정리 완성하고, 임시 문을 설치함. 제3호분의 발굴은 전날의 속행이나. 아직도 문 부분이 드러나지 않음. 하지만 정오 무렵에 이르러, 남북의 큰 트렌치 북동쪽 구석의 낮은 부분에서 연도의 용석재(자연 석렬) 및 얇은 목탄층을 봉토 속에서 확인. 더욱이 연도의 석재 외부 상부에 직경 2촌, 길이 약 2척 5촌의 목탄봉이 남북으로 있었음. 이로 인해 문 부분이 최초의 트렌치 동쪽에 있는 것을 확인할 수 있게 됨. 이 부분을 넓게 파 재쳤더니, 연도 외부의 채움돌(嵌石)로 생각되는 자연석 수 점이 노출됨. 여기까지 하고 발굴을 중지함. 여기보다 앞쪽, 남북의 큰 트렌치의, 다시 말해 봉토 중앙부 면에서 약 2m의 땅 속에 ⌒가 있었으나, 연도의 서벽 외부는 여기에서 약 2m 거리에 있었다. 그리고 그 상하의 위치는 대략 같은 높이였다. 사용 인부 10명

(동일 뒷면)

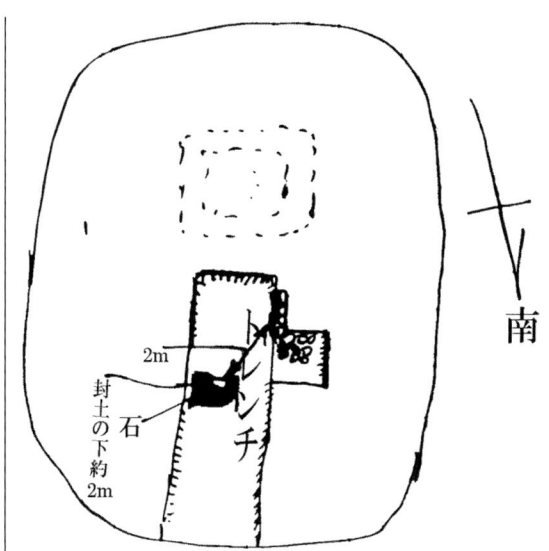

9월 24일	제3호분의 발굴에 전력을 쏟음. 전날의 연도 전방을 파 내림.
흐린 후 비	

오전 10시 반경부터 비가 와 발굴을 중지함.

비는 오후 3시경부터 그쳤기 때문에, 인부 5명을 시켜 오전 중의 부분을 발굴함. 오후 7시경에 오늘 작업을 마침.

사용 인부 오전 중 반일 10명 7,00

　　　　　오후 반일 5명 4,00

빗속에 부락을 걸어, 고구려 기와 출토, 산포 상태를 봄.

민가의 두 집에서 수막새 편 3종류를 받음.

9월 25일　제3호분의 발굴 속행. 연도 전방의 자연 석렬은 확실히 전방에 쌓은 돌이라고 생각하고 있었으나, 아무래도 일을 속행함에 있어서 상황에 안 맞음. 그렇지만 일시에 제거할 수 없어서 좀 손들었다. 드디어 이것을 제거하기로 함. 제거한 결과, 지금까지의 기대가 전부 배신당했는데, 바로 아래는 적색 점토로 채움돌(詰石)이 아니었다. 매우 유감이다.

작업은 서북쪽, 다시 말해 중앙을 향해 재차 나가고자 했다. 시간 관계상, 일부 중앙부의 지점을 깊게 파 내려갔으나 아무런 단서도 없음.

그러나 봉토를 쌓는 법에서 흥미로운 점을 발견했으므로, 오늘의 작업이 결코 헛되지 않았다.

이것은 봉토의 적색토(점토)를 딱딱하게 치대어 굳힌 것 같은 봉토 위에, 얇은 회반죽 층을 두고, 그 위에 흑색의 봉토 층을 두었는데, 그 위에 평기와 층을 여기저기 깐 것이 있다. 게다가 봉토를 두고, 기와 층을 두고, 그 위에 자

	연석을 겹쳐 쌓은 것이 있는 것이 밝혀졌다. 게다가 기와 층(편) 속에서 치미 와편이 1점 출토되었고, 토기 파편, 곳곳에서 수 점이 출토되었다. 이와 같은 양상은 실측도에 의할 것. 사용 인부 8명 반 12,80
9월 26일	오늘 오바 선생, 고이즈미, 이마제키(미쓰오), 엔죠지(이사오) 씨 등이 정오경에 현장에 왔고, 오시마 씨는 귀관했다. 가야모토(가메지로) 씨 저녁에 현장에 옴. 제3호분의 조사는 쉼. 제1호분은 문부 및 연도부 전방을 마무리함. 현실 내부의 도굴흔 정리를 함. 제4호분의 연도 전방을 재 발굴 및 정리함. 금동제의 매우 작은 잔편이 출토됨. 상세는 평면 실측도를 참조할 것. 사용 인부 10명 반 15,80
9월 27일 가랑비	어제 밤부터 비가 내려 오늘 조사를 걱정하고 있었는데, 아침에 가랑비가 내려 휴업하기로 했다. 오전 중에는 숙소에서 신나는 휴식. 오후, 비가 그쳐 인부 3명을 투입해 제4호분의 전방 정리를 함. 저녁부터 고이즈미, 가야모토, 엔죠지, 사쿠라이 등 모두와 함께 진주못가에서 미꾸라지 잡기에 나섬. 풍어 후, 옥천의 마을에서 백수(白水)를 들이키고 대추를 맛보며, 화제는 낙랑인을 이야기하면서 남화경에서 놀았다. 밤에 논쟁이 있었는데, 초라한 시골집에서 뜻밖에 문화론을 전개했다. 사용 인부 1명 1일 반일 후 4명 1,50 3,20
9월 28일 맑음	걱정하고 있던 날씨 상태가 좋아져, 오늘은 인부 전원인 16명을 끌고 제3호분의 재조사에 전력을 경주했다. 제1호분의 문 부분 정리 및 제4호분의 연도 양 측벽을 물로 씻는 작업을 오바 선생 스스로가 했는데, 의외의 수확이 있었다. 그것은 양측이 대조된 구도를 바탕으로 되어 있는데, 우선 한 벽의 양측에는 산악을 그리고 수목을 배치했는데, 그 중앙에 날개 모양을 그리고 연화 및 연엽을 두었다. 가운데 공간에는 인동문 등을 배치한 구도인데, 종래에는 보이지 않는 의장인 것이 주목되는 점이다. 따라서 이 연도에 의해 현실

	내의 모든 벽화와 함께 본 무덤의 전체 의장이 명확해졌다. 더구나 불교적인 색채를 더욱 농후하게 표현하고 있는 것은 본 무덤의 특징이라고 할 수 있는 것이다. 오바. 가야모토 씨가 정오경에 평양으로 돌아감. 사용 인부 16명 24,00
9월 29일 맑음	제3호분의 발굴에 전력. 남북 트렌치를 깊게 해, 그 중앙부에서 연도의 이맛돌을 결국 찾아냄. 시간은 오전 11시경임. 오후 4시경에 이르러 드디어 입실할 수 있을 정도가 되었지만, 십수 일의 기대가 완전히 배신당해 현실은 무참하게 도굴당했고, 게다가 현실은 흰 벽체이지만 벽화가 없어서 매우 낙담하기 짝이 없음. 제1호분부터 드디어 촬영대 쪽이 개시함. 저녁, 설매리의 고분을 모두와 함께 보러 감. 이날 정오경에 오시마 씨가 현장에 왔고, 오후 4시경 평양박물관의 이씨가 렌즈 및 된장 등을 지참해 왔는데, 바로 평양으로 돌아감. 사용 인부 오전 9명, 오후 8인 반 12,70
9월 30일 맑음	제3호분의 연도 전방 발굴 정리. 오후부터 설매리의 5기 중 가장 남쪽 봉분(설매리 제1호분)의 실측 및 북쪽에서 2번째 무덤(설매리 제4호분)이 이미 연도 전방의 이맛돌이 노출되어 있는 것을 정리, 다소 입구가 열려 있어서 현실 안을 거울로 검출한 결과, 벽화가 없는 것처럼 생각되어 일시 조사를 중지함. 사진반 쪽은 제1호분의 촬영에 전력을 다하고 있는 모습임. 오바 선생, 오전 10시경 위원회 출석을 위해 경성으로 출발함. 사용 인부 8명 12,00
10월 1일 흐림	제3호분의 발굴 정리. 설매리 앞에서 제2호분(설매리 제2호분)의 도굴 부분을 시굴했더니 연도의 문부가 노출됨. 작은 구멍을 만들어 현실에 들어갔더니, 바닥 면은 무참히 파괴되었고, 관대인 돌받침도 파괴되어 산란해 있었다. 네 벽에는 문자 및 벽화

없음. 천장의 구조는 진파리 제1호분과 같고, 평면은 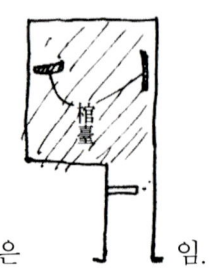 임.

아침에 오시마, 이덕오 평양으로 돌아감.

오후 고이즈미 씨가 현장에 옴. 저녁 4시경 송파리의 고분을 보러 감.

사용 인부

|10월 2일
맑음| 제3호분의 일부를 발굴.

설매리 고분군의 시굴을 속행하기로 했다.

남쪽에서 제4번째인 것(설매리 제4호분)은 그림 없음. 다음으로 가장 남쪽의 것(설매리 제1호분), 중앙의 것(설매리 제3호분), 가장 북쪽의 것(설매리 제5호분)을 파, 연도 입구에 작은 구멍을 내고 보았으나 그림 없음.

비관 이 위에도 없음.

최남부의 현실 평면은 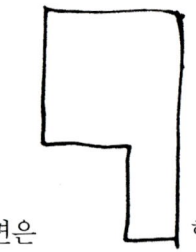 형이고, 천장은 삼단모줄임, 게다가 중앙 천장돌을 둠.

중앙부의 것은 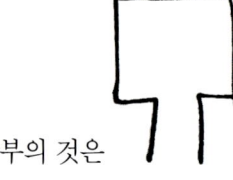 으로 하등의 특기할 점 없음.

최북단의 것은 중앙과 동형평면이고, 현실 안에 매몰 흙이 태반을 점하고 있는 위에, 천장의 회반죽이 낙하한 점이 심함. 평면형은 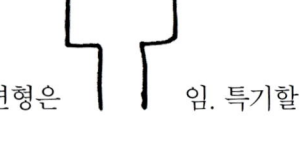 임. 특기할 점 없음.

생각해 보면 본 고분군 중에서 최남단의 것이 가장 큰 것 같다고 느껴진다.

	(실측하지 않았기 때문에 확정할 수는 없지만)
	오후 3시 반경
	이마제키, 엔죠지, 고이즈미 씨 등 귀임함.
	밤에 사쿠라이 군이 와 머무름.
10월 3일 가랑비	제3호분의 연도 전방 일부 정리. 하등 특기할 점 없음.
10월 4일 가랑비	오전 중에는 인부가 나오지 않음. 2명뿐. 오바 선생, 위원회에서 돌아옴. 사쿠라이 군과 부근(설매리)의 사지를 방문했으나, 하등 얻은 것 없음. 정오경부터 비가 옴. 오늘은 휴업 상태임. 오전 중 인부 3명, 오후 2명 덕오 군 돌아감. 오후 3시경, 갑자기 같은 면 안의 용산사에 감. 도중 고인돌 군을 견학. 절에는 부도가 두세 개 있었으나 중요한 것이 아님. 고구려의 초석이라고 생각되는 파편이 1점 있으나, 그 유래나 출자가 명확하지 않음. 귀가 6시경이었다.
10월 5일 맑음	조사 사업은 중추제 때문에 휴업함. 오후는 취미의 그림을 스케치함.
10월 6일 맑은 후 비 (오바 선생 작업 개시함)	제3호분의 연도 전방부 정리를 함. 연도 안의 매몰 흙을 제거했더니, 내부 문비석의 바깥쪽 아래 부근에서 인골이 상당량 출토되었고, 작은 칠 파편, 금제 영락 1점 등이 출토되었다. 사용 인부 3명(오후 비가 와 반일과 2할증) 고이즈미 씨 정오경 현장에 와 4시경 귀임함.
10월 7일 맑음	제3호분 연도 전방의 본격적 발굴을 개시함. 연도로 통하는 봉토 속 통로를 명확히 했다. 오후 4시경 오시마, 야마카와 씨 현장에 옴. 인부 8명

10월 8일 맑음	제3호분 연도 전방의 통로를 발굴. 오시마가 여기를 담당, 야마카와, 사쿠라이, 요네다는 지형 실측을 개시. 임야도의 원점에서 고분 지대의 고저기점을 끌어냄. 사용 인부 12명 평박관원의 1명이 현장에 옴. 바로 돌아감.
10월 9일 맑음	제3호분의 연도 전방에서 연도와 같은 폭의 통로(흙 색깔로 판단)를 따라 발굴함. 주로 오시마가 이를 담당하고, 야마카와, 사쿠라이, 요네다 고분지대의 측량과 말뚝박기를 행함. 오후, 연도 통로의 바닥면이 드러남. 이 또한 통로 발굴 상황을 오시마가 상세히 기록했다. 사용 인부 8명 도청, 군청, 신문사 등 7, 8명이 와서 관람.
10월 10일	제3호분은 어제의 계속 발굴(오시마). 고분 지대 측량과 말뚝박기 오후 3시경까지. 야마카와 씨 신체 고장으로 귀관함. 특기할 점 없으나 제3호분의 연도 전방 부근에서 이맛돌과 대략 같은 높이의 봉토 표면 가까운 곳에서 자연석 및 평기와가 출토됨. 사용 인부 6명 반
10월 11일 흐리고 비	아침부터 흐려 인부 소수만 옴(3명). 어제 10일부터 목수를 1명 투입해 제4호분의 가설 문비를 만듦. 오늘은 제1호분의 오바 선생 모사가 날씨 때문에 휴업했으므로, 동(同) 고분의 문비 제작을 행함. 종료함. 제3호분 쪽은 인부 부족으로 발굴이 생각만큼 되지 않음. 그래도 연도 전방 통로의 토벽을 계속 더 팠다. 그랬더니 봉토의 윗 표면 바로 아래(약 2척)에 자연석 및 기와가 여기저기 흩어져 있는 곳이 있음. 그 사이에서 완전한 수막새 1점이 출토되었다(우수작은 아님). 토벽의 출토 면은 평면적이고, 게다가 직선적으로 출토되지만, 다소의 요철은 있음. 바닥 면을 이루는 구석 가장자리는 토벽이 직선적이지만, 바닥 면은 약간 곡선인 것이 확실하다. 오후 오시마 씨가 귀관했다.

	다시 오바 선생과 둘이 됨. 사용 인부 3명 (목수 및 인부 8명분 지불함)
10월 12일 비 온 후 맑음	추수 때문에 나온 인부가 소수임. 전날에 이어 계속함. 오후에는 요네다도 인부 대신 부지런히 일함. 의외로 진행되었다. 연도로 통하는 통로를 대략 절반 종료함. 오후부터 오바 선생도 일을 시작함. 오후 2시경 평양관원이 통신하러 옴. 일하는 도중에 현장에서 돌아갈 수 없음. 어떻게 해야 할지. 금 1백 5십 엔(圓), 인부 임금받음. 오늘은 7일부터 어제 11일까지 분을 지불함. 합계 오늘 사용 인부 5명 2명 2엔(圓) 3명 1.5원 계 8.5엔(圓)
10월 13일 맑은 후 흐림	아침은 매우 명랑한 날씨에 은혜 입어 기후 좋음. 인부 3명 현장에 나옴. 제3호분의 연도 안 돌 및 회반죽을 들어내는 일을 함. 연도 채움돌(詰石)은 제1호분의 것에 비해 비교적 작아서 반출하기 편함. 회반죽은 충분히 충진된 것이 아님. 각 돌 사이에 놓은 상태인데, 사이사이에 충진한 부분도 있다. 연도의 가장 안 부분, 다시 말해 문비의 전방 바로 아래에서 출토된 인골 부근에서 문비용? 금동환 2점이 출토되었다. 오늘로서 연도 내의 채움돌(詰石) 전부 반출을 종료했다. 오후 3시경 고이즈미, 오시마 양 씨가 현장에 옴. 저녁에 다소 측량함. 사용 인부 3명 2명 도급, 9엔(圓), 1명 1.5엔(圓) 계 10엔(圓) 50센(錢)
10월 14일 흐리고 추움	오늘은 인부 다수가 나오지 않음. 왕릉 배후의 분구(제7호분)를 발굴 개시함. 오시마 씨와 봉토의 실측을 하고, 제3호분 현실 내 정리를 오시마에게 담당하게 했는데, 하등 특기할 점 없음. 오후 면장(장중천)이 현장에 와, 고이즈미, 면장 등과 함께 관광 예정 통로의 건에 관해 실지에서 협의함.

	사용 인부 3명 2명 도급, 10엔(圓), 1인 2엔(圓) 계 12엔(圓)
10월 15일 맑음	왕릉 배후 고분(제7호분)의 발굴 속행. 게다가 다른 1기(제9호분)의 발굴을 개시함. 앞에 적은 고분은 도굴분인 점이 명료함. 연도 전면 및 내부는 다른 고분과 동일한 수법으로 되어 있고, 하등 특이한 점 없음. 연도 내 문비의 직전 약 70cm 위치에서, 예전 도굴시의 매몰토 및 하부 회반죽과의 사이에 금동투조의 금구라는 훌륭한 출토물이 있었다. 상황은 사진에 의함. 더욱이 이 잔결품의 소재를 추구하는 와중에, 문비의 바로 아래에서 심하게 부패해 남아 있는 것을 검출했다. 바로 이 부근, 인골편 다수가 매몰토 안에서 출토되었다. 현실 내의 정리를 다소 행했지만, 내일까지 기다리기로 함. 특기할 점은 본 고분의 전방 약 100m의 송림 속에서, 마제석기 2점을 지상에서 주웠다. 이것은 본 지방의 석기 시대, 고분군과 관련해 흥미 있음. 오후 3시경 고이즈미 씨 귀관함. 사용 인부 2명 1명(아이를 포함해) 2엔(圓), 2명 반일(오후) 1.6엔(圓), 계 3.6엔(圓)
10월 16일 맑은 후 흐림	제7호분(?) 현실 내 정리를 함. 오시마가 주로 이것을 담당했으나, 특필할 출토물 없음. 다만, 인골 및 칠 파편 및 철 파편 소수가 문부분 바로 아래 부근에서 출토되었을 뿐이다. 이미 앞서 출토된 금동금구의 극소수 파편도 여기저기서 출토된다. 오전 중, 고분 회유 통로의 구획을 결정해 말뚝을 박고, 토지소유자 1명과 협의했다. 오후, 제3호분의 실측을 개시했다. 사용 인부 5명(4명), 도급 1명, 1명 1.30엔(圓) 3명 1.50엔(圓) 계 5.80엔(圓)
10월 17일 흐리고 바람 강함	제7호분 현실 내 정리, 오시마 이를 담당함. 종료. 제3호분 실측 개시, 평면 및 천장 평면, 종단면 실측을 대략 완료. 오후 비가 많이 와, 설매리 고분군 중 2기의 되매우기를 행함. 제9호분 연도 내에서 철제못이 출토됨. 주목됨. 사용 인부 3명 반 5.30엔(圓)

| 10월 18일 맑음 | 제3호분의 실측 속행. 종단면 남은 부분의 실측을 위해. 연도 안을 청소. 상세 실측도에 의함.

오전 10시경 오시마가 평양으로 돌아갔으므로, 오후에는 제9호분 연도 안의 정리를 행함. 토사 유입이 심하고, 유물을 포함함. 매몰토가 매우 무질서해, 유물의 출토 상황을 상세히 그릴 수 없음.

그러나 제2문비 부근 이내에서 목관용 칠 및 철제 금못, 인골, 영락 등 다수가 출토됨.

특히 주목되는 점은 목관재가 불에 탄 흔적이 명료한 것인데, 목재의 탄화된 것이 있었다. 바닥 면 위 혹은 다소의 흙을 둔 상부에 재가 된 것이 전면적으로 출토되었다.

한층 못 등이 다수 출토되었으나, 대부분은 산란된 상태임. 그러나 이 일부는 열을 지어 칠판과 함께 출토되는 곳도 있었다. 매우 조사 곤란함을 느낌.

특필할 점으로 금제 실 2줄이 출토되었다.

내일 연도 안의 조사는 종료할 예정임.

사용 인부 3명

오늘 12일-18일까지의 인부 경비 지불.

계 60.20엔(圓).

정오경 평양관원 미즈하라 군 현장에 옴. |
|---|---|
| 10월 19일 맑음 | 제9호분 연도 안, 어제 남은 부분의 정리를 행함.

부도의 부분.

이 부분에도 전날과 같이 바닥 면 가까이 혹은 부착된 숯 및 재층이 있다. 확실히 목관이 불에 탄 것일 것이다. 그 증거로서 인골의 불 탄 것 다수가 출토 |

되었다. 또한 이 부분에서 대구? 2점이 출토되었다.

특이한 점은

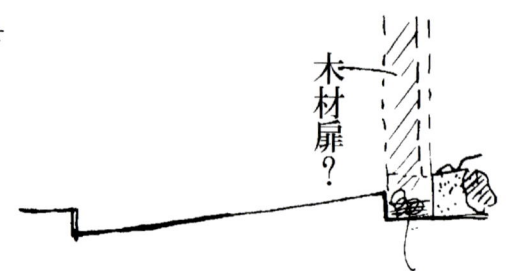

목재의 문비좌를 두었었는지 부패 혹은 불에 타고 남은 재 성격의 것이 전면에 있다.

좌우의 벽에 문비를 세웠다고 생각되는 회반죽의 남은 부분이 수직적으로 남은 것이 있다.

외부에서 볼 때 오른쪽에서 문비환이 도랑 속에서 출토되었다. 또한 중앙부에서 고리의 좌금으로 생각되는 철제품이 출토되었다.

또한 약측도 중에 다소 제시한 것을 참고해 줄 것.

제7호분 전방의 정리를 행함.

숙사용의 장작을 모음.

제3호분의 남은 부분 실측 종료(오후).

오후 1시경 야마카와 씨와 다른 1명이 현장에 옴.

야마카와 씨와 함께 제3호분 횡단면 실측 종료.

사용 인부 4명

10월 20일 맑고 따뜻함	제7호분의 실측 개시 및 동 고분 전방부 통로의 정리를 행함. 실측은 봉토 실측도에 고분 평면을 넣음. 나중에 현실의 1/20 도면의 평면을 다소 실측함. 제4호분부터 제3호분으로 통하는 도로를 계획해, 청부 공사를 내고, 하루 만에 대략 종료함. 오전 11시 반경 고이즈미 씨가 현장에 옴. 현장 상의를 한 후 오후 3시경에 귀관함. 밤에는 야마카와 씨와 숙사비를 계산. (술)없음. 일단 오늘 20일까지의 식비를 오바 선생과 소생이 완납하고, 잔여 계산은 야마카와 씨에게 인계. 게다가 조사비도 오늘까지 계산을 하고, 잔금 150엔(圓) 49센(錢)을 야마카와 씨에게 인계하고, 이후 야마카와 씨가 이 사무를 하기로 함. 오늘 사용 인부 2명

	청부 5명 30엔(圓)의 약속을 함.
10월 21일 맑고 따뜻함	제7호분의 실측 계속, 평면 및 종단면도 완성함. 정오경, 우선 왕릉 송림 속에서 발견한 석기 산포지대 부근에서 야마카와 씨가 토기편을 발견했으므로, 오후에 부근에서 작은 발굴을 시도했더니, 지표 아래 약 1척의 위치에 눌려 부서진 토기 2, 3점이 출토되었다. 바로 석기 시대의 유적이 아닐까라고 생각해, 더욱 넓혀 발굴을 시도해야 되겠다고는 생각했지만, 우선 임시 책을 설치해 두었다. 재미는 없지만 개운한 기분이 있음. 제7호분 전방의 통로 정비를 완성함. 오후 0시 반, 평양부립박물관원 미즈하라 군이 통신하러 옴. 소생의 출장 연기가 29일까지로 됨. 오늘 사용 인부 2명
10월 22일 맑음	제7호분 실측 종료. 제9호분 현실 내부 정리를 오후에 행함. 아침부터 어제 발견한 토기 출토 지역의 발굴을 시도했더니, 또 다시 구명이 뚫린 큰 석기가 출토되었다. 게다가 탄회층이 연속하는 것이 검출되었고, 토기가 출토된 바닥 부분 높이에서 매몰토가 다소 달라 그 부분을 호미류로 채토했더니, 흐슬부슬 떨어지는 느낌이 들어, 이것을 의지해 제거했더니 그곳에서도 토기편이 출토되었고, 그 지표면은 대략 평평하게 되어 있었다. 내일을 기해 정밀조사를 요함. 특필할 점은 이번에 발굴한 본 유적에서 서쪽으로 약 50m 지점의 송림 안(왕릉 배후)에서 토기편이 노출된 것을 사쿠라이 군이 발견해 부근의 시굴을 시도한 결과, 탄층 등이 출토되어, 본 유적과 동일 시대이며 게다가 동일 성질을 가지고 있는 것이 확인되었다. 재조사를 필요로 한다. 오늘 사용 인부 5명
10월 23일 맑음	제9호분 현실 안의 정리 종료. 현실 안은 도굴 당시에 북쪽으로 치우친 부분의 바닥을 파괴하고 있으나, 바닥 면에는 하등의 관대처럼 보이는 유물 없음. 근소한 매몰토 속에서 소수의 영락이 출토될 뿐으로 특필할 것도 없음. 주거지? 의 북쪽 부분의 복토 윗부분 발굴을 행함. 특필할 것 없음. 제3호분의 서쪽에서 전방을 통과해 제1호분으로 이어지는 신설도로를 청부로 착수했고 태반을 시공함. 사쿠라이 씨, 중화에 군사 일로 하루 휴업함.

	밤에는 천체운행에 관해서 오바 선생, 야마카와 씨와 의논함. 또다시 재미있는 화제가 속출. 제3호분, 신설도로 쪽의 통로를 청부 계약함. 금 12엔(圓)임. 오늘 사용 인부 4명
10월 24일	제9호분의 봉토 및 1/100 평면도 종료. 연도 전방의 통로 발굴 공사를 하기 위해서 현실의 실측을 할 수 없음. 제3호분의 연도 전방 통로 완성. (청부) 봉토의 표면 아래 약 1척 5촌 정도인 곳에서, 자연석을 여기저기 덮었을 뿐만 아니라 앞서 출토된 완전한 수막새가 출토되었다. 이런 종류의 와당 4, 5점이 출토되는 곳을 보면, 어떤 봉토 정상에 설치한 건물? 의 존재를 억측할 수 있지만 아직 불명임. 사용 인부 1명 청부 2조 오늘 주거지 조사는 중지.
10월 25일 비	오늘 작업 중지. 오후 3시 반경부터 비가 그쳐, 제 2주거지의 발굴을 다소 행함. 사용 인부 2명 제9호분 전방 봉토 발굴 청부로 완료.
10월 26일 맑음	제9호분 평면 1/20 도면 작성. 야마카와 씨 옥샘의 공작 개시. 도로공사 착착 진척. 사용 인부 소생 2명
10월 27일 맑음	제9호분 종단면 작성. 오후 소학생 75명 근로봉사하러 옴. 진주못으로의 통로 일부, 제4호분 전방 석단, 제4호분에서부터 제3호분으로 통하는 신설도로에 잔디 심기를 행함. 생각했던 것 이상의 호성적으로 되었다. 옥천의 손질 종료로 말미암아. 사용 인부 소생 2명

10월 28일 맑음	제1호분의 횡단면도 작성, 실측 부족 부분을 손질. 제1주거의 실측, 見取圖(유구 유물 배치도)(1/20) 일부 작성. 신설 도로 대략 종료. 특히 제1호분 전방을 완성. 오바 선생 오전 평양에 나감. 오후 평양박물관의 와타나베 씨가 내일 준비를 위해 현장에 옴. 고분 출토의 인골용 호 5개를 사들임. 사용 인부 소생 2명 전부 6명
10월 29일	

일본 소재 고구려 와전류에 관한 종합 고찰

주홍규 영남대학교 문화인류학과 강사

I. 머리말
II. 일본 소재 전 고구려 와전류의 현황
III. 일본 소재 고구려 와전류의 의의
IV. 일본 소재 전 고구려 와전류의 진위 검토
V. 고구려 와전 연구에서 일본 소재 기와류의 역할
VI. 맺음말

I 머리말

일본에는 다양한 고구려 관련 유물이 소장되어 있는 것으로 알려져 있다. 그중에는 목관 파편, 관못, 불상, 금동관으로 복원한 용도 미상의 유물,[1] 호태왕비의 탁본, 다수의 고분벽화 모사도를 비롯해 기와, 벽돌 등의 실물 자료도 많다. 특히 수량 면에서 압도적인 다수를 차지하고 있는 와전류가 일본 전국의 각 대학 연구실과 부속박물관, 미술관, 공립연구소 등에 소장되어 있는 것을 지금까지의 조사를 통해서 확인할 수 있었다.[2] 이렇게 많은 수의 와전류가 일본에 많이 남아 있는 이유는, 해방 이전 일본인 수집가들의 저인망식 수집 이외에도 학술연구 및 연구 교재로 활용한다는 미명하에 당시 고구려 유적에 관한 조사를 담당했던 당사자들의 반출 등에서 기인한다.

지금까지 고구려 와전류에 관한 대표적인 집성 자료로는 세키노 다다시(関野貞)에 의해 1929년에 간행된 『高句麗時代之遺蹟 上』과, 이우치 이사오(井內功)에 의해 1976년에 간행된 『朝鮮瓦塼圖譜 Ⅱ』, 국립중앙박물관에서 1990년에 간행한 『井內功寄贈瓦塼圖錄』, 경희대학교 박물관에서 2006년도에 간행한 『고구려 와당』 등을 대표적으로 들 수 있다. 그중에서도 가장 다양하고 방대한 자료가 수록되어 있는 것으로는 『高句麗時代之遺蹟 上』, 『朝鮮瓦塼圖譜 Ⅱ』,

---

1 이 유물은 현재 나라현(奈良県)에 소재한 덴리대학(天理大學) 부속 덴리참고관(天理參考館)에 소장되어 있는데(동북아역사재단 편, 2009, 『일본 소재 고구려 유물 Ⅱ – 일제강점기 고구려 유적 조사 재검토와 關西地域 소재 고구려 유물 1』, 동북아역사재단, p.295의 사진 25·26), 금동관으로 복원한 데는 우메하라 스에지(梅原末治)의 강한 의견이 반영되었다는 관계자의 전언을 들었다.

2 동북아역사재단 편, 2008, 『일본 소재 고구려 유물 Ⅰ – 일제강점기 고구려 유적 조사 재검토와 關東地域 소재 고구려 유물 1』, 동북아역사재단; 동북아역사재단 편, 2009, 앞의 책; 동북아역사재단 편, 2010, 『일본 소재 고구려 유물 Ⅲ – 일제강점기 고구려 유적 조사·연구 재검토』, 동북아역사재단; 동북아역사재단 편, 2011, 『일본 소재 고구려 유물 Ⅳ – 일제강점기 고구려유적 조사 재검토와 關東地域 소재 고구려 유물 2』, 동북아역사재단.

『井內功寄贈瓦塼圖錄』을 들 수 있는데, 대부분 일제강점기에 일본인들이 수집한 것들이 많다. 이와 같은 집성 유물들은 출토지에 대한 정확한 확인이 어렵다는 점과, 소개되고 있는 유물들이 모두 고구려 시대의 것인지에 관한 기본적인 검토가 행해지지 않은 점, 제작 시기에 관한 검토가 충분히 이루어지지 않았다는 점 등과 같은 문제점에도 불구하고, 고구려 와전 연구의 기초 자료로서 지금까지 다양하게 활용되어 왔다. 그 이유로는 고구려 관련 유적과 유물이 대부분 중국과 북한에 소재하고 있는 관계로 연구의 접근성이 용이하지 않아, 상대적으로 고구려 유물과 유적에 대한 이해를 도와줄 수 있는 자료로 인식되었기 때문으로 생각된다. 근자에 들어서는 임진강과 한강 유역을 중심으로 고구려에 관련된 유적과 유물이 확인되고 있어서 한국에서 고구려 고고학 연구에 활기를 불러일으키고 있으나,[3] 이와 같은 고구려 관련의 고고 자료들은 고구려의 중심지가 아닌 지역의 소규모 단위 방어 시설과 그 출토 유물이라는 점에서 고구려의 전체상을 대표하는 것으로 보기에는 한계가 있다. 또한 고구려의 왕성이 위치했던 집안 지역과 평양 지역의 급격한 개발에 따른 유적의 보호 조치 미흡으로 인해, 고구려 유적과 유물의 소상한 실태를 파악하기도 용이하지 않은 것이 현실이다. 따라서 일제강점기에 수집되어 고구려 유물로 전해지는 집성 자료들의 중요성은 여전히 유효하다고 볼 수 있다.

필자 등은 동북아역사재단에서 다년간에 걸쳐 기획한 '일본 소재 고구려 유물 조사 사업'에 지속적으로 참여해왔는데, 이러한 일련의 조사 사업은 실물 관찰을 통한 고구려 유물에 관한 상세하고 풍부한 검토가 가능할 수 있는 기회를 제공했다. 특히 기존의 고구려 와전류에 관한 조사는 주로 일본의 각 기관에서 개별적으로 정리해 보고되는 경우가 많아서 단편적이고 소장 경위도 불확실한 경우가 대부분이었다. 또한, 주로 문양적 특징에 주안을 두고 간략하게 조사해 보고하거나 고구려를 전공하는 연구자가 배제된 채로 보고되는 경우가 많았다. 따라서 유물 개개의 특징을 정확히 알기 어려웠던 점과, 그 유물들이 가지는 역사적 의미를 파악하지 못했다는 비판에서 벗어나기 어렵다. 필자 등은 이러한 약점을 극복하고자 장기적으로 관련 조사를 지속적으로 추진한 결과, 2008년부터 2019년도에 이르기까지 결과물을 제시할 수 있었다. 이 글에서는 필자 등이 지금까지 조사한 일본 각 지역에 소장된 고구려의 와전류를 종합적으로 검토하여, 그 특징과 역사적 의의, 고구려 와전 연구의 지향점 등에 관해 논하기로 한다.

---

[3] 서울의 구의동 보루와 아차산성을 비롯해 홍련봉 보루, 시루봉 보루, 아차산 보루, 연천의 호로고루에 관한 발굴을 그 대표적인 성과로 들 수 있다.

II
일본 소재 전 고구려 와전류의 현황

〈표 1〉에서 보는 바와 같이 지금까지 필자 등이 조사·보고한 일본 소재 고구려의 유물은 일본 간토(關東)에서 간사이(關西), 규슈(九州)에 이르기까지 광범위한 지역에서 확인할 수 있는데, 국·공립 박물관과 문화재연구소 및 자료관, 국·사립대학 박물관과 연구실, 사립 미술관 등에 다수 소장되어 있다.

일본에 소장된 고구려 유물들은 집안 지역보다는 평양 지역에서 출토된 것으로 알려진 것들이 절대적으로 다수를 점한다. 이는 평양 지역에 비해 집안 지역을 포함한 만주 지역의 극도로 혼란스러웠던 정세와 개발이 늦었던 점에서 기인하는 것으로 추정된다.[4]

한편, 주로 완형이 아닌 파편으로 남아 있는 고구려의 와전류들은 도쿄대학(東京大學), 교토대학(京都大學), 규슈대학(九州大學) 등을 중심으로 다수 소장되어 있다. 이 대학들은 일제강점기 제국대학으로서 한반도의 고적조사사업과 직·간접적으로 관련된 인물들이 다수 재직하고 있었거나 직접적으로 조사활동을 벌였던 곳이다. 반면, 그 이외의 일본 소재 고구려 와전류를 소장하고 있는 기관들에는 완형에 가까운 와전류가 다수 소장되어 있는 특징을 보인다. 이는 소장품의 수집 목적이 달랐을 가능성을 충분히 상정해 볼 수 있다. 즉, 제국대학이 전신이었던 기관들에는 실제 발굴에 참가하거나 현지조사를 통해 학술조사의 명목으로 가져온 것들이어서 완형에 가까운 유물들이 드문 반면, 그 이외의 기관들에서는 반출의 경위가 불명확하거나 이미 일본에 넘어와 있던 유물들을 1945년 이후에 완형에 가까운 것들을 중심으로 구입해 소장했기 때문으로 추정된다. 일본의 각 기관의 고구려 와전류 소장 경위를 간략하게 정리해보면 〈표 2〉와 같다.

발굴조사로 그 경위를 명확히 알 수 있는 일부 유물을 제외하고는 출토지에 관한 정확한 정보를 확인할 수 없는 집성자료가 대부분을 차지하고 있다. 이와 같이 일본 각 기관에 소장된 고구려 와전류는 기존의 대표적인 집성자료로 알려진 『高句麗時代之遺蹟 上』, 『朝鮮瓦塼圖譜 Ⅱ』,

---

4 집안 지역에서 출토된 것으로 알려진 고구려 와전류는 주로 해당 지역을 발굴·조사하거나 현지답사를 했던 인물과 관계가 있는 일부 기관에 한정되어 보관되어 있다.

표 1 일본 소재 전 고구려 유물에 관한 조사 현황

조사 연도	조사 대상 기관	소장 유물 기와 막새	소장 유물 기와 암, 수키와	소장 유물 기와 특수기와	소장 유물 전 명문전	소장 유물 전 문양전	기타	출토 지역
2007	東京大學建築學硏究室	완(11), 편(1)	완(2), 편(12)	완(1)				집안/평양
	東京大學文學部	완(8), 편(4)	편(9), 완(1)		편(1)			집안/평양
	東京國立博物館	완(3), 편(33)	편(3)					집안/평양
	東京芸術大學	완(7), 편(18)	편(3)		완(4), 편(8)			집안/평양
	和光大學	완(6)						집안/평양
	立教大學	완(2)	고구려?편(1)					평양
	埼玉大學	완(5), 편(2)						평양
2008	京都大學綜合博物館	완(11), 편(209)	편(21)	편(4)				평양
	高麗美術館	완(7)						평양
	京都大學人文科學硏究所	완(3)	편(2)					집안/평양
	京都國立博物館	완(4)						평양
	奈良國立博物館	완(6)						평양
	奈良文化財硏究所				완(4)			평양
	天理大學附屬天理參考館	완(18)		완(3)			금동관?(1)	평양
	帝塚山大學付屬博物館	완(55), 편(23)	편(57)					평양
2009	九州大學人文科學硏究院·人文科學府文學部考古學硏究室	완(6), 편(2)					편(1)	집안/평양
	九州歷史資料館	완(3), 편(6)						집안/평양
	熊本博物館	완(4), 편(1)	편(1)					평양
	古代出雲歷史博物館	완(4), 편(5)	편(4)				편(1)	평양
	関西大學	완(4), 편(1)	편(4)		완(2)			집안/평양
	京都大學綜合博物館	완(3)			완(3), 편(10)		토기(2)	집안
2010	早稲田大學會津八一記念博物館	완(20), 편(19)	완(1), 편(4)				암막새모조품(1)	평양
	明治大學博物館	완(7), 편(6)	완(1)					평양
	目黒區めぐろ歷史資料館	완(2)			완(4)			집안/평양
	國學院大學考古學資料館	완(9), 편(12)	편(5)					평양
	國立歷史民俗博物館	완(27)		완(1)				평양
2018	高浜市やきもののかわら美術館	완(25), 편(2)	편(1)					평양
	和泉市久保惣記念美術館	완(12)						평양
	七田忠昭所藏品	편(2)			편(1)		편(1)	집안
총계		591	132	10	36	3	4	

* 1/2 이상 남아 있어서 완형으로 복원이 가능한 것을 완(完: 완형)으로, 1/2 이하로 남아 있는 것은 편(片: 파편)으로 표기했다.
* 이견(異見)이 있는 전 안학궁지 및 전 만월대 출토 유물과 동형(同型)의 기와류도 포함했다.
* 출토지는 기존의 발굴조사 성과를 토대로 집안 지역 출토품을 집안으로, 평양 지역 출토품을 평양으로 표기했다.

표 2 일본 소재 전 고구려 와전류의 소장 경위

기관	경위
東京大學建築學硏究室	1911년 세키노 다다시 한왕묘 발굴품 1913년 기증품
東京大學文學部	1935·36년 하마다 고사쿠(濱田耕作)·이케우치 히로시(池內宏)·우메하라 스에지(梅原末治)·미카미 쓰기오(三上次男)·사이토 기쿠타로(齋藤菊太郞) 발굴품
東京國立博物館	1913년 세키노 다다시·이마니시 류(今西龍)·야쓰이 세이치(穀井濟一)·구리야마 슌이치(栗山俊一) 채집품 나이토(內藤) 등에게서 구입품
東京芸術大學	1914·1915년 세키노 다다시 기증품 1924년 가토리 호쓰마(香取秀眞) 기증품
和光大學	데라카도 시치로(寺門七郞) 수집품
立敎大學	고마이 가즈치카(駒井和愛) 기증품(元 도쿄대학 소장품?)
埼玉大學	미토모 구니고로(三友國五郞) 수집품
京都大學總合博物館	1913년 이마니시 류 채집품 1938년 시치다 다다시(七田忠志) 채집품 1916년 야마다 자이지로(山田針次郞) 기증품
高麗美術館	정조문 수집품
京都大學人文科學硏究所	미상
京都國立博物館	구마가이 나오유키(熊穀直之) 수집품
奈良國立博物館	오노 다다마사(小野忠正) 수집품?
奈良文化財硏究所	1912년 도리이 류조(鳥居龍藏) 채집품?
天理大學附屬天理參考館	미상
帝塚山大學付屬博物館	이우치 이사오·가타다 다다시(堅田直) 수집품
九州大學人文科學硏究院·人文科學府文學部考古學硏究室	가가미야마 다케시(鏡山猛)·시치다 다다시 수집품
九州歷史資料館	니노미야 하치로(二宮八郞)·다나카 유키오(田中幸夫) 수집품
熊本博物館	야마사키 마사타다(山崎正董)·히라노 유코(平野流香) 수집품
古代出雲歷史博物館	히라쓰카 운이치(平塚運一) 수집품
関西大學博物館	미상
早稲田大學會津八一記念博物館	아이즈 야이치(會津八一) 수집품
明治大學博物館	미상
目黒區めぐろ歷史資料館	나이토 가쿠스케(內藤確介)·마쓰미야 미노루(松宮実) 수집품
國學院大學考古學資料館	도쿠도미 소호(德富蘇峰) 수집품
國立歷史民俗博物館	미상
高浜市やきもののかわら美術館	
和泉市久保惣記念美術館	에구치 지로(江口治郞) 수집품
七田忠昭所藏品	시치다 다다시 수집품

『井內功寄贈瓦塼圖錄』에 수록되어 있는 유물들과 동일한 속성을 가진 것들이 대부분이다. 따라서 일본 소재 고구려 와전류는 도쿄대학 소장 한왕묘 출토품과 같은 극히 일부의 유물을 제외하고는 대부분 전(傳) 고구려 와전이라고 보아야 한다. 이는 발굴조사를 통해 정식으로 보고된 유물이 아니라, 주로 수집가가 기증한 것이거나, 구입품들이 대부분이기 때문이다. 일본의 각 기관에 소장된 일부 와전류에서 출토지에 관한 각종 주기가 확인되는 것도 있지만, 정식으로 보고된 발굴자료에 비해 출토지에 관한 정확한 정보를 확인할 수 없다는 한계가 있는 점을 부인하기 어렵다. 이는 출토지에 관해 주기된 정보가 틀린 예도 확인되고 있기 때문에,[5] 이를 완전히 신뢰하기도 부정하기도 어려운 문제점이 있다.

또한 집성자료의 가장 큰 문제점으로 지적할 수 있는 것은, 과연 이러한 자료들이 모두 고구려의 와전류인가에 관한 근원적인 의문점에 관한 해결책의 부재다.[6] 일제강점기에 세키노 다다시를 시작으로 일본인 연구자들에 의해 고구려의 와전으로 지목된 유물들이 100년이 지난 지금까지도 무비판적으로 수용되고 있는 근원적인 문제를 해결하기 위해서는 고구려의 와전이라고 명확히 판단할 수 있는 자료를 우선적으로 선별한 후, 이 유물들을 우선 연구해 나가는 것이 중요하다. 그 이후에야 비로소 나머지 유물들에 관한 연구가 진행될 수 있을 것으로 생각되기 때문이다.[7]

그러나 이상과 같은 집성유물의 한계에도 불구하고, 고구려의 와전류로 전하는 집성자료의 가치를 무시하기 어렵다. 발굴자료의 정보를 보완할 수 있다는 점, 다시 말해 파편으로 발견되어 그 완형을 알기 어려운 경우에 집성자료를 통해 원형으로 복원이 가능하거나, 발굴자료에서 제작기법상의 제 특징을 확인할 수 없는 경우에 집성자료 관찰을 통해 보완할 수 있다는 점, 그리고 발굴조사에서 출토되지 않은 문양적 속성을 가진 집성자료가 존재한다는 점 등에서 그 의의를 확인할 수 있기 때문이다.

---

5 예를 들어 도쿄국립박물관에 소장된 유물 중에는 집안 지역 출토품이 평양 지역 출토품으로 오기된 경우가 있다(谷豊信, 2005, 「平壤遷都前後の高句麗瓦に関する覺書－東京國立博物館収蔵資料の紹介」, 『MUSEUM』 596, 東京國立博物館).

6 여기에는 소장된 유물 중에서 진위를 판단하기 어려운 것도 존재한다는 점이 포함된다.

7 여기에 관해서는 필자의 논문을 참조해 주기 바란다(주홍규, 2014a, 「고구려기와의분류와특징에 관한일고찰」, 『先史와古代』 41, 한국고대사학회).

III
일본 소재 고구려 와전류의 의의

필자 등이 조사한 일본의 각 기관 소장 유물 중에서 중복되는 동형(同型)의 유물을 제외하고도 〈그림 1〉에서 〈그림 7〉까지 확인되는 바와 같이 다양한 전 고구려 와전류가 있다.

그중에는 구획선연화문 수막새가 존재하는데, 〈그림 1〉과 〈그림 2〉의 1~12에 해당한다. 이는 중방을 중심으로 뻗어 나온 구획선이 표현되어 있고, 그 사이사이에 연화문양이 배치된 것인데, 구획선은 1~3줄이 한 조를 이루는 것으로 중방의 표현과 연화문양의 표현 방법, 그리고 4·6·8구획 등에서 각각 다양한 특징을 가지고 있다. 고구려의 구획선연화문 수막새 중에서는 태왕릉에서만 출토되는 수막새(〈그림 1〉의 1), 천추총과 태왕릉에서 출토되는 수막새(〈그림 1〉의 2)와 장군총과 태왕릉에서 출토된 수막새(〈그림1〉의 3), 태왕릉과 우산2112호에서 출토된 수막새(〈그림 1〉의 4), 경신리1호분(소위 한왕묘)에서 출토된 수막새(〈그림1〉의 6)와 같이 고구려 무덤에서 출토된 것들이 일본에 소재한다. 그리고 이는 고구려 수막새 편년 연구의 중심축을 이루는 유물들로서 중요하다. 이러한 고구려의 구획선연화문 수막새와 유사한 문양적 속성을 가진 기와는 부여 쌍북리사지 및 구아리사지 출토품,[8] 중국의 영릉 남문지 발굴에서 출토되는 수막새류,[9] 조양의 용성에서 출토된 수막새류[10] 등이 있다. 향후 고구려 구획선연화문 수막새류와의 비교, 검토를 통해 고대 조와술의 교류 양상에 새로운 시각을 제시할 수 있을 것으로 기대된다.

한편, 일본에 소재하는 전 고구려 수막새류에는 권운문 수막새가 전혀 확인되지 않는다는 특징을 발견할 수 있다. 1915년에 간행된 『朝鮮古蹟圖譜 一』을 살펴보면 집안 지역에서 발견된 권운문 수막새 사진이 실려 있다. 이를 보면 고구려 유적과 유물에 관한 이른 단계의 조사부터 일본인 연구자들은 권운문 수막새에 관해서는 인식하고 있었던 것으로 판단된다. 하지만 그 이후에 고구려 와전 연구를 주도한 세키노 다다시의 연구나 저서에서는 권운문 수막새

---

8 국립부여박물관, 2010, 『百濟瓦塼』, 국립부여박물관.
9 遼寧省文物考古硏究所編, 2017, 『永陵南城址發掘報告』, 文物出版社.
10 李新全, 1996, 「三燕瓦當考」, 『遼海文物學刊』 1, 遼海文物學刊編輯部.

그림 1　전 고구려 와전류(축척 부동)

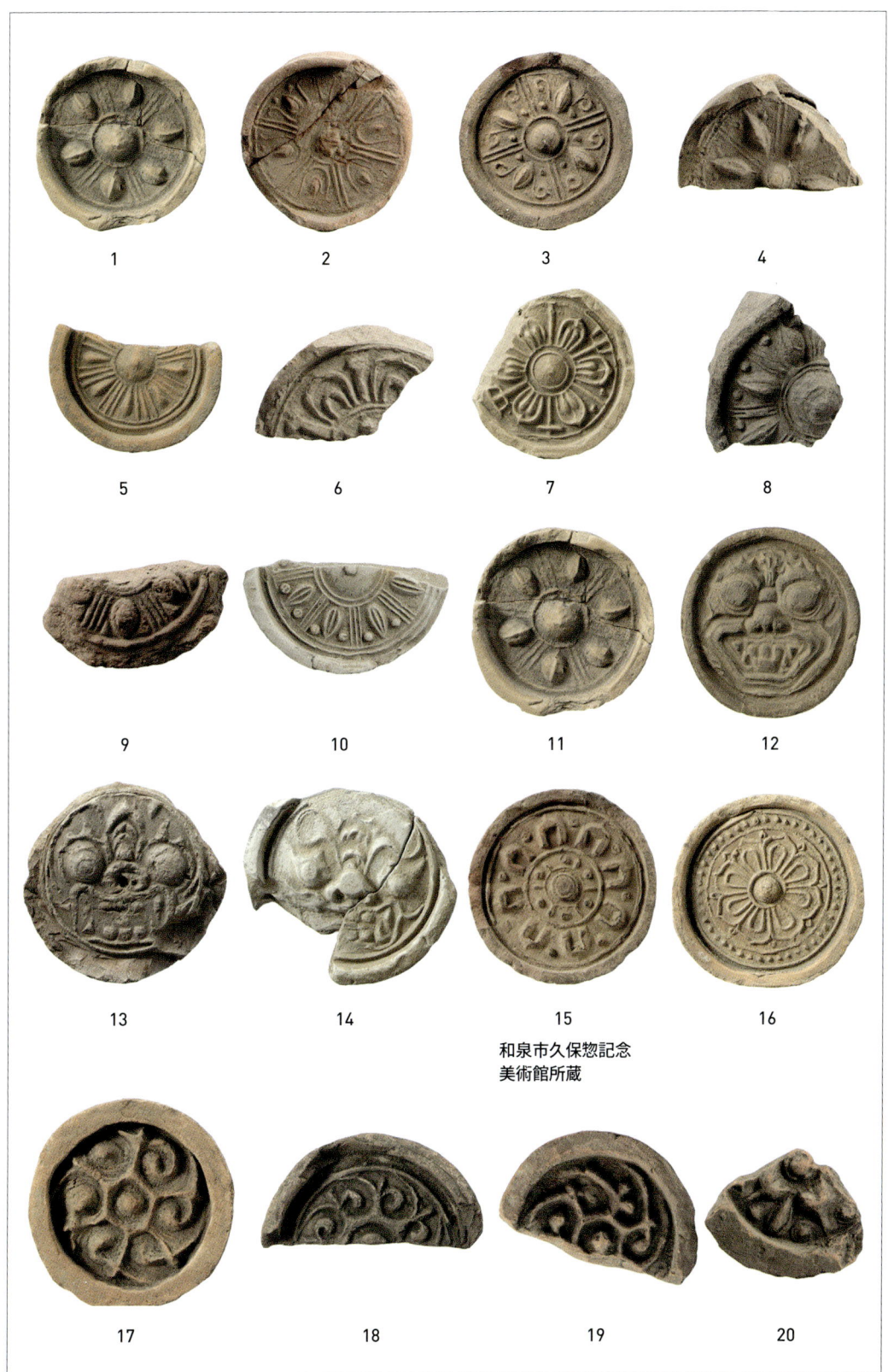

그림 2 전 고구려 와전류(축척 부동)

그림 3 전 고구려 와전류(축척 부동)

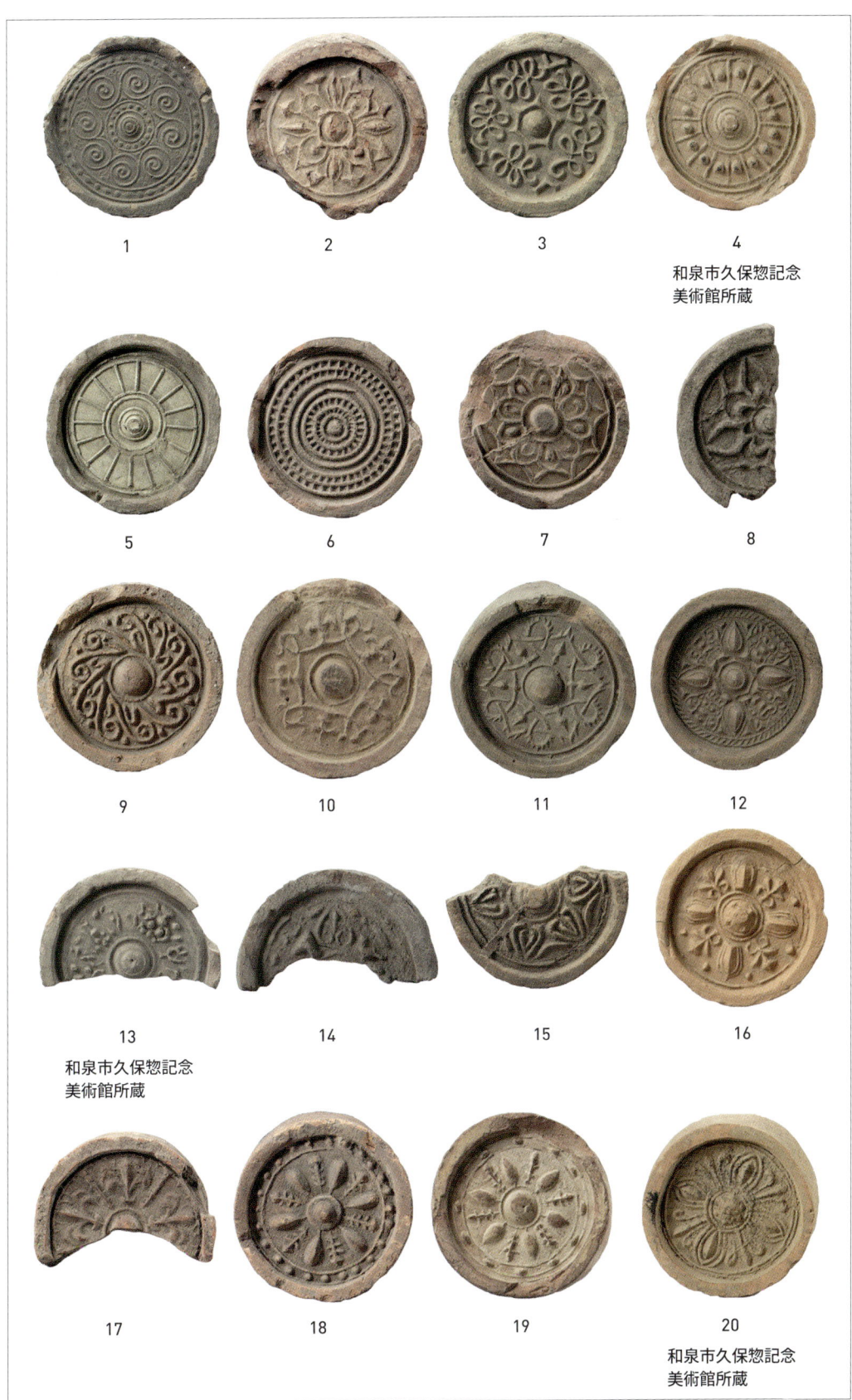

그림 4 전 고구려 와전류(축척 부동)

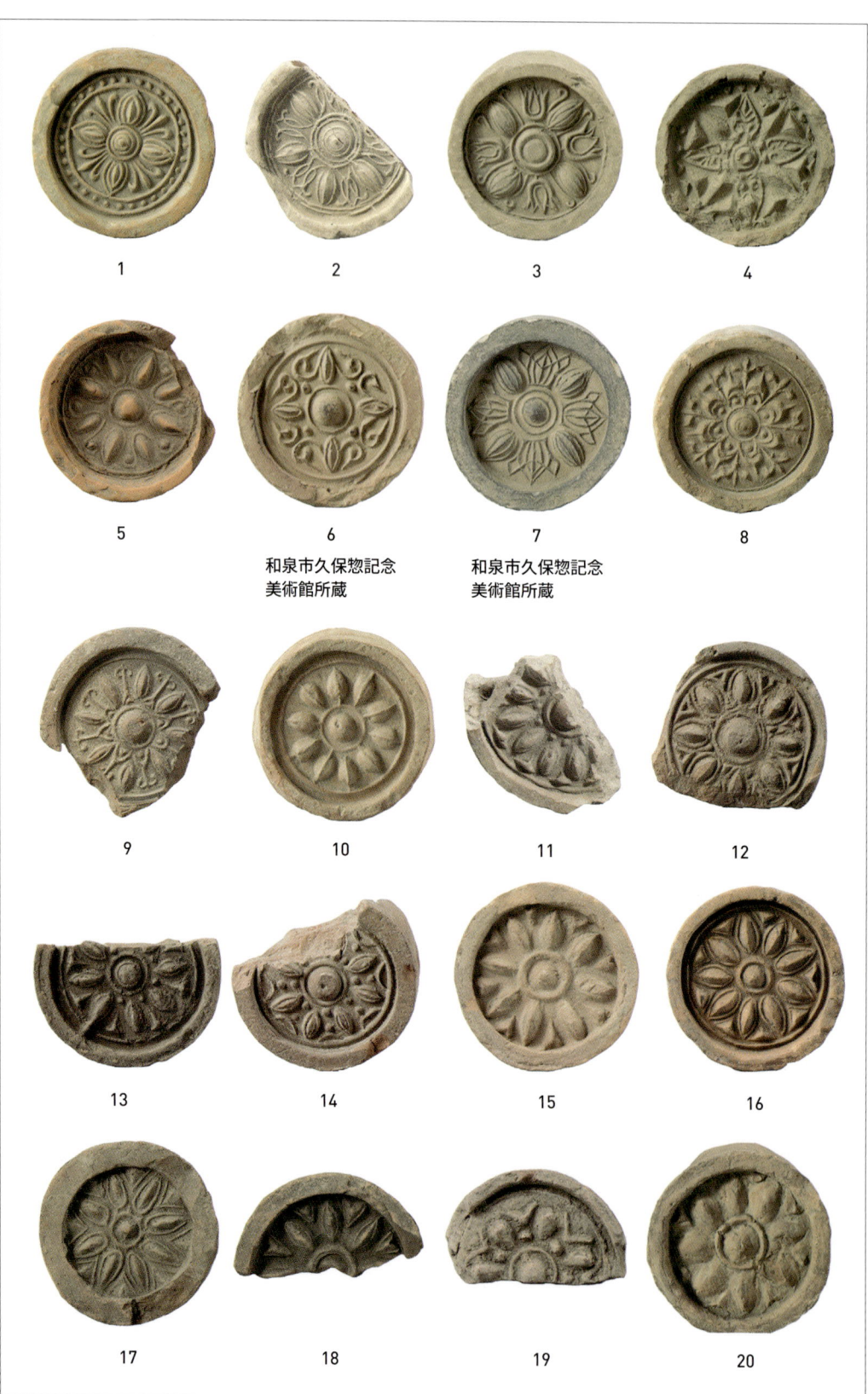

그림 5 전 고구려 와전류(축척 부동)

가 누락되어 있다. 그 이유로는 집안 지역에서 발견되는 권운문 수막새를 고구려 기와로 생각하지 않았을 가능성을 생각해 볼 수 있다. 이후 고구려 와전류를 집성한 이우치 이사오, 고구려 수막새의 개략적인 변천 양상을 소개한 세키구치 히로쓰구(關口廣次) 등 고구려 기와 관련 초창기 연구자들도 세키노와 같이 권운문 수막새를 연구 대상에 포함시키지 않았다.

고구려의 권운문 수막새가 연구의 전면에 등장하게 되는 것은 집안 지역 고구려 유적에 관한 세밀한 보고서[11]가 간행되면서부터이다. 하지만 중국에서 간행된 고구려 관련 보고서에서 제시하고 있는 기와의 연대관이나 연구자들의 여러 설에 관해서도 신중한 검토와 비판이 필요하다. 여기에는 고구려사를 중국사에 편입시키려는 의도를 다분히 품고 있는 동북공정을 뒷받침하기 위한 근거의 하나로서 고구려 기와를 연구에 활용하고자 하는 목적이 깔려 있다는 느낌을 지울 수 없기 때문이다. 따라서 정치적인 성향을 배재한 채 순수한 학술적인 관점에서 고구려 기와에 관한 연구와 접근이 요구된다.

고구려 무덤에서 출토된 구획선연화문 수막새 이외에도 다양하고 복잡한 문양적 속성이 확인되는 전 고구려 수막새류가 일본에 소재한다. 이와 같이 고구려 수막새로 전하는 자료들이 모두 고구려 시대의 기와인지에 관해서는 다양한 조건에서 검토할 필요가 있다. 필자는 고구려 기와로 판별할 수 있는 일정한 조건을 제시한 후, 이에 입각해 고구려 기와의 형태와 특징에 관해 검토한 바 있다.[12] 이를 기준으로 검토해 볼 때, 일본에 소재하는 전 고구려의 와전류 중에는 현 단계에서 고구려의 유물로 판단하기 어려운 것들이 있다.[13] 물론 이와 같은 기와들이 모두 고구려의 기와가 아니라고 부정하는 것은 아니지만, 차후 새로운 자료의 증가로 인한 제 특징의 검토를 통해 고구려 기와로 명확하게 단정 지을 수 있게 된다는 점을 강조하고 싶다. 하지만 이를 차치하고라도 〈표 3〉과 같이 고구려 기와로 정의 내릴 수 있는 수막새류를 살펴보면,[14] 백제나 신라를 비롯한 3~7세기대의 동북아시아의 여러 왕조에서 제작된 수막새

---

11 吉林省文物考古硏究所·集安市博物館, 2004a, 『集安高句麗王陵-1990~2003年集安高句麗王陵調査報告』, 文物出版社; 吉林省文物考古硏究所·集安市博物館, 2004b, 『國內城-2000~2003年集安國內城與民主遺址試掘報告』, 文物出版社.

12 주홍규, 2014, 앞의 글.

13 이 글에서 현 단계에 명확히 고구려의 기와로 단정 지을 수 있는 수막새류는 다음과 같다(〈그림1〉의 1~8, 10~20. 〈그림 2〉의 1~4, 6, 8~9, 12~15, 17~20. 〈그림 3〉의 1~5, 16, 19, 20. 〈그림 4〉의 1~12, 16~19. 〈그림 5〉의 1~3, 5~6, 8~20. 〈그림 6〉의 2~6, 8).

14 문양적 속성에 따라 명칭을 부여하는 것은 각 형식의 변화 양상이나 상관 관계, 유사 속성의 변천, 동일 단위 문양의 존속 여부 등을 판단할 수 있기 때문에 중요하다.

표 3 고구려 수막새 명칭 분류표

수막새 명칭		문양상 특징
복합연화문계 (複合蓮華紋系)	복합연화인동문 (複合蓮華忍冬紋)	연화문양 사이에 인동문양이 배치된 수막새
	복합연화연화인동변문 (複合蓮華蓮華忍冬弁紋)	연화문양의 사이에, 인동문양이 평면형의 연화문양 속에 표현된 연화인동변문양이 배치된 수막새
	복합연화수면문 (複合蓮華獸面紋)	연화문양의 사이에 수면문이 배치된 수막새
	복합연화뢰문 (複合蓮華蕾紋)	연화문양의 사이에 평면형의 연화문양 및 꽃봉우리 형태의 문양이 배치된 수막새
	복합연화시체문 (複合蓮華柿蔕紋)	연화문양의 사이에 감껍질 모양의 문양이 배치된 수막새
	복합연화시형문 (複合蓮華矢形紋)	연화문양의 사이에 화살모양의 문양이 배치된 수막새
	복합연화화문 (複合蓮華花紋)	연화문양 사이에 꽃모양의 문양이 배치된 수막새
	복합연화중변문 (複合蓮華重弁紋)	연화문양의 사이에 겹쳐진 연화문양이 배치된 수막새
중권문계 (重圈紋系)	파상문 (波狀紋)	중방을 중심으로 복수의 파상문이 둘러싸고 있고, 그 사이에 세밀한 선문이 표현된 수막새
	연화중권선문 (蓮華重圈線紋)	중방을 중심으로 중권문이 돌아가고, 그 속에 연화문양을 배치한 수막새
	연화중권문 (蓮華重圈紋)	중방과 연화문양 사이에 중권이 돌아가는 수막새
인동문계 (忍冬紋系)	인동문 (忍冬紋)	인동문양과 중방에 의해 와당면이 구성된 수막새
	복합인동화문 (複合忍冬花紋)	중첩된 연화문의 사이에 긴 줄기를 가진 인동문양이 배치된 수막새
연화문계 (蓮華紋系)	연화V자문 (蓮華V字紋)	연화문양의 사이에 V자 문양이 배치된 수막새
	호선연화문 (弧線蓮華紋)	중첩된 연화문양의 바깥을 호선이 둘러싸고 있는 수막새
	평면형중변연화문 (平面形重弁蓮華紋)	평면형의 중첩된 연화문양 사이에 굵은 돌출선이 배치된 수막새
	평면형단변연화문 (平面形單弁蓮華紋)	평면형의 단순화된 연화문양 사이에 주문(珠紋)을 배치한 수막새
	당초부연화문 (唐草附蓮華紋)	끝이 갈고리 모양으로 굽은 짧은 당초문양이 연화문양의 끝에 붙어 있는 연화문양 배치된 수막새
	당초리연화문 (唐草離蓮華紋)	짧은 당초문양이 연화문양의 주위를 감싸고 있는 형상의 수막새
	당초연화문 (唐草蓮華紋)	연화문양과 연결된 당초문양이 서로 얽혀 있는 수막새
복선당초부연화문 (輻線唐草附蓮華紋)		2줄 1조를 이루는 구획선을 배치하고, 그 사이에 연화문양을 감싸듯이 당초문양이 표현된 수막새
법륜문 (法輪紋)		중방에서 방사선 형태로 퍼져나가는 문양이 배치된 수막새

수막새 명칭	문양상 특징
와문 (渦紋)	중방 주위에 다수의 소용돌이 문양이 배치된 수막새
반규문 (蟠虬紋)	새끼 용이 놀고 있는 모양을 반규문양이라고 부르는데, 반규문양이 중방의 주위에 배치된 수막새
기하학문 (幾何學紋)	중방을 중심으로 기하학문양이 배치된 수막새
화문 (花紋)	평면형에 가까운 꽃모양이 배치된 수막새
귀면문 (獸面紋)	입체적으로 표현된 짐승(혹은 귀면)문양이 배치된 수막새
보상화문 (寶相華紋)	연화문양 속에 보상화문이 배치된 수막새
평면화문 (平面花紋)	중방 주위에 평면형 꽃무늬가 배치된 수막새
미상	전체 문양의 확인 불가

류와 비교해 볼 때, 매우 다양한 문양적 속성을 가진 것들이 고구려에서 제작되어 사용되고 있었던 것은 부인할 수 없다. 장식성과 상징성이 강한 와전류에 있어서만은 여타 왕조들과 달리 다양성과 화려함을 추구했던 것으로 생각된다.

한편, 〈그림 6〉의 일본 소재 유물들 중에는 고구려의 벽돌이 있다. 〈그림 6〉의 16~19는 천추총과 태왕릉에서 출토된 명문전이다. '원태왕릉안여산고여악(願太王陵安如山固如岳)'이나 '천추만세영고(千秋萬歲永固)', '보고건곤상필(保固乾坤相畢)' 등 각종 길상구가 확인되고, 집안 지역에서도 가장 큰 규모를 자랑하는 무덤에서 발견되는 유물이라는 점에서 이와 같은 벽돌류가 고구려 유물이 아니라고 부정하는 견해는 없다. 다만, 이 벽돌류가 어떤 목적으로 사용되었는지에 관해서는 아직도 명확한 해답을 내리지 못하고 있다. 측단면을 잘라내고 정면하는 방향이 균일하지 않고 외면에 회반죽이 부착된 것들이 많은 등 관찰할 수 있는 여러 특징들은 어떤 목적에서 이와 같은 벽돌이 사용되었는지를 밝히는 실마리를 제공해 줄 수 있을 것이다.

〈그림 6〉의 11은 1938년에 집안 지역을 조사한 시치다의 자료로서 七田忠昭所藏品 기와류인데, 임강총에서 발견했다고 주기되어 있다. 형태는 삿갓모양이지만 〈그림 6〉의 12와 같이 측면에 포목흔이 관찰되는 독특한 것이다. 이와 같은 형태의 기와류는 2004년의 고구려 왕릉 보고서에서도 확인할 수 있는데, 역시 임강총에서 출토된 것으로 보고되었지만 측면의 제작기법상 제 특징은 보고되지 않았다. 필자는 임강총에서 출토되는 기와류 중에는 낱장제작이

라는 독특한 방법으로 만들어진 기와류가 존재한다는 점을 지적했다.[15] 평기와류의 측면에 포목흔이 남는 것은 와통을 이용하지 않고 하나씩 기와를 제작했다는 명확한 근거가 된다.[16] 지금까지 이러한 제작기법상의 특징을 가지는 기와는 고구려 이외의 기와류에서 확인되지 않는다. 8세기 이후의 일본 기와에서 유사한 특징이 관찰되는 것이 일부 존재하지만, 기와의 제작에서 분명한 차이를 보이기 때문에 임강총에서 출토된 낱장제작 기와류와는 구별된다. 따라서 고구려의 조와 기술에는 주변의 여타 왕조와는 다른 독특한 기술로 만들어진 기와가 존재한다는 것을 알 수 있다. 〈그림 6〉의 11의 경우는 낱장제작으로 만들어진 암키와를 삿갓모양의 특수한 기와로 재이용했을 가능성이 높다. 이런 형태의 기와류가 어떤 목적으로 언제 만들어졌는지에 관해서는 아직 충분한 검토가 이루어지지 못하고 있는 실정이다. 출토된 유물이나 고분의 구조를 통해 임강총의 조영 연대를 단정 짓기는 어렵지만, 차후 임강총의 조영 시기를 판단할 수 있는 자료로서의 중요성과 가치는 높다고 할 것이다.

〈그림 6〉의 13과 〈그림 6〉의 14는 전 평양 지역 출토 문양전으로 한 점의 문양전 장단면에 서로 다른 문양이 좌우 측면에 배치되어 있는 점이 특징이다. 이 자료의 원형으로 복원 가능한 것은 우메하라 스에지가 간행한 『朝鮮古文化綜鑑 四』에 게재되어 있다. 이와 같은 유물이 집안 지역에서 발견되었다는 보고가 지금까지 없으므로 평양 지역에 한정해 사용되었던 벽돌로 추정된다. 하지만 이 유물 역시 고구려 시대에 제작된 것인지에 관해서는 차후에 좀 더 상세한 검토가 필요하다.

〈그림 6〉의 15와 같은 문양전은 2004년에 간행된 고구려왕릉 보고서에서도 확인되는 유물이다. 일본에서는 규슈대학과 시치다 자료에서 확인되는데, 문양적 속성은 대동소이하지만 색조에서 회색과 적색이라는 차이를 보인다. 이는 소성 시에 생긴 차이로 생각되는데, 태토의 성질이나 문양적 속성에서 동일하므로 같은 시기에 동일한 제작집단이 만든 벽돌일 가능성이 높다. 평양 지역에서는 이와 같은 벽돌류의 보고가 확인되지 않으므로 집안 지역에 한정해 제작되고 사용되었을 가능성이 높다. 다만 집안 지역에서 출토된다는 점만으로 고구려 시대의 유물로 단정 짓기는 어렵기 때문에, 차후 상세한 연구를 통해 이 벽돌류의 제작 시기를 판단할 필요가 있다.

일본에 소장된 전 고구려 와전류 중에는 고구려 고분에서 출토된 평기와류가 있다. 이에

---

15 주홍규, 2014, 앞의 글.
16 佐原真, 1972, 「平瓦桶巻作り」, 『考古學雜誌』 58-2, 日本考古學會.

그림 6　전 고구려 와전류(축척 부동)

관한 상세한 검토는 다니 도요노부(谷豊信)의 연구[17]가 있어서, 고구려 평기와류의 특징에 관한 일단을 알 수 있다. 특히 〈그림 7〉의 1, 16, 17, 18의 평기와류를 고구려의 것으로 단정 지을 수 있는 이유는 출토지가 경신리1호분(소위 한왕묘)과 태왕릉 등의 고구려 고분이며 이에 관한 조사 기록이 남아 있어서 관련 사정을 확인할 수 있기 때문이다. 비록 무덤 내부에서 발견되지 않고 적석이나 봉토 등 무덤 외부에서 발견되기는 했지만 후대에 거대한 무덤 바깥에 다수의 기와를 제작해 사용할 이유가 적다는 점을 감안하면 이와 같은 고구려 고분에서 출토된 평기와류는 고구려의 평기와로서 편년 연구의 중축을 담당할 수 있는 중요한 유물들이다.

반면, 상술한 유물 이외에 일본에 소장된 평기와류는 전 고구려 기와류로 볼 수는 있지만, 고구려의 평기와로 명확하게 단정 짓기는 어렵다. 예를 들어 중국이나 북한에서 조사, 보고된 고구려의 평기와류와 동일한 기술상의 특징이 일본에 소장된 전 고구려의 평기와에서 확인된다고 하더라도, 기와의 특성으로 볼 때 고구려의 유적에서 발견된 기와류가 고구려 시대에 제작된 것이라고 우선 판단할 수 있어야만 일본에 소재한 집성자료들도 고구려 시대의 것이라고 단정 지을 수 있다.[18]

기존의 고구려 기와에 관련된 연구에서는 적색 계통의 기와를 고구려 시대의 것으로 보려는 경향이 강하다. 물론 고구려 기와류를 살펴보면 집안에서 평양으로 천도한 이후에는 적색 계통을 선호했을 가능성은 높다고 생각된다. 하지만 같은 동형(同型)의 수막새라고 하더라도 적색과 회색의 것이 동시에 확인되는 경우도 있고, 일본의 이키섬(壱岐島)을 비롯한 주변 지역의 기와류에도 적색 계통이 있으므로, 단순히 적색계통의 기와가 고구려 기와라는 등식은 성립되지 않는다. 이와 같은 경향은 특히 고구려 산성 연구에서 강한데, 구체적인 유물을 제시하지 않고 적색 기와가 있다고 하는 간략한 기술만으로 고구려 산성을 지목하는 점은 문제가 있다고 지적하지 않을 수 없다.

이상과 같은 근본적인 문제점도 있지만 〈그림 7〉에서 제시한 평기와류가 모두 고구려 시대의 것이라고 가정한다면, 지금까지 연구 성과에서 확인되지 못한 고구려사의 새로운 연구가 가능하게 될 여지도 충분히 있다. 예를 들어 〈그림 7〉의 5와 같이 일본의 국학원대학(國學

---

17 谷豊信, 1989, 「四・五世紀の高句麗の瓦に関する若干の考察-墳墓発見の瓦を中心として-」, 『東洋文化研究所紀要』 108, 東京大東洋文化研究所.

18 그 단적인 예로서 국내성 유적에서 발해 시대의 상경 용천부로 추정되는 동경성 출토 유물과 동형인 하트 문양의 수막새도 발견되었다(吉林省文物考古研究所·集安市博物館, 2004b, 앞의 책). 고구려 유적에서 출토되는 유물이 모두 고구려 시대에 해당하는지에 관해서는 신중한 판단이 요구된다.

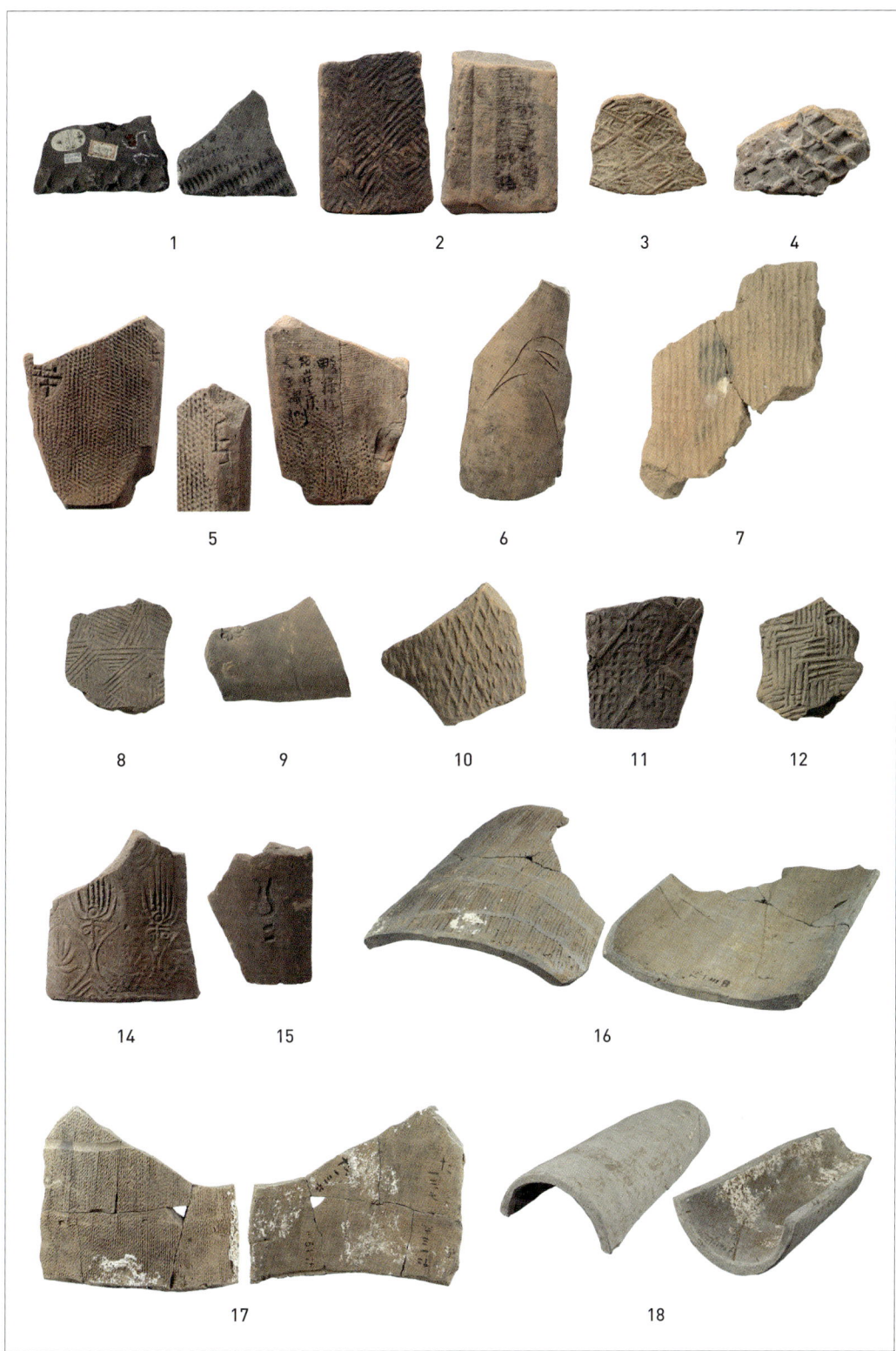

그림 7 전 고구려 와전류(축척 부동)

院大學)에 소장된 전 집안 지역 출토 유물로 주기된 것에는 타날이 있는 외면에 압인된 '寺'자가, 와도흔이 관찰되는 측면에는 날카로운 도구를 이용해 새긴 '寺'자가 확인된다. 만약 국학원대학에 소장된 전 집안 지역 출토 유물로 주기된 자료가 고구려 평기와이고, 출토지가 고구려 중기 왕성이 있었던 집안 지역이라고 단정 지을 수만 있다면, 이 유물이 출토된 곳에는 지금까지 알려지지 않은 집안 지역의 고구려 사원터가 존재할 가능성이 매우 높다는 점에서 큰 의의가 있다.

〈그림 8〉의 1~4는 소위 현월와(弦月瓦)로 명칭되는 것들이다. 형태적인 특징에서 반와당이라고 불리는 중국 전국시대 기와류와는 전혀 다른 성격의 특수기와로 볼 수 있다. 특히 이 기와류들에서는 와당 뒷면에서 확인되는 접합 흔적이 전형적인 고구려 수막새 접합 기법에서만 확인되는 다치구 긁기 기법이 확인된다는 점에서 고구려 시대에 제작된 특수기와로 추정이 가능하다. 이와 같은 현월와는 집안 지역을 비롯한 여타의 고구려 강역이나 주변 왕조의 유물에서는 발견되지 않고 오직 평양 지역에서만 출토되는 것으로 전한다. 현월와는 직각으로 와당의 뒷면에 수키와를 접합하는 것이 아니라 사선 방향으로 비스듬히 붙이게 된다. 따라서 일반적인 지붕의 처마 끝에 사용되기보다는 복잡한 형태의 지붕 틈새에 방수효과를 노리고 제작된 것으로 생각된다. 이러한 형태의 고대기와는 고구려의 것으로 알려진 것 이외에는 발견되지 않으므로 고구려의 독창적인 조와술의 결과물로 상정할 수 있다.

IV
일본 소재 전 고구려 와전류의 진위 검토

상술한 제Ⅲ장에서 살펴본 바와 같이 고구려의 유물로 판단할 수 있는 자료들과는 달리, 고구려의 와전류를 모방해 만든 것으로 보이는 것들도 있다. 조사 중에 확인할 수 있었다. 그 대표적인 사례들을 살펴보면 〈그림 8〉의 5~8과 같은 것들이 있다.

우선 출토지가 전 평양으로 알려진 〈그림 8〉의 5는 집안 지역과 평양 지역에서 출토되는 것으로 일반적으로 알려져 있는 고구려 귀면문 수막새와는 표현된 문양적 속성에서 차이를 보인다. 입 모양이 역삼각형 혹은 장방형에 가깝고, 위, 아래의 치아가 표현된 집안 지역 및 평양 지역에서 출토되는 고구려 귀면문 수막새인 〈그림 2〉의 12~14들과는 달리 이 수막새는 한쪽만 치아가 표현되어 있다. 고구려의 수막새에서 관찰되는 다치구 긁기 기법이나 대칼긁기 등과 같은 접합 기법도 확인할 수 없었다. 고구려보다 후대에 만들어진 기와나 고구려의 귀면문 수막새를 모방해서 만든 근현대의 것일 가능성을 배제하기 어렵다.

　수막새류인 〈그림 8〉의 6~8과 암막새인 〈그림 8〉의 16은 지금도 제작 시기 관련 논의가 계속되고 있는 안학궁지 출토품 및 전 만월대 출토품과 동형인 것들이다. 이 중에서도 우선 수막새류에 관한 기존의 연구 성과를 검토해 보면, 5세기 중엽 제작설,[19] 고구려 말기 제작설,[20] 통일신라 시대 병행기 제작설,[21] 고려 시대 제작설[22] 등이 있다. 한국의 고고학 연구에서 하나의 유물에 500년 이상의 제작 시기에 관한 견해 차이를 보이는 것은 매우 드물다. 그만큼 이 유물들에 대한 시각 차이가 극명하다는 의미다. 〈그림 8〉의 6~8과 같은 기와들의 제작 시기 판단은 안학궁지 및 만월대의 조영 시기 판단에 일조할 수 있기 때문에도 중요하다. 이들 수막새의 경우 주연부에 주문이 연속해 형성되어 있는 문양적 속성과, 와당 뒷면에 횡으로 돌아가는 1~2줄의 홈이 패여 있는 독특한 특징이 확인된다. 이와 같은 문양적 속성 및 제작기법상 특징은 일본 각 기관에 소장되어 있는 동형의 유물들을 조사하는 과정에서도 공통적으로 확인할 수 있다. 단순히 와당면에 수키와를 접합하기 위해서는 굳이 전체적으로 홈을 팔 이유가 없기 때문에, 이 1~2줄의 패인 홈이 어떤 역할을 하는 것인지에 관해서는 차후의 논의로 미루더라도, 문양적 속성과 제작기법상의 속성이 일반적인 고구려의 수막새에서는 관찰되지 않는다. 주연부에 주문이 돌아가는 문양적 속성이 관찰되는 것은 통일신라 시대 이후에 제작되는 수막새에서 주로 관찰되는 특징이므로, 〈그림 8〉의 6~8을 고구려의 수막새로 정의 내리기는 어렵다. 현 단계에서는 이 기와들을 통일신라 시대 이후에 제작된 것으로밖에 볼 수 없으므로, 세키노 다다시의 고구려 기와 관련 연구에서부터 다루어지고 있던 이 기와들을 향후 고구려의 기와 연구에서 배제할 필요가 있다.

19　김일성종합대학 고고학 및 민속학 강좌, 1973, 『대성산의 고구려 유적』, 김일성종합대학출판사.
20　關野貞, 1930, 「瓦」, 『考古學講座』 9, 雄山閣.
21　濱田耕作·梅原末治, 1934, 『新羅古瓦の研究』, 京都帝國大學; 關口廣次, 1987, 「瓦當文樣雜考 - 高句麗の瓦當文樣を中心として -」, 『考古學ジャーナル』 285, ニューサイエンス社; 千田剛道, 1996, 「高句麗·高麗の瓦」, 『朝鮮の古瓦を考える』, 手塚山考古學談話會第555回記念手塚山考古學研究所; 井內編, 1978, 『朝鮮瓦塼圖譜 Ⅵ 高麗·李朝』, 井內古文化研究室; 梅原末治·藤田亮策編, 1966, 『朝鮮古文化綜鑑 四』, 養德社; 朴銀卿, 1988, 「고려 드림새 문양의 편년연구」, 『고고역사학지』 4, 동아대학교박물관.
22　주홍규, 2014a, 「고구려기와의 분류와 특징에 관한 일고찰」, 『先史와古代』 41, 한국고대사학회.

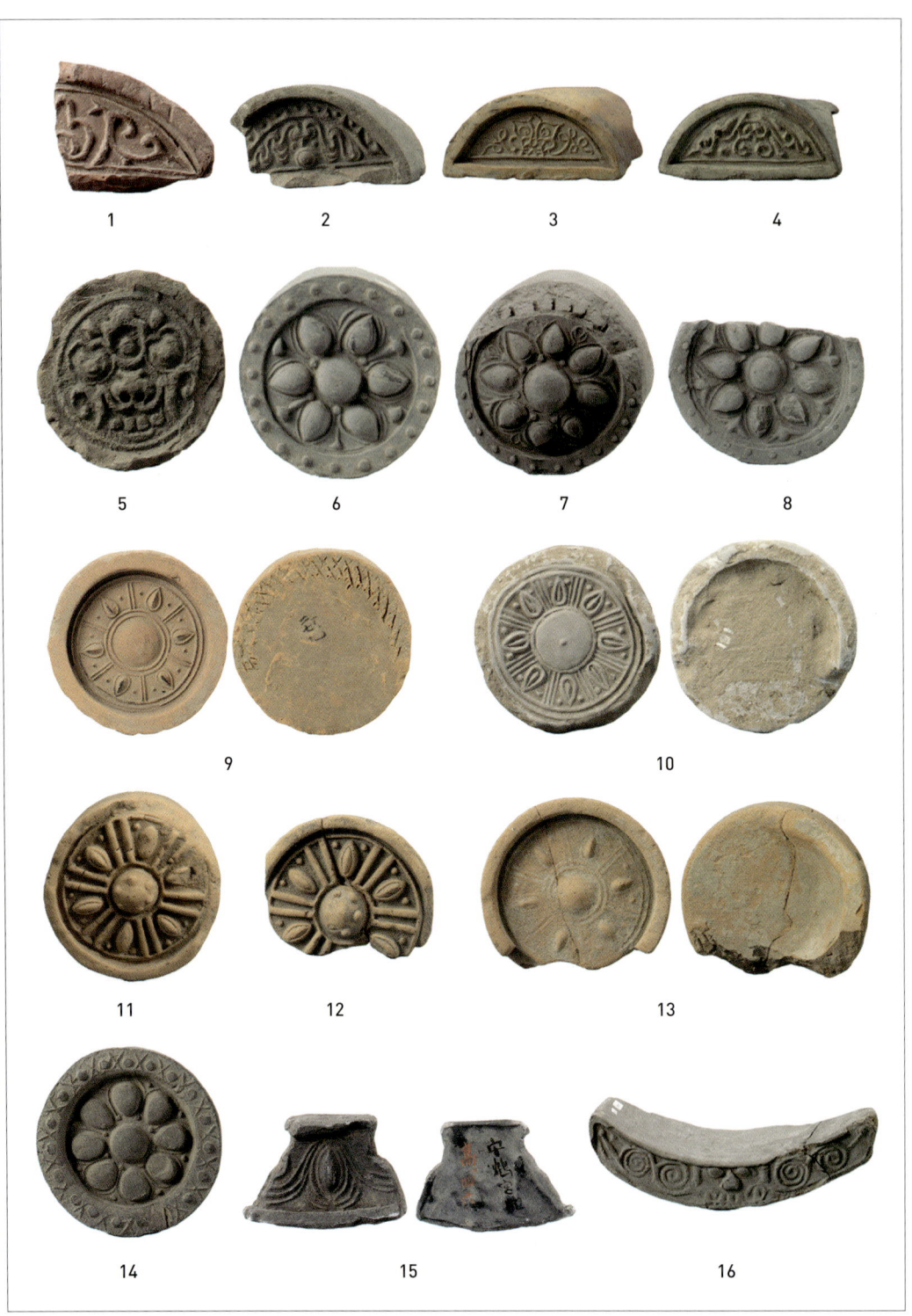

그림 8 고구려의 현월와 및 고구려 기와로 정의하기 어려운 기와류의 예(축척 부동)

한편, 〈그림 8〉의 16은 안학궁지에서 출토된 암막새와 동형의 것이다. 전술한 안학궁지 등에서 출토된 수막새류와 마찬가지로 이러한 암막새 역시 연구자들 사이에서 제작 시기에 관해 상당한 시각 차이를 보이고 있다. 이 암막새를 고구려 시대의 것으로 간주하게 되면 문양부의 드림새가 완벽하게 형성된 암막새를 최초로 제작하는 기술은 고구려에서 완성된 것으로 볼 수 있다. 그러나 이 암막새 또한 고구려 당대에 제작된 것이라는 증거를 제시할 수 없다. 전술한 안학궁지 등에서 출토된 수막새와 이 암막새가 세트 관계를 이루고 있었다고 본다면, 그 제작 시기는 통일신라 시대를 거슬러 올라가지는 않을 것이다. 차후 통일신라 시대나 고려 시대의 암막새로 명확히 정의할 수 있는 기와들과의 세밀한 비교 및 검토를 통해 정확한 제작 시기가 판단될 것을 기대한다.

〈그림 8〉의 9~13은 고구려의 수막새로 간주되어 각 기관에 소장되어 있는 것들이다. 이 중에서도 〈그림 8〉의 13을 제외하고는 모두 적색 계통의 구획선연화문 수막새라는 공통된 문양적 속성을 가지고 있다. 그런데 적색 계통의 것이 고구려의 기와류에서 다수 확인되므로, 〈그림 8〉의 9~12와 같은 기와들이 무비판적으로 고구려의 기와로 간주되어 왔다는 사실을 부정하기 어렵다. 결론적으로 이 기와들은 고구려의 수막새가 아니라 고구려의 수막새를 모방해서 제작된 근현대의 것일 가능성이 높다. 〈그림 8〉의 9, 10, 13은 중방이 여타 고구려 수막새에 비해 과도하게 크고 넓으며, 내부권선과 외부권선 사이의 폭이 상당히 좁은데, 각 구획선 사이에 배치된 연화문은 거의 같은 크기와 형태를 띠고 있다. 이 수막새류는 여타 고구려 수막새보다 아주 가벼운 느낌이 든다. 또한 〈그림 8〉의 9는 집안 지역의 고구려 왕릉급 무덤에서 출토되는 수막새와 유사하게 와당 뒷면에 수키와를 접합하기 위한 대칼긁기 수법이 확인되지만, 수키와를 부착한 흔적이 전혀 발견되지 않는다. 오히려 의도적으로 접합흔이라는 점을 강조하기 위해서 이러한 수법을 넣은 것으로 보인다. 한편, 〈그림 8〉의 11, 12는 같은 범을 이용해 만든 적색 계통인 동형의 구획선연화문 수막새로 추정되는데, 이 기와들 또한 고구려 당대에 제작된 수막새라는 것을 증명할 방법이 현재로서는 전무하다. 이와 같은 기와는 지금까지 정식으로 발굴된 조사에서 확인되지 않았다. 회색 계통의 연화문 수막새인 〈그림 8〉의 14도 마찬가지로 고구려의 수막새가 아닌 모방품이나 시기가 내려오는 기와일 가능성이 높다.

〈그림 8〉의 15는 고구려 기와로 주기되어 와세다대학에 소장되어 있는 것이지만, 원래 도쿄대학에 소장되어 있는 전 안학궁지 출토 암막새를 석고로 본떠 만든 것이다. 정교하게 만들었기 때문에 기와를 판별하지 못하는 사람이 기와로 등록해 버린 결과 지금까지 고구려의 암막새로 전해지게 되었다.

이상과 같은 유물 관찰의 소견으로 비추어 볼 때, 기존에 고구려의 와전류로 보고된 집성 자료들을 모두 고구려 시대의 것으로 간주하고 연구대상으로 포함시켜 다루거나 연구에 활용하는 것은 심각한 혼란을 초래할 수 있으므로 경계할 필요가 있다.

V
고구려 와전 연구에서 일본 소재 기와류의 역할

일본에 소재하는 고구려 와전류 중에서 연대 추정이 어느 정도 가능한 것들이 있는데 그 대다수는 수막새류이다. 그중에는 특히 고구려 기와 연구에서 편년의 기준이 될 수 있는 것들도 있다. 수막새의 경우 기와 자체에 연대 판단이 가능한 명문이 확인되지 않더라도 실연대를 알 수 있는 자료와의 비교를 통해 제작 시기를 판단할 수 있다. 고구려가 존속하는 당시에는 중원 지역의 문화가 고구려까지 미치고 있었던 점을 감안해 볼 때, 연대 판단이 가능한 주변 왕조의 유물과 비교하여 연대를 구할 수 있고, 이를 기준으로 각 단위문양의 세부적인 변화를 추정할 수 있다. 또한 그 결과를 통해 고구려의 유적에서 출토된 기타 유물들의 제작연대 및 유적의 조영 시기를 판단할 수 있는 기준이 되기도 한다.[23]

현재 일본에 소장되어 있는 고구려의 수막새로 판단 가능한 자료들 중에서 3세기 말~4세기 후반까지에 제작된 것으로 알려진 권원문 수막새는 확인되지 않는다. 따라서 4세기 후반 이후부터 제작되기 시작하는 구획선연화문 수막새가 가장 이른 시기의 것이다. 그중에서도 특히 왕릉급으로 판단되는 태왕릉, 천추총, 장군총, 경신리1호(한왕묘)에서 출토된 구획선연화문 수막새들은 4세기 후반에서 5세기 말에 제작된 단위문양의 속성과 제작기법상에서 변화하는 양상을 확인할 수 있어서, 고구려 수막새의 변화 및 획기의 설정을 하는 데 큰 역할을 담당할 수 있는 유물들이다. 필자는 이와 같은 수막새들의 검토를 통해 〈그림 9〉와 같은

---

23 예를 들어 집안 지역에 위치하는 상활룡5호분은 부근에서 장군총에서 출토되는 구획선연화문 수막새와 매우 유사한 기와가 출토되었기 때문에, 그 조영 시기를 장군총의 조영 시기와 비슷하다고 간주하기도 한다 (集安縣文物保管所, 1984, 「集安縣上,下活龍村高句麗古墓淸理簡報」, 『文物』 1, 文物出版社).

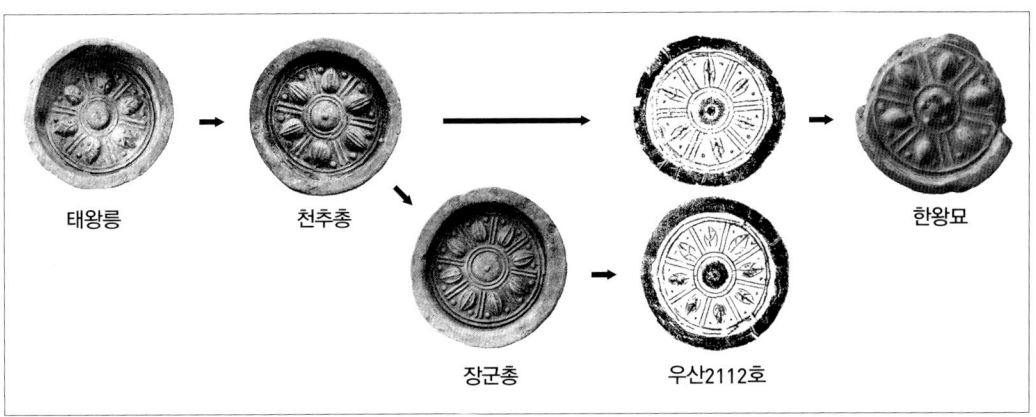

그림 9 고구려 고분 출토 구획선연화문 수막새의 변천 양상

변천 양상을 설정할 수 있었다.[24]

　기존의 연구 성과와 차별화된 새로운 관점에서 결과를 도출할 수 있었던 배경에는 〈표 4〉 및 〈표 5〉와 같은 고구려 수막새의 접합기법에 관한 확인을 통한 변천 과정 설정이 큰 역할을 담당한다. 즉 문양 위주로 편년과 변천 양상을 주로 검토해 온 기존 연구의 약점을 실물 관찰을 통한 제작기법상의 검토를 가미해 근거를 보완할 수 있었던 것이다. 그 결과 중국 측의 연구에 의존해 4세기 말로 보던[25] 우산2112호에서 출토된 구획선연화문 수막새의 제작 시기를 5세기 2/4기경으로 결론지을 수 있었다. 여기에 그치지 않고 고구려 구획선연화문 수막새의 제작 시기 판단은 우산2112호의 조영 시기가 4세기로 거슬러 올라가지도 않으며, 5세 중엽에 사망한 고구려의 왕이 없는 점에서 이 무덤이 왕릉이 아니라는 것을 방증해 준다. 더구나 기와 출토가 고구려 왕릉의 필요조건이라는 기존 입장[26]은 성립되지 않으며, 고구려의 무덤에서 기와가 출토되는 것은 왕릉의 충분조건일 뿐이라는 것을 알 수 있게 해 준다.

　한편, 이와 같은 구획선연화문 수막새의 제작 연대는 5~6세기 고구려 왕릉 연구에서의 피장자 검토에 중요한 판단 근거로서 역할을 담당한다. 필자는 경신리1호(한왕묘)의 피장자를 장수왕으로,[27] 전 동명왕릉의 피장자를 문자명왕으로 비정했다.[28] 경신리1호(한왕묘)에서 출토

24　주홍규, 2015a, 「고구려 고분출토 구획선연화문 수막새의 변천」, 『한국상고사학보』 88, 한국상고사학회.
25　吉林省文物考古硏究所, 2009, 「集安禹山M2112墓室淸理報告」, 『吉林集安高句麗墓葬報告集』, 科學出版社.
26　吉林省文物考古硏究所·集安市博物館, 2004a, 앞의 책.
27　주홍규, 2017, 「고구려 기와로 본 경신리 1호분(소위 「한왕묘」)의 조영연대와 피장자 검토」, 『한국사학보』 68, 고려사학회.
28　주홍규, 2019b, 「고구려 문자명왕릉 연구」, 『고문화』 93, 한국대학박물관협회.

표 4 고구려 수막새의 접합 기법에 따른 분류

접합 기법	사례	특징	확인되는 고구려 수막새의 유형
긁기1		수키와를 와당부의 뒷면에 접합하기 위해 단위를 가지지 않는 날카로운 도구를 이용해 긁어낸 것	구획선연화문, 복합연화문
긁기2		와당부에 수키와를 접합하기 위해 뒷면을 일정한 폭을 가지는 도구를 이용해서 긁어낸 것	구획선연화문
긁기3 (다치구)		와당부에 수키와를 접합하기 위해 단위를 가지는 빗상의 도구(多齒具)를 이용해 뒷면을 긁어낸 것	권운문 수막새를 제외한 모든 유형의 고구려 수막새

표 5 고구려 수막새의 접합기법 변화 양상

접합기법	시기	4세기	5세기				6세기				7세기		
		4/4	1/4	2/4	3/4	4/4	1/4	2/4	3/4	4/4	1/4	2/4	3/4
긁기	1	━━━━━━━━━━━━━━											
	2			━━━━━━━━━									
	3				━━━━━━━━━━━━━━━━━━━━━━━ ━ ━ ━								

된 구획선연화문 수막새는 5세기 말에 제작된 중국 북위의 연화문 수막새와 공통된 단위 문양이 새롭게 도입되는 점에서 제작 연대를 추론할 수 있게 해 주는 유물이다.

이는 고구려 수막새와 고분의 피장자 및 조영 연대를 순환 논리에 빠지지 않고서도 설명할 수 있는 근거가 될 수 있다는 점에서도 중요하다. 여기에 그치지 않고 경신리1호(한왕묘)에 후행하는 무덤이 어떤 것인지를 무덤의 구조를 통해 파악할 수 있게 해 주는 데 일조할 수 있다.

경신리1호(한왕묘)보다 후행하는 전 동명왕릉을 비롯한 고구려의 왕릉급 무덤에서는 더 이상 수막새가 사용되지 않는다.[29] 따라서 수막새의 제작 시기를 통한 6세기 중엽 이후의 고구려 고분 피장자 및 조영 시기의 판단을 내리기는 어렵다. 하지만 전 동명왕릉의 경우는 무

---

29 주홍규, 2019b, 앞의 글.

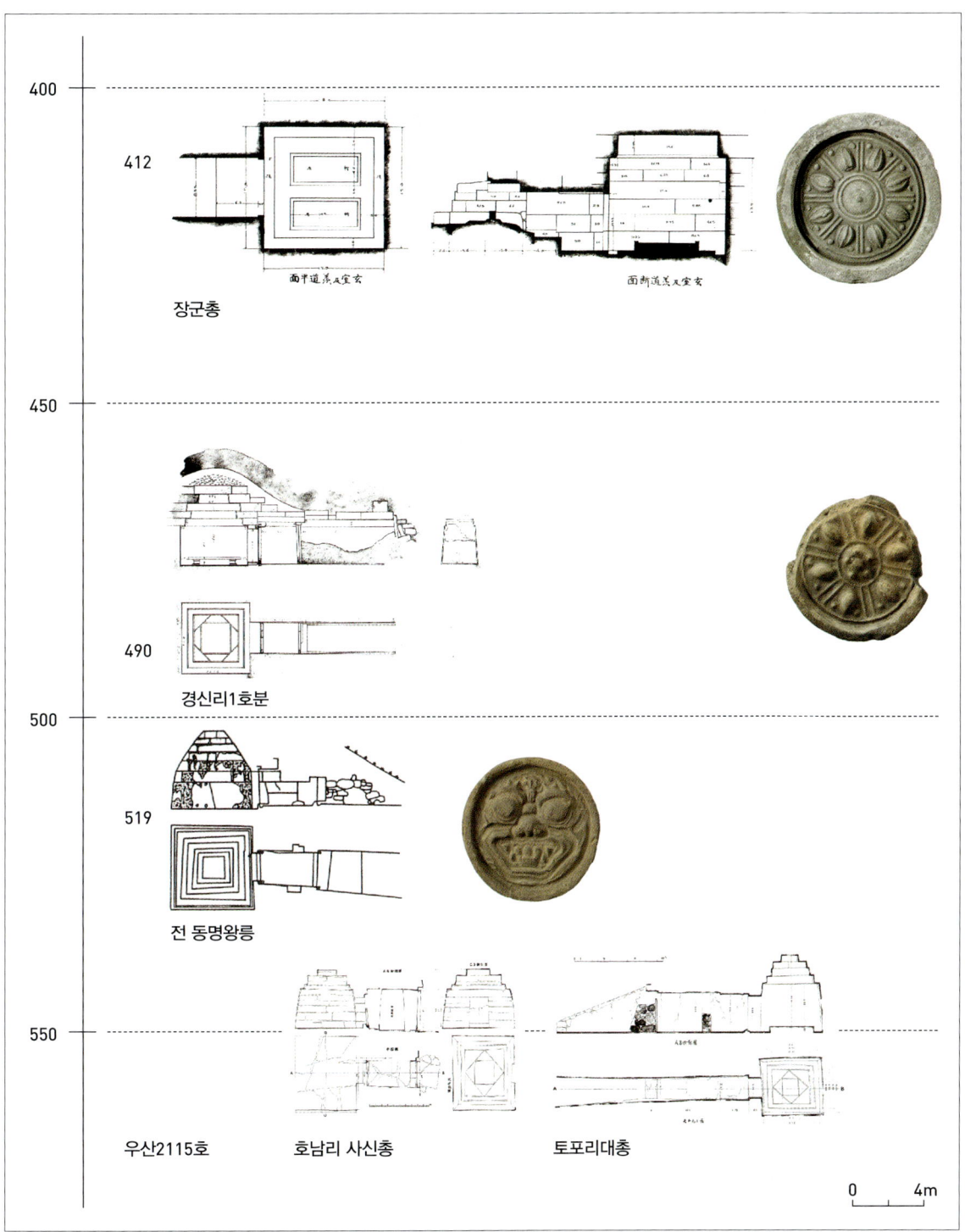

그림 10 5~6세기 고구려 왕릉의 변천

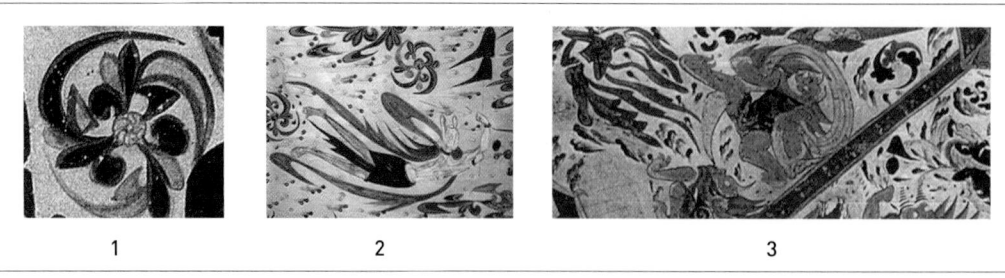

그림 11 서위 시대의 벽화에서 보이는 인동 문양

덤에서 수막새가 출토되지 않음에도 불구하고 정릉사지 출토 귀면문 수막새를 비롯한 6유형의 고구려 기와류가 그 조영 시기를 추정할 수 있는 열쇠가 된다. 전 동명왕릉의 남쪽 약 150m 부근에 위치한 정릉사지는 전 동명왕릉의 능사로 기능했다고 생각되기 때문인데, 일본에 소재하는 귀면문 수막새(〈그림 2〉의 12)와 동형의 유물이 발굴 조사에서 출토되었다.[30] 이 귀면문 수막새는 영녕사지 출토품과의 비교를 통해 6세기 1/4기 이후에 제작된 것으로 판단이 가능하다.[31]

한편, 〈그림 2〉의 17~19와 같은 인동문 수막새는 모두 다치구에 의한 긁기3 기법을 이용해 제작되었다. 이와 같은 접합기법은 5세기 4/4기 이후부터 지속적으로 고구려의 수막새에 사용되는 양상을 보인다. 수막새에 표현된 인동문양이 고구려에 유행하던 시기는 서위 시대에 조영된 벽화를 통해서 추정해 볼 수 있다. 〈그림 11〉의 1, 2와 같이 돈황 막고굴 제285호굴의 벽화에는 작은 중방의 주위를 인동문양이 돌아가는 특징이 확인된다. 이 북벽의 상층에는 대통 4년(538년)의 석굴 발원문이 있어서 서위 시대에 조영된 것임을 알 수 있다.[32] 유사한 인동문양은 동 시기에 조영된 돈황 막고굴 제249호굴 벽화에서도 확인된다(〈그림 12〉의 3). 이와 같은 의장의 인동문양에 관해서는 필자가 과문해 서위 시대의 벽화 이외에서는 확인하지 못했다. 고구려 인동문 수막새의 제작 시기 상한을 6세기 2/4기경으로 판단한다.

일본에 소재하는 전 고구려 수막새류 중에는 〈그림 3〉의 1~18과 같이 소위 복합연화문 수막새류로 분류할 수 있는 것들이 다수 확인된다. 복합연화문 수막새류의 가장 특징적인 문양적 속성은 입체적인 연화문양 사이에 평면형의 연화문양이 교대로 배치되는 것이다. 입체

---

30 김일성종합대학, 1976, 『동명왕릉과 그 부근의 고구려 유적』, 김일성종합대학출판사.

31 주홍규, 2019a, 「고구려 귀면문수막새의 변천 양상」, 『동북아역사논총』 63, 동북아역사재단.

32 敦煌文物硏究所編, 1982, 『中國石窟 敦煌莫高窟』 제1권, 平凡社.

적 연화문양과 평면형 연화문양, 그리고 중방은 세부적인 문양적 속성에서 각각 차이가 존재하는데, 특히 평면형 연화문양은 정형화된 연화문양, 검름형 연화문양, 퇴화형 연화문양으로 각각 세분할 수 있다. 이 중에서도 평면형의 연화문양이 검릉형인 것은 최근 한강 유역의 홍련봉1호 보루 및 아차산성에서도 확인되었다. 일본에 소재하는 복합연화문 수막새가 주로 평양 지역을 중심으로 출토된 것으로 알려져 있으므로, 향후 고구려의 중앙과 지방에 있어서 기와의 사용에 관한 의문점을 풀어 나갈 실마리를 제공해 줄 수 있을 것으로 기대된다.

VI 맺음말

일본의 각 기관에 소장된 고구려 와전류 및 전 고구려 와전류에 관한 장기간에 걸친 이 조사의 의의를 다음과 같이 정리할 수 있다.

일본 소재 (전) 고구려 와전류의 소장 경위에 관해서는 알려져 있지만, 반출 경위에 관한 조사는 충분히 이루어지지 않았다. 문화재는 원래의 자리에 있을 때 그 가치와 의의가 있다. 만약 일본 각 기관에 소장되어 있는 (전) 고구려 와전류에 불법성이 확인된다면, 이는 당연히 반환의 대상이므로 차후 회수를 위해 세밀한 준비를 할 필요가 있다.

필자 등은 일본 소재의 (전) 고구려 와전류가 모두 고구려의 것인가 하는 점에 대한 의문을 해소하기 위해 끊임없는 고민과 성찰을 해 왔다. (전) 고구려 와전류의 연구에서 가장 시급히 해결해야 할 부분은 가장 근본적이면서도 중요한 진위 여부의 판명과 정치논리에 입각한 해석이다. 일제강점기 이후부터 지금까지 (전) 고구려 와전류에 관한 연구는 일본 연구자들과 중국 연구자들의 역사 부재 인식과 아집, 그리고 근거 없는 설정에서 자유롭지 못했다. 세키노 다다시와 이우치 이사오로 대표되는 고구려 와전류의 소개는 지금까지도 무비판적으로 수용되는 경우가 많았다. 또한 동북공정에 입각한 학문적 진리와 동떨어진 중국 측 연구의 고구려 유물에 관한 해석에 대한 비판과 경계가 부족했다. 이와 같은 실수를 반복하지 않기 위해서라도 고구려 와전류에 관한 상세한 조사와 체계적인 정비가 시급하다.

지금까지의 고구려 와전류에 관한 조사 및 보고는 주로 문양적 속성을 중심으로 간단하게 보고된 것이 많았다. 하지만 필자 등이 조사한 일본 소재 고구려 와전류는 문양적 속성과 함께 제작기법상의 특징을 같이 검토함으로써 고구려 와전 연구의 외연을 확장했다는 데 의의를 부여할 수 있다. 아무리 작은 파편이라고 할지라도 제작법상의 특징을 확인할 수 있는 유물이 존재하거나, 파편으로 보고된 발굴자료의 완형을 파악할 수도 있기 때문에 그 가치는 크다. 예를 들어 도쿄예술대학 소장 동대자 출토 유물 중에는 시체연화문(柿體蓮華紋) 수막새(〈그림 2〉의 20)가 있는데, 파편이기는 하지만 다치구에 의한 긁기3 기법이 명확히 확인된다. 이와 같은 수막새는 동대자 유적에 관한 발굴 보고 관련 자료에서 찾아 볼 수 있지만, 제작기법에 관한 정보는 기술되어 있지 않기 때문이다. 한편, 막새기와의 경우도 일정한 기준을 설정하지 않고서는 고구려의 기와라고 부르기 어려운 경우가 종종 있지만, 평기와의 경우는 그 진위 여부의 판명이 특히 어렵다. 논의가 지금도 계속되고 있는 안학궁지 출토 암·수키와가 어느 시대에 제작된 것인지를 쉽게 결론지을 수 없는 이유도 같은 원인에서 기인한다. 암·수키와에 고구려와 관련된 명문이나 문양적 속성이 확인되지 않을 경우에는 고구려 추정 기와류로 부를 수밖에 없기 때문이다. 하지만 와당 뒷면에 부착되어 있는 수키와는 고구려 기와 연구의 중요한 자료로서 활용이 가능하다. 수키와 단독으로 있는 경우에는 고구려 기와로 명확히 단정지을 수 있는 자료가 한정되지만, 고구려의 수막새에 공반된 수키와의 경우에는 그 변화 양상과 시기 판단까지도 가능할 수 있기 때문이다.

일본의 각 기관에 소장된 (전) 고구려 와전류에 관한 장기간의 조사로 기존에 밝히지 못한 새로운 고구려 고고학의 연구 성과를 올릴 수 있었다. 지금까지 문양적 속성이 중심이었던 연구에서 제작기법을 중요성을 인식시켜 고구려 와전 연구뿐만 아니라 고구려 연구 전반에 새로운 시도를 가능하게 했다. 필자 개인적으로는 고구려 기와류의 새로운 편년안을 도출할 수 있었고 고고유물의 활용을 통한 고구려사 연구의 진전을 이룰 수 있었다. 하지만 장기간에 걸친 해외 조사에서 부족한 부분과 반성할 점 또한 적지 않다. 짧은 조사 시간을 핑계로 사전준비의 부족과 와전류에 관한 연구의 태만, 연구 부족으로 실물 관찰에서 놓친 점이 많았을 것이다. 향후 문제점을 보완해 새로운 관점에서 고구려 와전 연구에 임하고자 한다.

참고문헌

한국어

경희대학교중앙박물관, 2006, 『고구려 와당』, 경희대학교중앙박물관.

고려대학교 고고환경연구소, 2007, 『홍련봉 제1보루 - 발굴조사 종합보고서』.

고려대학교 고고환경연구소·구리시, 2007, 『아차산 제3보루 - 1차 발굴조사 종합보고서』.

구의동보고서 간행위원회, 1997, 『한강 유역의 고구려 요새 - 구의동유적 발굴조사 종합보고서』.

국립부여박물관, 2010, 『百濟瓦塼』, 국립부여박물관.

국립중앙박물관, 1990, 『井內功寄贈瓦塼圖錄』, 국립중앙박물관.

김일성종합대학 고고학 및 민속학 강좌, 1973, 『대성산의 고구려 유적』, 김일성종합대학출판사.

김일성종합대학, 1976, 『동명왕릉과 그 부근의 고구려 유적』, 김일성종합대학출판사.

동북아역사재단 편, 2008, 『일본 소재 고구려 유물 Ⅰ - 일제강점기 고구려 유적 조사 재검토와 關東地域 소재 고구려 유물 1』, 동북아역사재단.

동북아역사재단 편, 2009, 『일본 소재 고구려 유물 Ⅱ - 일제강점기 고구려 유적 조사 재검토와 關西地域 소재 고구려 유물 1』, 동북아역사재단.

동북아역사재단 편, 2010, 『일본 소재 고구려 유물 Ⅲ - 일제강점기 고구려 유적 조사·연구 재검토』, 동북아역사재단.

동북아역사재단 편, 2011, 『일본 소재 고구려 유물 Ⅳ - 일제강점기 고구려 유적 조사 재검토와 關東地域 소재 고구려 유물 2』, 동북아역사재단.

朴銀卿, 1988, 「고려 드림새 문양의 편년연구」, 『고고역사학지』 4, 동아대학교박물관.

백종오, 2006, 『고구려 기와의 성립과 왕권』, 주류성출판사.

서울대학교박물관, 2000, 『아차산 제4보루 - 발굴조사 종합보고서』.

서울대학교박물관, 2002, 『아차산 시루봉보루 - 발굴조사 종합보고서』.

저자불명, 2007, 「함주군 신하리 집자리유적 발굴보고(2)」, 『조선고고연구』 2, 사회과학원출판사.

주홍규, 2009, 「集安 지역 고구려 기와의 제작기법과 변천-일본 소재 기와를 중심으로」, 『韓國上古史學報』 66, 韓國上古史學會.

주홍규, 2014a, 「고구려 기와의 분류와 특징에 관한 일고찰」, 『先史와 古代』 41, 한국고대사학회.

주홍규, 2014b, 「낙랑기와와 고구려 집안기 기와」, 『낙랑고고학개론』, 진인진.

주홍규, 2015a, 「고구려고분 출토 구획선연화문 수막새의 변천」, 『한국상고사학보』 88, 한국상고사학회.

주홍규, 2015b, 「고구려고분 출토 수막새의 수용과 변천」, 『아름다운 공유, 한성에 모인 보물들』, 한성백제박물관.

주홍규, 2017, 「고구려 기와로 본 경신리 1호분(소위 「한왕묘」)의 조영연대와 피장자 검토」, 『한국사학보』 68, 고려사학회.

주홍규, 2019a, 「고구려 귀면문수막새의 변천 양상」, 『동북아역사논총』 63, 동북아역사재단.

주홍규, 2019b, 「고구려 문자명왕릉 연구」, 『고문화』 93, 한국대학박물관협회.

채희국, 1964, 『대성산 일대의 고구려 유적에 관한 연구』, 유적발굴보고 제9집, 사회과학출판.

한국토지공사토지박물관, 1999, 『漣川瓠盧古壘(精密地表調査報告書)』.

중국어

吉林省文物考古研究所, 2009, 「集安禹山M2112墓室淸理報告」, 『吉林集安高句麗墓葬報告集』, 科學出版社.

吉林省文物考古研究所, 2009, 『吉林集安高句麗墓葬報告集』, 科學出版社

吉林省文物考古研究所·延邊朝鮮族自治州文化局·延邊朝鮮族自治州博物館·和龍市博物館, 2007, 『西古城』, 文物出版社.

吉林省文物考古研究所·集安市博物館, 2004a, 『集安高句麗王陵－1990~2003年集安高句麗王陵調査報告』, 文物出版社.

吉林省文物考古研究所·集安市博物館, 2004b, 『國內城－2000~2003年集安國內城與民主遺址試掘報告』, 文物出版社.

吉林省文物考古研究所·集安市博物館, 2004c, 『丸都山城－2001~2003年集安丸都山城調査試掘報告』, 文物出版社.

吉林省文物考古研究所·集安市博物館, 2005, 「通溝古墓群禹山JYM3319號墓發掘報告」, 『東北史地』 6, 吉林省社會科學院.

吉林省文物志編委會, 1984, 『集安縣文物志』, 吉林省文物志編委會.

吉林省博物館, 1961, 「吉林輯安高句麗建築遺址的淸理」, 『考古』 1, 科學出版社.

吉林市博物館, 1993, 「吉林省蛟河市七道河村渤海建築遺址淸理簡報」, 『考古』 2, 科學出版社.

大原市文物考古研究所, 2005, 『北斎の徐顯秀墓』, 大原市文物考古研究所.

遼寧省文物考古研究所編, 2017, 『永陵南城址發掘報告』, 文物出版社.

李新全, 1996, 「三燕瓦當考」, 『遼海文物學刊』 1, 遼海文物學刊編輯部.

集安縣文物保管所, 1984, 「集安縣上,下活龍村高句麗古墓淸理簡報」, 『文物』 1, 文物出版社.

일본어

谷豊信, 1989, 「四·五世紀の高句麗の瓦に関する若干の考察-墳墓発見の瓦を中心として-」, 『東洋文化研究所紀要』 108, 東京大東洋文化研究所.

谷豊信, 2005, 「平壤遷都前後の高句麗瓦に関する覚書-東京國立博物館収蔵資料の紹介」, 『MUSEUM』 596, 東京國立博物館.

關口廣次, 1977a, 「古代朝鮮における古瓦文樣の系譜とその展開(1)」, 『考古學ジャーナル』 136, ニューサイエンス社.

關口廣次, 1977b, 「古代朝鮮における古瓦文樣の系譜とその展開(2)」, 『考古學ジャーナル』 138, ニューサイエンス社.

關口廣次, 1987, 「瓦當文樣雜考-高句麗の瓦當文樣を中心として-」, 『考古學ジャーナル』 285, ニューサイエンス社.

關野貞, 1914, 「満州輯安縣及び平壌付近に於ける高句麗時代の遺蹟」, 『考古學雜誌』 5-3·4, 考古學會.

關野貞, 1930, 「瓦」, 『考古學講座』 9, 雄山閣.

大政大學總合佛敎硏究所, 2005, 『靈通寺址 - 開城市所在』, 大政大學出版社.

敦煌文物硏究所編, 1982, 『中國石窟 敦煌莫高窟』 第1卷, 平凡社.

梅原末治·藤田亮策編, 1966, 『朝鮮古文化綜鑑 四』, 養德社.

武田幸男, 1989, 『高句麗史と東アジア』, 岩波書店.

濱田耕作·梅原末治, 1934, 『新羅古瓦の硏究』, 京都帝國大學.

浜田耕策, 1987, 「高句麗古都集安出土の有銘塼」, 『日本古代中世史論考』, 吉川弘文館.

田村晃一, 1983, 「高句麗の寺院址に関する若幹の考察」, 『佐久間重男博士退休記念中國史·陶磁史論集』, 中國史·陶磁史論集編集委員會.

井内功編, 1976a, 『朝鮮瓦塼圖譜Ⅱ 高句麗』, 井内古文化研究室.

井内功編, 1978, 『朝鮮瓦塼圖譜Ⅵ 高麗·李朝』, 井内古文化研究室.

井内功編, 1981, 『朝鮮瓦塼圖譜Ⅶ 總說』, 井内古文化研究室.

鳥居龍藏, 1910, 『南満州調査報告』, 東京帝國大學.

朝鮮古蹟研究會, 1938, 『昭和十二年度古蹟調査報告』, 朝鮮古蹟研究會.

朝鮮古蹟研究會, 1940, 『昭和十三年度古蹟調査報告』, 朝鮮古蹟研究會.

朝鮮総督府, 1925, 『高句麗時代之遺蹟 圖版上冊』, 朝鮮総督府.

朝鮮総督府編, 1915a, 『朝鮮古蹟圖譜 一』, 朝鮮総督府.

朝鮮総督府編, 1915b, 『朝鮮古蹟圖譜 二』, 朝鮮総督府.

朝鮮総督府編, 1918, 『朝鮮古蹟圖譜 六』, 朝鮮総督府.

佐原真, 1972, 「平瓦桶卷作り」, 『考古學雜誌』 58-2, 日本考古學會.

朱洪奎, 2010b, 「瓦から見た集安地域高句麗積石塚の年代再檢討」, 『史葉』 3, 加藤建設株式會社學術奬勵助成金事務局.

朱洪奎, 2011, 「早稻田大學會津八一記念博物館所藏の高句麗瓦について」, 『早稻田大學會津八一記念博物館研究紀要』 12, 早稻田大學會津八一記念博物館.

朱洪奎. 2010a, 「高句麗積石塚出土卷雲文瓦の年代再檢討」, 『古文化談叢』 64, 九州古文化研究會.

池內宏·梅原末治, 1938, 『通溝 上』, 日滿文化協會.

千田剛道, 1996, 「高句麗·高麗の瓦」, 『朝鮮の古瓦を考える』, 手塚山考古學談話會第555回記念手塚山考古學研究所.

일본 현지조사 유물 편

다카하마시 가와라미술관
高浜市やきものの里かわら美術館

소장 경위

정인성 영남대학교 문화인류학과 교수

다카하마시 야키모노노사타 가와라미술관은 아이치현 다카하마시에 위치한다.

아이치현 다카하마시는 삼주와(三州瓦)의 핵심 지역으로 일본에서 가장 많은 기와 생산량을 자랑하는 곳으로 알려진다. 에도시대부터 기와 생산으로 유명한 고장이었는데 생산된 기와는 수로를 이용하여 일본 각지로 수출되었다고 한다. 다카하마시에 일본에서 유일한 가와라미술관이 생겨난 이유이기도 하다.

야키모노노사토 가와라미술관에는 일본과 세계 각지의 기와와 도자기류를 수집하여 전시하고 있다. 중국에서 수집된 기와와 한국에서 수집된 기와 컬렉션도 풍부하다. 중국에서 수집된 기와류는 서주시대 이래의 전국시대 각국 기와가 포함된다. 미술관 전시실에는 중국 서안 지역에서 채집된 진한 와당과 산동의 제국 와당 그리고 하북 지역의 연국 와당이 전시되어 관람객의 눈길을 끈다.

한국과 관련된 기와류 역시 다수 소장된 것으로 알려졌지만 이번 조사에서는 상설전시실에서 만날 수 없었다. 일본 측 공동연구자인 후지이 가즈오가 사전에 열람 및 사진촬영과 관련된 수속을 맡아 주었다. 현지조사단은 고구려와 관련된 와당 27점을 관찰하고 그 소견을 기록하였으며 사진을 촬영하였다. 기와 관찰을 바탕으로 형태와 제작기법과 관련된 소견은 정인성이 작성하고 사진작가인 김광섭이 촬영을 담당하였다. 공동연구원인 주홍규는 기와의 촬영 각도를 지정하면서 촬영을 보조하였다. 정병욱은 기와의 크기를 일일이 계측해 주었다.

야키모노노사토 가와라미술관에 보관된 고구려기와는 안타깝게도 그 소장 경위가 분명하지 않은 구입품이다. 기와에 남겨진 주기는 일률적이지 않으며 다양한 필체가 인정된다. 일부 자료에는 묵서로 채집 장소가 적혀 있는 등의 근거를 종합하면 여러 사람이 소장하던 기와였음을 알 수 있다.

가와라미술관에는 낙랑, 혹은 대방과 관련되었다고 취급되는 전돌도 다수 소장되어 있다. 이들 중 분명하게 평양이나 재령강 유역에서 채집되었다고 인정되는 것도 있지만, 그 채집지가 애매한 자료도 상당수 포함된다. 비록 고구려와 관련된 자료는 아니지만 학술 참고용으로 이들 자료도 현지에서 촬영하였던바 여기에 수록하였음을 밝혀 둔다.

1

1	
2	3

1 와당의 문양면
2 와당의 배면 조정흔
3 와당의 측면 및 수키와의 접합흔

2

1	4
2	5
3	

1 와당의 문양면
2 와당의 문양면 및 수키와의 외면
3 와당의 측면 및 수키와의 외면
4 와당의 측면 및 수키와의 내면
5 와당의 내면 조정흔 및 수키와 내면의
  통보흔과 측면 와도 분할흔

3

1	4
2	5
3	

1 와당의 문양면
2 와당의 문양면 및 수키와의 외면
3 와당의 측면 및 수키와의 외면
4 수키와의 외면 조정흔
5 와당의 배면 및 수키와 내면의 조정흔과 측면 와도 분할흔

4

1	4
2	5
3	

1 와당의 문양면 2 수막새의 측면
3 와당의 측면 및 수키와의 외면
4 수키와의 외면
5 와당의 배면 및 수키와 내면의
　조정흔과 측면 와도 분할흔

5

1		1 와당의 문양면
2	3	2 와당 배면의 수키와 접합흔
	4	3 와당의 문양면과 측면
		4 와당의 측면 조정흔

6

1	
2	4
3	5

1 와당의 문양면 2 수막새의 측면
3 와당의 측면 및 수키와 외면의 조정흔
4 수키와의 외면 조정흔
5 와당의 배면 및 수키와 내면의
　조정흔과 측면 와도 분할흔

7

1	
2	4
3	5

1 와당의 문양면 2 수막새의 측면
3 와당의 측면 및 수키와 외면의 조정흔
4 수키와의 외면 조정흔
5 와당의 배면 및 수키와 내면의
　조정흔과 측면 와도 분할흔

8

1 와당의 문양면 2 수막새의 측면
3 와당의 측면 및 수키와 외면의 조정흔
4 수키와의 외면 조정흔
5 와당의 배면 및 수키와 내면의
  조정흔과 측면 와도 분할흔

9

1 와당의 문양면 2 수막새의 측면
3 와당의 측면 조정흔
4 수키와의 외면 조정흔
5 와당의 배면 및 수키와 내면의
  조정흔과 측면 와도 분할흔

10

1	
2	3
4	

1 와당의 문양면
2 와당의 배면
3 와당의 측면
4 와당의 측면 조정흔

11

1		
2	3	
4	5	
6		

1 와당의 문양면 2 와당의 배면
3 와당의 측면 4 수키와의 외면 조정흔
5 와당의 측면 조정흔 및 하부 깎기흔과
 수키와의 와도 분할흔
6 와당 파손부 측면

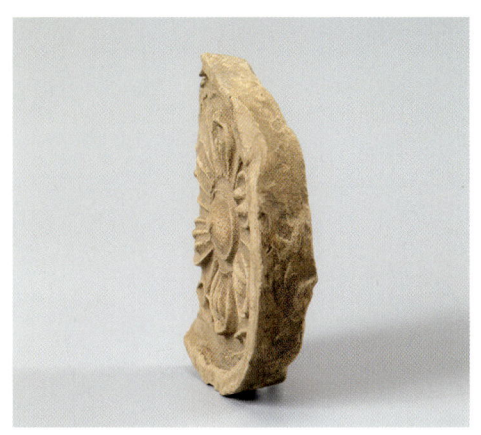

12

1 와당의 문양면
2 와당의 수키와 접합흔
3 와당의 측면 조정흔
4 와당의 문양면 및 주연부 조정흔
5 와당의 측면 및 주연부 조정흔

13

1	
2	3
4	5

1 와당의 문양면 2 와당의 배면
3 와당의 문양면 및 주연부의 조정흔
4 수키와의 외면 조정흔
5 와당의 배면 및 수키와 내면의
  조정흔과 측면 와도 분할흔

14

1	
2	3
4	5

1 와당의 문양면
2 와당의 배면 및 수키와 접합흔
3 와당의 측면 및 수키와 접합흔
4 와당의 측면 및 수키와의 외면 조정흔
5 와당의 배면 및 수키와 내면의 조정흔과 통보흔

15

1		1 와당의 문양면
2	3	2 와당 배면의 잔존상태 3 와당의 측면 조정흔 및 수키와 접합흔
4		4 와당 주연부 내면의 성형흔

16

1	
2	3
4	

1 와당의 문양면
2 와당의 배면 조정흔
3 와당의 측면 및 수키와 접합흔
4 주연부의 잔존 상태

17

1 와당의 문양면
2 와당 배면의 파손흔 및 수키와 접합후의 조정흔
3 와당의 측면 및 수키와 외면의 조정흔
4 와당 측면의 조정흔
5 와당 측면의 결실흔 및 수키와 접합흔

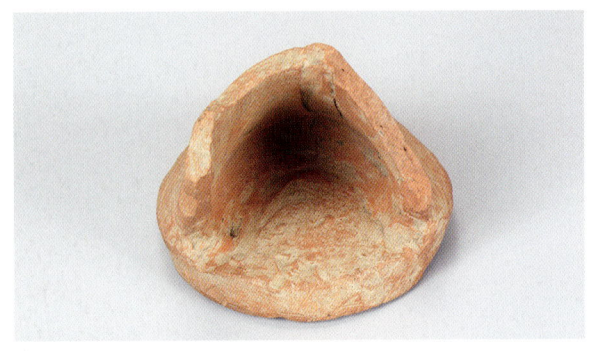

18

1 곱새기와의 문양면
2 곱새기와의 배면 및 수키와 변형 후의 접합 상태
3 곱새기와 문양면 및 수키와의 측면
4 곱새기와의 외면 조정흔
5 와당 배면의 조정흔 및 수키와의 통보흔과 측면 와도 분할흔
6 곱새기와의 측면 조정흔

19

1	
2	3
4	5

1 와당의 문양면
2 와당 배면의 조정흔 및 수키와 접합흔
3 와당의 배면 및 측면의 조정흔과 수키와 접합흔
4 와당의 측면 조정흔
5 와당의 측면 조정흔 및 수키와 내면의
  조정흔과 측면 와도 분할흔

20

1 와당의 문양면
2 주연부 및 수키와 외면의 조정흔
3 와당 배면의 수키와 접합상태
4 수키와의 외면 조정흔
5 와당의 배면 및 수키와 내면의 조정흔과 측면 와도 분할흔
6 수키와의 통보흔 및 접합 후 조정흔의 세부

21

1	
2	3
4	5

1 와당의 문양면
2 와당의 배면
3 와당 배면의 수키와 접합흔
4 와당의 측면
5 와당 결실부의 측면 점토성형 흔적

22

	1	
2		3
4		5

1 와당의 문양면
2 와당 배면의 조정흔
3 와당 배면의 수키와 접합흔
4 와당 하부의 재단흔
5 와당 결실부의 측면

23

1 와당의 문양면
2 와당의 뒷면 조정흔
3 와당의 주연부 내면 조정흔
4 와당의 측면 조정흔
5 와당의 측면 파손흔

24

1	
2	3
4	5

1 와당의 문양면
2 와당의 배면 조정흔
3 와당의 배면 하단 깎기흔 및 측면 조정흔
4 와당의 측면 및 수키와의 외면 조정흔
5 와당의 측면 파손흔

25

1	2
3	4

1 와당의 문양면
2 와당의 배면 조정흔
3 와당의 측면 및 수키와 외면의 조정흔
4 와당 측면의 수키와 접합흔 및 수키와 내면의 조정흔

26

1	
2	3
	4

1 와당의 문양면
2 와당 배면의 조정흔 및 수키와
  접합흔과 하단부 깎기흔
3 와당의 측면 조정흔
4 와당의 수키와 접합흔 세부

27

1 와당의 문양면
2 와당 배면의 파손흔
3 와당 측면의 파손흔

참고자료 낙랑·대방 관련

1		1 전의 장측면 및 단측면의 문양
2		2 전의 장측면 및 단측면의 성형과 소성흔
3		3 전의 타날흔

1		1 전의 장측면 명문 및 단측면
2	4	2 전의 장측면 및 단측면의 성형과 소성흔
3		3 전의 타날흔
		4 전의 장측면 명문

1 전의 장측면 및 단측면의 공부
2 전의 장측면 및 단측면의 성형과 소성흔
3 전의 타날흔

1	
2	4
3	

1 전의 장측면 문양 및 단측면의 명문
2 전의 장측면 및 단측면의 성형과 소성흔
3 전의 타날흔
4 전의 단측면 명문

일본 현지조사 유물 편 다카하마시 가와라미술관

1	1 전의 장측면 문양 2 전의 단측면 문양
2	

1	
2	4
3	

1 전의 장측면 문양 및 단측면의 문양과 명문
2 전의 장측면 및 단측면의 성형과 소성흔
3 전의 조정흔
4 전의 단측면 명문

일본 현지조사 유물 편 다카하마시 가와라미술관

1	
2	4
3	

1 전의 장측면 명문 및 단측면
2 전의 장측면 및 단측면의 성형과 소성흔
3 전의 타날흔
4 전의 장측면 명문

1	
2	4
3	

1 전의 장측면 및 단측면의 명문
2 전의 장측면 및 단측면의 성형과 소성흔
3 전의 타날흔
4 전의 장측면 명문

1	1 전의 장측면 문양 및 단측면의 명문과 타날흔
2	2 전의 장측면 및 단측면의 성형과 소성흔
3	3 전의 단측면 명문

1	1 전의 장측면 및 단측면의 문양과 타날흔
2	2 전의 장측면 및 단측면의 성형과 소성흔

1		1 전의 장측면 문양 및 단측면의 공부와 타날흔
2	3	2 전의 장측면 및 단측면의 성형과 소성흔
		3 전의 장측면 문양과 타날흔

1	1 전의 장측면 및 단측면의 문양
2	2 전의 장측면 및 단측면의 성형과 소성흔
3	3 전의 타날흔
4	4 전의 단측면 문양

일본 현지조사 유물 편 다카하마시 가와라미술관 277

1 전의 장측면 및 단측면의 문양
2 전의 장측면 및 단측면의 문양과 타날흔
3 전의 장측면 문양 4 전의 단측면 명문
5 전의 단측면 문양

1		1 전의 장측면 문양 및 단측면의 명문
2	4	2 전의 장측면 및 단측면의 성형과 소성흔
3		3 전의 타날흔
		4 전의 단측면 명문

1	1 전의 장측면 및 단측면의 문양
2	2 전의 장측면 및 단측면의 성형과 소성흔
3	3 전의 타날흔

1 전의 측면 문양
2 전의 성형과 소성흔

이즈미시 구보소기념미술관
和泉市久保惣記念美術館

소장 경위

정인성 영남대학교 문화인류학과 교수

이즈미시 구보소기념미술관은 500여 점의 구보소 컬렉션을 기초로 1982년에 설립되었으며, 1998년에 대규모 증축이 이루어져 오늘에 이른다.

당초 구보소 컬렉션이 대부분 중국 관련 자료였기 때문에, 미술관의 성격을 "동아시아 문화의 중핵인 중국의 금석을 중심으로 수집한다."로 정했다고 한다. 그 후 에구치 지로(江口治郎, 1910~1998)의 수집품이 미술관에 더해지게 되면서 소장품의 내용은 더욱 충실해졌다. 구보소 미술관의 고구려 유물은 모두 에구치 지로의 구소장품인 셈이다.

에구치가 기증한 유물은 주로 중국 신석기 시대 이래의 옥기, 상대(商代)에서 한대(漢代)에 이르는 청동기와 차마구, 전국 시대에서 한대에 이르는 대구(帶鉤)와 청동경(靑銅鏡), 그리고 토기와 와당 자료이다. 구보소 컬렉션이 그러하듯이 모두 중국 예술 공예품이라는 주제를 벗어나지 않는다. 중국과 관련되지 않은 자료로는 이번에 조사한 고구려 기와와 서아시아의 청동기, 도기 등이 대표적이다.

에구치는 1910년 2월 27일 오사카에서 태어났다. 지역에서 성장하여 교토대학 경제학부를 졸업하였는데, 첫 월급을 받자 이를 쪼개서 중국 관련 유물을 사서 모으기 시작하였다.

고구려 유물은 조선 관련 골동을 취급하던 春約堂의 무라카미 도미지로(村上民二郎)에게서 구입하였다 한다. 이 외에도 한반도의 도자기를 취급하던 골동상과도 거래했다고 하나 그 내용은 구체적이지 않다.

에구치 자료는 교토대학 인문과학연구소의 미즈노 세이이치(水野淸一)나 고고학연구실의 우메하라 스에지(梅原末治) 등이 일찍부터 연구재료로 이용한 사례가 있다. 학계의 전문가와 소통하면서 중국 컬렉션을 확보했던 정황이 드러난다. 와당 자료와 관련해서는 원래 중국 와당 자료를 골동상을 통해 입수하였다. 당시 골동상이 보유하던 와당이 비교적 많은 수량을 차지했기 때문에 전부를 일괄 구입할 수 없었다고 한다.

　고구려 와당은 그 뒤에 일괄로 구입하여 기존의 와당 수집품에 더해 놓은 것이라 한다.

　구보소 미술관의 고구려 와당은 모두 12점으로 와당면이 모두 완형으로 남은 것으로 미술관에서 발행한 도록에는 해당 유물에 '조선반도 고구려 시대'라는 캡션을 달아 놓았다. 골동상을 통해서 구입한 유물들이라 출토지와 원 소장자에 대한 정보는 확인되지 않는다.[1]

1　和泉市久保惣記念美術館, 2001, 『第三次久保惣콜렉션 – 江口治郎콜렉션 – 』 참조.

1 구보소기념미술관 소장(和泉市久保惣記念美術館所藏)

1		1 와당의 문양면
2	3	2 와당 배면의 접합흔
	4	3 와당의 측면 및 주연부 내면 조정흔
		4 와당의 측면 및 배면의 조정흔

2 구보소기념미술관 소장(和泉市久保惣記念美術館所蔵)

1		1 와당의 문양면
2	3	2 와당 배면의 조정흔 및 파손흔
	4	3 와당의 측면 및 주연부 내면의 조정흔
		4 와당의 측면 및 수키와의 배면 조정흔

3 구보소기념미술관 소장(和泉市久保惣記念美術館所蔵)

1	
2	3
4	5

1 와당의 문양면
2 와당의 문양면 및 수키와 외면의 조정흔
3 와당의 측면 및 수키와 외면의 조정흔
4 수키와의 외면 조정흔
5 와당의 측면 조정흔 및 수키와 내면의 통보흔과 측면 와도 분할흔

4 구보소기념미술관 소장(和泉市久保惣記念美術館所藏)

1	
2	3
4	5

1 와당의 문양면
2 와당 배면의 수키와 접합흔 및 조정흔
3 와당의 측면 및 주연부 내면의 조정흔
4 와당의 수키와 접합흔 및 수키와 외면 조정흔
5 와당의 측면 조정흔 및 수키와 측면의 와도 분할흔

5 구보소기념미술관 소장(和泉市久保惣記念美術館所藏)

1		
2	3	
4	5	

1 와당의 문양면
2 와당의 배면 조정흔 및 수키와 접합흔
3 와당의 측면 및 주연부 내면의 조정흔
4 와당의 측면 및 수키와 외면의 조정흔
5 와당의 측면 조정흔

6 구보소기념미술관 소장(和泉市久保惣記念美術館所蔵)

1	2
3	4
5	6

1 와당의 문양면   2 와당의 측면
3 와당의 배면 및 수키와 접합흔
4 와당의 측면 및 주연부의 내면 조정흔
5 와당의 측면 및 수키와 외면 조정흔
6 와당의 측면 및 수키와 내면의 통보흔

7 구보소기념미술관 소장(和泉市久保惣記念美術館所蔵)

1	
2	3
	4

1 와당의 문양면
2 와당의 문양면 및 수키와 외면 조정흔
3 수키와의 외면 조정흔
4 와당의 내면 조정흔 및 수키와 내면의
  통보흔과 측면 와도 분할흔

8 구보소기념미술관 소장(和泉市久保惣記念美術館所蔵)

1	
2	3
4	5

1 와당의 문양면
2 와당의 배면 및 수키와 접합흔
3 와당의 측면 조정흔
4 수키와의 외면 조정흔
5 와당 배면의 접합흔 및 와당 측면의 조정흔

일본 현지조사 유물 편 이즈미시 구보소기념미술관

9 구보소기념미술관 소장(和泉市久保惣記念美術館所蔵)

1	
2	3
	4

1 와당의 문양면
2 와당의 문양면 및 수키와 주연부의 내면 조정흔
3 수키와의 외면
4 와당의 내면 조정흔 및 수키와 내면의
  통보흔과 측면 와도 분할흔

10 구보소기념미술관 소장(和泉市久保惣記念美術館所蔵)

1	
2	3
4	5

1 와당의 문양면
2 와당의 배면 조정흔 및 수키와의 접합흔
3 와당의 측면 및 주연부 내면의 조정흔
4 와당의 배면 및 측면의 조정흔
5 와당의 주연부 측면 조정흔

일본 현지조사 유물 편 이즈미시 구보소기념미술관

11 구보소기념미술관 소장(和泉市久保惣記念美術館所蔵)

1		
2	3	
4	5	

1 와당의 문양면
2 와당의 배면 조정흔
3 와당의 측면 및 주연부 내면의 조정흔
4 와당의 측면 및 수키와 외면 조정흔
5 와당의 배면 조정흔 및 수키와 내면의
  통보흔과 측면 와도 분할흔

12 구보소기념미술관 소장(和泉市久保惣記念美術館所蔵)

1	
2	3
4	5

1 와당의 문양면
2 와당의 배면 조정흔 및 수키와 접합흔
3 와당의 측면 및 주연부 내면의 조정흔
4 와당의 측면 및 수키와 접합흔
5 와당의 내면 조정흔 및 수키와 내면의
  통보흔과 측면 와도 분할흔

시치다 다다아키(七田忠昭) 소장 유물

소장 경위

정인성 영남대학교 문화인류학과 교수

규슈 지역 간자키 요시노가리 유적의 조사연구로 유명한 시치다 다다아키(七田忠昭) 씨가 개인 소장하는 고구려 유물이 있다. 조사 결과 1938년 집안 지역에서 채집된 자료로 확인되었는데 이는 원래 그의 부친 시치다 다다시(七田忠志)가 소장하던 것이다.

시치다 다다시는 규슈 지역에서 활동하던 향토고고학자로 1938년에 있었던 집안에서의 고구려유적 조사 작업에 참가했던 인물이다. 1912년 간자키군(神埼郡)에서 태어났으며 1938년 국학원대학 고등 사범부를 졸업한 다음 만주국으로부터 통화성 집안에서의 고구려유적 조사를 위촉받았다고 한다. 이때 그를 추천한 인물은 당시 동아고고학의 세계에서 저명했던 교토대학의 우메하라 스에지(梅原末治)이다.

시치다 다다시는 집안 지역에서 고구려 유적을 조사하는 과정에서 수집한 다수의 유물을 소지한 채 귀국했다. 그 유물 중 대부분은 현재 교토대학과 규슈대학에 보관되어 있으며 나머지 일부를 아들인 시치다 다다아키(七田忠昭)가 소장하고 있었던 것이다. 이번 조사에서 시치다 다다아키 씨는 흔쾌히 자료 조사와 공개를 허락해 주었다.

확인된 자료에는 태왕릉에서 채집된 전돌과 임강총의 특수기와, 그리고 동강 부근에서 채집된 와당 등이 있다. 무용총에서 출토되었다는 철제못이 주목되며 무용총과 각저총의 유구도면이 포함되어 있었다. 조사 과정에서 시치다 다다시가 직접 기록한 『조사일지』는 가장 주목되는 자료라고 할 수 있다.

현지조사는 정인성과 후지이 가즈오가 실시하였는데, 정인성이 유물의 관찰 소견을 작성하고 후지이 가즈오가 유물 및 조사일지의 사진촬영을 담당하였다. 해독이 쉽지 않은 조사일지는 후지이 가즈오가 번각을 실시하여 원문과 함께 수록하였으며 이를 바탕으로 정인성이 한글번역을 시도하여 논고에서 다루었다.

원래 시치다 다다시가 소장했던 자료에는 1938년 조사 당시 심혈을 기울여 작성했다는 집안지역 고구려 고분 전체 배치도가 포함되어 있었다고 한다. 다만 아쉽게도 이번 조사에서는 이를 찾을 수가 없었다.

이 지면을 빌려 소장자료의 조사와 게재를 허가해 주신 시치다 다다아키 씨에게 감사의 마음을 전하고자 한다.

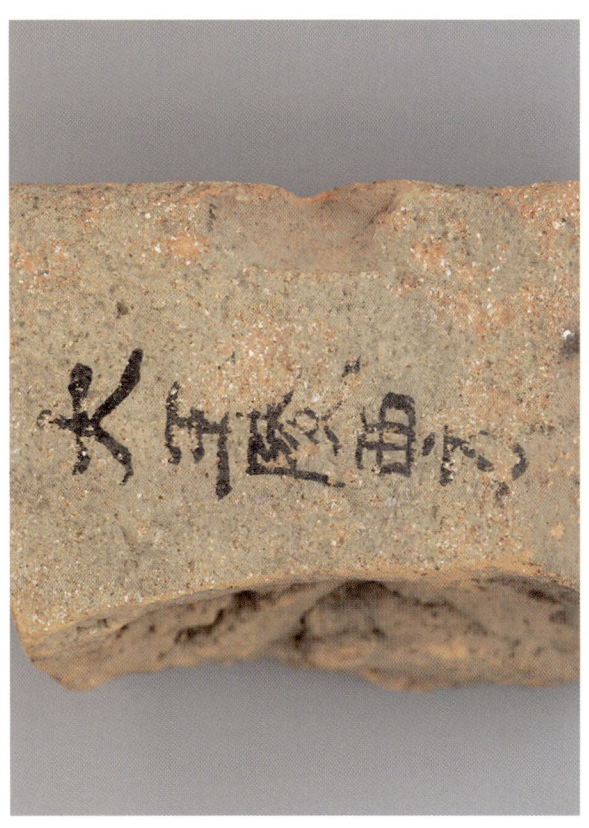

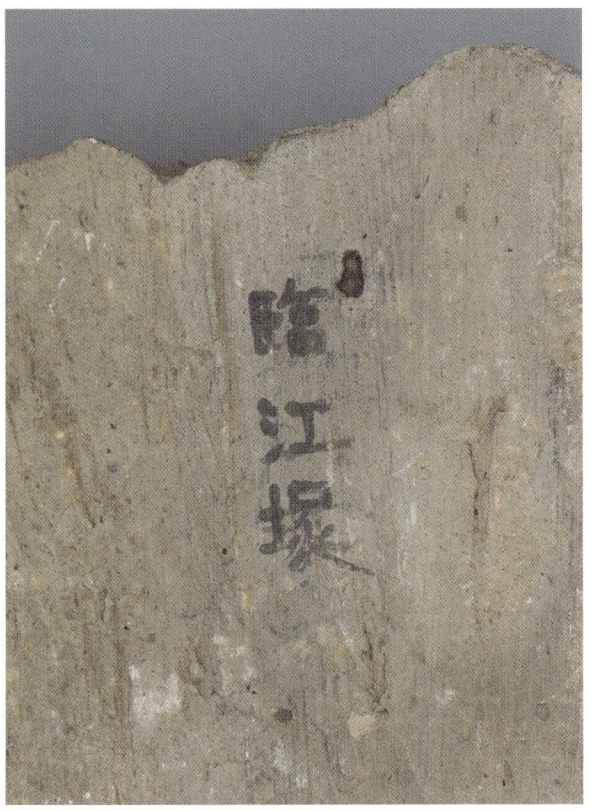

1
1
2	3

1 전의 장측면 문양
2 전의 출토지 묵서
3 전의 성형흔

2
1
2	3

1 특수기와의 외면
2 특수기와의 출토지 묵서
3 특수기와의 성형흔

1 와당의 문양면
2 와당 및 수키와의 접합흔
3 와당 배면의 조정흔

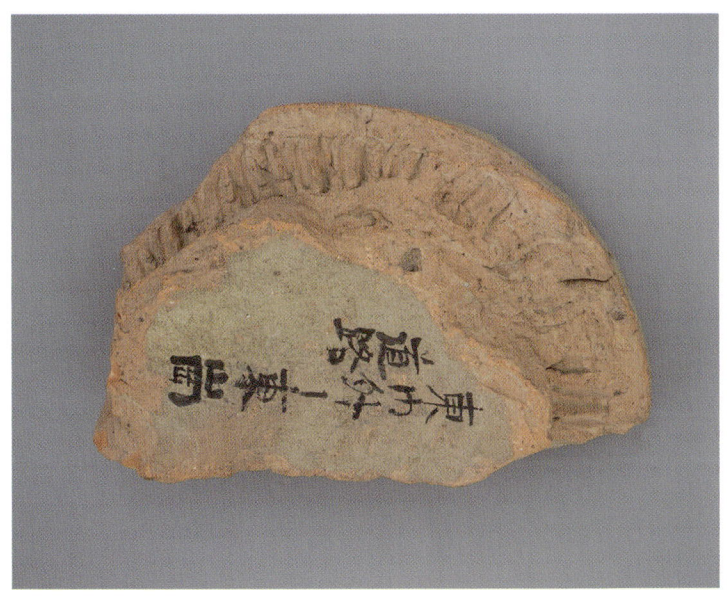

4

1	1 와당의 문양면
2	2 와당 배면의 수키와 접합흔 및 출토지 묵서명

5~8

5	6
7	8

5 철제못
6 철제못
7 철제못
8 철제못

시치다 다다시 조사일지
七田忠志調査日誌

翻刻凡例

一、本翻刻の原本は、七田忠昭が所藏の七田忠志が認めた「輯安行　昭和十三年　五月〜七月」と題記された調査日誌である。藤井和夫が二〇一八年十二月二十五日に撮影を行い、翻刻した。

一、書式は原本を尊重したが、改行については從っておらず又、讀解の便宜の爲、句讀點を適宜補った。

一、漢字は、可能な限り原本の字體としたが、全ては爲し得ていない。

一、カタカナ書の漢字語は、赤字で（）に入れて示した。

一、漢字の誤字、音通等については正しい字を赤字で（）に入れて本文に續けて附した。但し、一部については訂正して翻刻した。

一、變體假名、合字もその儘翻刻した。

一、送假名は原文のままとした。

一、赤字傍線附括弧内は、翻刻者が加えた注記である。

一、抹消、訂正については、特に翻刻、注記をしないが、一部消線を施して翻刻した部分がある。

一、御家流とは異なり、我流の崩し字であり、誤讀している字もある可能性があるが、今回は本稿の如くに翻刻しておく。

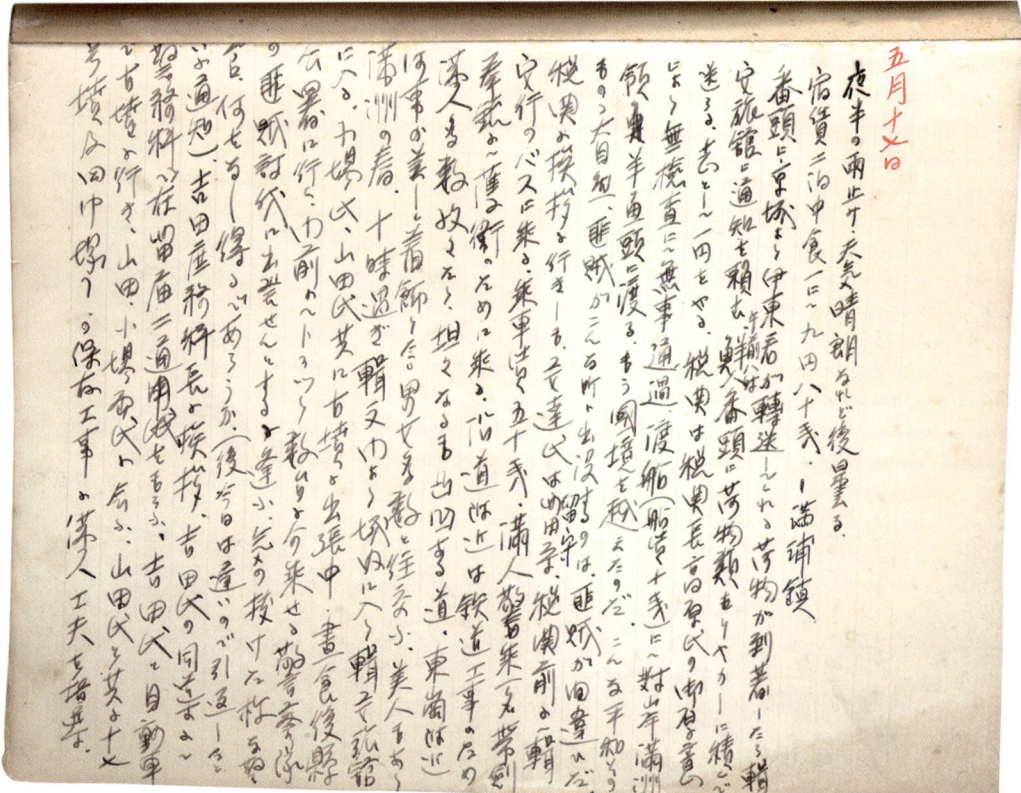

五月十七日

夜半の雨此ケ、天気晴朝なれど後曇る。
宿賃に京城中食に九円八十銭・満浦鎮
番頭に京城より伊東君に轉送これを荷物が到着したる軽
定飯館に通知も頼む鮮肉と番頭に芋物類をリヤカーに積み
送る者ど一円やる。鮮肉は鮮肉長官白東氏の御紹介で
しに無慮壹に無事通過（渡船十銭）渡るもう国境を越へ
領豊羊通頭に渡る。もう国境を越へ満洲
ものゝ自知、匪賊に遭ふたりだ、こんな平和や
従奥の模様を行きつヽも元達氏は鉄道工事のため
定行のバスに乗る。鮮軍居く五十銭・満人驚喜と帶剣
軍裝のニ憲兵のため仁川道附近は鉄道工事の
ため匪賊が乱る所に出没するから男とて見弟を信じ
はず者の美しい若師か乘る。この時こわい若い娘
満洲の居ーッ十時過ぎ鞨文から城近しへ鞨ぐ旅館
にや。力場丸・山田氏芝に古賓に出張中・書貪役稼
（ス通處）吉田産科科長と模擬・吉田氏の同愛い、
警裝科へ在留廟に通用民をもらふ。吉田氏と自動車
で古墳を行き、山田・小堀雨氏に合ふ。山田氏と支十七
号墳を同中歸り、保存工事の漢人工夫を普

五月十八日

言語を解せざる車掌！小場先生の助手として君は日通ぺつ解き、縣(公署)より自動車にて東れず三人同乗し午後尖晴、写真、従は朝食小場先生の言詳勤作。(……)
通訳を兼ぬ。古墳調査の事まつつ会談、政府寄り
を強調。同撮る。夜十二時半就床。
又森貝同氏来れ古墳と寺を見。由浜りをす
森氏は近くにする。十二時頃普通學校の時任の事

午前八時十方小場、武田両氏、縣公署に行き、都
を要談交渉三澱氏。氏と会談後去リ、主屋氏と会ひ
更に副県長両島氏に会ひ会談。于は七時半頃帰る
(………)と米られし。又軍用に暇うて一緒に学が
う。又商言する。河田氏はよくまで又大人
も非す在の旧の帰は済んやと又父寄うて
人々前の人を、

阿う車また所へいや等うて
夫人に挨投、吉田氏と同居の松(室)の防撲について
國対て出来た。均女済イヤッと、古贾賞に行
田氏。山田、場氏、が古贾賞を更、其他を着、
陸也の鉄道工事現場、遼崇現場を近れ

太工の碑側(附近)は大事踏、この碑側の字は千年儀の
もつ字はわかる男が漸くなる程) 蒲鉄本浅所に行
き吉岳、主事を写真。東にあるハセス十七号墳を見
十二時過ぎ帰る。来は更に附近の事跡を踏査
全く ジツタリとあつた。二時三以いんをふかさる傍らも
を屋板の家をとつ。 十七号墳は田中やわへ内
陸工事選捨解へボートーの力強き、睦国
午後六時甲下校の目動車に帰る。(遂より)
小場先生様持ち未。午七中斯屋モ来る。
未て山民の気障の下のカで置れり。
山田さとをよたと、私はから、置倍り其電話
に応とう所をにそれと電話
うんんよんそんなもうなら中代達ぶ。

五月十九日(木)

連半の洗雨止、曇天。
縣公署の目動車で蒲鉄事の所を小野代を訪ね
縣墳西側の碧曲点、主事蓋半期をかぞ内(管矢着に升着手
首位 其他用達持への御原貢をよ答を得
自動車はかくて三ヶ條をの大王陵に行く。傍近を予定。

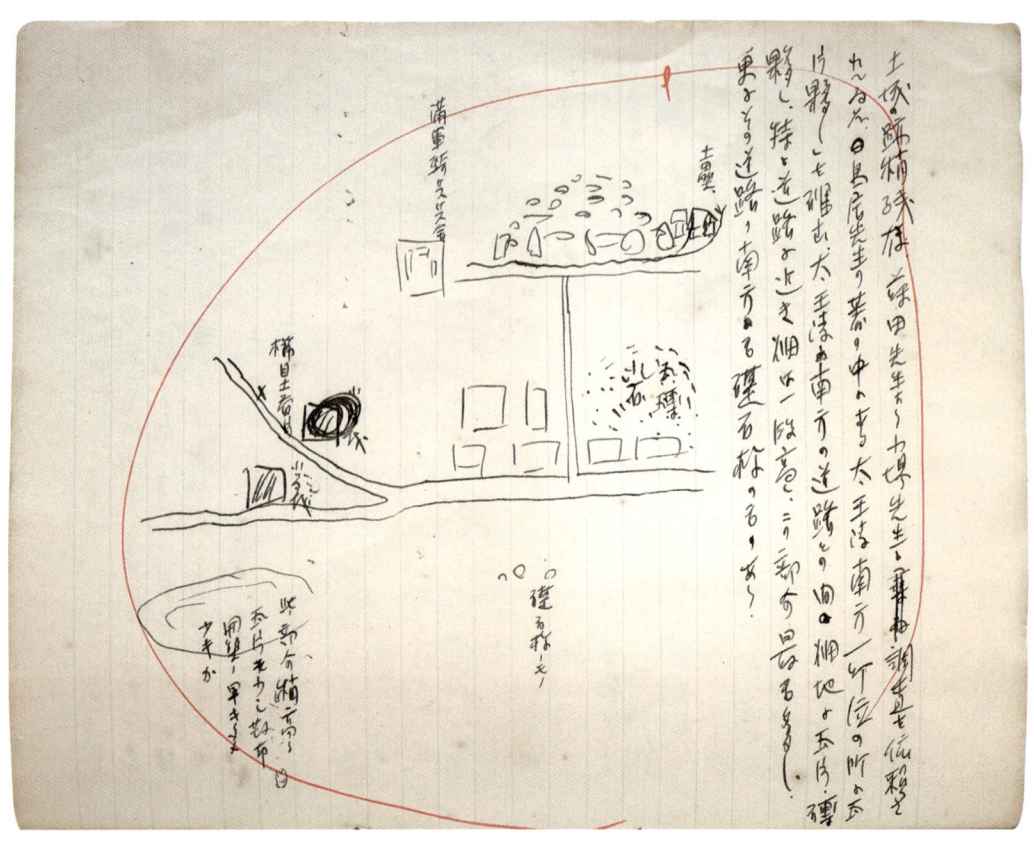

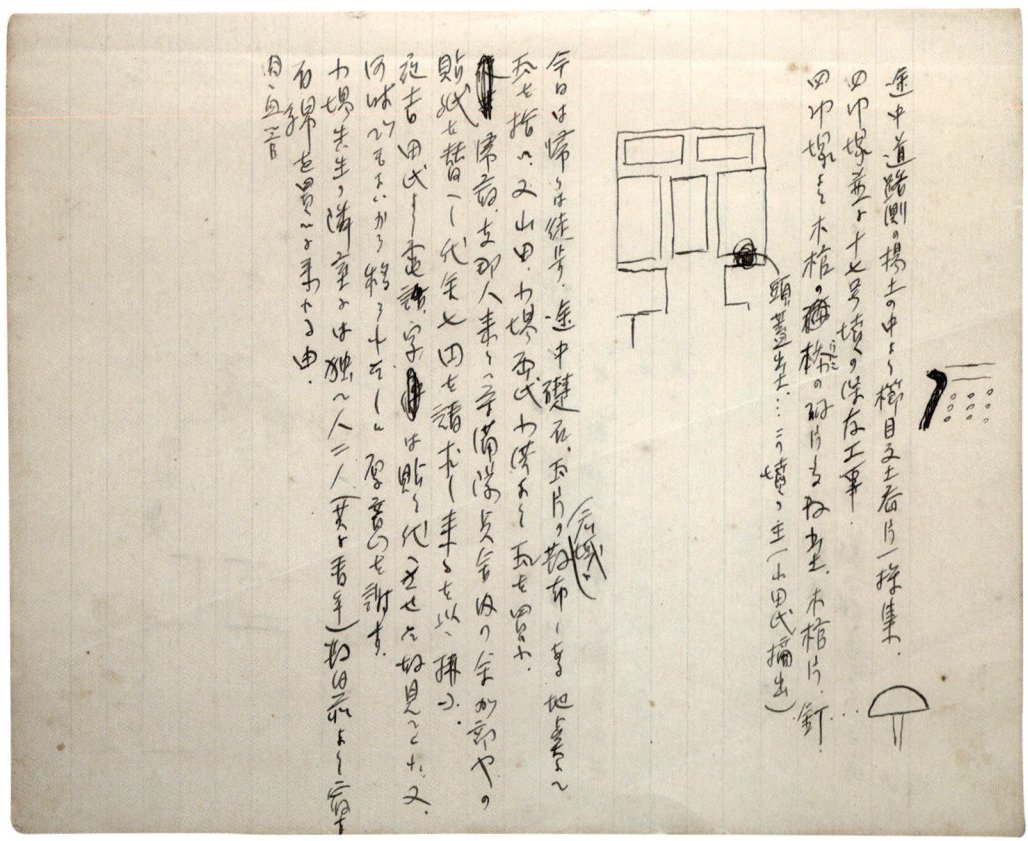

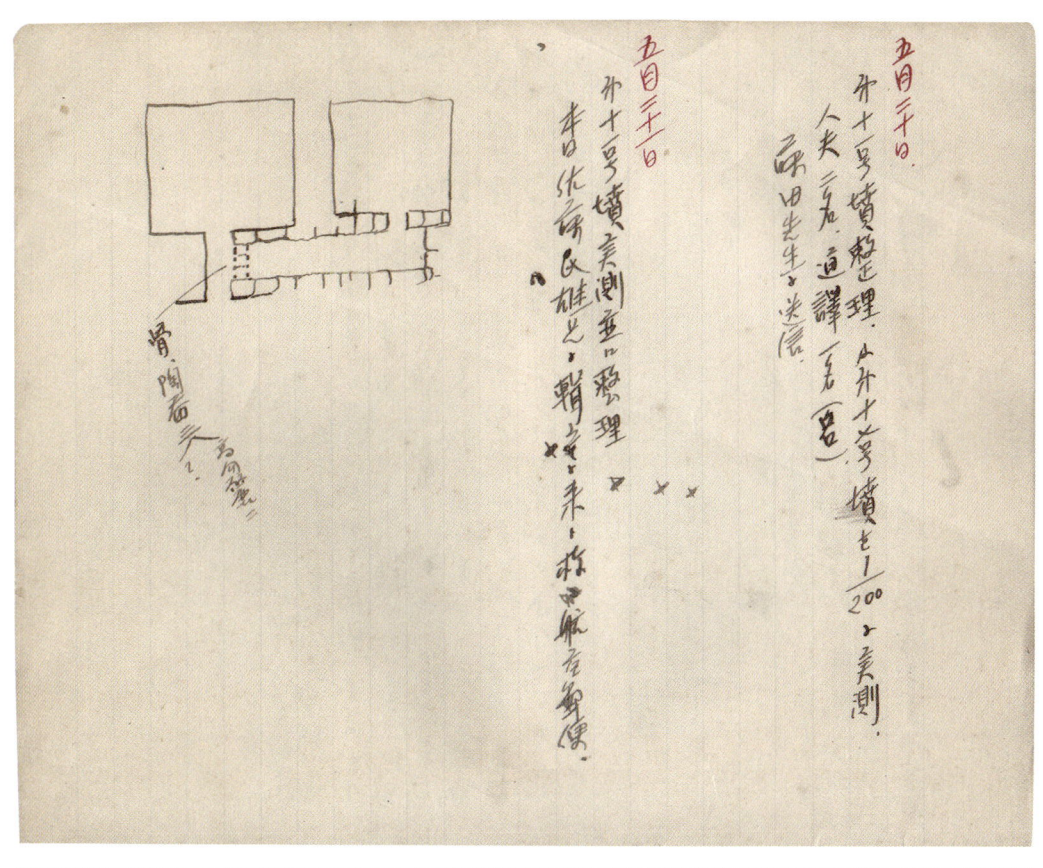

五月二十日

第十号墳ノ整理、及第十七号墳ヲ1/200ニ實測。
人夫二五。通譯(言吾)
原田先生ヲ送還。

五月二十一日

第十号墳実測ヲ整理。
本日佐藤民雄氏、鞘ノ屯ヨリ来リ、挨拶故寒暖。

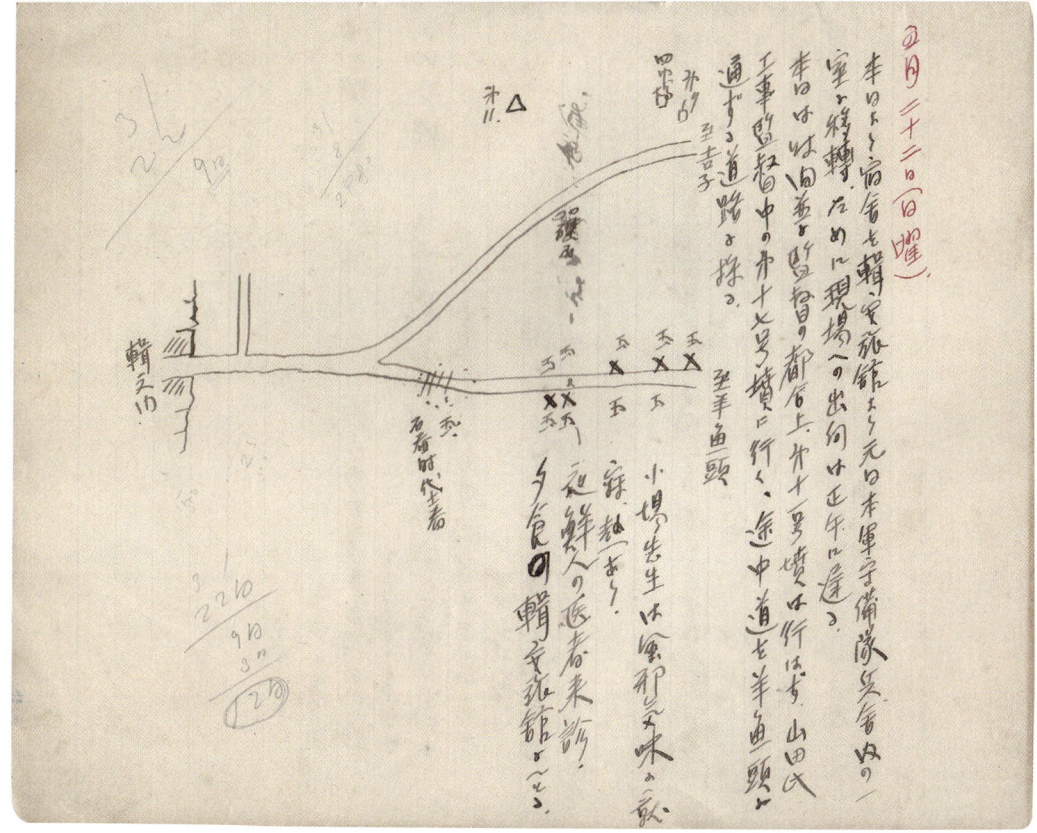

五月二十二日（日曜）

本日ハ元日本軍守備隊兵舎内ノ一室ヲ借轉ノため二現場ヘノ出向ハ正午ニ遅ル。
本日ハ個蓋ト監督ノ都合上第十七号墳ヲ行ク。山田氏工事監督中ノ第十七号墳ニ行ク、途中道ヲ羊魚頭ニ通ずる道路ヲ採る。
小場先生ハ運都ニ不味ノ故
朝鮮人ノ送者来話。
夕食ハ鞘屯旅館ニテ。

五月廿三日

宿舎を出る頃より空のべさらすが雨天に明く、準備を整へて鴨宇統監に赴きしも雨天のため中止とす、朝食後鴨統監に探り、以後金車に参館、續けて八十袋、同館にて古墳より將軍墓の畫畫を四兎分もより表へ、同館にて六十余米とらる。来會：梅原先生、御里、弘史會、森田看護長、中山敬一 父之諸業

五月廿四日

將軍塚玄室内の渡入土砂の撤出作業 人夫雑此下四人
玄室内より古墳陶器手の狐け出で、巴瓦先生古墳及び置の周囲より堆田の上り建築等よく頭房せし古墳を土堆の古墓子裏頭に籠目飲目等めとする松七何
こんもまえー

五月廿五日

昨日と引續き將軍塚の玄室整理 竹谿溝より二鴨支統館も溝に土ねば溝でるに溝棟より玄室の周囲より玄室は一般に西に傾斜
溝は全く内側に傾斜を有す
午前十時頃
鮎川義介氏飛行場と古墳を見る鴨を呈とまる近ちて將軍塚北の近にて落目約西一竹溝許に出す巳玉三個古墳新鉛附一枚
鶴音博物館の設計田を建て
山田氏、副部長、語第十名落断の巾塚、六十七号臺を分す
西江山東、義ケ井を卑即料理之杯を揚ぐ

五月廿六日

今朝午前一時より四時迄この肉と女排振海の距跡議赤来も蒙司書（満人）板閣鏡の名半二十名を撲田百一金、紅三本、洋、尺、尺五は伐、核状のあ七ね段者第十六号溝郭の理人大文義と）は色々た水屁みへ鐘結たかへ蓋閣と出へ
棲車也又漆喰みへ鐘結れかへ董関と出へ
蓋董は兎へに今日も紬瀬孽のかうし陶器砂附はふか

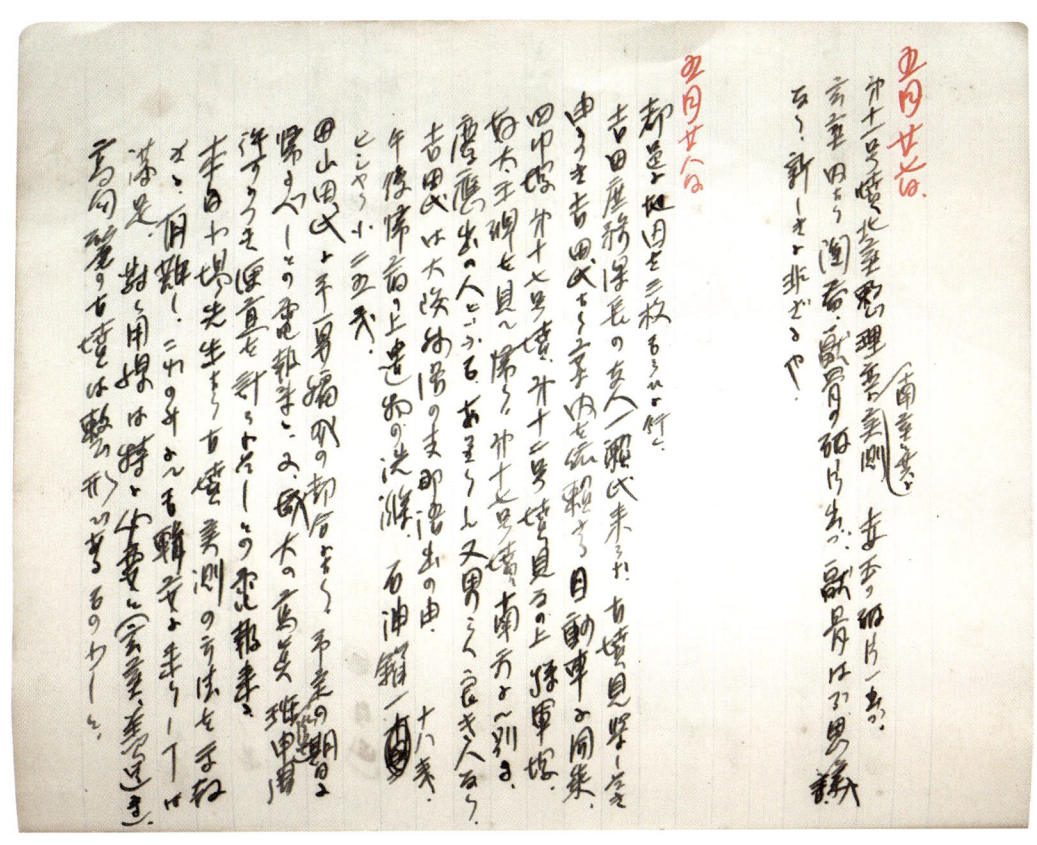

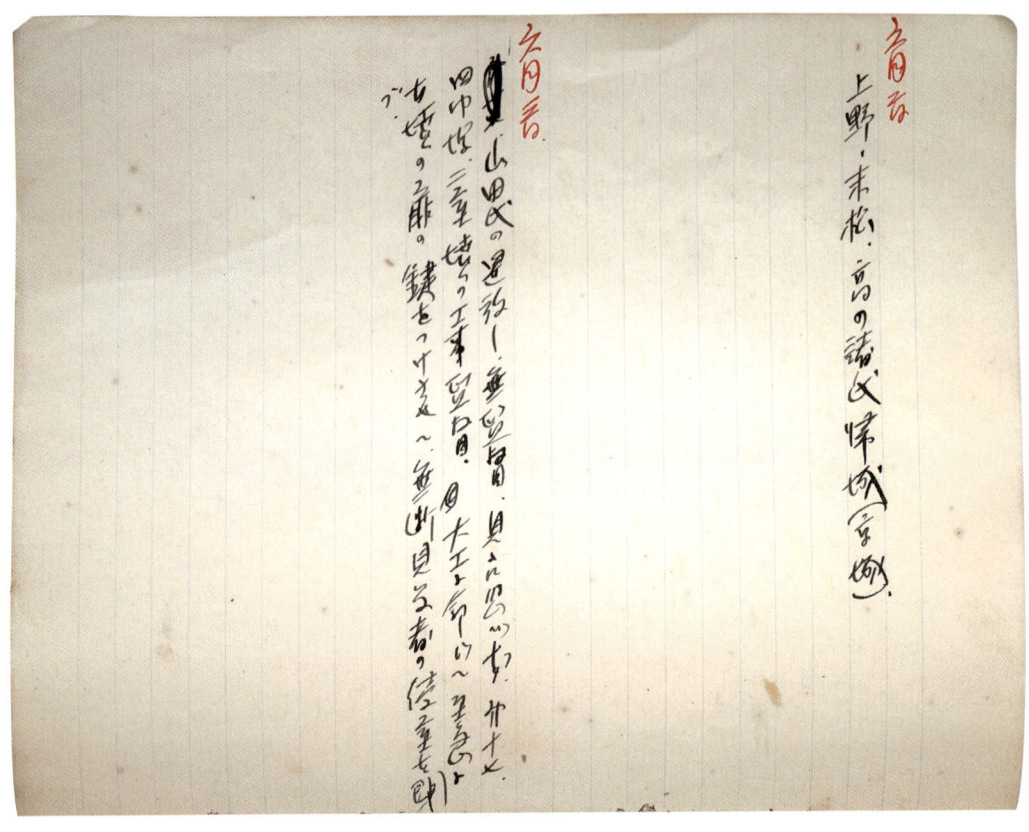

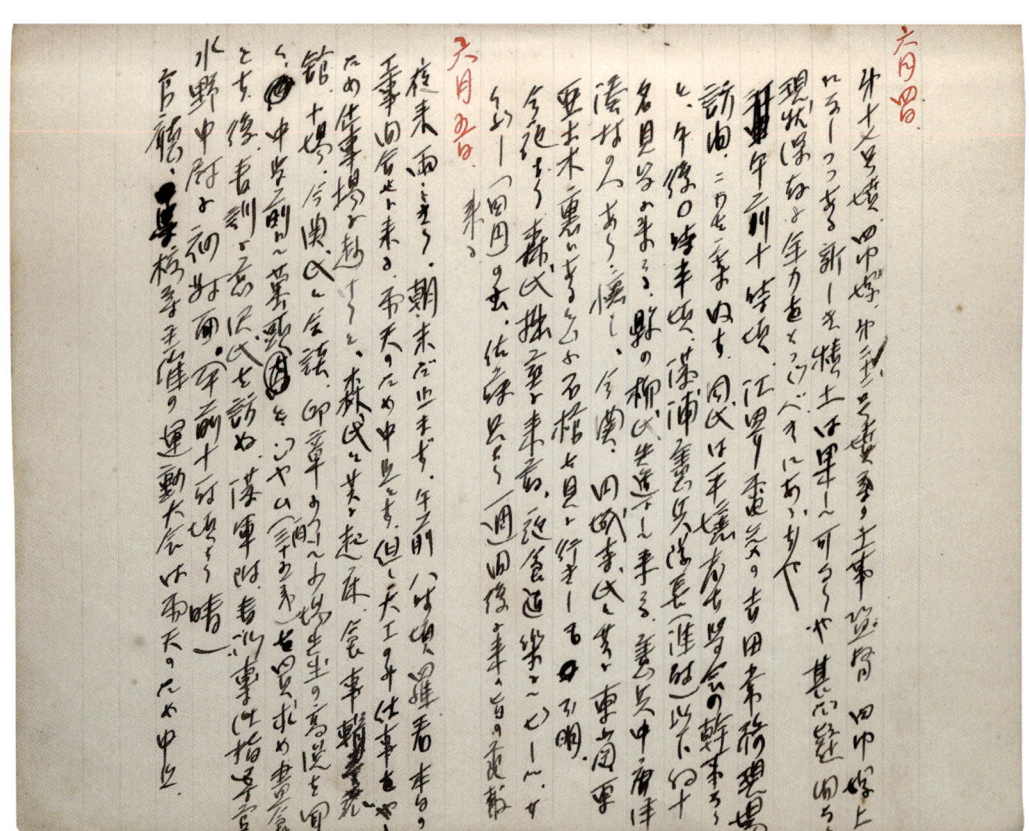

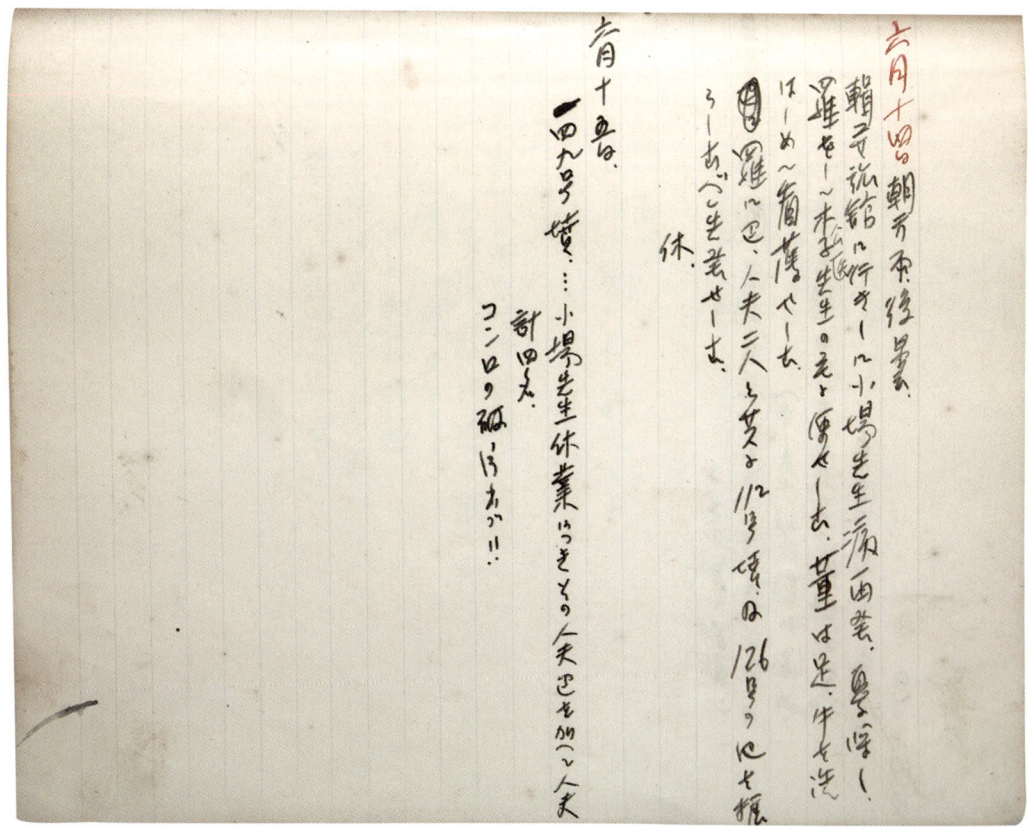

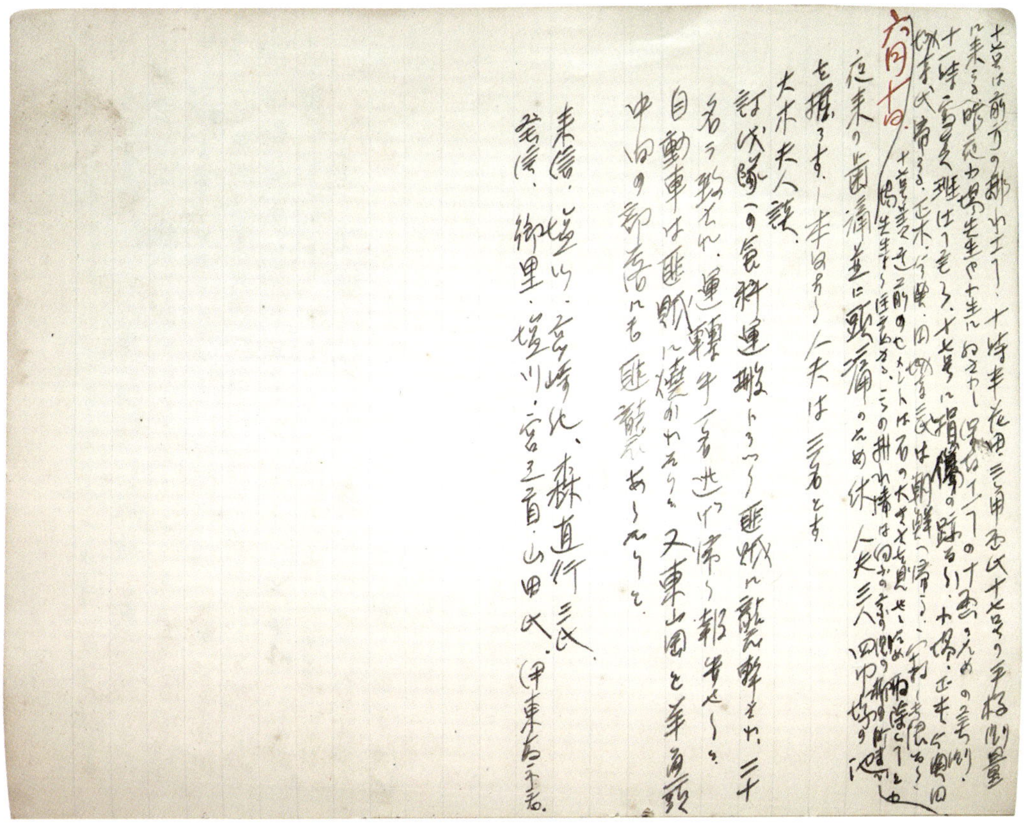

[日本語手書き日記・判読困難]

六月十日

土曜は前夜の部れて十時半に起き〔...〕十時半当直の班は三〇〇〇ヤード射撃〔...〕
大木夫人談〔...〕

庭前の歯痛に頭痛〔...〕人夫は三名とす
七様子。夫日より人夫は三名とす
討伐隊の気持連絡トラック匪賊に襲撃され、三十
名ら一名も逃げ帰らず朝鮮せられ
自動車は匪賊に焼かれた由。又東山国と華島との
中間の部落にも匪賊が入たりと。

来信：渋川、宮崎氏、森直行氏、
発信：御里、姪川、宮之首、山田氏。(甲東方の事も。)

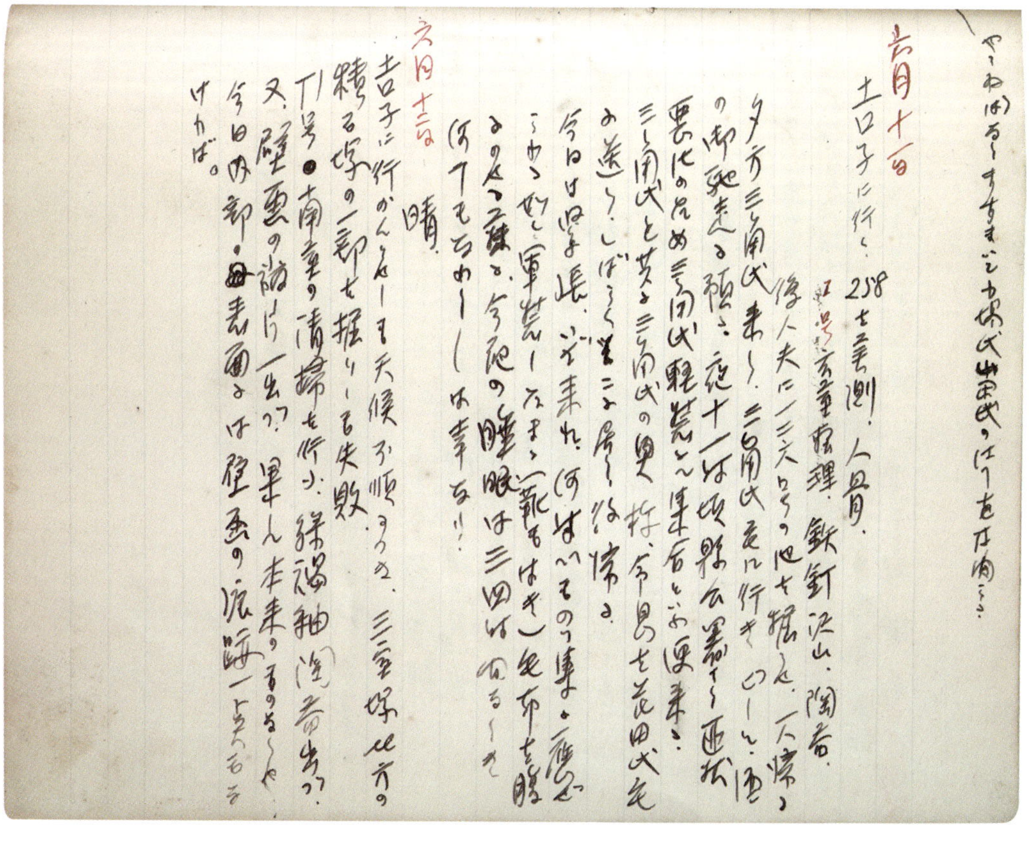

六月十日
土曜子に行く。258七を測。人員。
紅家 高童家理、鉄釘沈山、陶器
〔...〕

六月十三日 晴。
〔...〕

今日は〔...〕
又、壁裏の訪ね一〇〇〔...〕
今日の部・母表面は壁裏の流跡〔...〕
けがば。

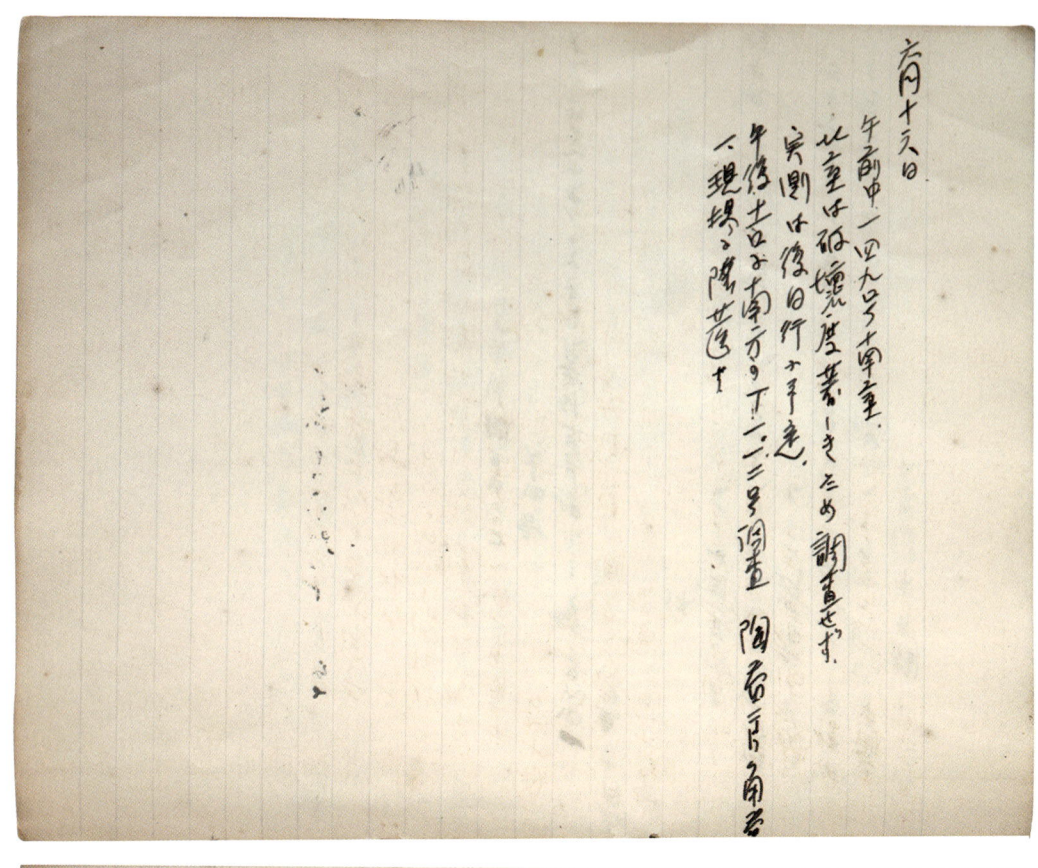

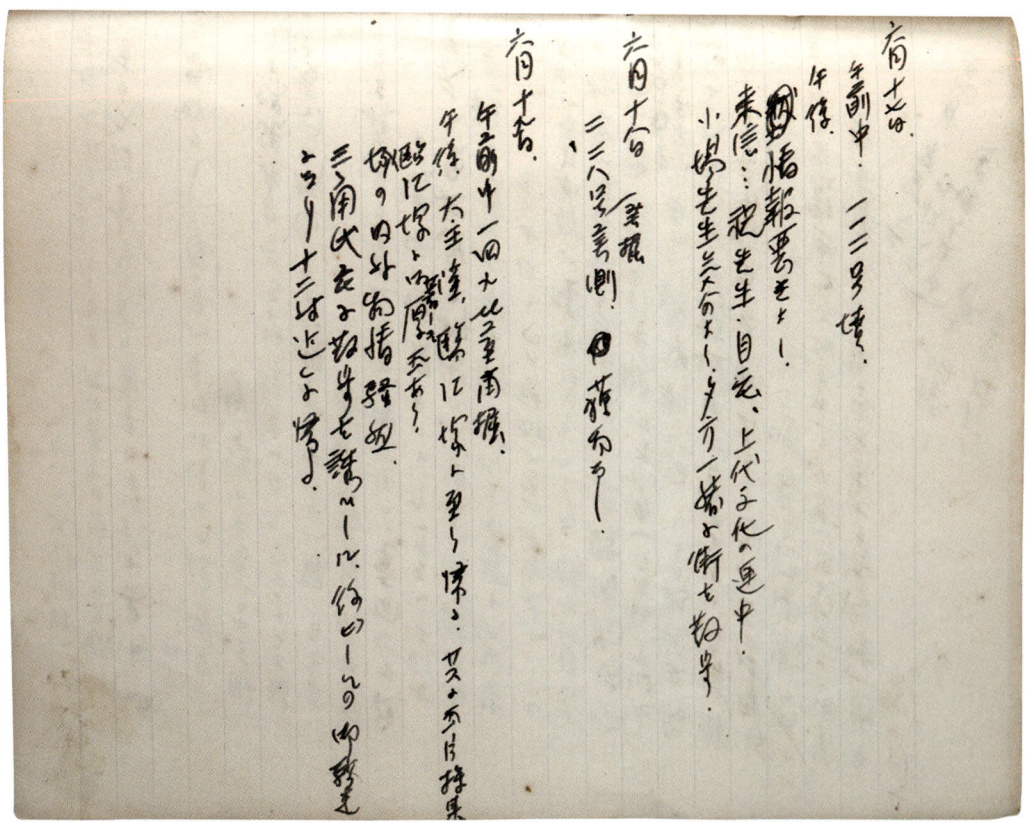

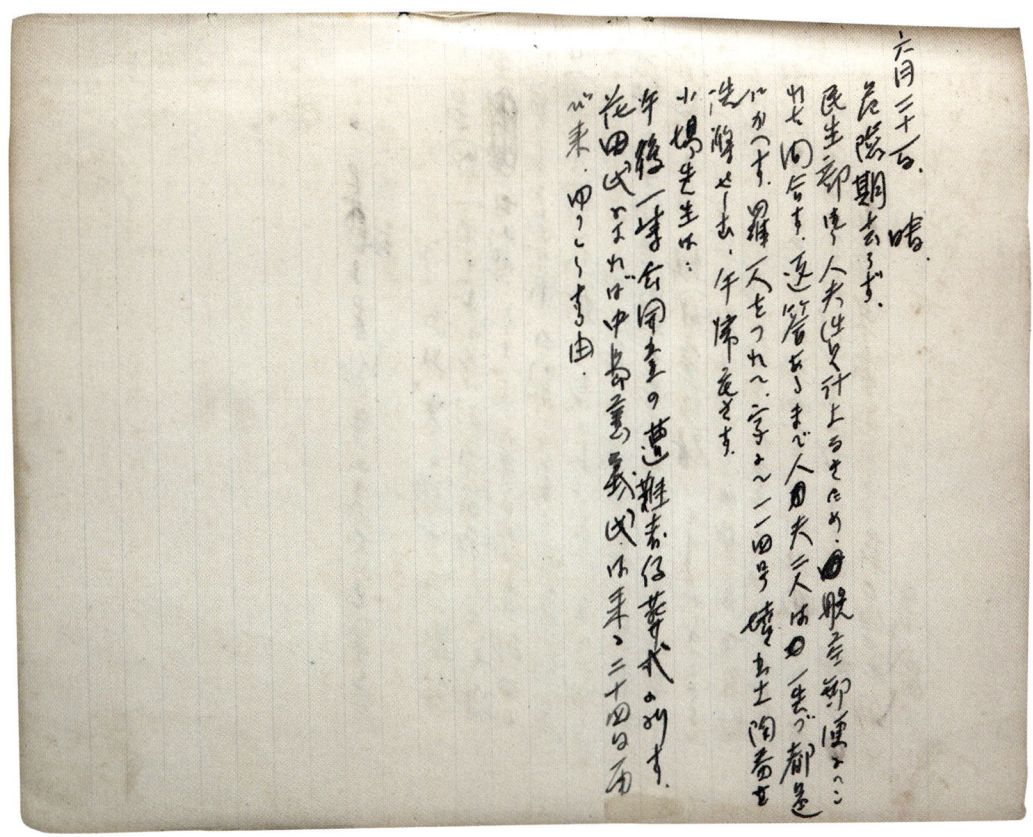

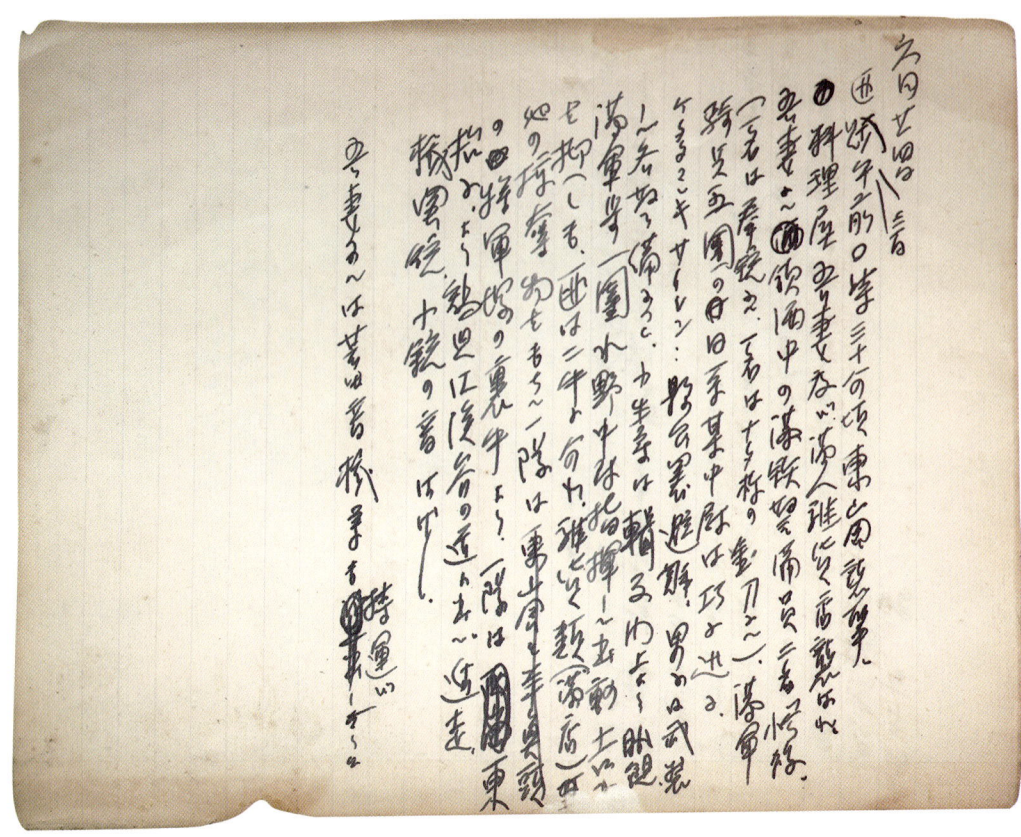

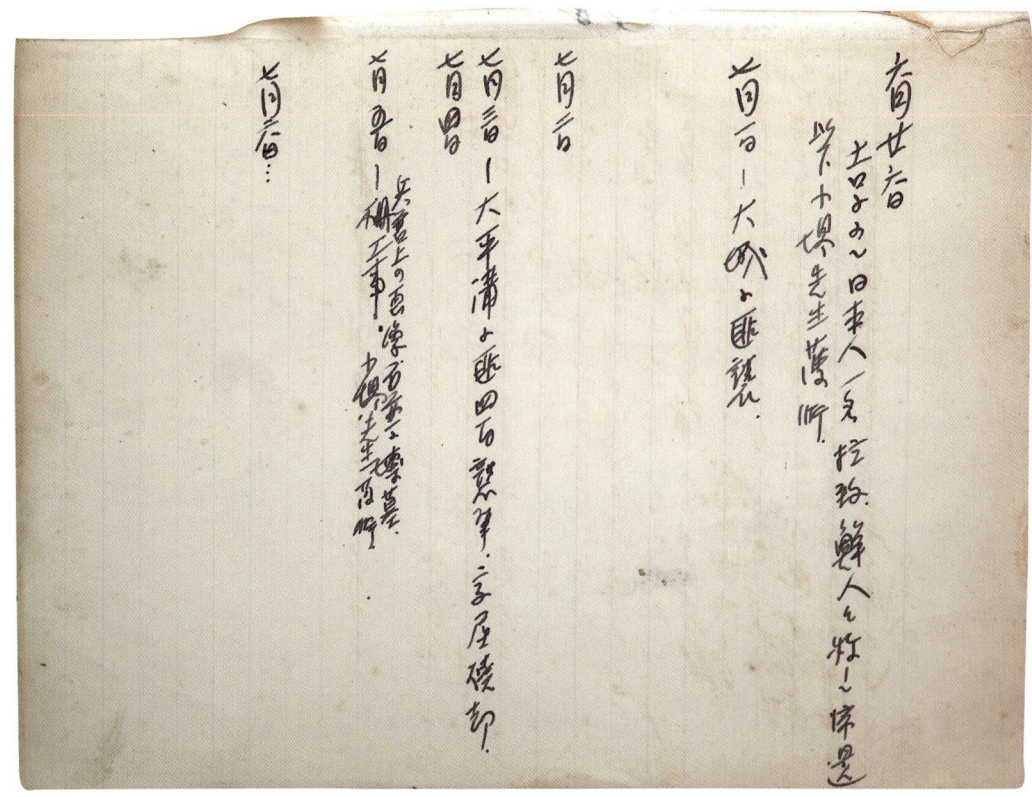

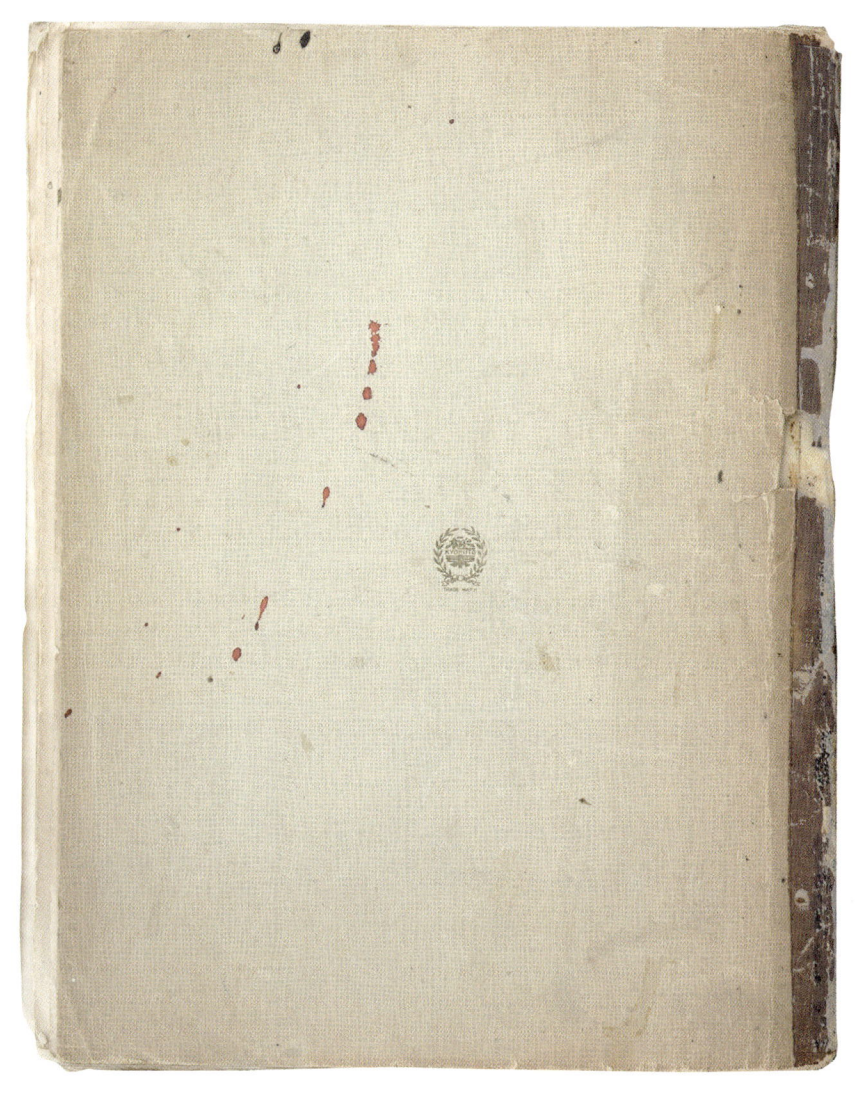

表紙 「

　　輯安行

　　　昭和十三年

　　　　五月〜七月

　　　　　　　」

五月十七日

夜半の雨止み、天気晴朗なれど後曇る。宿賃二泊、中食一にて九円八十戋(錢)――滿浦鎭。番頭に、京城より伊東君が轉送してくれる荷物が到着したら輯安旅舘に通知を賴む。午前八時、鮮人番頭に荷物類をリヤカーに積んで送らる。志として一円をやる。税関は税関長高原氏の御厚意により無檢査にて無事通過。渡船(船賃十戋(錢))にて對岸滿洲領羊魚頭に渡る。もう國境を越えたのだ。こんな平和そのものゝ大自然、匪賊がこんな所ょ出没するのは、匪賊が間違ひだ。

税関ょ挨拶ょ行きしも、安達氏は留守。税関前ょて輯安行のバスに乗る。乗車賃五十戋(錢)。滿人警乗一名、帶劍拳銃ょて護衛のために乗る。沿道附近は鐵道工事のため、滿人多數孜々たり。坦々なるも凸凹ある道、東崗附近何事か美しく着飾りたる男女多數と往交ふ。美人もあり滿洲の春。

十時過ぎ、輯文門より城内に入り、輯安旅舘に入る。小場(恆吉)氏、山田(文英)氏共に古墳ょ出張中。晝食後縣公署に往く。門前ょてトラック數台ょ分乗せる警察隊の匪賊討伐に出發せんとするょ逢ふ。気の抜けた様な警官、何をなし得るであらうか。(後、今日は遲いので引返したといふ通知)。

吉田庶務科(課)長ょ挨拶。吉田氏の同導(道)ょて警務科(課)で在留届二通用紙をもらふ。吉田氏と自動車で古墳ょ行き、山田、小場兩氏ょ会ふ。山田氏と共ょ十七号墳及四神塚?の保存工事ょ滿人工夫を指導。言語を解せざる事悲し。小場先生の助手羅?魯?は日語やゝ解す。縣公署より自動車迎へ來れば、三人同乗して午後六時頃帰宿。夜は会食。小場先生の言語動作、一つとして面白くないものはない。古墳調査の事案ょつ

いて会談。政庁よりの通知も受取る。小場先生しきりと一人では無理だと強調して、同情さる。夜十二時半就床。

又、森直行氏來られ、吉田氏と共ヰ家を探した由話さる。森氏は近くチヽハルの才二國民高等學校ヰ轉任の由。

五月一八日

午前八時十分、小場、山田兩氏と共ヰ縣公署に行き、都邑建設処で三隈氏、　氏と会ひ、後、主任の花田氏ヰ会ふ。更ヰ副縣長西島氏と会ひ会談、家は公署内の裏故、遊びヰ來られたしと、又來月位ヰは暇の折ヰは一緒ヰも歩かうと、又宿舎の事ヰついても同情さる。河田氏はあまりよき人ヰ非ずと。在留届は渡してやるとして受け取らる。福岡縣糸島郡の人なり。阿片專賣所の人は神埼郡の人であらうと。

吉田氏、山田氏と共ヰ日本の守備隊が元ヰた兵舎内の一室、即ち近く、我が無料の棲家を見ヰ行く。隣の部ヤ(屋)ヰは警察の大木氏居らる。御夫人ヰ挨拶。吉田氏、部屋の紙(壁)の貼換へは五円位で出來る故、世話してやると(但し自弁の由、山田氏)。

山田、小場兩氏と共ヰ古墳ヰ行き、更ヰ土口子嶺附近の鉄道工事の現場を視、將軍塚を近く視、好太王の碑の側（附近は火事跡、この碑側の家のみ焼けてゐないのは不思議だと。鮮人ボクトーの力強きヰ瞠目。積石塚の上ヰは瓦片極めて多し。將軍塚の如く上ヰ屋根をふきしものならん。）を通り満鉄出張所ヰ行きしも、主任の人不在。明朝來るを約して、更ヰ十七号墳ヰ行き、工事を監督。余は更ヰ附近の遺蹟を踏査、才一一五号墳附近ヰて石鏃一。どんな小さな塚も全てシックヒ(漆喰)しあり。才十七号墳、四神塚？の石の取り除き工事進捗、

午後六時四十分、出迎の自動車ヰて帰る。風呂ヰ入る。忠春さんヰ手　紙を出す。夜、森氏來る。

小場先生相変らず。女中部屋より頬紅入を盗み來り、山田氏の食膳の下ヰ入れて置いて、女中はやっぱり山田さんを好きだ、私はかなしいと。

縣公署の方より最後の出身校を知らせてくれと電話ありたりと女中氏傳ふ。

五月一九日(木)

夜半の洗雨止。曇天。

縣公署の自動車ょて滿鉄事ム(務)所ょ小野氏を訪問(小場、山田、七田)。其他用地変更、其他ょつい部の工事着手期を尋ぬ。(答、人夫着次ぎ着手、七月ょ始む)。縣城西側の弯曲て御厚意ある答を得。

自動車はかへし、三人徒歩ょて太王陵ょ行く。

土城の跡、稍残存。藤田先生より小場先生ょ調査を依頼されてゐた、鳥居先生の著の中ょある「太王陵南方一町位の所ょ瓦片夥し」を確む。太王陵南方の道路との間の畑地ょ瓦片、磚夥し。特ょ道路ょ近き畑は一段高く、この部分最も多し。更ょその道路の南方ょも礎石様のものあり。

途中道路側(はた)の揚土の中より櫛目文土器片一採集。
四神塚並ĸ十七号墳の保存工事。
四神塚より木棺の漆の破片多数出土。木棺片、釘…

頭蓋出土。…この墳の主(山田氏摘出)

今日は帰りは徒歩。途中礎石、瓦片の広域ĸ散布しある地点ょて瓦を拾ひ、又、山田、小場兩氏、子供より瓦を買ふ。支那人來りて守備隊兵舎内の余が部ヤ(屋)の貼紙を替へし代金七円を請求し來るを以て拂ふ。帰宿。

夜、吉田氏より電話、家は貼り代へさせた故見てくれ、と。厚意を謝す。

小場先生の隣室ょは独乙人二人(共ĸ青年)數日前より宿す。石綿を買ひょ來れる由。何時でもよいから移られたし肉と血管

五月二十日
オ十一号墳整理及オ十七号墳を1/200 ょ実測。
人夫二名、通訳一名(呂)。
藤田先生ょ逶信。

五月二十一日

才十一号墳実測並に整理。

本日佐藤民雄兄よ輯安よ來る様航空郵便。

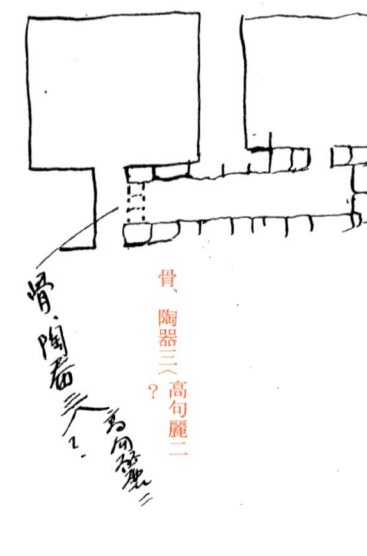

骨、陶器三(高句麗二
?)

五月二十二日(日曜)

本日より宿舍を輯安旅舘より元日本軍守備隊兵舍内の一室よ移轉。ために現場への出向は正午に遲る。

本日は時間並よ監督の都合上、才十一号墳は行はず、山田氏工事監督中の才十七号墳に行く。途中道を羊魚頭よ通ずる道路よ採る。

五月廿三日

宿舎を移して才一夜を明かしたのであるが、雨天ヽ明く。準備を整へて輯安旅舘ニ赴きしも雨天のため中止とす。朝食を同舘で採る。晝食を羽衣〔飲食店の名〕でとりしも、以後食事は二食、晝弁附よて八十銭（銭）で同舘ニてなす事ヽ約す。晝弁附よて同舘ニてなす事ヽ約す。肉卵丼よて六十銭（銭）とらる。

本日、梅原先生、郷里、攷史会　手紙。森田護校長、中山敏一氏よ端書（葉書）。

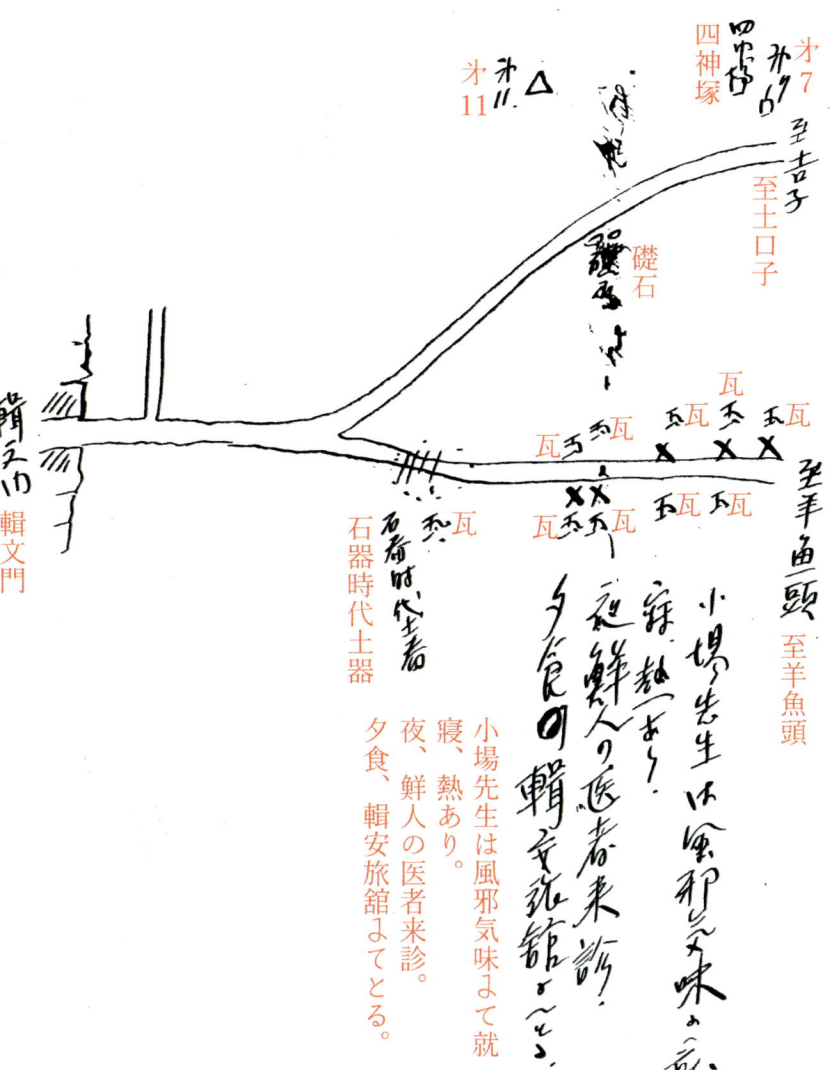

五月廿四日
將軍塚玄室内の侵入土砂の搬出作業。
人夫羅以下四人。
玄室内よも古瓦、陶器等の破片出づ。巴瓦出土。
古墳の周囲よは、墳上の建築物より顚落せし古瓦多く散在す。
將軍塚の古瓦よは、裏面に籠目、笇目等の文様を有するものなし。
文字瓦無し。

五月廿五日
昨日よ引續き將軍塚の玄室整理。
所謂溝出づ。溝といへば溝、溝といはねば溝でない溝様のもの、玄室の周井（囲）よあり。
玄室底面は一般に西よ傾斜。溝は全て内側よ傾斜を有す。
將軍塚北西一町位の所より巴瓦二個。附近籠目、笇目を有する古瓦夥しく散布。
午前十時頃、鮎川義介氏、飛行機よて古墳を見んとて輯安よ來り、直よ將軍塚よ來らる。
輯安博物舘の設計図を建てゝ提出せよとの「こと」。
山田氏、縣長、副縣長等、遊撃隊数十名護衛。四神塚、才十七号墳よは驚かると。
夜は、山田氏、森氏と共よ支那料理よ杯を揚ぐ。

五月廿六日
今朝午前一時より五時迄の間よ、蔴線溝に匪賊襲來。
遊撃隊これが裏をかいて攻撃、敵二十名を擅（壇）せしも、警司一名（滿人よして、機関銃の名手よして、勇敢なる人なりと）戦死。惜しみて余あり。（四百）
才十一号墳整理、人夫二人。
羨道は全て約三寸×一尺×一尺五寸位の板狀の石を何段も積重ね、又漆喰よて凝結させて密閉しあり。
羨道附近より今日も釉薬のかゝりし陶器破片出づ。

五月廿八日

都邑よ地図を三枚もらひに行く。

吉田庶務課長の友人一瀬氏來られ、古墳見學したき由にて、吉田氏より案内を依頼さる。自動車に同乗、四神塚、才十七号墳見學の上、將軍塚、好太王碑を見て帰り、才十七号墳南方にて別る。慶應出の人といふも、あっさりして、又男らしく良き人なり。吉田氏は大阪外語の支那語出の由。

午後帰宿の上、遺物の洗滌。石油鑵(缶)一、十八戔(錢)、ヒシャク(柄杓)小、二五戔(錢)。

山田氏は予一界編成の都合により、予定の期日に帰るべしとの電報來る。又、城大の寫眞班派遣申請許可につき便宜を計られたしとの電報來る。

本日小場先生より古墳實測の方法を示教さる。有難し。これのみにても輯安に來りし「こと」は満足。對角線は特に必要と(玄室、羨道等)。高句麗の古墳は整形であるもの少しと。

六月二日

上野(直昭)、末松(保和)、高(裕燮)の諸氏帰城(京城)。

六月三日

山田氏の置放し、無監督、見るに忍びず、才十七、四神塚、二室墳(第十一號墳)の工事監督。大工に命じて至急に古墳の扉の鍵をつけさせて、無断見學者の侵室を閉づ。

六月四日

才十七号墳、四神塚、才二十二号墳等の工事監督。四神塚上になしつゝある新しき積土は果して可なりや。現狀保存に全力をそゝぐべきにあらずや。甚だ疑問なり。

午前十時頃、江界電気の吉田常務現場訪問、これを案内す。同氏は平壤考古學会の幹事なりと。午後〇時半頃、滿浦憲兵隊長(准尉)以下約十名見學に來らる。縣の柳氏先導して來る。憲兵中、唐津湊村の人あり、懐し。今関(光夫)、円城寺(勲)氏と共に東崗東亞土木裏にあるといふ石棺を見に行きしも不明。

今夜より森氏拙室に來宿。夜、食道楽(飲食店の名)にてビール、サイダー(四円)のむ。佐藤兄より一週間後に來る旨の電報來る。

六月五日
夜來〈昨夜來〉雨しきり。朝未だ止まず。午前八時頃、羅君本日の工事問合せよ來る。雨天のため中止とす。但し、大工のみ仕事をやるため仕事場ょ赴けりと。森氏と共よ起床、食事安旅館。小場、今関氏と會談。印章よついて小場先生の高說を聞く。後、靑訓〈靑年訓練所〉よ中學前にて萬頭とジャム（一個三十五錢〈錢〉）を買求め、晝食とす。（午前十一時頃より晴）。宮沢氏を訪ぬ。滿軍附靑訓專任指導官水野中尉よ初對面。官廰、學校等主催の運動大會は雨天のため中止。

六月六日
記載なし

六月七日
記載なし

六月八日
本日は、今関、圓城寺兩氏も仕事をさる。

六月九日　晴
四神塚、十七、十二、一二六の諸墳の排水工事。夜來〈数夜來〉の豪雨止んで、空氣のみ冷朗。小場先生病床を離れての初陣。正木氏、圓城寺、今関氏等と馬車にて四神塚地域に行く。夜來〈数夜來〉豪雨のため、十七号墳羨道部に水大いに溜る。圓城寺、今関氏は寫眞撮影。諸氏皆山田氏の無謀に驚嘆さる。四神塚は扉の上より雨水流込みし跡顯著。工事の都合上、四神塚のみ許可。他日の案內て仕「事」をなすが故なり。鐵路總局の警護隊の人、隊長以下六人來觀。工事の都合上、四神塚のみ許可。他日の案內を約す。十時半、花田、三角兩氏十七号の平板測量に來らる。昨夜小場十七号は前方の排水工「事」。

先生や小生に約されし保存工事の計画のための実測。十一時、寫眞班仕事完了。十七号に損傷の跡なり。小場、正木、今関、円城寺氏帰らる。正木、今関、円城寺三氏は朝鮮へ帰らる。寂しき限りなり。

十七号羨道前のセメントは石の大きさを見せるため、取除くことと小場先生より注意さる。こゝの排水溝は向ふの家の側（かたはら）の柳の所までやらねばなりますまいと、小場氏、山田氏の仕事を皮肉らる。

六月十日

夜來（昨夜來）の歯痛並に頭痛のため休。人夫三人四神塚の地を掘らす。本日より人夫は三名とす。

大木夫人談

討伐隊への食料運搬トラック、匪賊に襲撃され、二十名ラ（拉）致され、運轉手一名逃げ帰り、報告せりと。

自動車は匪賊に燒かれたりと。また、東崗と羊魚頭中間の部落にも匪襲ありたりと。

來信　塩川、宮崎紀、森直行三氏
発信　郷里、塩川、宮之首、山田氏、伊東爲市君

六月十一日

土口子に行く。258を實測。人骨。

〔T〕1号玄室整理。鉄釘沢山、陶器。

後、人夫に一二六号の地を掘らせ、一人帰る。

夕方三角氏來り、三角氏宅に行き、ビール、酒の御馳走よ預る。夜十一時頃縣公署より匪状悪化のため、三角氏宅ょて集合といふ便來る。三角氏軽装ょて集合といふ便來る。三角氏と共ょ三角氏の奥様、令息を花田氏宅ょ送り、しばらくそこょ居り、後帰る。

今日は緊張、いざ來れ、何時でも召（招）集ょ應ぜられる如く軍装したまゝ（靴もはき）毛布を腹ょのせて寝る。今夜の睡眠は三四時間なりき。何事（こと）もなかりしは幸なり！

六月十二日　晴

土口子に行かんとせしも天候不順によつき、三室塚北方の積石塚の一部を掘りしも失敗。T1号南室の清掃を行ふ。緑褐釉陶器出づ。又、壁画の小破片一出づ。果して本來のものなりや。

今日、内部表面よは壁画の痕跡一点もなければ。

六月十三日　晴（朝方は小雨）

T1號墳南室整理調査。

鉄製品、緑褐釉陶器等出土。斯よ於いて先般北室よ於いて出土せる緑釉陶器が果してもと〜のものであるか否かといふ疑問解決。

彩色せる壁画の破片相当出で、昨日出でし一片を更よ意味づける。當室は今や破壊され、雨露よ漂（晒）されて壁画の痕跡一点もなきも、玄室内の土砂の下の底部よは斯く保存されあり。

南室の壁画破片に力づけられ北室を再調査せるも、一片の壁画破片も出でざりき。なかりしものか。唯、鉄製品のみ出づ。

午後四時工事終了。帰宅の上勉強。

來信　攷史会才一輯送付せらる。懐かしき限りなり。

榧本氏。上代文化の連中…低気圧ありと憂深し。四平街にて森本氏より。丸茂氏。

六月十四日　朝方雨、後曇

輯安旅舘に行きしに小場先生病再発。憂深し。羅をして李先生（公医）の宅よ便せしむ。董は足、手を洗はしめて看護せしむ。

羅に巴、人夫二人と共よ112號墳及126号の地を掘らしむべく先発せしむ。

休

六月十五日
一四九号墳：小場先生休業につき、その人夫、巴を加へて人夫計四名。
コンロの破片出づ!!

六月十六日
午前中、一四九号南室。
北室は破壊度は著しきため調査せず。
実測は後日行ふ予定。
午後、土口子南方のT一、一二号調査。陶器二片、角器一、現場よ隠匿す。

六月十七日
午前中、一一二号墳。
午後、情報悪きよし。
來信…祝先生、自宅、上代文化の連中。
小場先生気分よし。夕方一緒よ街を散歩。

六月十八日
二二八号発掘、実測。獲物なし。

六月十九日
午前中、一四九北室再掘。
午後、太王陵、臨江塚よ至り帰る。共よ瓦片採集。臨江塚よは著しき厚瓦あり。
城の内外物情騒然。
三角氏宅を散歩を誘ひしに、後、ビールの御馳走よなり、十二時近くよ帰る。

六月二十日
午前一時、御隣の大木氏宅よ警察より傳令來る。その緊張した声よ目覚む。土口子附近に匪襲ありたるものの如く、機関銃の音喧しと。

游撃隊あわたゞしく出動。予又眠れず。
朝聞くに土口子の先の今井組襲撃され、邦人多數慘殺、又拉致さるゝと。約六割強鮮人の由。
少年突撃隊勇敢に攻め來ると。
老婆(飯たき)の如きは腸を引き出してゐたといふ。

右欄外記載　慘殺七名　拉致十五名(中五名歸還、三人慘殺、二人監禁、身代金)

城内物情騒然。小場先生と都邑及び庶務の吉田氏を訪ねしに、今日は古墳に行かれないがよしと。∴(故に)人夫は十七号に加勢にやり、休みとす。
吉田氏よ尋ねしに給料は未だ省より轉送してなき模様。山田氏に給料の遅延及び人夫賃を計上してなきことつき強行に抗議す。
夜は公開(会)堂にて現在捜し得たる七瓄[七名の死者]の通夜をなし、翌午前二時宿舎就寝。
子をもつ婦人三人は可愛(哀)想だと女匪賊の同情より歸さる。その三人の女及び奇蹟的にも今井組張(帳)場より脱出せる一青年の話を聞く。
突撃隊の子供は日本人馬鹿〴〵と呼ぶといふ。
成人　間島よ於ける日本軍の共産党討伐の時、我々の父母兄弟は何もないのに殺された。日本人は鬼だといふと。

六月二十一日　晴
危險期去らず。
民生部惰り人夫賃計上なきため、航空郵便よてこれを問合す。返答あるまで人夫二人は一先づ都邑にかへす。羅一人をつれて、家よて一一四号墳出土陶器を洗滌せしむ。午歸宅さす。
小場先生は、午後一時公開堂の遭難者仮葬式よ列す。花田氏よよれば中島憲義氏は來る二十四日再び來、ゆっくりする由。

六月廿四日
匪賊三百、午前〇時三十分頃東崗襲撃。料理屋吾妻及び満人雑貨店襲はれ、吾妻よて飲酒中の満鉄警備員二名慘殺、(一名は拳銃よて、一名はナタ様の鉄刀よて)。満軍騎兵五團の

日系某中尉は巧ょ逃る。ケタタマシキサイレン。縣公署避難。男子は武装して各警備ょつく。小生等は輯文門上より眺觀。滿軍學一團水野中尉指揮して出動。土口子を抑へしも、匪は二手ょ分れ、雑貨類（滿店）他の掠奪物をもちて、一隊は東崗と羊魚頭の將軍塚の裏手より、一隊は東抬子より鷄児江溪谷の道ょ出で遁走、機関銃、小銃の音はげし。吾妻ょては蓄音機等も持運びしたりと。

六月廿六日
土口子ょて日本人一名拉致、鮮人と称して帰還。以下、小場先生護衛。

七月一日
大城ょ匪襲。

七月二日
記載なし

七月三日
太平溝ょ匪四百襲擊。家屋燒却。

七月四日
記載なし

七月五日
兵営上の画像石並ょ塼墓、柵工事。小場先生護衛。

七月六日
記載なし

현지조사 유물의 설명

다카하마시 가와라미술관

정인성 영남대학교 문화인류학과 교수

1

유물번호 491-95-11
직경 14.4
주연 폭 1.3
잔존길이 5 (단위: cm)

적색 계통의 고구려 수막새로, 문양면에는 회백색의 피막이 있다. 표면은 적갈색에 가깝고 파손면은 명적색을 띤다. 좌상부의 주연부 일부가 약간 결실되었으나 완형에 가깝다. 와당의 뒷면에 부착되었던 수키와는 떨어져 나갔지만 부착 시에 덧붙인 보강토는 잘 남아 있다. 와당의 뒷면에는 444로 주기되어 있다.

반원형의 중방 한가운데에는 연자가 배치되어 있는데, 이 연자를 중심으로 1조의 권선이 돌아가고 그 바깥에 6개의 연자를 다시 둘렀다. 중방의 바깥에는 1줄의 내부권선이 돌아가는데, 2줄 1조의 구획선과 접한다. 구획선은 다시 1줄의 외부권선과 맞닿아 있다. 문양면은 2줄 1조의 구획선에 의해 6구획으로 나뉘어 있고, 그 속에 연화문양이 배치되어 있다. 연화문양은 내부권선에서 줄기가 뻗어 나오듯이 표현되어 있는데, 연화문양의 가장자리와 중앙에 돌선을 표현해 도드라지게 보인다. 연화문양의 좌우에는 각각 연자가 하나씩 배치되어 있다.

와당 뒷면에는 수키와를 접합하기 위해 새긴 홈이 관찰된다. 수키와를 접합하기 위해 문지르기를 한 흔적도 선명하게 남아 있다. 또한 와당 배면에는 '실로떼기'를 한 흔적이 남아 있다. 방향성이 다른 것으로 보아 다수의 점토를 실로 떼어 내고 거푸집에 채운 후, 뒤에서 누른 것으로 보인다.

2

유물번호 491-95-12
직경 14.9
주연 폭 1.5
잔존길이 (단위: cm)

전체적으로 적색인 와당이다. 단면과 내면, 외면 모두가 적색으로 발색된다. 두껍게 조성된 와당면은 완형이며, 남아 있는 수키와는 반파, 결실되었다. 수키와의 내면에는 448로 주기되어 있다.

반원형의 중방 중앙에 연자를 배치했는데, 중앙의 연자를 중심으로 4구획되어 있고 그 속에 각각 연자가 하나씩 배치되어 있다. 중방의 바깥에는 1줄의 내부권선이 돌아간다. 내부권선의 바깥에는 연화문양과 검릉형의 문양이 교대로 배치되어 있다. 연화문양은 내부권선과 떨어져 있는데, 가장자리와 중앙에 돌선을 표현해 도드라지게 보인다. 검릉형의 문양은 중앙과 가장자리만 간략하게 표현되어 있다. 연화문양의 좌우에는 각각 연자가 하나씩 배치되어 있다. 문양부와 주연부 사이에는 1줄의 외부권선이 돌아간다.

종방향의 점토 접합흔이 남아 있고, 포목의 주름이 함께 관찰된다. 수키와의 측면은 부착 후, 종방향으로 깎기 조정을 했는데, 전면을 깎아낸 후, 모서리를 다시 한 번 잘라내는 방법으로 만들었다. 수키와의 외면에는 타날흔이 없지만 문지르기 한 흔적이 남아 있으며, 적채색의 피막이 일부 남아 있지만 대체로 박락되었다.

3

유물번호 491-95-13
직경 14
주연 폭 1
잔존길이 20.3(단위: cm)

적황색의 와당인데, 수키와가 반파된 채 부착되어 남아 있다. 와당의 상단부가 파손되었으나 복원되었다. 복원부의 색깔은 진품과 거의 동일하지만 조정흔에서 차이를 보인다. 부착된 수키와의 중앙에 해당하는 부분에는 작은 구멍이 뚫려 있고, 내면에는 450이라는 주기가 있다.

반원형의 중방 중앙에는 단추모양으로 눌린 큰 연자가 부착되어 있고 그 주위에 4개의 연자를 배치하였다. 중방의 바깥에는 2줄의 내부권선이 돌아간다. 내부권선의 바깥에는 연화문과 입체적인 인동문양이 교대로 배치되어 있다. 내부권선과 각각의 문양들은 서로 떨어져 있다. 연화문양은 첨두형이고 하단부가 잘려나가듯이 표현되어 있는데, 가장자리에는 2줄의 돌선이, 중앙에는 1줄의 돌선이 표현되어 있다. 입체적인 인동문양은 중앙의 줄기를 중심으로 5개의 잎이 표현되어 있다. 문양부와 주연부 사이에는 1줄의 외부권선이 돌아간다.

와당 뒷면의 접합부에는 점토로 보강한 후 손으로 눌렀다. 손톱자국과 문지르기 한 흔적이 선명하게 남아 있다. 수키와를 부착한 후 외연을 2단 깎기로 조정하였으며, 와당 뒷면 턱의 모서리를 돌려 가면서 깎아 냈다. 완전히 건조되기 전에 수키와를 와당의 뒷면에 부착하고, 깎기로 배면을 조정한 기법이 구사된 것을 알 수 있다. 수키와는 2/3를 남기고 잘랐다는 점이 중요한데, 이와 연동하여 잘라낸 수키와를 부착하였는지, 부착하고 잘라내는지는 의문이다. 와당 뒷면의 안쪽을 따라 접합한 홈이 없는 점으로 미루어 1/3을 잘라낸 수키와를 와당 뒷면의 상단에 붙였을 가능성이 높다. 수키와의 외면에는 전면적으로 종방향으로 단위가 비교적 넓은 마연 조정흔이 관찰되는데, 깎기와 문지르기가 동시에 고려된 조정흔이다. 또한 종방향의 승문타날흔이 희미하게 관찰되는 부분도 있다. 수키와는 와통에 포목의 통보를 두르고 점토를 부착한 다음, 승문의 타날을 가하였다.

4

유물번호 491-95-14
직경 14.1
주연 폭 1.2
잔존길이 12.4(단위: cm)

연화문의 적색 와당이다. 와당면은 기본적으로 적색이나, 표면에 회백색의 피막이 있다. 2차 채색을 위한 기초화장인지의 여부가 고려되어야 한다. 와당의 뒷면에 부착된 수키와는 대부분 결실되고 일부만 남아 있다. 와당의 뒷면에는 451이라고 쓴 주기가 있다.

반원형인 중방의 중앙이 눌려 있다. 중방의 바깥에는 1줄의 내부권선이 돌아간다. 내부권선의 바깥에는 연화문과 인동문양이 교대로 배치되어 있는데, 모두 내부권선에서 뻗어 나온 듯이 이어져 있다. 연화문양과 인동문양은 모두 단순화된 형상을 하고 있는데, 특히 인동문양은 줄기를 중심으로 좌우로 3줄이 뻗어 나와 있고, 끝부분은 둥근 잎 모양으로 만들어져 있다. 문양부와 주연부 사이에는 2중으로 돌아가는 외부권선 속에 타원형의 연자 12개가 배치되어 있다.

수키와는 와당 배면의 주연 2/3를 돌려 파낸 후 끼워서 부착하였다. 수키와의 내면에는 포목흔과 점토 접합흔이 뚜렷하게 관찰된다. 만약 이 점토 접합흔이 인정된다면 이는 점토판을 이용해 성형한 것으로 간주할 수 있다. 와당배면의 접합부에는 점토를 보강한 후, 손으로 눌렀으며 손톱자국도 남아 있다. 수키와를 부착하고 외연을 2단 깎기로 조정하였으며, 와당 뒷면 턱의 모서리도 돌려가면서 깎아 냈다. 이는 완전히 건조되기 전의 수키와를 와당 뒷면에 부착하고, 깎기로 뒷면을 조정한 기법이다. 수키와는 2/3를 남기고 잘랐다는 점이 중요한데, 이와 연동해 잘라 낸 수키와를 부착했는지, 혹은 부착하고 난 다음에 잘라 냈는지는 의문이다. 하지만 와당 뒷면의 안쪽을 따라 접합한 홈이 없는 점으로 미루어 1/3을 잘라 낸 수키와를 와당 뒷면 상단에 붙였을 가능성이 높다.

5
유물번호 491-95-15
직경 15.1
주연 폭 1.2
잔존길이 결실(단위: cm)

전체적으로 흑색을 띠는 와당이다. 일부에 등색이 확인되는 것으로 보아 등색 베이스에 흑색을 채색한 것으로 판단된다. 와당 뒷면에는 452라는 주기가 있다. 와당면은 완형을 유지하고 있지만, 와당 뒷면에 붙인 수키와는 파손되어 대부분 결실되었고, 극히 일부가 남아 있다.

반원형의 중방 중앙에 연자를 배치했는데, 중앙의 연자를 중심으로 4구획되어 있다. 중방의 바깥에는 1줄의 내부권선이 돌아간다. 내부권선의 바깥에는 2줄 1조의 구획선으로 4구획되어 있고, 그 속에 각각 연화문이 배치되어 있다. 연화문은 단순하게 표현되어 있지만, 가장자리를 돌선을 이용해 도드라지게 표현하였다. 연화문양의 하단부는 잘려나가듯이 내부권선과 접한다. 구획선은 1줄의 내부권선과 2줄의 외부권선에 각각 접한다. 연화문양의 좌우에는 역삼각형과 유사한 형태 속에 연자가 들어 있는 문양이 배치되어 있다.

수키와는 와당 뒷면의 2/3을 도려내듯이 파낸 후 끼워서 부착하였다. 수키와의 접합부에는 지두흔이 확인되며, 와당 뒷면에 약간의 단이 형성되었다.

6
유물번호 491-95-16
직경 13.8
주연 폭 1.4
잔존길이 (단위: cm)

적색 계통의 연화문 와당이다. 와당의 뒷면에는 수키와가 부착되어 있는데, 미구 쪽의 절반 이상이 결실되었다. 주연부에 문양이 없는, 즉 민주연이 와당면의 주위를 돌아간다. 와당면은 기본적으로 적색이며 단면도 적색을 띤다. 와당면과 주연에는 부분적으로 가는 모래가 부착되어 있는데, 이는 분리사로 이해된다. 와당의 뒷면에는 453이라고 쓴 주기가 있다.

볼륨감이 낮은 반구형의 중방 주위를 두꺼운 1줄의 내부권선이 돌아간다. 내부권선의 바깥에는 투박하게 표현된 8판의 연화문이 배치되어 있다. 연화문의 좌우에는 변형된 삼각형의 문양이 각각 배치되어 있다. 외부권선은 배치되지 않았다.

주연부는 중방이나 화판보다 약간 더 높다. 와당면의 내면 측면에 점토띠 접합흔이 있는 것으로 보아, 와범에 점토를 누르기 전에 이미 점토를 주연부에 둘러놓은 것을 알 수 있다. 수키와의 내면에는 통보를 이용한 포목흔이 선명하게 남아 있다. 종방향으로 포목을 이어서 감치기로 기워 낸 흔적이 전사되어 있다. 수키와의 수평 단면은 마치 쪽골을 댄 것과 같은 주름이 있다. 수키와의 내면에는 4~5cm 폭의 점토띠 접합흔이 인정된다. 점토띠를 타날하여 넓어졌다기보다는 넓은 점토판을 붙여 올렸을 가능성도 있다. 와당면에 수키와를 부착하면서 보강토를 더하고 조정하였다. 수키와의 측면에는 2단의 모따기 깎기흔이 관찰된다. 깎기흔은 와당 배면의 하단면을 따라가면서 계속된다. 이는 수키와를 부착한 다음, 그 측면과 와당 배면을 최종적으로 동시에 조정한 결과이다. 또한 수키와의 외면에는 상하로 문지르기 한 조정흔이 관찰된다. 문지르기 한 조정흔은 와당의 측면에도 연속되는데, 혹시 절개하지 않은 원와당을 붙이고 접합 후 마연 조정한 다음에 수키와의 1/3을 잘라 냈을 가능성도 있다.

7

유물번호 491-95-17
직경 15.3
주연 폭 1.6
잔존길이 (단위: cm)

전면이 회색을 띠는 와당인데 완형이다. 와당의 뒷면에는 수키와가 붙어 있지만 미구 쪽의 상당 부분이 결실되었다. 와당의 뒷면에는 454로 주기되어 있다.

비교적 작은 중방은 편평한 편이다. 중방을 둘러싸고 2줄의 내부권선이 돌아간다. 내부권선의 바깥에는 입체적인 연화문양과 평면적인 연화문양이 교대로 배치되어 있다. 입체적으로 표현된 연화문양에는 중심의 돌선을 기준으로 양쪽에 2줄씩의 돌선이 배치되어 있다. 평면적인 연화문양은 돌선으로 표현되어 있는데, 양쪽으로 V자 모양으로 뻗어 나갔다가 돌아온다. 외부권선은 확인되지 않는다.

와당의 뒷면을 파내고 수키와를 접합했는지, 혹은 점토를 붙여 접합했는지는 확인할 수 없다. 수키와의 접합부분에는 문지르기를 한 조정흔이 다수 남아 있다. 수키와에는 통보를 이용한 포흔목이 남아 있으며, 접합부는 두껍게 보강되어 있다. 와당의 뒷면에는 다수의 '실로떼기'흔이 관찰된다.

8

유물번호 491-95-18
직경 14.2
주연 폭 1.5
잔존길이 (단위: cm)

전체적으로 적색 계통의 연화문 와당이다. 주연부는 문양이 시문되지 않은 민주연이다. 와당의 뒷면에는 455로 주기되어 있다.

반원형의 중방을 중심으로 1줄의 내부권선이 돌아간다. 내부권선의 바깥에는 단순화된 다수의 연화문양이 이중으로 배치되어 있다. 변간에서는 11개의 연자가 확인된다. 문양부와 주연부 사이에는 1줄의 외부권선이 돌아간다.

수키와의 뒷면에는 포목흔과 점토띠 접합선이 보인다. 와당과의 접합부는 두껍게 점토로 보강하였다. 손끝 누르기는 관찰되지 않는다. 수키와를 부착한 후 잘라 내기를 했는데, 와당 뒷면의 하단으로 연속된다. 이를 통해 볼 때 완형의 수키와를 부착하고, 그 아래를 이후에 잘라 내었을 가능성도 있다. 수키와의 외면에는 종방향으로 문지르기 한 흔적이, 와당의 하단부에는 횡방향으로 깎아 낸 흔적이 관찰된다.

9

유물번호 491-96-01
직경 17.2
주연 폭 1.6
잔존길이 (단위: cm)

회황색으로 발색하는 연화문 와당이다.

반원형의 중방 주위를 두터운 원주가 돌아가는 형상이다. 중방의 주위를 1줄의 내부권선이 돌아간다. 내부권선의 바깥에는 입체적인 연화문양과 평면형에 가까운 변형된 연화문양이 교대로 배치되어 있다. 입체적인 연화문양은 중심의 돌선을 기준으로 양쪽에 2줄씩의 돌선이 배치되어 있다. 내부권선에서 입체적인 연화문양을 휘감듯이 양쪽에서 돌선이 뻗어 나와 있다. 평면적인 연화문양의 바깥에도 휘감듯이 양쪽에 돌선이 있다. 문양부와 주연부 사이에는 1줄의 외부권선이 돌아간다.

목판 와범을 이용해 성형한 흔적이 와당면에서 관찰된다. 주연부 측면에는 강한 문지르기 흔적이 남아 있다. 수키와의 내면에는 통보를 이용한 포목흔이 관찰되며, 접합부를 점토로 두껍게 보강하였다. 와당의 뒷면에는 수키와와 접합하기 위한 표시선이 횡단하는데, 중심에서 아래로 치우쳐 있다. 실제로 절단된 수키와도 와당면의 2/3를 감싼다. 깎기 조정된 수키와의 측면부가 와당 뒷면의 접합부를 파고들고, 점토띠를 이용한 보강 조정이 이를 지우는 현상이 관찰된다. 이는 절단된 수키와를 와당면에 부착하였음을 실증하는 중요한 흔적이다.

10

유물번호 491-96-02
직경 16.3
주연 폭 1.6
잔존길이 (단위: cm)

전체적으로 명황색인 와당이다. 두껍게 조성된 와당면은 완형이며, 와당의 뒷면에는 수키와의 일부만이 잔존한다.

반원형의 중방 중앙에 연자를 배치했는데, 중앙의 연자를 중심으로 4구획되어 있고 그 속에 각각 연자가 하나씩 배치되어 있다. 중방의 바깥에는 1줄의 내부권선이 돌아간다. 내부권선의 바깥에는 연화문양과 검릉형의 문양이 교대로 배치되어 있다. 연화문양은 내부권선과 떨어져 있는데, 가장자리와 중앙에 돌선을 표현해 도드라지게 보인다. 검릉형의 문양은 중앙과 가장자리만 간략하게 표현하였다. 연화문양의 좌우에는 각각 연자가 하나씩 배치되어 있다. 문양부와 주연부 사이에는 2줄의 외부권선이 돌아간다.

와당의 뒷면에는 수키와가 부착되었던 흔적이 남아 있다. 이미 절개된 수키와를 부착했던 것으로 보인다. 박락된 수키와 등판을 관찰해 보면, 와당의 뒷면에 수키와를 접합한 후, 그 외면을 점토로 두껍게 보강한 것을 알 수 있다. 수키와 외면의 종방향 문지르기 흔적이 선명하다. 와당 뒷면의 접합부는 점토를 두르고 횡으로 조정하였다. 와당 뒷면 하단부의 조정은 인정되지만 현저하지 않다.

11

유물번호 491-96-03
직경 16
주연 폭 1.1
잔존길이 (단위: cm)

전체적으로 적색을 띠는 수막새이다. 2/3가량 잔존하는 수키와이다.

반원형의 중방은 가운데가 눌린 듯이 편평하다. 중방의 바깥으로 1줄의 내부권선이 돌아간다. 내부권선의 바깥에는 비스듬하게 궐수문양이 표현되어 있다. 궐수문양의 좌우에는 연자가 각각 하나씩 배치되어 있다. 문양부와 주연부 사이에는 1줄의 외부권

선이 돌아간다.

와당의 뒷면에는 절개한 수키와가 부착되어 있는데, 수키와의 내면에는 통보를 이용한 포목흔이 관찰된다. 와당의 뒷면은 전체적으로 깎기로 조정되었으며, 턱을 따라서 모따기 조정을 하였다. 와범에 점토를 채우고 눌러 와당면을 만든 다음, 깎기로 뒷면을 조정한다. 주연부와 와당면의 균형이 맞지 않고 기울어져 있는 점으로 볼 때, 이때 거푸집에서 와당을 분리했을 가능성이 높다. 와당 뒷면의 상부에는 주연부보다 안쪽으로 홈을 둘러 판 후 이미 절개한(?) 수키와를 붙인다. 접합부는 점토를 약간 둘러 보강했다. 와당 뒷면의 하단은 돌아가며 깎기 조정하였다.

12

유물번호 491-96-04
직경 18.2
주연 폭 1.3
잔존길이 (단위: cm)

회황색 연판문 와당으로 수키와부는 접합 흔적만 남긴 채 탈락되었다.

반원형의 중방에는 중심에 하나의 연자가 배치되어 있다. 그리고 중방의 바깥에는 1줄의 내부권선이 돌아간다. 내부권선의 바깥에는 홈을 파내고 연화문양과 구획선을 배치하였다. 연화문양은 2개의 꽃술을 감싸듯이 테두리만 강조해 표현되어 있는데, 끝부분은 와범에 점토를 먼저 채워 넣는 방법이 구사되었다. 1줄의 구획선은 일자형과 끝부분이 삼지창 형태로 변형된 것이 교대로 배치되어 있다. 구획선은 내부권선과 1줄의 외부권선에 접한다. 불규칙적으로 연화문양의 좌우에 연자가 배치되어 있다.

와당의 뒷면에는 접합흔이 남아 있다. 수키와는 전체의 2/3를 남겨서 잘라낸 다음 부착하였다. 'U'형으로 접합부를 파내고 수키와를 꽂았는데 수키와 단부에 있었던 조선이 전사되어 남아 있다. 원래 와당접합부에 새긴 상처는 다치구에 의한 집선문일 가능성이 높다. 부분적으로 이러한 흔적이 관찰된다.

13

유물번호 491-96-05
직경
주연 폭
잔존길이 (단위: cm)

회황색의 복합연화문 수막새이다. 와당 뒷면에는 11.122이라고 주기되어 있다.

반원형의 중방에는 중앙에 하나의 연자가 배치되어 있다. 중방의 바깥에는 1줄의 내부권선이 돌아간다. 내부권선의 바깥에는 입체적으로 표현된 연화문양과 평면형으로 배치된 연화문양이 교대로 배치되어 있다. 입체적인 연화문양에는 중심 돌선을 중심으로 양쪽에 1줄씩 돌선이 배치되어 있다. 평면형인 연화문양은 갈고리 모양의 양쪽으로 벌어지는 돌선과 테두리선으로 구성되어 있다. 변간에는 각각 V자 형태의 돌선 위에 연자가 하나씩 배치되어 있다. 문양부와 주연부 사이에는 1줄의 외부권선이 돌아간다.

이 기와는 목제 와범을 이용해 제작한 것으로 추정된다. 권선과 문양 돌선은 모두 와범에 먼저 점토를 채우는 방식으로 제작되었다. 와당의 뒷면에는 이미 절개한 수키와를 접합하였는데, 접합부위를 빼고는 대부분 결실되었다. 와당의 뒷면에는 점토를 더해 조정하였으며, 수키와의 접합부위를 잘라낸 다음, 수키와를 부착하는 접합부의 내면 모서리를 점토로 보강하였다. 와당의 뒷면 하단을 깎기 조정하였다. 와당의 뒷면에 수키와를 부착한 후 점토를 수키와에 덧대어 조정했는데, 종방향 문지르기 조정으로 마무리하였다. 수키와의 외면을 타날하는 것이 고구려기와의 일반적인 특징이지만, 이 기와는 문지르기 조정으로 타날흔이 완전히 사라졌다.

14

유물번호 491-96-06
직경 13.2
주연 폭 1.1
잔존길이 5.7 (단위: cm)

명황색에 가까운 수막새이다.

반원형의 중방 중앙에 연자를 배치했는데, 중앙의 연자를 중심으로 4구획되어 있고 구획 속에 각각 연자가 하나씩 배치되어 있다. 중방의 바깥에는 1줄의 내부권선이 돌아간다. 내부권선의 바깥에는 연화문양과 검릉형의 문양이 교대로 배치되어 있다. 아몬드 형태의 연화문양은 내부권선과 떨어져 있는데, 가장자리에는 2줄의 돌선을 표현해 도드라지게 보인다. 검릉형은 이중으로 단순하게 표현했다. 연화문양의 좌우에는 각각 연자가 하나씩 배치되어 있다. 문양부와 주연부 사이에는 2줄의 외부권선이 돌아간다.

수키와의 접합흔은 단부의 조선이 반전되어 돌출해 전사되었다. 수키와의 단부는 평탄면이었음이 확인된다. 와당 뒷면의 마무리 조정은 고구려 와당의 경우 깎기가 일반적인데 이 자료는 긁어내기이다. '부분 복원'한 것이 분명한 기와이다. 와당면의 직경도 일반적인 고구려 기와보다 극단적으로 작은 것이 특징이다. 또한 와당의 턱부분과 이마부분의 외연에는 성형 후 문지르기 한 흔적도 관찰되지 않는다.

문양면의 형태만을 충실하게 모방한 가능성이 높은 자료이다.

15

유물번호 491-96-07
직경 15.9
주연 폭 1.3
잔존길이 결실(단위: cm)

전체적으로 적색인 와당이다. 주연의 극히 일부가 결실되었을 뿐 완형을 유지하고 있다. 와당의 뒷면에 접합한 수키와는 파손되어 결실되었다. 와당의 뒷면에는 10.1378로 주기되어 있다.

반원형의 중방에는 이중으로 원주문이 돌아간다. 중방의 바깥에는 중방의 연주문과 비슷한 굵기의 1줄의 내부권선이 돌아간다. 내부권선의 바깥에는 연화문양과 검릉형의 문양이 교대로 배치되어 있다. 연화문양은 양 가장자리에 2줄의 돌선을 표현해 도드라지게 보인다. 검릉형은 이중으로 단순하게 표현되어 있는데, 내부권선에서 뻗어나와 검릉형 문양을 바깥에서 감싸듯이 표현된 부분도 관찰된다. 연화문양의 좌우에는 각각 연자가 하나씩 배치되어 있다. 문양부와 주연부 사이에는 1줄의 외부권선이 돌아간다.

와당의 뒷면에는 수키와를 접합하기 위하여 파낸 흔적이 없다.

16

유물번호 491-96-08
직경 (잔존)14.8
주연 폭 결실
잔존길이 결실(단위: cm)

전체적으로 회황색을 띠는 수막새이다. 주연부과 수키와는 파손되어 남아 있지 않다.

반원형의 중방에는 2줄의 내부권선이 돌아간다. 외부권선은 1줄로 표현되었다. 2줄 1조의 구획선은 내, 외부 권선과 연결되어 있다. 단순하고 작은 6개의 연화문양은 각각 구획 안에 배치되어 있다. 연화문양의 좌우에는 연자가 배치되어 있다.

와당의 뒷면은 2/3를 파내고 수키와를 접합하였는데, 수키와와의 접합부에 문지르기를 한 흔적이 관찰된다. 와당 뒷면의 일부에는 손누름자국이 남아 있다.

17

유물번호 491-96-09
직경 15.8
주연 폭 1
잔존길이 5.4(단위: cm)

전체적으로 황색을 띠는 수막새인데, 문양면에는 검은색 채색이 인정된다. 주연부의 일부와 수키와는 결실되었다.

반원형의 큰 중방에는 중심에 하나의 연자가 배치되어 있다. 중방의 바깥에는 2줄의 내부권선이 돌아간다. 연화문양은 3줄 1조로 구성된 6구획의 안에 각각 하나씩 배치되어 있다. 연화문양의 좌우에는 연자가 각각 배치되어 있다. 문양부와 주연부 사이에는 2줄의 외부권선이 돌아간다.

와당 뒷면의 상단 2/3를 파내고 수키와를 접합하였다. 와당 뒷면의 대부분이 박락되어 자세한 상황을 알 수 없으나, 수키와와 접합한 부분에서는 문지르기흔이 관찰된다.

18

유물번호 491-96-10
직경 15.6
주연 폭 1.4
잔존길이 19.3(단위: cm)

고구려 시대의 일반적인 수막새와는 달리 굽은 수키와가 곧추서는 듯한 와당의 뒷면에 붙어 있다. 소위 곱새기와이다. 전체적으로 적색을 띠는 수막새이다. 와당면은 3cm의 두께감을 보인다. 등색인 와당면과 주연부 표면에는 가는 모래가 부착되어 있다.

와당의 중앙에는 연자가 없는 중방이 자리잡고 있고, 중방의 바깥에 한 줄의 내부권선이 배치되어 있다. 내부권선의 바깥에는 아몬드형의 입체적인 연화문양이 있고, 그 바깥에 다시 외부권선이 돌아간다. 내부권선과 외부권선의 사이에는 중앙에 도드라진 돌대선이 시문된 10개의 연화문양이 배치되어 있는데, 각각의 연화문양 중앙의 돌대선은 교대로 내부권선과 외부권선에 이어져 있다. 동일한 문양적 속성을 가진 와당 뒷면에는 다치구를 이용한 긁기 흔적이 관찰된다.

와당의 뒷면과 수키 접합부를 두껍게 보강하였다. 수키와의 접합 방법은 파손부가 없어 정확히 알 수 없다. 수키와에는 포목을 이용한 통보흔이 남아 있으며, 접합부에는 문지르기 한 흔적이 관찰된다. 주연부의 측면에는 횡방향으로 조정한 흔적이 관찰된다. 수키와를 비스듬히 잘라 와당의 뒷면에 부착했는데, 부착하면서 점토를 덧대어 보강하고, 횡방향으로 강하게 문지른 흔적이 남아 있다. 부착된 수키와의 양 측면에는 분할 후 대칼을 이용해 깎아서 정면한 조정흔이 확인된다.

19

유물번호 491-97-06
직경 14
주연 폭 2.8
잔존길이 3.7 (단위: cm)

전체적으로 적색을 띠는 복합연화문 수막새이다. 완형을 유지하고 있으나, 와당의 뒷면에 부착된 수키와는 대부분 결실되어 남아 있지 않다.

반원형의 중방에는 4개의 연자가 배치되어 있고, 중앙은 눌려 편평하다. 중방의 바깥에는 1줄의 내부권선이 돌아간다. 내부권선의 바깥에는 입체적으로 표현된 연화문양과 평면형으로 배치된 연화문양이 교대로 배치되어 있다. 입체적인 연화문양은 1줄씩의 돌선을 테두리에 배치시켜 볼륨감을 높였다. 평면형인 연화문양은 꽃술을 연상시키는 3줄의 돌선과 테두리선으로 구성되어 있다. 연화문양의 사이사이에는 연자가 하나씩 배치되어 있다. 문양부와 주연부 사이에는 1줄의 외부권선이 돌아간다.

와당 뒷면의 1/2 상위의 외연을 파내고 수키와를 접합하였다. 수키와의 접합부와 와당 뒷면에는 조정흔이 거의 남아 있지 않으며, 일부에 깎기흔이 있다.

20

유물번호 491-97-07
직경 14.7
주연 폭 1.3
잔존길이 6.9 (단위: cm)

전체적으로 적색을 띠는 수막새이다. 와당면의 1/3이 파손되었다.

반원형의 중방에 1줄의 내부권선이 돌아간다. 내부권선의 바깥에는 테두리 속에 꽉 찬 연화문양과 테두리 속의 공간에 떠 있는 듯한 연화문양이 교대로 배치되어 있다. 변간에는 변형된 형태의 연자가 각각 배치되어 있다. 문양부와 주연부 사이에는 1줄의 외부권선이 표현되어 있는데, 점토띠를 부착하여 제작한 것으로 보이는 흔적이 강하게 남아 있다.

수키와는 와당의 뒷면을 'ㄴ'자 형으로 파내고 부착하였으며, 접합부를 두껍게 보강하였다. 수키와에는 포목을 이용한 통보흔이 남아 있으며, 접합부에는 문지르기를 한 흔적이 일부 관찰된다.

21

유물번호 491-97-08
직경
주연 폭
잔존길이 (단위: cm)

전체적으로 회색인 수막새이다. 와당면의 상당 부분이 파손되었으며, 수키와 또한 결실되었다. 중방과 연화문양이 주연부보다 더 돌출된 점이 특징적이다. 또한 주연부에는 연자가 배치되어있다는 점에서 일반적인 고구려의 기와와는 구별된다.

반원형의 큰 중방 바깥에 단순화되었으나 큰 6개의 연화문양이 배치되어 있다. 연화문양의 가장자리를 2중의 돌선으로 감싸듯이 표현되어 있다. 연화문양의 사이에는 중방쪽에 배치된 연자에서 뻗어 나온 연꽃줄기 형상의 문양이 배치된 것도 있다. 내부권선과 외부권선은 확인되지 않는다.

와당의 뒷면을 'ㄴ'자 형태로 파내고 수키와를 부착했던 것 같은데, 수키와의 접합부 이외에도 횡으로 돌아가는 침선이 관찰된다. 수키와 접합한 부분에는 문지르기를 한 흔적이 남아 있다.

22
유물번호 491-97-10
직경 17.2
주연 폭 결실
잔존길이 결실(단위: cm)

적황색을 띠는 구획선연화문 수막새의 파편이다. 주연부가 대부분 결실되었고 와당면도 1/2 정도만 잔존한다.

반원형의 큰 중방에는 1+6의 연자가 배치되어 있다. 중방의 바깥에는 1줄의 내부권선이 돌아간다. 내부권선의 바깥에는 2줄 1조의 구획선으로 6구획되었다. 각 구획 안에는 작은 연화문양이 각각 배치되어 있다. 연화문양의 좌우에는 연자가 배치되었다. 문양부와 주연부 사이에는 1줄의 외부권선이 돌아간다.

와당의 뒷면에는 다치구로 접합부를 부분 조정한 흔적이 관찰된다. 와당 뒷면의 주연부을 따라 'ㄴ'자 형태로 접합홈 따내기를 하였다. 와당은 와당 문양면에서 절반 깊이로 톱질한 흔적이 남았다. 소성 후 이 부분을 따라 절단된 것으로 관찰된다.

23
유물번호 491-97-12
직경 15.7
주연 폭 1.4
잔존길이 결실(단위: cm)

회색으로 발색하는 고구려의 수막새로 소성도는 완전한 도질이다. 민주연과 중방 그리고 문양대로 구성된다. 와당면은 1/2 정도만 잔존한다.

반원형의 이중으로 표현된 중방을 2줄의 내부권선으로 감싼 형상이다. 외부권선은 1줄로 표현되었다. 2줄 1조의 구획선은 내부, 외부 권선과 연결되어 있다. 단순하고 작은 6개의 연화문양은 각각 구획 안에 배치되어 있다. 연화문양의 좌우에는 연자가 배치되어 있다.

문양면의 곳곳에서 나무결이 관찰된다. 와범의 소재가 목제였음을 시사한다. 주연부의 안쪽에는 점토띠흔이, 권선의 아래에서도 점토띠흔이 돌아간다. 이를 통해 와범의 주연과 문양면 깊은 곳에 점토를 먼저 채웠음을 알 수 있다. 와당 뒷면에는 이미 분리된 수키와를 붙인 다음, 깎기와 문지르기로 마무리 조정하였다.

24
유물번호 491-97-13
직경 14.2
주연 폭 1.3
잔존길이 결실(단위: cm)

회황색의 색조를 띤 수막새의 파편이다. 문양이 없는 민주연과 화판으로 구성되어 있다.

잔존 부분이 적어 완형으로 복원하기 어렵지만 입체적인 연화문양과 평면적인 연화문양이 교대로 배치된 형상이다. 중방과 내부권선은 확인되지 않는다. 입체적인 연화문양은 중심과 테두리에 각각 돌선을 표현하였다. 평면형 연화문은 테두리만으로 형

상화했고, 양쪽으로 관통하듯이 돌선이 지나간다. 문양부와 주연부 사이에는 2줄의 외부권선이 돌아간다.

파손면에서는 수키와와 와당의 접합법이 잘 관찰된다. 먼저 와범에 주연과 와당의 절반을 채워 넣어 조정하고, 주연 뒷면을 따라가며 홈을 내고서 절개된 수키와를 끼워 넣은 것으로 보인다. 그 후 와당 뒷면에 2차적으로 점토를 펴서 채워 넣고 수키와와의 접합부에는 점토를 덧대어 보강하였다. 또한 주연부의 상면을 따라서도 점토로 보강하였다. 최종적으로는 문지르기와 깎기로 조정하여 성형을 마무리한 것으로 관찰된다.

25
유물번호 491-97-14
직경 16.5
주연 폭 1.1
잔존길이 결실(단위: cm)

회색으로 발색하는 복합연화문 수막새의 파편으로 전체상을 알 수 없다. 소성도는 도질에 가깝다.

중방은 결실되었으나 1줄의 내부권선이 돌아가는 것은 확인할 수 있다. 내부권선의 바깥에는 입체적인 연화문과 평면적인 연화문양이 교대로 배치되어 있다. 모든 연화문양의 가장자리를 돌선으로 감싸듯이 표현하였다. 입체적인 연화문양은 중심과 테두리에 돌선으로 표현해 도드라져 보이도록 표현하였다. 평면형의 연화문양 안에는 총 5개의 돌선으로 꽃술을 형상화하였다. 변간에는 역삼각형을 연상시키도록 표현되어 있다.

와당면과 주연부의 표면에는 가는 모래가 뿌려졌다. 고구려 와당에서 일반적으로 관찰되는 분리사이다. 비교적 주연부가 낮은데, 주연부의 안쪽에서 점토띠 접합흔이 관찰되지 않는다. 단면에서는 수키와의 접합 방법과 와당면의 조성 원리가 관찰된다. 와범에 점토를 채우고 뒷면에서 누르기로 와당면을 구현하였다. 2차로 뒷면 채우기를 하고 수키와 접합부를 파내었다. 접합되는 수키와의 단부는 양쪽에서 모따기를 해 단면의 중간이 뾰족하다. 접합부 내면과 외면에 비교적 두꺼운 점토로 보강한 흔적이 확인된다. 접합 후, 수키와의 외면에는 종방향으로 집중적인 문지르기 조정이 이루어졌다.

26
유물번호 494-02-02
직경 14.3
주연 폭 1.5
잔존길이 결실(단위: cm)

전체적으로 적색 계통인데, 와당면의 표면에는 회백색의 피막이 관찰된다. 민주연과 중방, 문양대로 구성된다.

반구형인 중방의 바깥에 한 줄의 내부권선이 둘러싸고 있고, 내부권선의 바깥에 4개의 연주문양이 배치되어 있다. 다시 그 바깥에는 4개의 연화문양이 배치되어 있는데, 연화문양에서 양쪽으로 뻗어 나오듯이 당초문양이 붙어 있는 것이 특징적이다. 연화문양의 바깥에는 한 줄의 외부권선이 돌아간다. 주연부는 중방과 거의 같은 높이를 이룬다.

와당면의 뒤쪽에는 수키와가 탈락되어 접합흔을 관찰할 수 있는데, 일정폭의 단위를 가지는 다치구를 이용해 긁어내었다. 다치구 긁기 흔적이 수키와 접합 후에 덧붙이는 보강토 아래로 들어가 있는 점으로 미루어 볼 때, 와당 뒷면을 절반 정도의 두께로 먼저 만든 후, 다치구로 긁어낸 후 수키와를 접합하고 와당면의 나머지 부분을 완성한 공정을 생각해 볼 수 있다. 그 후 와당의 측면의 횡방향 조정과 와당 뒷면의 하단부 깎기 조정을 행하였다. 전형적인 고구려 수막새의 와당 뒷면 접합흔이 관찰되므로 고구려 시대의 수막새로 판단된다.

와당 배면에는 '조선대동강철교 고성와 고구려초기(朝鮮大同江鐵橋古城瓦高句麗初期)'라고 묵서되어 있다. 또한 와당 뒷면의 수키와 접합부의 일부에서는 가격하여 인위적으로 떼어 낸 것으로 보이는 흔적이 있는데, 그 색조가 선연한 것으로 보아 수집자의 소행일 가능성이 있다. 명확하지 않은 출토지를 묵서한 점과 고구려 기와의 제작 시기를 근거 없이 적고 있는 점 등으로 미루어 전문적인 지식을 가진 자가 수집하지 않았을 가능성이 높다.

27

유물번호 494-02-03
직경 14.3
주연 폭 결실
잔존길이 결실(단위: cm)

중방과 문양의 일부만이 남아 있는 복합연화문 수막새의 파편이다.

반원형의 큰 중방 주위를 1줄의 내부권선이 돌아간다. 내부권선의 바깥에는 입체적인 연화문양과 평면적인 연화문양이 교대로 배치되어 있다. 입체적인 연화문양은 단순하게 표현되어 있다. 평면적인 연화문양도 테두리와 내부에 2줄의 돌선으로 형상화했다. 외부권선은 1줄로 돌아간다.

돌출된 중방과 연화문양에는 점토를 '실로떼기'한 흔적이 강하게 남아 있다. 그 방향이 일치하는 것도 있지만 다른 것도 있어서, 와당면을 일괄로 '실로떼기'한 것이 아니라, 복수의 점토를 '실로떼기'로 잘라 와서 와범에 채워 넣고 뒤에서 누른 것으로 보인다. 복수의 점토괴가 이용되었음은 뒷면의 박락 단면을 통해서도 드러난다. 와당면을 눌러서 성형한 다음, 뒷면을 여러 차례 깎기로 조정했으며, 절개된 수키와를 부착한 다음에도 접합부와 와당부 뒷면 하단을 깎기로 조정한 것이 드러난다.

이즈미시 구보소기념미술관

정인성 영남대학교 문화인류학과 교수

1
유물번호 19
직경 15.1
주연 폭 1.5
잔존길이 결실(단위: cm)

구보소기념미술관 소장
(和泉市久保惣記念美術館所藏)

명황색의 구획선연화문 수막새이다. 와당면은 주연과 문양대, 그리고 중방으로 구성되어 있다. 주연은 민주연이고 문양대는 볼륨 있는 화판, 그리고 중방은 직경이 비교적 넓은 둥근 형태이다. 주연은 중방과 화판의 높이보다 2배 이상의 깊이가 확보되었다.

반원형의 큰 중방이 2줄의 내부권선이 돌아간다. 내부권선의 바깥에는 2줄 1조의 구획선에 의해 문양면이 6분할되어 있다. 각 구획 안에는 연화문양이 배치되어 있다. 연화문양의 좌우에는 연자가 각각 배치되어 있다. 문양부와 주연부 사이에는 2줄의 외부권선이 배치되어 있다.

주연부는 문양면 쪽의 모서리 일부가 모따기 된 부분도 있으나, 기본적으로는 각 면이 직선적이다. 와당 뒷면의 접합 장치는 의외로 평탄면을 그래로 활용하였다. 상위 2/3에 '×'자형의 연속 상처를 내고 수키와를 부착했으나 정작 수키와는 전부 탈락되고 말았다. 보강토가 넓게 부착되었던 흔적이 남는데 주연 상단의 보강점토 부분에는 공간을 할애하지 않았다. 수키와 측면 깎기도 인정되지 않으며 배면 하단부의 깎기도 없다.

2
유물번호 20
직경 14.3
주연 폭 1.3
잔존길이 결실(단위: cm)

구보소기념미술관 소장
(和泉市久保惣記念美術館所藏)

속심과 내, 외면의 표면 모두가 적홍색으로 발색한다. 주연과 문양대와 중방으로 이루어진 수막새이다.

반구형인 중방의 바깥에 한 줄의 내부권선이 둘러싸고 있고, 내부권선의 바깥에 4개의 연주문양이 배치되어 있다. 다시 그 바깥에는 4개의 연화문양이 배치되어 있는데, 연화문양에서 양쪽으로 뻗어 나오듯이 당초문양이 연속한다. 연화문양의 바깥에는 한 줄의 외부권선이 돌아간다.

문양면에서는 분리사가 관찰되지 않으나, 주연의 일부에는 고운 모래가 부착된 부분이 있다. 와당의 뒷면은 전면이 박락되었다. 이를 통해 문양면 전면에 점토를 먼저 부착했음이 드러나고, 주연부를 그다음에 보강하였음이 인정된다.

3

유물번호 21
직경 16.2
주연 폭 1.2
잔존길이 12.7(단위: cm)

구보소기념미술관 소장
(和泉市久保惣記念美術館所蔵)

전체적으로 적색을 띠는 귀면문 수막새이다. 주연부의 형태는 와당면 쪽이 둥글게 모가 죽은 형태이다. 주연부의 높이는 귀면의 눈높이와 거의 일치한다. 와당면 전체와 주연면의 피부에는 작은 모래가 부착되어 있다. 와당배면의 상위에는 수키와가 제법 길게 부착되어 있어 접합법과 관련된 정보는 얻을 수가 없다. 다만 접합한 다음 점토띠를 보강하고 힘주어 문질러 조정하고 부분적으로 깎기 조정하여 마무리한 흔적이 남는다. 수키와의 측면에는 상하로 2차에 걸쳐 깎기(모따기)한 흔적이 남는다. 이때 와당배면의 하단부에도 깎기에 가까운 목판 긁기가 이루어졌다. 이러한 흔적을 조합하였을 때, 와당배면에 수키와를 부착하고 측면 깎기 조정과 와당배면의 목판 긁기한 흔적이 마지막으로 이루어졌음을 알 수 있다.

수키와의 아랫면에는 비교적 굵은 포목흔이 전사되어 있다. 그리고 그 상면(등판)에는 상하방향의 강한 문지르기 흔적이 남았다. 수키와를 와당 뒷면에 접합하고 주연부를 제법 두껍게 점토보강하였다.

4

유물번호 22
직경 17
주연 폭 1.7
잔존길이 8(단위: cm)

구보소기념미술관 소장
(和泉市久保惣記念美術館所蔵)

색조는 단면이 회백색이고 표면은 회흑색을 띠는 완형의 수막새이다. 민주연과 문양대, 중방으로 구성되는 수막새로 수키와부는 접합부를 남기고 파실되었다. 수키와가 와당 뒷면의 1/2이 아니라 2/3 지점까지 이르는 것이 특징적이다.

반원형의 중방에 2줄의 내부권선이 돌아간다. 내부권선의 바깥에는 입체적인 연화문과 평면적인 연화문이 교대로 배치되어 있다. 입체적인 연화문은 총 5개의 돌선이 배치되어 있다. 평면적인 연화문양 또한 5줄의 돌선으로 형상화했는데 V자 형태로 바깥쪽을 향해 뻗어나가는 돌선도 배치되어 있다. 외부권선은 확인되지 않는다.

와당 뒷면의 중앙에는 횡단하는 구획선이 그어졌다. 그 상위의 주연을 따라서 'ㄴ'자로 접합부를 만들고 수키와를 끼워 접합하였다. 접합부는 고구려 와당에서 일반적인 '다치구긁기'가 아니고 민자의 홈파기이다.

사선 방향으로 돌선이 군데군데 돌아가는데, 이는 수키와의 선단부에 새긴 침선이 전사된 것이다. 점토를 발라 보강 후 문지르기로 집중 조정하였다. 와당 뒷면은 평탄면을 유지하는데, 이는 와범에 점토를 눌러 제작한 다음 뒷면을 조정했기 때문이다. 수키와의 측면, 와당 접합면에는 깎기 흔적이 남아 있다. 와당 뒷면의 하단에는 수키와 측면 깎기에 연동하는 '목판 긁기흔'이 남아 있다. 수키와의 외면에는 종방향의 문지르기 흔적이 선명하게 남아 있으며, 와당의 턱면을 돌아가면서 일주하는 깎기흔도 관찰된다.

이러한 관찰을 통해 복원되는 이 와단의 제작법은 와범에 점토 채우기→와범에 점토를 채운 상태에서 와당 뒷면을 조정하기→와당 뒷면의 중앙에 횡침선을 넣기→접합부 상처를 'ㄴ'자로 따내기→이미 절개된 수키와의 선단부에 사선방향의 침선을 넣기→수키와를 끼우고 점토로 보강하기(안쪽 보강과 더불어 주연상면에도 보강을 실시한다. 결국 수키와를 끼워 넣고 안팎으로 보강을 하는데, 이는 접합도를 높이기 위한 지혜이다.)→점토 접합흔을 상하로 물손질하여 조정하고, 수키와의 외면도 종방향으로 물손질을 한다.→수키와의 측면을 깎기로 조정하고 와당 배면의 하단부도 목판 깎기로 조정한.→마지막으로 와당의 턱과 이마를 돌아가면서 깎기 조정한다. 회전방향은 시계 반대방향이다. 마지막으로 와범에서 와당을 해체한다.

5
유물번호 23
직경 14.4
주연 폭 1
잔존길이 6.3(단위: cm)

구보소기념미술관 소장
(和泉市久保惣記念美術館所藏)

전체적으로 명적색의 수막새이다.

반원형의 중방에는 1+6의 연자가 배치되어 있다. 중방의 바깥에는 2줄의 내부권선이 돌아간다. 내부권선의 바깥에는 연화문양과 인동문양이 교대로 배치되어 있다. 입체적이지만 단순화된 연화문양의 바깥에는 2중으로 테두리선이 확인된다. 인동문양은 단순화된 형상이다.

주연부는 2차 깎기 조정을 하였다. 내면과 상단에서 모두 깎기흔이 관찰된다. 와당면은 3cm에 이르러 두께감이 있다. 와당 뒷면 2/3 상위에 깊은 홈을 파내고, 수키와를 붙인 후 안쪽에 점토를 2차로 보강토와 함께 채워 넣었다. 이것이 와당면이 지나치게 두꺼워진 이유이기도 하다. 접합홈이 다치구인지는 분명하지 않다. 접합부의 수키와 단부는 매우 얇은 것이 특징이다.

6
유물번호 24
직경 14.9
주연 폭 0.9
잔존길이 5.7(단위: cm)

구보소기념미술관 소장
(和泉市久保惣記念美術館所藏)

전체적으로 명적색의 수막새이다.

주연은 민주연이나 문양면 쪽이 둥글게 모죽임되었다. 반원형의 중방 중앙에는 단추모양으로 눌린 큰 연자가 부착되어 있고 그 주위에 4개의 연자를 배치하였다. 중방의 바깥에는 2줄의 내부권선이 돌아간다. 내부권선의 바깥에는 연화문양과 입체적인 인동문양이 교대로 배치되어 있다. 내부권선과 각각의 문양들은 떨어져 있다. 연화문양은 첨두형이고 하단부가 잘려나가듯이 표현되어 있는데, 가장자리에는 2줄의 돌선이, 중앙에는 1줄의 돌선이 표현되어 있다. 입체적인 인동문양은 중앙의 줄기를 중심으로 5개의 잎이 표현되어 있다. 문양부와 주연부 사이에는 1줄의 외부권선이 돌아간다.

와당의 뒷면은 완전한 평탄면을 이룬다. 깎기 조정이 이루어졌다고 판단할 수 있는 근거이나, 그 흔적은 분명하지 않다. 뒷면 상위 주연의 2/3 범위에 수키와가 접합되었다가 탈락된 흔적이 있다. 탈락된 수키와의 흔적으로 보아, 원래 절개된 수키와를 부착했음이 확인된다. 놀라운 것은 배면에 홈을 내고 수키와를 붙여낸 것이 아니라 평탄면에 연속되는 'ㅅ'자형의 상처를 내고 부착했다는 점이다. 깨어진 단면과 와당 배면과 턱에는 회갈색의 점토피막이 부분적으로 관찰된다. 와당배면에는 수키와 측면 깎기 조정과 이어지는 깎기 흔적이 희미하게 관찰된다.

7
유물번호 25
직경 15.3
주연 폭 1
잔존길이 11.5(단위: cm)

구보소기념미술관 소장
(和泉市久保惣記念美術館所蔵)

전체적으로 적갈색을 띠는 수막새이다. 와당의 뒷면에는 수키와가 부착되어 있으나 잔존 부위는 길지 않다.

주연은 낮고 좁으며 권선과 문양의 높이와 완전히 일치한다. 작은 중방 위에는 1줄의 원주가 돌아간다. 중방의 바깥에는 1줄의 내부권선이 돌아간다. 내부권선의 바깥에는 다시 1줄의 권선이 돌아가는데, 그 속에는 굵은 6구획선 속에 연자가 각각 배치되어 있다. 연화문양은 굵은 테두리선으로 형상화했는데, 좌우에는 각각 연자가 배치되어 있다. 문양부와 주연부 사이에는 1줄의 외부권선이 돌아간다.

이 기와는 와범에 권선 등을 먼저 점토 채우기를 한 것이 인정된다. 수키와의 내면에는 포목의 통보흔이 선명하게 남아 있다. 와당의 뒷면 상위에 수키와를 부착하고 점토로 보강했는데, 탈락면이 없어 기법이 확인되지 않는다. 수키와를 부착한 후 측면을 잘라 내고 양 모서리에 모죽이기를 하였다. 와당 뒷면의 하단부와 턱에만 깎기에 가까운 조정흔이 남아 있다. 수키와와 와당 접합부의 외면에는 연속되는 종방향의 강한 물손질흔이 인정된다.

8
유물번호 26
직경 16.8
주연 폭 2
잔존길이 5.7(단위: cm)

구보소기념미술관 소장
(和泉市久保惣記念美術館所蔵)

단면과 내외면이 모두 회백색으로 발색되는 연화문 수막새이다. 와당 뒷면에는 수키와의 일부분만 잔존한다.

반원형의 둥글고 튀어나온 큰 중방이 배치되어 있는데 내부권선과 외부권선은 확인되지 않는다. 중방의 바깥에는 입체적이고 크지만 단순화된 연화문양이 배치되어 있다. 연화문양의 사이사이에는 중방 쪽에 배치된 연자가 확인되는데, 연자에서부터 뻗어 나온 줄기 형상의 끝부분은 꽃봉오리를 연상시킨다. 연화문양의 테두리를 양쪽에서 돌선이 감싸듯이 표현되어 있다.

와당 뒷면의 상단을 깊이 파내고 수키와를 부착하였다. 수키와를 부착한 홈 형성 시의 도구형상을 판단하기는 어렵다. 와당 뒷면의 하단에는 2조의 깊은 호선이 돌아간다. 뒷면 조정 과정에서 깎기가 이루어지지 않았다. 하단부의 홈은 늦게 조정되었으며, 2/3절된 수키와를 부착하면서 홈에 상처가 생긴 것으로 보아 와당면을 조정한 후, 수키와를 붙이기 전에 호선을 돌린 것으로 이해할 수 있다.

9
유물번호 27
직경 14.5
주연 폭 1
잔존길이 9(단위: cm)

전체적으로 적색을 띠는 수막새이다. 주연과 문양대, 그리고 중방으로 구성된다. 단면과 뒷면, 수키와의 내면에서는 2차적으로 부착된 점토 피막이 인정된다. 주연은 좁고 낮은 형태이다. 수키와는 2/3가 남아 있다. 단면상 태토의 느낌은 세사가 혼입되어 거친 느낌이다.

작은 중방에는 1줄의 권선이 돌아간다. 중방을 둘러싸고 1줄의 내부권선이 표현되어 있다. 내부권선의 바깥에는 2줄의 권선이 배치되어 있고, 권선에서 뻗어 나온 16개의 구획선 속에는 큰 연자가 각각 배치되어 있다. 문양부와 주연부 사이에는 2줄의 외

구보소기념미술관 소장
(和泉市久保惣記念美術館所蔵)

부권선이 돌아간다. 소위 차륜형으로 불리는 문양 구성을 하고 있다.

와당의 뒷면에는 접합면 내면의 점토보강이 선명하다. 잔존하는 수키와의 내면에서는 포목흔이 선명하다. 와당 뒷면에 수키와를 접합한 후, 점토 보강한 다음에 수키와 측면을 깎아 내었는데, 2단 모따기가 아니라 한 번에 잘라 낸 느낌이다. 이때 와당 뒷면의 하위도 연속하는 와도 긁기로 정리하였다. 수키와의 외면에는 희미하지만 승문타날이 인정되고, 타날 이후 종방향으로 강한 문지르기 조정이 인정된다. 점토띠의 접합 흔적은 분명하지 않다.

10
유물번호 28
직경 13.5
주연 폭 1.4
잔존길이 3.9(단위: cm)

구보소기념미술관 소장
(和泉市久保惣記念美術館所蔵)

전체적으로 적색을 띠는 구획선연화문 수막새이다. 와당의 뒷면에 접합된 수키와는 결실되었다.

반원형의 큰 중방에는 1+6의 연자가 배치되어 있다. 그 바깥에는 1줄의 내부권선이 돌아간다. 내부권선에서 뻗어나온 2줄 1조의 6구획 안에는 연화문양이 각각 배치되어 있다. 가는 선형의 연화문양에는 테두리를 돌선으로 처리하였다. 연화문양의 좌우에는 연자가 배치되어 있다. 외부권선은 확인되지 않는다.

주연부는 점토띠를 보강해서 높였는데 중방보다 더 높다. 와당 뒷면의 상위에는 문양이 없는 'ㄴ'자의 홈을 파내고 수키와를 부착했으나 탈락하여 남아 있지 않다. 수키와의 문양이 전사된 흔적은 없다. 와당 뒷면 하단의 깎기 조정도 관찰되지 않는다. 와당면이 매우 두터운 것이 특징이다.

11
유물번호 29
직경 14.4
주연 폭 1.1
잔존길이 5.6(단위: cm)

구보소기념미술관 소장
(和泉市久保惣記念美術館所蔵)

전체적으로 적색을 띠는 수막새이다. 와당의 뒷면에는 수키와의 일부가 잔존한다.

반원형의 중방을 1줄의 내부권선이 돌아간다. 내부권선의 바깥에는 당초문양이 얽혀 있듯이 표현되어 있는데, 인동문으로 볼 수 있는 것도 있다. 문양부와 주연부 사이에는 1줄의 외부권선이 돌아간다.

와당 뒷면은 손으로 누르기 한 후, 2차 조정이 인정되지 않는다. 상위의 외연을 따라 홈을 파내고 수키와를 끼워 넣었는데 탈락부가 없어 조정흔은 알 수 없다. 수키와 측면 깎기 조정 후에 배면 하단부의 깎기 조정이 연동한다. 와당 단면이 매우 두꺼운 것이 특징이다. 주연부의 턱과 이마를 돌아가면서 횡으로 물손질한 흔적이 남아 있다. 이러한 고구려 와당의 경우 와당면의 두께를 기준으로 분류가 가능할 듯하다.

12

유물번호 30
직경 15
주연 폭 1.1
잔존길이 5.5 (단위: cm)

구보소기념미술관 소장
(和泉市久保惣記念美術館所藏)

적황색의 수막새이나 와당 문양면에는 회갈색 피막이 인정된다. 좁고 낮은 민주연과 문양대 그리고 중방으로 구성된 구획선연화문 수막새이다.

반원형의 중방에는 중앙에 하나의 연자를 배치하고 그 주위를 권선이 돌아간다. 그 바깥에 6개의 연자를 배치하였다. 중방의 바깥에는 2줄 1조의 구획선으로 6구획하였다. 각 구획에는 연화문양이 배치되어 있는데, 그 좌우에는 연자가 확인된다. 문양부와 주연부 사이에는 1줄의 외부권선이 돌아간다.

와당 뒷면은 평판면을 유지하는데 누르기와 목판 긁기가 구사되었다고 추측된다. 수키와의 접합은 와당 뒷면 상위의 2/3에 이르는 지점까지 'ㄷ'자형의 홈을 파내고 수키와를 끼운 것이다. 수키와의 홈을 다치구로 긁어낸 것인지는 확인하기 어렵다. 접합부의 상하를 모두 점토를 더해 보강하였다. 그다음에 수키와의 측면과 와면 아래를 깎기로 조정하였다. 와당의 턱에는 횡방향의 목판 조정흔이 남아 있고, 수키와의 외면에서 와당의 이마에 이르는 곳에는 종방향으로 정성스럽게 문지르기 한 흔적이 남아 있다. 절개된 수키와를 접합했음이 분명히 드러나는 자료이다.

시치다 다다아키(七田忠昭) 소장 유물

정인성 영남대학교 문화인류학과 교수

1

유물번호 1
(잔존)가로 10.3
(잔존)세로 5.5
(잔존)높이 5.7(단위: cm)

묵서로 '대왕릉 서방(西方)'이라고 적어 두었는데 태왕릉 출토 유물로 판단된다. 위에서 적색의 장방형 전돌 파편이다. 문양은 측부(側部) 한 면에만 표현되었는데 능형문이라고 할 수 있다. 즉 사격자문의 개별 구획마다 주판알 형태의 융기를 배치했다. 태토는 비교적 정선된 점토를 이용한 것이다. 성형틀에 여러 번에 걸쳐 점토를 채운 것임이 단면 관찰로 드러난다. 상면 표면에 모래 입자가 관찰되는데 이는 분리사일 가능성이 있다. 속심과 나머지 표면에는 모래가 관찰되지 않는다.

색조는 속심 즉 단면은 물론 모든 표면이 적색이다. 부분적으로 2차 피열로 검게 그을린 부분이 있다. 문양면에는 1차적으로 노끈무늬 압흔이 관찰된다.

2

유물번호 2
두께 4.5
밑변두께 2.7
가로 21.5
세로 12.5(단위: cm)

회색의 특수기와인데 지붕의 용마루에 얹었던 특수기와일 가능성이 높다.

묵서로 '임강총(臨江塚)'이라고 적혀 있다. 회색 색조인데 매우 고운 입자의 모래가 섞인 점토를 이용해서 성형한 것이다. 단면은 넓게 벌어지는 '팔(八)'자 형태이다. 상면에는 '목판 긁기'로 조정되었고 하면은 '포목흔'이 선명하다. 하단부에도 포목흔이 남아 있다. 포목은 눈이 비교적 성긴 편이다. '八'자 형태의 원형틀 전면에 포를 깔고 그 위에 점토를 채우고 눌러서 완성한 것으로 판단된다.

임강총 고분의 분구 위에 조영되었던 건축물의 지붕이었는지, 아니면 다른 용도의 건축부재인지 분명하지는 않다. 2004년의 중국보고서에서 유사한 자료를 발견할 수 있다. 당시 고구려 왕릉급 고분에 실제로 토제의 건축부재가 사용되었다는 것을 실증하는 자료라는 점에서 대단히 중요하다.

3

유물번호 3
직경 10.4
주연 폭 1.5
잔존길이 (단위: cm)

'묵서'로 '장군총(將軍塚)'이라고 적어 둔 연화문 막새편이다. 실제로 「시치다 일지」에는 장군총에서 자주 작업하던 정황이 포착된다. 작업 과정에서 채집한 유물일 것이다. 이 와당은 고운 점토로 성형했는데 단면과 내외면 전체가 회색으로 발색한다. 유물에는 2종류의 '묵서'가 적혀 있는데, 글씨체와 필기구가 서로 다르다. 시치다가 소장하면서 시간차를 두고 주기했거나, 사후 제3자에 의한 주기일 가능성도 있다.

문양이 없는 민주연과 문양부로 구성되는 연화문 수막새편인데 중방부가 남지 않은 파편이다. 높은 주연부 아래에는 2조의 원권이 돌아간다. 중방 주변의 문양대는 역시 2조의 권선으로 분할되고 각 공간에 볼륨감이 있는 연판(蓮瓣)을 배치하였다. 동일한 형태의 연판은 3조의 능선이 돌출된 형태이다.

수키와 내면에 통보를 이용한 포목흔이 남아 있고, 상면에는 반건조 후의 마연흔이 잘 남아 있다. 수키와와 와당의 접합부 내면에는 점토보강을 하였는데, 보강 후 목판 조정이 이루어졌다. 수키와와 와당의 접합법은 단면상 나타나지 않는데, 마치 원통형 수키와부에 와당판을 끼워 넣은 것 같은 형상이다. 유사한 형태의 집안 수막새에서 일반적으로 보이는 '찌르기 접합법'은 이 자료의 단면에서는 관찰되지 않는다.

4

유물번호 4
직경 6.7
주연 폭 1.2
잔존길이 (단위: cm)

적색의 고구려 수막새이다. 단면과 내외면 모두가 적색이다. 즉 소성 과정은 처음부터 산화염 환경이었음을 시사한다.

와당면만 잔존하는데 수키와부는 접합흔만 남긴 채 탈락되었다. 접합부는 다치구로 연속되게 긁어낸 흔적이 남는다. 다치구 흔적 주변에는 비록 희미하지만 수키와 단부(端部)에 새겨졌던 사선문이 전사되어 관찰된다.

묵서(墨書)로 '東門 外 - 東崗道路 -'라고 적어 두었다. 「시치다 일지」에는 국내성 동문을 나와 동강으로 향하는 도로변에 기와가 쌓인 지점에 대한 기록이 있고 그 위치 표시가 있다. 이곳에서 선별 채집하여 일본으로 가져간 자료로 평가된다.

민주연과 문양면으로 이루어진 와당이다. 낮고 작은 중방 주변으로 돈을 당초문이 표현되었다. 와당면에는 나무결흔이 전사되었는데 목범으로 와당면을 만들었음을 알 수 있다.

5

유물번호 5-1
길이 11.2
못머리 직경 2.6
못머리 두께 0.7(단위: cm)

머리가 원형인 철못인데(圓頭釘) 몸체는 단면 사각형이다.

원두에 배면은 약간 들려있는데 단면 사각형의 신부를 붙여서 구현하는 방법은 육안관찰로는 알 수 없다. 다만 원두의 배면 중심에 신부가 붙은 것이 아니라 약간 한쪽으로 쏠려 있는 점이 특징이다. 철못의 신부 끝은 뾰족하게 가공되었다. 목질흔은 전혀 남아 있지 않다.

철못 신부는 단조로 구현하였다.

6

유물번호 5-2
길이 11.6
못머리 직경 2.4
못머리 두께 0.4(단위: cm)

머리가 원형인 철못인데(圓頭釘) 몸체는 단면 사각형이다.

원두에 그 아랫면은 완전한 평탄면을 이룬다. 원두의 아래에 단면 사각형의 철못 신부가 붙었는데 이를 구현하는 방법은 육안 관찰로는 알 수 없다. 원두의 배면 중심에서 약간으로 크게 치우쳐 신부가 접합되었다. 철못의 신부 끝은 뾰족하게 가공되었다. 목질흔은 전혀 남아 있지 않다.

철못 신부는 단조로 가공하였다.

7

유물번호 5-3
길이 10.3
못머리 직경 2.2
못머리 두께 0.5(단위: cm)

머리가 원형인 철못인데(圓頭釘) 몸체는 단면 사각형이다.

원두형인데 원두의 아랫면은 완전한 평탄면이다. 원두 배면의 중심에서 약간 주연으로 치우친 곳에 단면 사각형의 철못 몸체가 부착되어 있다. 못머리와 몸체를 붙여낸 방법은 육안관찰로는 알 수 없다.

철못의 신부 끝은 뾰족하게 가공되었는데 목질흔은 관찰되지 않는다.

철못 신부는 단조제이다.

8

유물번호 5-4
길이 6.5
못머리 직경 1.96
못머리 두께 0.5(단위: cm)

머리가 원형인 철못인데(圓頭釘) 몸체는 단면 사각형이다.

원두에 그 배면은 약간 들려 있는데 단면 사각형의 신부를 붙여서 구현하는 방법은 육안관찰로는 알 수 없다. 다만 원두의 배면 중심에 신부가 붙은 것이 아니라 약간 한쪽으로 쏠려 있는 점이 특징이다. 철못의 신부 끝은 뾰족하게 가공되었다. 목질흔은 전혀 남아 있지 않다.

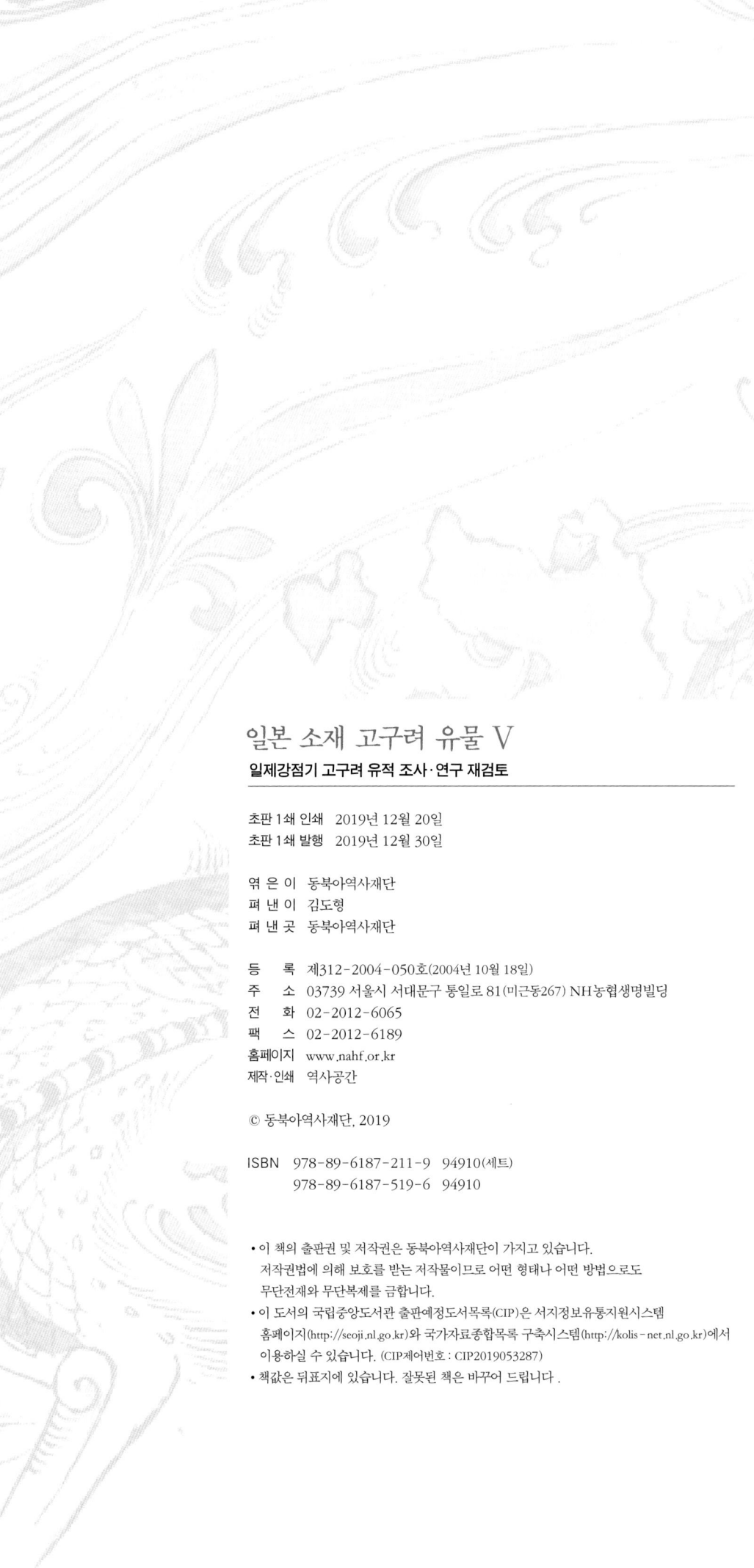

일본 소재 고구려 유물 V
일제강점기 고구려 유적 조사·연구 재검토

초판 1쇄 인쇄　2019년 12월 20일
초판 1쇄 발행　2019년 12월 30일

엮 은 이　동북아역사재단
펴 낸 이　김도형
펴 낸 곳　동북아역사재단

등　　록　제312-2004-050호(2004년 10월 18일)
주　　소　03739 서울시 서대문구 통일로 81(미근동267) NH농협생명빌딩
전　　화　02-2012-6065
팩　　스　02-2012-6189
홈페이지　www.nahf.or.kr
제작·인쇄　역사공간

ⓒ 동북아역사재단, 2019

ISBN　978-89-6187-211-9　94910(세트)
　　　　978-89-6187-519-6　94910

- 이 책의 출판권 및 저작권은 동북아역사재단이 가지고 있습니다.
  저작권법에 의해 보호를 받는 저작물이므로 어떤 형태나 어떤 방법으로도
  무단전재와 무단복제를 금합니다.
- 이 도서의 국립중앙도서관 출판예정도서목록(CIP)은 서지정보유통지원시스템
  홈페이지(http://seoji.nl.go.kr)와 국가자료종합목록 구축시스템(http://kolis-net.nl.go.kr)에서
  이용하실 수 있습니다. (CIP제어번호 : CIP2019053287)
- 책값은 뒤표지에 있습니다. 잘못된 책은 바꾸어 드립니다.